다음 세대를 세우는 설교

다음세대를 세우는 설교

초판발행	2007년 11월 30일
2쇄발행	2011년 2월 28일
발 행 인	장영일
지 은 이	김운용
발 행 처	장로회신학대학교 출판부
주 　 소	서울시 광진구 샘말길 23
	전화 02)450-0795, 팩스 02)450-0797
등 　 록	제 4-33호

값 17,000원
ISBN 978-89-7369-198-2 93230

Preaching for Next Generation

All rights reserved.
Publisher : Young-Ihl Chang, Ph.D.
Written by Unyong Kim, Ph. D.
ⓒ Presbyterian College and Theological Seminary Press 2007
23, Saemmalgil, Gwangjin-gu, Seoul, 143-756, Korea
Tel. 82-(0)2-450-0795 Fax. 82-(0)2-450-0797
E-mail : ptpress@pcts.ac.kr
Printed in Korea

다음 세대를 세우는 설교

김운용 지음

장로회신학대학교 출판부

목 차

서문　새로운 도전 정신으로 • 11

1부　청소년 설교의 상황 이해 • 17

  1장　모든 것을 얼어붙게 하는 빙토 위에서 : 오늘의 상황과 청소년 설교 • 19
      도전 앞에서 서있는 신앙 교육 • 19
      기회와 위험의 상황 • 21
      청소년 설교자: 간세대 커뮤니케이터 • 26
      본질의 차원과 형식의 차원 • 27
      가장 어려운 사역, 가장 보람을 주는 사역 • 29
      "오늘도 걷는다마는" • 31

  2장　문화적 환경과 청소년 설교 • 33
      말씀을 듣지 않으려는 시대에 • 35
      물어야 할 질문 • 42

2부　청소년 설교를 위한 설교의 신학적 이해 • 47

  3장　하나님의 계시 사건으로서의 설교: 설교에 대한 신학적 이해 • 49
      설교, 하나님의 사건 • 51
      들음과 참여 • 54
      설교의 궁극적 목표 • 56
      설교자의 마음 자세에 달렸다 • 57

  4장　본질을 결정하는 요소: 설교 신학 • 61
      모든 것을 결정짓는 요소 • 61
      결핍에서 오는 문제들 • 63
      하나님의 말씀이 드러나는 방식 • 66
      모든 것을 요구하는 정교한 행동 • 68

  5장　설교할 수 있는 능력은 어디에서 주어지는가? • 71
      설교할 수 있는 능력: 예수 그리스도의 부활 • 73
      설교 사역을 통해서 우리가 기대할 수 있는 것 • 77

설교를 통해 하나님은 당신의 비밀을 버리신다 • 79

6장 추구해야 할 설교 신학적 원리 • 81
    트렌드 라인을 읽을 수 있어야 • 81
    설교단에 나서기 전 • 83
    그대로 행하겠다는 결단을 내리는 순간 • 91

3부   청중으로서의 청소년 이해 • 93

7장 청중으로서의 청소년 이해가 필요하다 • 95
    알아야 치료할 수 있다 • 95
    이해가 필요하다 • 98
    삶의 자리에 대한 이해로부터 • 99
    오늘의 상황과 문화 사회적 이해 • 102
    우리에게는 가꾸어야 할 땅이 있다 • 106

8장 청소년 문화의 근간 : 포스트모던 문화 • 108
    '포스트'의 시대 • 109
    포스트모더니즘 • 111
    설교 사역에 있어서 포스트모더니즘의 도전 • 116
    EPIC 문화 • 119
    경험중심의 문화 • 121
    참여적 문화 • 122
    이미지 중심의 문화 • 124
    공동체성을 추구하는 문화 • 126
    새로운 규칙 설계자들이 되라 • 128

9장 정보화와 커뮤니케이션 혁명 • 130
    정보의 거대한 망에 둘러싸여 • 130
    정보화 시대의 특징 • 132
    새로운 환경, 새로운 도전 • 138

10장 '다음(Next) 세대' • 141
    청소년 세대의 다양한 이름 • 142

목 차

그들은 다르다 • 144
'다음 세대'의 특징을 이해하라 • 146
청소년 세대의 새로운 트렌드에 민감하라 • 150

11장 청소년의 심리적 이해 • 152
전환하는 과도기 • 153
청소년의 정신 발달 • 154
청소년기의 인지 발달 • 158
청소년의 도덕성 발달 • 160
방어기제를 이해하라 • 166
정체성 형성과 관련한 역기능 • 167
너머를 볼 수 있는 능력 • 169

12장 관계를 통해서 본 청소년의 정서 및 사회성 발달 • 172
자기와의 관계-자아 중심성 • 173
이성과의 관계-이성에 대한 동경과 관심 • 176
가장 중요한 관계-또래 집단 • 177
갈등과 사랑의 관계-가족 • 179
장애를 일으키는 현대 문화의 숲에서 • 180

4부 청소년 설교 준비와 방법론 • 83
13장 설교 준비도 헌신이다 • 185
흔한 설교자의 고질병: 게으름, 교만, 망상 • 185
비뚤어진 마음으로는 • 188
즉흥곡은 없다? • 190
설교 준비의 우선 사항: 본문을 이해하는 일 • 195
설교 준비의 완성 • 202

14장 설교 준비를 위한 기본 단계 • 206
"피, 수고, 눈물, 그리고 땀" • 206
일찍 시작할수록 좋다 • 208
어디에서부터 시작할 것인가? • 209
성경 본문과의 대화 과정 • 211

설교의 목적과 중심 주제 정하기 • 216
　　그 다음 단계들 • 218
　　피로 찍어 이야기를 썼던 사람과 같이 • 220

15장 **청소년 설교는 방법론도 중요하다** • 223
　　두 가지 관심 • 223
　　메시지 전달 방법 • 224
　　훌륭한 커뮤니케이터 • 226
　　설교 방법론도 중요하다 • 229
　　겨울 전쟁, 영적 전쟁 • 233
　　현대설교학의 현장에서는 • 235
　　설교 형태의 분류 • 236
　　새로운 트렌드를 원하는 시대에 • 237

16장 **전통적인 설교 방법의 활용** • 240
　　주제설교, 혹은 대지설교 • 241
　　강해설교 • 243
　　분석설교 • 246
　　어떻게 하든 어려운 사역 • 248

17장 **귀납적 설교 방법도 유용하다** • 250
　　청중을 고려한 설교 • 252
　　전개형태로서의 귀납적 설교 • 254
　　생명력 있는 말씀을 위해 • 256

18장 **이야기는 청소년 설교의 강력한 도구** • 259
　　이야기: 마음을 열어주는 열쇠 • 259
　　인간 삶과 이야기 • 261
　　성경, 설교, 그리고 이야기 • 263
　　이야기, 설교, 현대 설교학 • 267
　　이야기가 가지는 특성 • 273
　　이야기의 틀거리를 통한 설교 • 278
　　이야기를 따라 설교할 때 • 282
　　다시 새롭게 시작하는 곳 • 285

목 차

한 가정의 이야기 • 285

19장 설교에 움직임과 전개 구조를 만들어 보라! • 289
    요즘엔 개집도 그렇게 안 만든다 • 289
    현상학적 전개식 설교 • 291
    움직임과 전개를 통한 설교 • 295

20장 실험적 설교 형태: 실험 정신은 청소년 설교의 유용한 도구 • 301
    방법은 달라질 수 있다 • 301
    실험적 설교에서 고려할 원칙 • 302
    '미스터 홀랜드'에게서 배우는 지혜 • 307
    실험적 설교 유형 • 312
    참여를 통한 방법: 스킷 드라마 설교 • 315
    스킷 드라마 대본 • 320

5부 청소년 설교와 커뮤니케이션 • 327

21장 청소년 설교와 매체의 활용 • 329
    인간 삶의 확장으로서의 매체 • 329
    매체론을 통해서 본 매체 이해 • 332
    멀티미디어 시대와 설교 • 336
    청소년 설교와 매체 • 337
    그렇게 중요한지 몰랐다 • 341

22장 설교의 전달과 커뮤니케이션 • 345
    마음의 문을 여는 작업 • 345
    공유 경험을 통해 • 348
    전달되는 설교를 꿈꾸면서 • 349
    커뮤니케이션에 대한 이해 • 352
    청중과 설교자 • 354
    무엇을, 어떻게 전할 것인가? • 357
    커뮤니케이션의 단계 • 358
    커뮤니케이션의 원리 • 362
    절실히 원하는 것은 • 367

23장 청소년 설교와 언어 커뮤니케이션 • 369
　　　인간 삶 언어 • 371
　　　설교자는 언어의 연금술사가 되어야 • 373
　　　언어가 가지는 힘 • 376
　　　그림언어를 활용하라 • 380
　　　이야기 언어를 활용하라 • 382
　　　은유 언어를 사용하라 • 387
　　　설교의 소중한 도구 • 388

24장 청소년 설교와 비언어 커뮤니케이션 • 390
　　　또 하나의 커뮤니케이션 코드 • 390
　　　비언어 커뮤니케이션의 분류 • 393
　　　비언어 커뮤니케이션의 기능 • 395
　　　설교와 비언어 커뮤니케이션 • 397
　　　어렵게 생각할 필요 없다 • 401

25장 목숨 걸만 한 것을 찾은 설교자로: 청소년 설교자론 • 403
　　　사람을 바꾸는 회사, 사람을 바꾸는 설교? • 403
　　　인격을 통해 전달되는 진리 • 406
　　　하나님을 위한 정열과 긴박감으로 • 407
　　　사역에 목숨을 거는 사역자 • 413

결언 청소년 설교, 다음 세대를 세우는 거룩한 사역을 위하여 • 416
　　　길을 열어가는 사람 • 416
　　　하나님을 당혹케 하는 설교? • 418
　　　말씀으로 청소년들의 마음을 사로잡으라 • 421
　　　하나님을 만나게 하는 설교 • 423
　　　한 송이 들꽃에서 천국을 보는 지혜로 • 425

참고문헌 • 431

서문
새로운 도전 정신으로

> 하나님의 섭리는 몇 사람으로 하여금
> 시대를 앞질러 사고하게 하시고
> 그렇게 함으로써
> 장차 교회가 가야할 길을 예비하게 하신다.
>
> – 존 갓세이

 어느 집의 아버지와 아들이 야구 경기를 보러 가기 위해 집을 나섰다. 그런데 아버지가 운전하던 차의 시동이 기차선로 위에서 갑자기 멈춰 버렸다. 멀리서 달려오는 기차를 보며 아버지는 시동을 걸려고 황급히 자동차 키를 돌려봤지만 소용이 없었고, 결국 기차는 차를 그대로 들이받고 말았다. 아버지는 그 자리에서 죽었고 아들은 크게 다쳐 응급실로 옮겨졌다. 수술을 하기 위해 급히 달려온 외과 의사가 차트를 보더니 절규하듯이 소리쳤다. "난 이 응급 환자의 수술을 할 수가 없어. 얘는 내 아들이야!" 어떻게 이런 일이 가능할까? 아버지는 사고를 당한 뒤 그 자리에서 죽지 않았던가? 혹시 의사가 친아버지고, 야구장에 같이 간 아버지는 양아버지였을까? 도대체 어떻게 된 것인가? 잠시 혼동에 빠질 수밖에 없지만 조금만 깊이 생각해보면 답

은 의외로 간단해 진다. 그 의사는 그 아들의 '엄마' 였던 것이다.[1]

의사는 아버지일 것이라는 선입관이 자리 잡고 있었기 때문에 처음에는 쉽게 이해가 되지 않았지만, 그것을 뛰어넘으면 의외로 해답은 쉽게 나온다. 서울대 심리학과 최인철 교수는 이것을 창문이나 액자의 틀, 혹은 안경테의 의미를 가진 "프레임"이라는 용어를 통해서 설명한다. 그에 의하면 프레임은 "한마디로 세상을 바라보는 마음의 창"이다. "어떤 문제를 바라보는 관점," "사람들에 대한 고정관념" 등이 이 범주에 포함된다. 어떤 사물을 바라보게 하는 창으로서의 프레임은 이렇게 "특정한 방향으로 세상을 보도록 이끄는 조력자의 역할을 하지만, 동시에 우리가 보는 세상을 제한하는 검열관의 역할도 한다."[2]

청소년 설교는 다음 세대를 세우는 사역이다. 이것은 그 어떤 것보다 중요한 사역의 하나임을 부인할 수 없다. 복음의 다음 세대를 세우는 일에 실패했던 시대에 교회는 활기를 잃었고, 하나님의 나라의 사역은 주춤거릴 수밖에 없었다. 그러나 그 중요성은 잘 알지만 청소년 사역이 점점 더 어렵다는 이야기를 하기도 하고, 듣기도 한다. 문화 사회적 환경이나 교육 환경이 갈수록 신앙 교육을 함에 있어 어려움이 있고, 마치 모든 교육은 좋은 대학을 지향하고 있는 환경이어서 더욱 그러한 것 같다.

청소년 사역은 여러 가지 측면에서 참 어려운 사역 중의 하나이다. 복음의 사역은 세상과의 싸움이요, 세상의 정사와 권세 잡은 악

---

1) 최인철, 『프레임: 나를 바꾸는 심리학의 지혜』 (서울: 21세기북스, 2007), 32.
2) 위의 책, 15.

한 영들과의 영적 전투일진대 어디 어렵지 않은 사역이 있겠는가마는 환경적인 요인 때문에도 그렇고, 대상의 독특성 때문에도 쉽지 않은 사역임에 틀림이 없다. 그러나 청소년 사역을 참 어려운 사역이라는 고정관념이나 어떤 마음의 프레임을 벗어나 이것은 다음 세대를 세우는 소중한 사역이라는 새로운 프레임이 필요하다.

청소년 사역은 다음 세대를 세우는 사역이다. 한때 영광스럽게 주님을 예배하고, 섬겼으며, 복음의 제 1세대가 되어 세계 여러 지역에 선교사를 파송하여 복음을 증거하는 사역을 감당했던 서구의 많은 교회들이 계속적으로 교세가 감소하여 이제는 거의 아사 직전에 있다. 한국교회는 선교 2세기를 맞이하면서 나타난 여러가지 안팎의 문제들로 인하여 교회의 미래가 결코 장밋빛으로 보이지 않는 현실 앞에 서 있다. 그러나 다음 세대를 세우는 이 일에 온전히 헌신하여 아름다운 결실들로 나타나게 된다면 한국교회의 앞날은 밝다고 감히 장담할 수 있다.

본서는 장로회신학대학교 대학부 학생들을 위한 강좌인 "청소년 설교론"을 맡게 되면서 준비하고, 이 독특한 사역을 위해 깊은 고민을 갖게 되면서 시작된 여정 가운데서 맺어진 작은 결실이다. 이것은 함께 정리하고 읽기 위해 『교육교회』에 약 2년여 기간 동안 연재를 한 것을 책으로 묶게 되었다. 이것은 완벽한 연구서라기보다는 거의 원시림과 같은 청소년 설교론을 펼쳐가는 하나의 시도라고 하는 것이 솔직한 고백일 것 같다.

각 시대는 하나님께서 주신 다음 세대를 세우는 사역에 충성스럽게 섰을 때 그들을 둘러싼 많은 위협과 박해, 환경적 난관과 위기를 극복하고, 복음의 영광을 충실하게 세우는 세대가 되었다. 거대한 도전 앞에 서 있는 오늘 날에도 필요한 것은 다음 세대가 하나님의 약속이 성취되고, 그분의 진리의 말씀이 밝히 드러나며, 그분의 사랑과 능력이 풍성해지는 말씀과 예배 부흥을 경험할 수 있게 하려는 앞 세대의 절박한 마음이다. 다음 세대 속에 일어나야 할 말씀의 부흥에 온 마음을 두고 살아갈 때 이 시대의 도전을 넘어서서 우리 시대에도 다음 세대는 세워지고, 하나님을 경외하는 세대들로 세워질 것이다. 오늘 이 시대를 사는 청소년들의 영혼이 복음에 적셔지고, 그들의 삶 속에 말씀의 씨앗이 떨어져서 다음 세대에서도 영광스럽게 주님을 섬기는 새벽이슬과 같은 세대로 세워질 수 있기를 간절히 소망한다. 마치 해골 골짜기에서 해골들이 일어나 하나님의 군대가 되고, 성전 문지방에서 흘러나온 생명수가 광야를 적시고, 바다의 물이 살아나고, 강물이 흘러가는 곳마다 땅이 살아나고, 바다가 살아나는 말씀의 부흥의 꿈을 꾸었던 에스겔과 같이 오늘 우리에게도 필요한 것은 부흥의 꿈이다.

2006년 상암 월드컵 집회 인도를 위해 한국을 방문한 적이 있는 미국 새들백교회의 릭 웨렌 목사는 그의 교회가 총력을 기울이고 있는 아프리카 프로젝트를 위해 아프리카의 여러 나라들을 방문했을 때 그곳에서 "온 세상을 덮고 있는 5가지 거대한 악"(five global evil giants)을 보았다고 했다. "영적 공허(spiritual emptiness), 왜곡된 리더십(corrupt leadership), 빈곤(poverty), 대륙을 뒤덮고 있는 질병(pandemic disease), 문맹과 교육의 부족(illiteracy)"를 들었다. 이것을 그는 5대 '골리앗' 이라고 명명하면서 인류가 이 악의 올가미에 걸려있다고 주장한다. 이것은 아들을 보내셔서 세상을 구원하시려는 하나님의 사랑의 복음의 광선을 차단해 버리면서 함께 거대한 세력을 형성하고 세상 사람들의 생명을 황폐화하고 있다는 것이다. 이것을 가장 효과적으로 근절할 수 있는 것은 정부나 어떤 기관이 아니다. 오직 가장 성공적인 해결은 온 세계에 흩어져 있는 예수 그리스도의 교회라고 주장하면서 그는 오늘날 우리 시대의 이 다섯 가지 거대한 악을 공격하려는 노력으로 PEACE 플랜을 제안한다.[3]

오늘날 다음 세대를 세우는 이 일에 대해서도 마땅히 극복해야 할 여러 가지 장벽들이 존재한다. 오늘의 문화 사회적 환경과 여러 가지 여건들은 골리앗처럼 청소년 사역자들에게 다가오고 있다. 이것을 어떻게 극복할 것인가는 전적으로 청소년 사역자들에게 달려 있다. 도전하는 사람에게는 언제나 길은 열리게 되어 있으며, 이 꿈으로 가슴이 붉어진 사람들에게는 골리앗은 너무 큰 존재가 아니라 나의 돌팔매를 피하기에는 너무 큰 존재이다. 미국의 교육학자인 존 듀이가 그의 90회 생일을 맞으면서 했다는 이야기가 생각난다. "그동안 많은 일들을 하셨는데 이제 무엇을 할 생각이십니까?"라는 질문에, "산맥은 깊습니다. 산 하나를 넘으면 또 다른 산이 있지요. 나는 여전히 새로운 산을 향해 올라갈 것입니다." 다음 세대를 세우는 이 일은 영혼을 사랑하고, 하나님의 교회를 사랑하며, 하나님 나라를 사랑하는 사람들에게는 반드시 도전하고, 뛰어넘어야 할 산봉우리이다.

---

3) '평화'의 뜻은 PEACE는 Planting churches, Equip servant leader, Assist the poor, Care for the sick, Educate the next generation의 첫 자를 딴 것이다. 이 프로젝트에 대한 보다 자세한 정보를 위해서는 홈페이지 http://www.thepeaceplan.com를 참조하라.

평지에 비해 산지는 어려운 곳이지만 하나님을 신뢰하는 마음으로 나아갔던 갈렙과 같이 청소년 사역자들이 새로운 도전과 개척 정신으로 나아갔으면 좋겠다. 산지는 어려운 곳이다. 그러나 무한한 가능성이 담겨있는 곳이기도 하다. "이 산지를 내게 주소서!" 그 간구의 마음으로 이 여정을 함께 할 수 있으면 좋겠다.

작은 결실을 맺기 위해 많은 시간, 책과 컴퓨터에 매달려 있는 아빠를 이해해 준 나의 사랑하는 아이들, 한솔, 한결, 한빛과 늘 기도와 격려로 이 모든 것에 활력을 더해 준 사랑하는 아내, 박혜신 님께 감사의 마음을 전하고 싶다. 교정을 위해 수고해 준 나의 조교, 김광배 전도사와 박홍호 전도사에게 감사의 마음을 전한다.

2007년 가을

하늘과 땅에 담아놓으신 아름다움이 놀랍게 드러나는
아차산의 자락의 연구실에서

저자 김 운 용

1부
청소년 설교의 상황 이해

나는 가끔 후회한다
그때 그 일이
노다지였을지도 모르는데…
그때 그 사람이, 그때 그 물건이
노다지였을지도 모르는데

더 열심히 파고들고
더 열심히 말을 걸고
더 열심히 귀 기울이고
더 열심히 사랑할 걸…

반벙어리처럼, 귀머거리처럼
보내지는 않았는가 우두커니처럼…
더 열심히 그 순간을 사랑할 것을…

모든 순간이 다아 꽃봉오리인 것을
내 열심히 따라 피어날
꽃봉오리인 것을!

- 정현종, "모든 순간이 다아 꽃봉오리인 것을"

1 장
모든 것을 얼어붙게 하는 빙토 위에서
: 오늘의 상황과 청소년 설교

빈약한 설교야말로
오늘의 시대 속에서
복음이 빈약하게 전달되게 하는
가장 큰 이유가 된다.
빈약한 설교는
하나님의 나라로 사람들을 이끌어갈 수 있는
수많은 기회들을 상실하게 만든다.

– 안토니 캄볼로[4]

도전 앞에서 서 있는 신앙 교육

하나님의 역사는 언제나 앞 세대가 뒷 세대를 책임지는 방식을 따라 전개되어왔다. 먼저 은혜를 맛본 사람들이 뒤따라오는 세대에게 그들이 보고, 듣고, 경험한 것들을 증언해 주는 형식을 따라서 하나님의 공동체는 세워져왔다. 그러므로 하나님의 공동체에는 언제나

---

4) Ken Davis, *How to Speak to Youth… and Keep Them Awake at the Same Time*, rev. ed. (Grand Rapids: Zondervan Publishing House, 1996), 11.

먼저 말씀을 경험했고, 은혜를 체험했던 앞 세대가 필요했다. 복음의 말씀과 하나님 섬기는 법을 온전히 가르치고 전해줄 앞 세대가 있는 시대에 교회는 언제나 강성했고, 복음의 역사는 강력하게 일어났다. 단순하게 표현한다면 복음을 체험한 앞 세대가 다음 세대를 책임지는 것, 이것이 기독교 교육의 핵심이다. 이것은 하나님의 방식이었고, 명령하신 바였다.

신앙공동체인 교회는 본질적으로 교육적 사명을 가진다. 교회 사역에 대한 주님의 위임과 명령 가운데 중심을 이루고 있었던 것 중의 하나는 교회의 교육적 사명이었다. 승천산에서 제자들에게 마지막으로 부탁하신 것도 바로 그러한 사명 수행에 관한 것이었다: "내가 너희에게 분부한 모든 것을 가르쳐 지키게 하라."(마 28:20). 구원받은 하나님의 백성들의 공동체인 이스라엘에게도 가장 강조되었던 사항은 어떻게 하나님을 섬길 것인가와 그것을 어떻게 후대에 전하여 그들도 온전히 하나님을 섬기게 할 것인가에 집중되어 있었다. 출애굽기에서 신명기까지 담고 있는 말씀의 핵심은 하나님의 백성들이 어떻게 하나님을 섬겨야 할 것인지를 명령으로 주시고, 그것을 후손들에게 가르치라는 명령이었다. 이것은 하나님의 구원행동과 놀라운 역사들이 펼쳐질 때마다 다음 세대에 그것을 전할 것을 강조하고 있다. (출 12:24-28, 17:14).

이것은 예배 공동체에서도 이러한 사실들이 반복적으로 강조되었고, 선포되었던 사실을 볼 수 있다. 시 78:4-8은 그러한 사실과 다음과 같이 고백하고 있다. "우리가 이를 그들의 자손에게 숨기지 아니하고 여호와의 영예와 그의 능력과 그가 행하신 기이한 사적을 후대에 전하리로다. 여호와께서 증거를 야곱에게 세우시며 법도를 이스라엘에게 정하시고 우리 조상들에게 명령하사 그들의 자손에게 알리라 하셨으니, 이는 그들로 후대, 곧 태어날 자손에게 이를 알게 하고,

그들은 일어나 그들의 자손에게 일러서 그들로 그들의 소망을 하나님께 두며 하나님께서 행하신 일을 잊지 아니하고, 오직 그의 계명을 지켜서 그들의 조상들 곧 완고하고 패역하여 그들의 마음이 정직하지 못하며 그 심령이 하나님께 충성하지 아니하는 세대와 같이 되지 아니하게 하려 하심이로다."

이렇게 다음 세대로 하여금 하나님을 알게 하고, 그분을 섬기는 사람들로 세워 "그 심령이 하나님께 충성스러운 세대"로 세우려는 열망은 신앙공동체의 중심을 이루고 있었다. 교회의 미래와 관련되어 있기 때문에 다음 세대를 세우는 것은 신앙공동체에게는 선택사항이 아니라 필수사항이다. 만약 다음 세대를 세우는 일에 실패한다면 공동체는 무너져 내리고, 그들 가운데 하나님의 사역은 주춤거릴 수 밖에 없을 것이다. 이것은 그 어느 것에 의해서도 대체될 수 없는 "궁극적인 소명"(ultimate calling)[5]이라는 사실을 신앙공동체는 잊지 말아야 한다. 공동체는 구속의 은혜에 회상과 비전의 요소를 중심으로 소명을 감당해 가면서 확대되어 간다. 성경에서 회상과 비전은 공동체의 정체성을 확립하며 공동체의 사명을 강화해 주는데 필수적인 요소였다.[6] 특별히 예배와 설교, 교육과 공동체 안에서의 교제의 삶을 통해서 이러한 사명은 수행된다. 이것은 하나님께서 행하신 일들을 기억하게 함이며, 하나님의 백성 된 사람들을 양육하기 위함이다.

기회와 위험의 상황

그러나 오늘날 다음 세대를 세우는 사역은 거대한 도전 앞에 서 있

---

[5] Richard Lischer, *The End of Words: The Language of Reconciliation in a Culture of Violence* (Grand Rapids: Eerdmans, 2005), 1장.
[6] C. Ellis Nelson, *Congregations: Their Power to Form and Transform*, 김득렬 역, 『회중들: 형성하고 변화하는 회중의 능력』 (서울: 한국장로교출판사, 1996), 32-34.

다. 현대 사회의 거대한 변화의 물결에 휩싸여 이리저리 떠밀리면서 '교회학교 위기론'이 나오기도 하고, 대책 마련으로 고심하고 있다. 1970년대만 하더라도 교회학교 아이들의 출석율은 장년의 약 200%가 웃돌았다. 그러나 지금은 많은 교회가 20% 정도를 맴돌고 있는 실정이다.[7] 예장 통합의 경우도 교회학교 출석률 통계를 1990년과 2000년을 비교할 때 14,000명 정도가 줄어든 것으로 통계가 나오고 있으며, 최근 통계에서도 가장 많이 줄거나 성장이 더딘 것이 교회학교로 나오고 있다.[8]

과거에는 그저 교회로 몰려오는 시대가 있었고, 성황을 이루던 시대가 있었으나 오늘날은 고루하고 지겨운 곳으로 아이들에게 비추어지고 있다. 과거에 교회는 앞서 가는 교육의 장이었으며, 사회 교육을 앞서 선도해 가는 역할을 했다. 필자가 어렸을 때만 해도 교회는 아이들에게 가장 즐거운 곳이었다. 그러나 요즘에는 반드시 그렇지만은 않다. 오늘날 아이들은 혼을 빼앗기기에 넉넉한 것들을 많이 가지고 있다. 3차원의 전자 게임, 비디오, TV 프로그램, 컴퓨터, 핸드폰, 인터넷 사이트 등, 현대사회의 변화하는 상황과 문화적인 상황은 신앙교육의 가장 중요한 장의 하나인 교회학교에 갈수록 깊은 먹구

---

[7] 이것은 중·고등부의 경우에는 약 10% 정도, 아동부는 30% 정도의 참석률을 보이고 있는데, 이것을 통계적으로 나타난 개략적인 수치이다.
[8] 2002년 교세 통계에서 신문기사는 "교세가 가장 크게 감소한 영역은 역시 교회학교 학생인 것으로 밝혀졌다"고 분석하면서 가장 큰 감소는 중·고등부 학생의 경우 한 해 15,700명 정도가 감소한 것으로 나왔으며, 2006년의 경우에도 장년의 경우 4.3% 정도가 성장할 때도 "교회학교는 줄거나 답보상태"인 것으로 보고되었다. "본 교단 교세통계 0.03 퍼센트 성장," 『기독공보』(2003. 8. 30); "본 교단 교인 수 지난해 4.31% 성장," (2007. 8. 14) http://www.kidokongbo.com 참조. 보다 상세한 교단의 교회학교 통계 수치를 위해서는 대한예수교장로회 총회교육부, 『교회교육 백서』(서울: 한국장로교출판사, 2002) 참조. 이것은 다른 교단도 비슷한데 기독교 감리교 총회도 1994년에서 2003년까지 아동부 학생들의 경우 약 29000명(11%) 정도가 준 것으로 보고되고 있다. 이러한 교회학교 학생 수 감소는 농촌지역으로 갈수록 더 심각해지고 있으며, 아동부보다는 중·고등부가 더 심각한 것으로 나타나고 있다.

름으로 뒤덮어 놓을 것이다.

물론 이러한 현상의 원인을 우리는 한두 가지 요인으로 단정하기는 어렵고, 갑자기 일어난 일도 아니다. 비즈니스 현장을 다루는 경영학에는 "하인리히 법칙"이라는 것이 있다. 미국 보험회사의 직원이었던 H. W. 하인리히가 1930년대 자신의 고객을 상담하는 가운데 제시한 법칙이다. 즉, 그의 고객들이 당한 사고를 분석해본 결과 큰 사고가 일어나기 전에 29번 이상의 작은 사고가 있었고, 300번 정도의 이상 징후가 감지되었다. 그것을 미리 예방할 수 있었는데 그러한 징후를 사전에 감지하지 못한 결과라고 이해하면서 그는 이러한 현상을 "1:29:300"의 법칙이라고 명명한다.[9] 가령 삼풍백화점 붕괴와 성수대교 붕괴 사건만 하더라도 여러 차례 그 징후들이 나타났지만 그것을 무시하였기 때문에 일어난 사고였다는 이야기이다.

교회학교의 감소 현상도 갑자기 시작된 것은 아니며, 한두 가지 요인에 의해 갑자기 일어난 것은 아니다. 내적, 외적으로 다양한 요인들이 함께 작용하면서 일어난 현상이다. 우선 외적으로는 문화 사회적 환경의 변화, 레저 문화 발달, 출산율 하락 등이 직접적인 요인으로 들 수 있다. 내적으로는 교회의 교육적 사명을 고려하여 적절한 투자의 부족과 교육 전문화 미흡, 새로운 문화 사회적 변화에 대한 적절한 대처와 시스템의 변화 미흡 등을 들 수 있을 것이다. 여기에서도 문화 사회적 환경의 변화에 대한 적절한 대처가 특히 중요한 요인으로 자리 잡는다. 커뮤니케이션 혁명을 불러온 인터넷과 영상 문화, 레저 문화의 발달과 주 5일제 근무, 입시 위주의 교육 환경 등에 대해서는 깊은 연구와 함께 적절한 대처를 필요로 한다. 또한 교회학교 교육에 대한 적극적인 투자와 관심, 전문 인력의 양성 등은 장기

---

9) 박태일, 『비즈니스 교양: 직장인이 알아야 할 모든 것』 (서울: 토네이도, 2007).

적으로 교회가 관심을 가져야 할 영역이다.

이렇게 오늘날 각 교회마다 교회학교 교육이 어렵다는 말을 자주 듣는다. 갈수록 치열해지는 입시 위주의 교육 환경과 문화적 환경은 이러한 상황을 더욱 부채질하고 있다. 우선 모이지 않기 때문에 어렵고, 잘 듣지 않기 때문에 어려우며, 아이들의 신앙교육에 크게 열심을 갖지 않기 때문에 어렵다. 이러한 상황이 교회교육을 계속해서 위기 상황으로 몰아가고 있다.

그러나 교회 역사를 가만히 돌이켜 보면 복음 증거와 교회 사역에 위기가 없었던 적은 한 번도 없었다. 교회 사역의 모든 것을 얼어붙게 할 핍박과 박해의 상황도 있었고, 풍요와 넉넉함 속에서 침몰해 가던 중세 암흑시대도 있었다. 계몽주의 이후 과학기술의 발명과 인간 이성에 우위를 두던 시대에는 하나님의 세계와 신비를 인간의 이성의 차원으로 끌어내리려고 하면서 복음 선포에 위기를 경험하기도 했다. 가난과 아픔의 시간 때문에도 어려웠으나 산업혁명 이후 도시화와 향락주의, 물질주의가 범람하면서 복음에 대한 열정을 상실하기도 했다. 20세기에 들어오면서 이데올로기로 인해 교회는 도전받고 커다란 박해를 받았던 시대도 있었다. 오늘날에는 급격한 문화 사회적인 변화로 인해서 도전을 받기도 한다.

그럼에도 불구하고 어려운 상황에서도 하나님의 말씀을 가르치고 전하려는 복음의 말씀에 철저하게 사로잡힌 사람들, 하나님의 사랑을 전하려는 충만한 앞 세대가 있는 시대에 교회는 부흥했고, 수많은 생명들이 주님 앞에 세워지게 되었다. 하나님의 은혜를 맛본 사람들에 의해서, 그리고 그 놀라운 세계를 전하려는 사람들을 통해서 하나님의 역사는 오늘도 계속되고 있다.

위기를 뜻하는 히브리어 '마쉬베르'는 산모의 출산대를 가리키는 말이다. 죽음과 같은 산통을 겪으면서 산모는 생명을 탄생시킨다. 의술이 발달한 오늘과는 달리 당시에는 아이를 낳기 위해 출산대에 눕는다는 것은 죽음과 생명의 경계선에 서는 것을 의미했다. 바로 그 자리는 새 생명을 탄생시키는 창조의 순간이 되기도 하지만 자칫 산모와 아이의 생명을 잃게 만드는 안타까운 자리가 되기도 했다. 위기(危機)라는 말 속에는 그런 의미가 담겨 있다. 그런 점에서 본다면 위기를 말하는 바로 오늘의 상황이 반드시 위험 앞에만 서있는 것이 아니라 새롭게 다시 시작할 수 있는 가능성 앞에 서 있음을 시사해준다.

'성경에서 가장 두려운 말씀'을 하나 들라고 하면 필자는 서슴없이 사사기 2:10을 든다. "그 세대의 사람도 다 그 조상들에게로 돌아갔고 그 후에 일어난 다른 세대는 여호와를 알지 못하며 여호와께서 이스라엘을 위하여 행하신 일도 알지 못하였더라." 이 말씀은 두 세대의 이야기를 담고 있다. "그 세대의 사람"으로 대표되는 사람들은 믿음으로 걸어가 가나안 정복의 과업을 이룬 '영광의 세대' 였다. 430년의 노예 생활이 끝난 다음, 40년이나 광야에서 방황하면서 그의 조상들은 다 죽어갔지만 그 세대 사람들은 꿈에도 그리던 가나안 복지에 입성하게 되었다. 하나님의 임재와 도우심을 생생하게 느끼면서 요단강을 건넜고, 말씀에 순종하여 여리고성을 7일동안 돌았더니 하나님의 놀라운 능력의 역사를 생생하게 경험할 수 있었다. 그러한 여정을 따라 하나님이 약속하신 땅으로 들어갈 수 있었던 그 사실을 생각하면 그 세대 사람들은 분명 영광의 세대였다. 하나님을 신뢰하면서 나아가는 곳에 넘실대는 요단강물이 멈추어서고, 단지 외치는 함성 소리만 있었는데 난공불락의 여리고성이 무너지는 것을 생생하게 체험했다. 그들은 그렇게 살아계신 놀라우신 하나님의 능력을 생생하게 맛보았던 세대였다.

그러나 시간은 흘러 그 세대 사람들은 다 지나가고 "그 후에 일어난 다른 세대"는 그 조상들이 벅찬 가슴으로 섬겼던 하나님에 대해 알지도 못했고, 하나님이 그들을 위하여 행하신 일도 알지 못했다는 사실은 얼마나 두려운 일인가? 신앙 교육의 실패요, 복음의 전달의 실패였다. 앞 세대가 아무리 생생하게 하나님의 임재와 도우심을 맛보았던 영광의 세대였다 할지라도 그 다음 세대를 세우는 일에 실패하고 있는 안타까운 모습을 듣게 된다. 이러한 현상들은 오늘날 서구 교회들에서도 어렵지 않게 찾아볼 수 있다. 이것이 오늘 한국교회의 현장에서도 일어나고 있는 것인가? 이러한 때에 우리는 무엇을 세우고, 무엇을 전할 것인가가 중요한 요인으로 다가온다.

청소년 설교자: 간세대 커뮤니케이터

엄밀히 말해서 설교학에서 특별히 "청소년 설교"라는 장르는 없다. 설교자는 모든 세대에 하나님의 말씀을 전해야 하는 사명을 가졌고, 본래 믿음의 공동체는 모든 세대가 함께 어울려 예배하고, 생활하고, 함께 보고 듣고 참여하면서 서로 배우고 가르치는 특성을 가지기 때문이다. 그럼에도 불구하고 하나님의 말씀의 효과적인 전달을 위해서 각 세대의 특징을 이해하고 그들이 말씀이 효과적으로 수용할 수 있도록 그 세대의 특징을 고려하여 감당한다는 점에서 장르로 분류되기 보다는 방법론적인 측면과 커뮤니케이션을 고려하기 위한 분류로 이해해야 할 것이다.

청소년기는 '질풍노도의 시기' 라고 표현될 만큼 많은 변화를 경험하기도 하며 또한 많은 것을 성취하는 시기이기도 하다. 특별히 청소년기는 "자아 정체성이 확립되는 시기"이며, "성숙과 가능성의 절정적 시기"[10]이다. 급격한 신체적, 심리적, 영적 변화 혹은 발전 단계를

---

10) 권이종, 『청소년교육 개론』 (서울: 교육과학사, 2000), 13.

경험하기 때문에 신앙교육에 있어서는 어려움의 시기이도 하지만 새로운 가능성의 시기이다. 그들은 하나님 나라의 현재이기도 하지만 미래이기도 하다. 그들은 과거와 현재, 미래를 연결해주는 "세대 간의 연결고리"라는 점에서 그들의 특성과 문화를 잘 이해하여 말씀의 전달을 꾀하는 것은 설교자가 가져야 할 당연한 자세일 것이다. 이것은 성육신의 원리일 뿐만 아니라 설교학의 원리이기도 하다. 예수님께서는 하늘의 메시지를 가장 적절하게 들려주시기 위해 하늘 보좌를 버리시고 이 땅에 내려오시어 사람과 같이 되셨다. 뿐만 아니라 설교는 전달되지 않으면 이미 설교가 아니다. 왜냐하면 아무리 서재에서 굉장한 말씀이 준비되고, 그것이 강단에서 요란하게 울려 퍼진다 할지라도 그것이 듣는 청중들에게까지 들려지지 않는다면 그것은 하나님의 말씀이 될 수 없기 때문이다.

그러므로 청소년 설교자는 청소년이라는 인생의 발달단계에서 현저하게 구분되는 고유한 발달단계를 고려해야 할 뿐만 아니라 다음 세대에게 하나님의 말씀을 온전히 전달하려는 간세대(間世代, between generations) 커뮤니케이터로 서야 한다. 그러므로 청소년 설교자는 말씀의 해석자여야 할 뿐만 아니라 청소년 세대에 대한 해석자여야 한다. 이는 문화, 심리, 발달단계, 관심사까지 포함하는 말이다. 이러한 점에서 이해할 때 청소년 설교는 앞 세대와 다음 세대를 잇는 간세대 커뮤니케이션이며, 청소년기의 특성에 적합하게 하나님의 메시지를 전하려는 노력이다.

본질의 차원과 형식의 차원

설교는 하나님의 말씀 선포라는 본질의 차원과 그것을 전하는 방법론과 관련한 형식이 차원이 있다. 이 시대 속에 오늘도 말씀하시는 하나님께서 원하시는 바를 성경을 통해 명확하게 들려주는 것이 의미론적인 측면에서 설교가 가지는 본질이다. 그러므로 청소년을 대상으로 한 설교라고 해서 그 의미나 본질이 달라지는 것은 아니다. 또한 청소년이라고 해서 하나님의 말씀은 예외적으로 적용될 수 있는 것도 아니다. 하나님이 말씀하시기 원하시는 것을 온전히 선포해야 한다는 점에서 설교는 청소년이라는 특별 계층에 의해서 달라질 수 있는 것도 아니며, 문화적 세팅이 달라졌다고 해서 그 본질적인 요인이 달라질 수는 없다. 청소년 설교라고 해서 본질의 차원에서는 어떠한 변화도 가져올 수 없다.

다만 그것을 수행하고 전하는 형식의 차원에서는 새로운 모색이 필요하다. 설교의 청중이 '청소년'이라는 특수한 계층이라고 할 때 청소년 설교는 본질적인 차원에서는 아무런 변화가 있을 수 없지만 설교의 형식적 차원에서는 그렇지않다. 청소년은 신체적, 심리적, 사회적, 문화적 차원에서 초등학교 아동이나 성인과는 전적으로 다르다. 이들이 가지고 있는 독특한 특성과 그 세대의 중요성 때문에 청소년 설교자는 설교의 형식적인 면에 대해 깊이 고려해야 한다.

장년들을 위해 하나님의 말씀을 전하는 설교자도 당연히 그러해야 하겠지만 청소년 설교자는 본질적인 차원에서 하나님의 말씀에 대한 전문가가 되어야 하며 특별히 설교의 대상인 청소년의 특성에 따라 효과적인 커뮤니케이터가 되려는 노력이 있어야 한다. 빈약한 설교는 복음의 말씀을 제시하는 방법론에 대한 빈약함에서 비롯된다. 또한 그것은 하나님의 나라로 그분 백성들을 인도할 수 있는 소중한 기회를 놓치는 결과를 야기하게 된다. 그러므로 청소년 설교자는 다음 세대가 들어야 할 하나님의 복음의 말씀에 대한 강한 확신을 갖추어야 할 것이며, 계속해서 물어야 할 것은 "오늘의 청소년에게 어떻게 하나님의 말씀을 전할 것인가?"(how to speak to youth)이다.

가장 어려운 사역, 가장 보람을 주는 사역

조지 바나(George Barna)는 미국교회의 침체에 대해 깊은 연구를 계속하고 있는 사람이다. 특히 그는 침체의 요인을 삶의 자리로서의 오늘의 사회와 문화 변화에 대한 무관심에서 찾는다. 그가 제시하는 난로 위에 올려진 "주전자에 든 개구리"(frog in the kettle)의 메타포는 이 시대의 문화 사회적인 변화에 무관심한 교회에 대한 경고이다.[11] 미지근한 물에 취하여 있는 동안 그들은 지금 프라이가 되어가고 있는지도 모르고 있다. 문화·사회 변화에 대해 무관심하게 될 때 교회는 오늘의 세대들에게 말씀을 전하는 일이 주춤거리게 될 것임을 경고한다.

최근 조지 바나 연구소의 발표에 의하면 미국 교회 성년의 93~94%가 18~19세 이전에 예수님을 믿겠다는 결심이 이루어졌으며, 그 연령 이후에 믿게 되는 사람은 불과 6~7% 밖에 되지 않더라는 것이다. 물론 미국이라는 기독교 사회의 특성을 고려해야 할 수치이지만 이러한 통계는 청소년 사역의 중요성을 말해준다. 어쩌면 사탄도 이 통계를 잘 알고 있으며, 그들을 초기에 흑암에 가둔다면 그들을 일생 흑암 속에서 살게 할 수 있다는 사실을 잘 알고 있을 것이다. 그래서 오늘날 청소년들이 공유하는 문화적인 특성을 보면 반(反) 복음적이고 반기독교적인 특성이 강하게 나타나고 있음을 알 수 있다.

이러한 상황 속에서 행해져야 할 청소년을 위한 말씀 사역은 가장 어려운 사역 중의 하나임이 틀림이 없다. 그러나 조지 바나 연구소의 수치가 보여주는대로 바로 행해졌을 때 이것은 또한 가장 보람을 주는 사역이 될 것임을 알려준다. 바로 행해졌을 때 지옥의 문이 흔들리게 될 것이며, 다음 세대에서도 하나님 섬김과 예배가 영광스럽게

---

11) George Barna, *The Frog in the Kettle: What Christians Need to Know about Life in the Year 2000* (Ventura: Regal Books, 1990).

진행 될 것이기 때문이다. 그들의 삶을 결정하는 시기에 하나님의 말씀을 듣고 영원히 섬길 만왕의 왕 되신 하나님을 바로 알고 섬기게 된다면 얼마나 놀라운 일들이 일어날 것인가? 때론 그들의 마음은 매우 굳어 있으며, 말씀에 대한 무관심과 적대적인 정서를 드러낼 수도 있다. 그들의 자세는 반 권위적이며, 이기적이고, 때로는 무자비할 정도로 악함을 보일 수도 있다. 그러나 그들에게 바로 말씀이 들려진다면 얼마나 놀라운 일이 일어날 것인가? 복음에 대해 냉담한 그들 자체가 사역의 대상이며, 그들은 다음 세대에서 하나님과 교회를 섬길 영광의 주역들이다. 그들만의 언어가 있고, 가치관이 있으며, 추구하는 것과 그들만의 원칙을 가지고 있다. 그러한 것들을 바로 이해하며, 그들에게 하나님의 말씀을 전하려는 청소년 설교자들이 있을 때, 어쩌면 청소년 사역은 다음 세대를 세운다는 점에서 가장 보람을 가져다주고, 가장 확실하게 결실을 약속해주는 사역임에 틀림이 없다. 문제는 이것을 어떻게 감당할 것인가가 중요하다.

　주님께서 제자들에게 말씀하신 것처럼 "추수할 것은 많되 일꾼이 부족한" 현장이 바로 청소년 사역의 현장이다. 여기에서 주님의 말씀은 추수해야 할 밭은 희어져서 추수할 때가 되었으며, 추수할 것이 많다는 점이 강조되지만 한편으로는 이것을 감당할 일꾼이 부족하다는 사실이 강조된다. 주님은 일꾼을 찾고 계신다. 이 일꾼이 부족한 추수터가 오늘의 청소년 세대의 심령이다. 그러므로 청소년 문제와 사역 현장의 어려움을 바라볼 때마다 생각할 것은 어려움과 문제들을 단순한 문제로 보지 않고 원수 마귀가 큰 추수터가 어디인지를 알고 있다는 증거라고 생각해야 한다. 그러므로 청소년 설교자에게는 지금 무관심의 눈을 얕게 뜨고 주시하고 있는 그들이 바로 "세상을 완전히 변화시킬 새로운 세대"라는 사실을 볼 수 있어야 한다.

"오늘도 걷는다마는"

이러한 관점을 가지고 본서는 청소년 설교와 관련하여 설교에 대한 신학적 이해, 문화 사회적인 상황에 대한 이해, 심리적 현상학적 이해, 방법론적인 이해 등을 중심으로 펼쳐지게 될 것이다. 함께 이러한 여정을 계속해 가는 동안 청소년 사역의 중요성을 새롭게 발견하며, 이 소중한 사역을 감당해 가는 청소년 설교 사역자가 가져야 할 마땅한 준비들이 함께 이루어질 수 있기를 바란다.

언젠가 모 일간지 스포츠 란에 실린 한 기사를 읽은 적이 있다. 세계 8,000m급 14좌와 세계 7대륙 최고봉을 완등(完登)한 박영석 대장이 이끄는 남극 원정대에 관한 기사였다. 그는 세계 3극점 중에 이미 에베레스트 등정을 마쳤고, 이번에 남극점에 도전하며, 그 후에는 북극점에 도전할 계획이라고 했다. 남극에서 관측된 최저기온은 영하 89.2℃이며, 최고 초속 88m의 강풍이 불어오는 곳이다. 평상시에도 영하 55℃이며, 초속 40m의 강풍이 불어오는 여건 속에서 150kg이 넘는 썰매를 끌고 스키와 도보만으로 61일 이상을 얼음 위를 걷고 산을 넘어야 하는 여정이 1,200km의 대장정이라고 했다.

어쩌면 그 모든 여정을 마치고 남극점을 정복한다면 등반 역사에 길이 남을 대단한 쾌거일 것이지만 그렇다고 부와 명예를 한꺼번에 걸머지게 되고 온 세상 사람들이 두고두고 우러러볼 어떤 굉장한 것은 일어나지는 않을 것이다. 물론 그들의 쾌거를 희석시키자는 이야기가 아니다. 그들은 오늘도 아무도 주목하지 않는 외로운 빙토의 길을 걸어가면서 "나그네 설움"을 경험하고 있을지도 모른다. 옛 유행가 가사처럼 "오늘도 걷는다마는 정처 없는 길"을 걸어가면서 뼈 속까지 시리게 하는 추위를 경험하고 있는 것이다. 박영석 대장은 그 심정을 그렇게 말했다: "단 1%의 가능성만 있어도 절대로 포기하지 않겠습니다."[12]

이러한 도전 정신을 가지고 나아가는 곳에는 결코 '나그네 설움' 같은 것은 없을 것이다. 마땅히 가야할 길을 걸어가기 위해서 '단 1%의 가능성만 있어도 절대로 포기하지 않겠다'는 결연한 의지와 도전 정신, 목표를 향한 꿈과 비전은 아마도 빙토의 길도 넉넉히 녹이고야 말 것이기 때문이다. 흔히 우리는 오늘의 시대 속에서 청소년 사역과 설교를 생각할 때 문득 이러한 '빙토'(氷土) 위에서 걷는 것과 비슷하다는 생각을 갖게 된다. 문제는 설교자이다. 복음과 하나님의 말씀에 대한 강한 열정을 가진 설교자, 그들이 나아가는 곳에는 오늘 빙토가 옥토(沃土)로 바뀌어 갈 것이다.

---

12) 『동아일보』, 2003년 11월 11일 자

2장
문화적 환경과 청소년 설교

오늘날 청소년은 어른과는
다른 공기와 물을 마시며 살고 있다.
– 오인탁[13]

알렉산더 대제는 이집트에서 인도에 이르는 대제국을 건설한 마케도니아의 왕이었다. 그는 헬라 문화가 중심을 이루는 국제적인 공동체 건설에 지대한 공을 이루었으며, 소위 헬레니즘 시대를 새롭게 열어간다. 그는 기원전 334년에 마케도니아와 헬라의 군대를 이끌고 아시아를 침공하였는데, 불과 3년 동안에 전 이집트를 포함한 페르시아 제국 전체를 정복하였다. 그 다음 해부터 그는 더 동쪽으로 원정하여 오늘의 아프가니스탄과 서파키스탄으로 알려진 지역들을 그의 제국에 합병시켰다. 주전 323년에 33살로 요절하기까지 페르시아 모든 지역을 석권하고 지금의 인도까지 진군하였는데 그는 나가는 전투마다 연승을 거두었다. 젊은 장수가 어떻게 연전연승을 거둘 수 있

---

[13] 오인탁, "「정보화시대의 기독교 청소년교육」 발간에 즈음하여," 김희자, 『정보화 시대의 기독교 청소년교육』 (서울: 도서출판 기독한교, 2005), 5.

었을까? 그의 승리의 비결은 어디에 있었을까? 훌륭한 군대를 가졌기 때문이었을까, 아니면 그가 뛰어난 용장(勇將)이었기 때문이었을까? 시오노 나나미가 쓴 『로마인의 이야기』에는 알렉산더 대제가 전쟁에서 연승할 수 있었던 비결에 대해 그렇게 기술한다. "그(알렉산더 대제)의 관심은 자기 군대가 가진 힘을 어떻게 하면 가장 효율적으로 활용할 수 있을 것인가에 있었다. 이것이 전쟁터에서 그가 이긴 요인이었다."[14]

변화무쌍한 전쟁터에서 자기 군대가 가진 힘을 어떻게 하면 가장 효율적으로 활용할 수 있을까를 알았던 것이 승리의 비결이었다는 나나미의 말은 시사하는 바가 크다. 사실 인간 삶의 모든 일은 초점 맞추기와 깊이 관련되어 있다. 가진 시간과 역량을 어디에, 얼마큼, 어떻게 집중하느냐에 따라 달라지는 것이 인간 삶이다. 성공적인 삶은 언제나 가진 자원과 힘을 집중하여 극대화 시킬 수 있을 때 기대할 수 있는 선물이다.

다음 세대에게 복음을 전하여야 하는 청소년 사역은 참으로 중요한 사역이지만 빙토와 같은 상황에서 행해질 수밖에 없는 상황임을 살펴보았다. 청소년 사역은 "기독교 신앙의 전달"과 관련되어 있으며, 이것은 "확장하려는 내적인 강요"[15]에 의해서 결정되었다. 이런 점에서 본다면 신앙 전달은 다음 세대를 세우는 것과 관련되어 있으며, 그 중요성으로 인해 언제나 그것은 '전쟁터'와 같은 성격을 가지고 있다. 성경은 이러한 사역을 위해 세움 받은 사역들에게 '전투'와 전장의 개념으로 설명하고 있다(딤전 6:11-12, 엡 6:10-13 참조). 알렉산더 대제는 그런 말도 한 적이 있다고 한다: "전투는 격동의 상태

---

14) 시오노 나나미, 김석희 역, 『로마인의 이야기: 한니발 장군의 이야기』, 2권 (서울: 한길사, 2000), 192.
15) C. Ellis Nelson, *Where Faith Begins* (Atlanta: John Knox, 1967), 1.

다. 따라서 전쟁터에서의 모든 행위는 격동적으로 이루어지지 않으면 안 된다."16) 모든 사역이 그렇지만 오늘의 청소년 사역자들에게 가장 필요한 것은 영적 전쟁 가운데서도 가장 치열한 전쟁터에 서 있음을 알고, "격동적으로" 가진 자원과 힘을 가장 효율적으로 활용하고 극대화하는 것이다. 그리하기 위해 청소년 설교자들은 자신이 행하는 것이 무엇인지를 명확하게 알아야 할 것이며, 우리가 어디(어떤 환경)에서 그것을 행하고 있는지에 대한 분명한 이해가 있어야 한다.

말씀을 듣지 않으려는 시대에

로버트 듀패트는 오늘날 설교가 행해져야 하는 현대 문화의 특성을 분석하면서 설교자는 "하나님의 말씀을 듣지 않으려는 시대"에서 설교자는 하나님의 말씀을 전해야 하는 어려움 앞에 서 있다고 규정한다.17) 오늘 우리가 살고 있는 시대가 하나님의 말씀을 듣기를 거부하는 시대라는 것이다. 새로운 세대인 청소년 세대의 문화적인 특성을 살펴보면 이 말은 훨씬 실감있게 다가오는 분석이다. 그 말을 증명이라도 하려는 듯이 켄 데이비스(Ken Davis)는 오늘의 청소년들의 삶의 자리에 대한 인상적인 그림을 그의 책에서 제시한다.18)

한 고등학생으로 보이는 여학생이 무엇인가를 들으려고 귀를 기울이고 있다. 그녀의 귀에 크고 선명하게 들려오는 소리는 "마약!"(drugs), "파티"(party), "포르노그래피"(pornography), "섹스"(sex) "너에게 좋다고 생각되면 그것을 해!"(If it feels good do it!)와 같은 소리들이다. 물론 이것은 미국의 청소년들 이야기이기 때문에 우리

---

16) 나나미, 『로마인의 이야기』, 2권, 193.
17) Robert G. Duffet, *A Relevant Word: Communicating the Gospel to Seekers* (Valley Forge: Judson Press, 1995), 3장.
18) Ken Davis, *How to Speak to Youth… and Keep Them Awake at the Same Time*, rev. ed. (Grand Rapids: Zondervan Publishing House, 1996), 29.

나라 청소년들의 상황과는 약간의 차이가 있을 수 있겠다. 한국의 경우에는 "대학," "공부," "입시," "이성 교제," "출세" 등의 소리들이 크게 들려오는 내용일지 모르겠다. 중요한 것은 지역과 사람에 따라 내용과 장르가 다소 다를 수 있겠지만 오늘 청소년들도 그들의 삶의 자리에서 이와 유사한 소리들

〈그림 1〉 그들 귀에는 무엇이 들려 오는가?

에 둘러싸여 살아간다는 사실이다. 그런데 한 가지 특징적인 것은 그림에서 보는 바와 같이, "하나님은 너를 사랑하신다"(God loves you)라는 소리는 모퉁이에서 아이들에게는 거의 들리지도 않을 정도로 조그맣게 들려온다는 사실이다.

모든 것을 압도해 버릴만한 큰 소리에 둘러싸여 있기때문에 그들의 귀에는 복음의 말씀이 크게 들리지도 않고, 크게 중요한 소리로도 인식되지 않는 상황 가운데 오늘의 청소년들이 서 있음을 암시한다. 하나님의 말씀은 사소한 것으로 여기게 만들고, 유혹하는 소리는 크고 매혹적으로 들려오는 상황은 분명 모든 것을 넉넉히 잠재워 버릴 수 있는 상황임을 알 수 있다. 위 그림과 전적으로 동일하지 않을 수 있겠지만 청소년 설교 사역이 행해지는 오늘의 현장은 이렇게 어려운 가운데 서 있다.

말씀 사역을 생각하면서 청소년들의 삶의 자리와 그들의 문화를 좀 더 구체적으로 살펴보자. 먼저는 입시 부담감에 시달리고 있는 청

소년들의 교육현실을 들 수 있다. 입시에 대한 부담은 어느 나라 청소년들이나 다 가지고 있지만 우리나라만큼 심한 나라도 그렇게 많지는 않은 것 같다. 좋은 대학을 들어가는 것이 인생을 보장받는 것이기에 점수를 잘받아, 좋은 대학에 가는 것은 우리나라 청소년들에게 있어서는 그 어느 것보다도 우선되는 과제이다. 철저한 학벌 위주의 사회는 청소년기의 성적으로 그들을 줄 세우며, 한번 덧입혀진 학벌은 그들의 인격이나 능력, 그리고 그들의 꿈과 가능성보다도 훨씬 중요한 요소로 자리매김을 하고 있다. 마치 "주홍 글씨"와 같이 그들의 평생을 따라 다니는 기록이기에 청소년기의 대부분을 이 일에 전념하도록 내몰림을 받고 있다. 자의반 타의반으로 이 일에만 전념하도록 강요받고 있는 셈이다. 지나친 경쟁과 입시 위주의 환경은 청소년들로 하여금 대학 외에는 다른 것을 생각하지 못하게 만든다. 그러므로 모든 것은 대학 들어간 다음으로 밀어 놓거나 교회 생활도 늘 이것에 의해서 지배를 받는 상황이다. 중요한 많은 것들이 있지만 오늘의 청소년들에게 가장 중요한 것은 좋은 대학에 들어가는 것이 되었다.

한국의 독립투사가 독립운동을 하다 죽어서 하늘나라에 갔단다. 하늘나라에서 그는 우리나라가 강대국이 되지 못한 이유가 과학자가 없기 때문이라고 생각해서 하나님께 위대한 과학자 5명만 한국으로 보내달라고 졸랐다고 한다. 끈질긴 그의 부탁에 하나님은 퀴리 부인, 뉴턴, 아인슈타인, 에디슨, 갈릴레오 등 당대의 유명한 과학자들을 한국에 태어나게 했다. 그러나 수십 년이 지난 이후 어떻게 지내고 있는가를 살펴보았더니 이들은 놀랍게도 모두 백수로 지내고 있었다.

퀴리 부인은 대학을 졸업하고 취직하려고 했는데 얼굴도 평범하고, 키도 작고, 몸매도 안 된다고 취직이 안되어 집에서 "시집이나 가라"고 구박받고 있었다. 에디슨은 발명을 많이 해서 특허를 신청하려고 했는데 초등학교 밖에 안 나왔다고 신청서를 안 받아줘 특허 신청을 못 내고 있었다. 어쩌다 하나 특허를 받은 것은 대기업이 초등학교 출신 작품이라고 거들떠보지도 않고 있었다. 아인슈타인은 수학만 엄청 잘하고 다른 과목은 제대로 못해서 대학은 문턱에도 못 가보고 놀고 있었다. 그래도 지구는 돈다며 대들기를 좋아했던 갈릴레오는 우리나라의 과학 현실에 대해 입바른 소리를 하다가 연구비 지원이 끊겨서 한강변에서 공익근무를 하고 있었다. 뉴턴은 대학원까지 갔는데 졸업 논문을 교수들이 이해를 못해 졸업도 못한 채 집에서 놀고 있다가 철원 최전방에서 군복무 중이었다.

누군가 철저한 학벌 위주의 우리 사회를 냉소적으로 비꼬기 위해 만든 이야기일 것이다. 학벌로 모든 것을 평가하는 사회가 되다보니 과도한 교육열이 나오게 되며, 과외 열풍과 특목고나 일류대학 열풍이 일어나게 된다. 또한 학력 인플레이 현상도 이러한 학벌주의의 부작용이다. 최근 사회적 문제가 되고 있는 학력위조 사태도 단순한 어느 개인의 문제라기보다는 학벌 위주의 사회가 낳은 병폐라고 할 수 있다. 대학을 나오지 않거나 세칭 일류대학을 나오지 않았어도 능력 있는 사람이 많이 있고, 좋은 대학을 나오지 않았어도 독창적 아이디어로 좋은 제품이나 서비스를 만들어내는 사람도 많이 있다. 그러나 학력과는 크게 상관이 없는 분야에서까지 학벌이 중요한 요인으로 작용하기 때문에 그 범주에 들지 못한 사람들은 학력 위조라는 거짓을 자행하기도 한다.

많이 배우고, 좋은 학교에 진학하여 좋은 여건에서 공부를 하는 것은 중요한 요소이지만 그것 자체가 사람을 평가하는 절대적인 요소가 되거나 전부가 될 수 없다는 사실을 인정해야 하지만 사실 오늘 한국사회는 그렇지 못하다. 학벌보다는 그 사람의 능력에 따라 평가

되고, 단순히 어떤 학교의 졸업장으로 모든 것을 판단하는 풍토가 개선되어야만 이런 병폐를 줄일 수 있을 것이다. 오늘 우리 사회의 학벌 위주의 특성은 중요한 학벌 세계의 첫 관문과 같은 대학 입시를 치러야 하는 청소년들로 하여금 한가하게 취미생활을 하고 좋은 책을 독서하며, 여행을 하고, 또한 마음 놓고 신앙 활동에 전념할 수 있도록 허락하지 못한다.

둘째로는 포스트모던 문화를 들 수 있다. 논의의 다양성에 비추어 볼 때 단정적으로 말하기는 어렵다 하더라도 오늘날 청소년 문화를 이해함에 있어서 그 특성을 가장 잘 설명해 주는 단어를 들라고 한다면 우리는 '포스트모던'이라는 단어를 들 수 있을 것이다. 계몽주의 이후 인간 이성과 과학적 합리성을 근거로 발달해 온 모더니즘 체제가 20세기 중반에 들어와 기계론적 물질주의에 대한 회의, 양대 세계 대전 이후 과학 기술문명의 한계와 생태계 파괴 등의 결과를 보면서 근대 사상이 가지고 있던 합리적인 세계관과 낙관론에 대해 회의를 품게 되면서 포스트모더니즘은 태동되게 된다.

포스트모더니즘은 문화와 예술의 장르를 통해서 가장 중심적으로 그 특성들이 표출되었는데, 지금까지 받아들여 왔던 기존의 가치나 제도, 진리 체계 자체를 해체시키면서 상대화, 혹은 다원화시키는 경향들과 기존의 가치관이나 전통으로 이해되던 '메타 내러티브'를 거부하고, 하나의 의미보다는 다양한 의미를, 이성보다는 감성에 강조점을 두면서 발전하게 된다. 어쩌면 오늘의 청소년 문화는 그 특성에 있어서 포스트모던 경향을 가장 강하게 드러내고 있다고 할 수 있을 것이며, 진리에 대한 해체적이고 상대적인 자세와 권위 체제에 대해 반발하는 특성을 바탕으로 한다. 이러한 문화의 흐름은 오늘의 청소년들로 하여금 하나님의 말씀을 듣게 하는데 커다란 장벽으로 다가오고 있다.

세 번째는 커뮤니케이션 환경의 변화를 들 수 있다. 흔히 우리 사회를 가리켜 정보화 사회(Information Society)라고 일컫는데, 현대 과학 기술의 총아라고 할 수 있는 초고속 통신망과 대중매체는 현대 사회와 현대인들의 삶의 패턴을 급격하게 변화시키고 있다. 존 네이스비트가 말한 대로 이제 우리 사회가 산업 사회에서 정보화 사회로, 경직 기술에서 하이테크·하이터치의 시대로, 계층 조직에서 네트워킹의 시대로 발전되어 가고 있다.[19] 이러한 정보화 사회의 영향을 가장 빨리 받아들이고 널리 누리고 있는 세대 중의 하나가 청소년 세대이기 때문에 흔히 청소년 세대를 "N세대"라고 부르기도 한다. 그들은 그들만의 정보를 공유하는 세대이며, 서로가 연결되는 세대이다. 또한 그들은 컴퓨터 앞에서 앉아 있는 세대들이며, 이메일과 휴대폰, 버디버디와 메신저, 싸이 등으로 서로 연결되어 있는 세대이다. 인터넷을 통해 정보를 얻고 친구를 사귀며, 그 가상 세계가 마련한 공간을 산책한다. 그런 점에서 그들을 네트 세대(net generation), 디지털 세대, 혹은 유비쿼터스 세대라고도 칭한다. 이들은 인터넷을 일상생활의 동반자처럼 활용하는 세대이며, 디지털 매체에 둘러싸여 성장하는 세대로서 미래 사회의 중추세력으로 등장하고 있다.[20]

또한 보는 것을 가장 중요하게 생각하는 시각 중심의 세대(visual generation)이다. 어떤 점에서는 사실(fact)보다는 느낌(feeling)에 의해 설득당하는 세대이기 때문에 느낌 중심의 세대(feeling generation)라고도 부른다. 그래서 청소년 계층을 겨냥한 광고의 내용을 보면 이성적인 내용보다는 감성적인 느낌에 강조를 두는 경향을 가

---

19) John Naisbits, *Megatrends 2000: Ten New Directions for the 1990's* (New York: Avon Books, 1990), xviii.
20) Don Tapscott, *Growing up Digital: Net Generation*, 허운나, 유영만 역, 『N세대의 무서운 아이들』 (서울: 물푸레, 1999).

진다. 이렇게 우리 사회가 정보화 사회로 치닫게 되면서 정보화는 인간 생활에 다양하고도 긍정적인 영향력을 끼쳐왔음이 사실이다. 시간과 공간을 초월하여 일상생활의 편리함과 수월성을 비롯하여 "지식과 정보의 신속한 상호교류와 이해를 가능"[21]하게 함으로서 많은 유익을 가져왔음이 사실이다.

정보화는 커뮤니케이션 환경의 변화를 가져왔다. 이러한 환경의 변화는 설교 사역의 유익도 되지만 상당부분 도전으로 다가오고 있다. 인간은 감각기관(sensorium)을 자극을 받아, 거기에서 감동받아 움직인다. 어떤 감각기관을 자극하고 마사지 하느냐가 커뮤니케이션 성공의 관건이 된다. 과거에는 언어를 통해서 상상의 나래를 펼치던 세대였다. 그들은 언어로 전달되는 설교를 듣고 자극받는 세대로 기존 설교 패턴에 거부감이 없는 세대였다. 그러나 오늘의 청소년 세대는 최첨단 시청각 시스템과 정보의 홍수 속에서 살아가는 세대이다. 오늘날의 청소년들은 다양한 매체를 통한 시공간을 초월한 정보의 교류의 세대이다. 그들은 "정보화 사회가 형성한 새로운 미디어 문화에 심취하고 있고, 대부분의 시간을 이러한 미디어 문화로 의사소통"을 한다. 그들로 인해서 "정보사회의 변화 주기는 더욱 빨라지고 이들이 주도하는 세대 간의 디지털 격차는 더욱 커지고" 있는 실정이다.[22]

이러한 문화사회적 환경의 변화를 볼 때 이것은 사회의 전반의 커뮤니케이션의 환경을 바꾸었듯이 청소년설교의 환경도 완전히 달라지게 하고 있음을 알 수 있다. 설교는 언어를 통한 커뮤니케이션을 그 기본 골격으로 한다는 점에서 볼 때 환경의 변화에 의해 영향을 받을 수밖에 없다. 변화하는 시대에 불변의 하나님의 말씀을 전하는

---

21) 이숙종, 『현대사회와 기독교 교육』 (서울: 대한기독교서회, 2001), 84.
22) 김희자, 『정보화 시대의 기독교 청소년교육』, 18, 24.

것이 쉽지 않은 시대가 되었음을 암시해 준다.

물어야 할 질문

이러한 치열한 상황 가운데서 설교 사역을 감당해야 하는 청소년 사역자는 효과적인 설교 사역을 위해 물어야 할 질문이 있다. 과거와는 전혀 다른 청중 앞에 서있다는 사실을 알고 청소년 설교자가 던지는 이러한 질문은 설교 사역을 바로 감당하기 위해서 가장 중요한 요소이다. 이것은 바른 사역을 위해서 뿐만 아니라 우리가 감당하려는 커뮤니케이션이 이러한 요소들에 의해서 영향을 받게 될 것이기 때문이다.

먼저는 "설교가 무엇이라고 생각하는가?"(What is preaching?)라는 질문이다. 이것은 설교가 무엇인지에 대한 바른 개념 정리, 즉 설교 신학에 대한 바른 정립을 요구하는 질문이다. 설교사역을 감당하기 전에 내가 감당하는 것이 과연 무엇인지에 대한 바른 이해를 필요로 한다. 이것은 오늘의 세대에게 설교를 왜 해야 하는지에 대한 근거를 마련해 준다. 또한 우리가 전하는 메시지의 중요성을 알게 해주며, 그 일을 어떻게 감당해야 할지를 강구하게 되는 동인으로 작용하게 된다. 우리가 전하는 메시지는 단지 인생의 처세술이나 성공 비결을 알려주는 것이 아니다. 삶의 도덕과 윤리를 그들에게 각인시키기 위해서 메시지를 전하는 것도 아니다. 우리는 생명을 살리는 복음을 전하는 존재들이며, 그것을 주님으로부터 위임받은 존재들이다. 우리가 설교자로 나선 것은 대단한 성공을 이룬 사람이거나 청소년들의 선망의 대상일 수 있는 어떤 성공한 연예인과 같은 존재이기 때문에 강단에 서 있는 것은 아니다. 우리는 세상을 사랑하시는 주님께서 그들에게 영원한 생명을 선물로 주시기 위해 십자가에 달리시고 다시 부활하셔서 우리의 구세주가 되신 그분의 놀라운 사랑을 전하기 위해서 세움 받은 존재이다.

두 번째는 "누가 나의 설교를 듣는 청중인가?"(Who is listening?) 라는 질문이다. 이는 나의 설교를 듣게 될 청중들에 대한 이해와 연관된 질문이다. 청중에 대한 이해는 바른 사역을 감당하게 하는 지름길이 되며, 방법론에 대해 강구하게 한다는 점에서 중요한 요소가 된다. 한편으로 청소년 설교의 청중들은 복음을 들어야 하는 사람들임에도 불구하고 그들은 전통과 제도에 대해서 저항하는 존재들이며, 오락성에 대해서는 깊은 관심을 보이고 있는 사람들이다. 그들은 전통적인 종교 제도에 대해서는 관심을 크게 두지 않는다. 그러면서도 다른 한편으로는 그들이 만약 복음을 듣게 되고, 예수 그리스도와의 인격적인 만남을 갖게 된다면 새로운 믿음의 그릇들로 빚어질 수 있는 존재들이며, 전 인생을 드려 충성과 헌신을 할 수 있는 그런 존재들이다. 우리의 청중들은 매우 자의식이 강한 그룹이며, 자기 또래들이 생각하고, 그들에게 인기 있는 것이 무엇일까를 깊이 생각하면서 많은 시간을 보내는 그룹이다. 그러면서 그들이 이루어야 할 진정한 목표에 대해서는 종종 눈길을 주지 않기도 하고, 엉뚱한 길에서 방황하기도 하는 친구들이다. 그들은 희생해야 하는 일이나 고통스럽게 만드는 일은 가급적 피하려 하고, 즐겁고 재미있게 해줄 수 있는 것들에 마음과 시간과 정열을 쏟도록 유혹하는 문화 속에서 자라는 존재들이다. 그래서 많은 아이들은 다른 사람을 별로 고려하지 않고 자기 자신만을 생각하거나 즉각적인 만족감을 위해서 살아가는 모습을 보인다.

그러면서도 그들은 영원에 대한 깊은 관심을 가지고 있으며, 종종 죽음에 대해서 두려움을 가지고 있다. 많은 친구들 틈바구니에서 살아가면서 함께 웃고 즐기지만 때로는 깊은 고독감에 몸을 떠는 존재들이기도 한다. 그들은 다른 사람의 인정과 주목을 받기를 원하지만 다른 아이들과 구별되어 혹 외톨이가 되지 않을까 두려움을 갖고 있는 아이들이다. 상당히 복음에 대해 반대되는 삶을 살거나 그런 세속적인 가치관을 가지고 살아가는 사람들을 그들 인생의 우상으로 생각하며 살기도 한다. 그들의 필요와 관심사에 대해 깊이 고찰하지 않는다면 결코 마음을 열어 보이지 않는 존재들이다.

우리는 때로 청소년들에게 조금 고리타분하고 구식(old-fashioned) 설교자로 비춰질 수 있고, 새로운 세대에게는 잘 어울리지 않을 수도 있을 것이다. 그러나 삶을 변화 시키는 그리스도의 사랑과 용서의 메시지는 변하는 시대에도 결코 변치 않는 메시지이며, 그것을 전해야 하는 우리들은 그들에게 효과적이고 새롭게 다가가기 위해서는 지속적인 전달 방법의 연구를 필요로 한다. 자신을 새롭게 늘 업데이트 해가는 사람만이 청소년 설교자로 설 수 있다.

세 번째는 위의 질문과 연결되는 것으로 "그 청중들은 어떻게 듣는가?"(How will they hear my voice?)에 대한 질문이다. 이것은 방법론에 대한 연구의 필요성을 제기해 주는 질문이다. 이것은 우리가 어떻게 할 때 청소년들에게 하나님의 말씀이 효과적으로 전달될 수 있을 것인가, 그 방법론과 직접적으로 연결되는 질문이다. 그는 청소년들에게 다가갈 수 있는 방법을 연구할 것이며, 그들에게 복음이 효과적으로 들려질 수 있는 방법을 강구하게 될 것이다. 우리가 설교할 때 그 효과성은 이미 입을 열기 전에 결정된다는 말이 있다.[23] 그 만큼 청소년 설교에서는 무엇을 전하느냐 만큼 어떻게 전하느냐가 중요한 요소가 된다는 말이다. 효과적인 커뮤니케이션을 위한 가장 중요한 방법 가운데 하나는 진정으로 그들을 이해하고, 그들과 같은 자리에서 생각하고 고민할 수 있을 때 청소년들의 심령을 말씀으로 적실 수

---

23) Davis, *How to Speak to Youth… and Keep Them Awake at the Same Time*, 42.

있다는 사실을 간과해서는 안된다.

마지막으로 말씀을 전하는 나는 누구인가, "즉 누가 말하는가?" (Who is talking?)와 관련된 질문이다. 메시지를 전하는 사람과 관련된 부분을 알아야 하는데, 설교자가 무엇하는 사람인지에 대한 바른 이해, 청소년 설교자는 어떻게 서야 할 것인지를 결정하게 하는 요소이다. 무엇보다도 청소년 설교자는 헌신된 사람이어야 한다. 대부분 한국교회 시스템에서 청소년 사역은 전임사역자가 감당하기 보다는 신학교에서 공부하는 학생들에게 임시적으로 맡기는 경우를 보게 된다. 헌신된 사람이기만 한다면 그 사람이 신학생이든, 안수 받은 목사이든, 누구이든지 상관 없을 것이다. 문제는 그들이 대부분 1-2년, 길어야 3년을 사역하고 학교를 졸업하게 되면 임지를 옮기게 되면서 또 다른 사역자가 세워지는 현실이다.

중요한 것은 청소년 사역에도 전문 사역자가 나와야 한다는 점이다. 그는 자신이 설교할 내용을 준비하는 일에 있어서 헌신된 사람이어야 하며, 우리 자신들이 복음과 말씀에 합당한 자로 서는 일을 위해서 헌신된 존재들이어야 한다. 그는 이 사역에 있어서 탁월한 사역자가 되는 일에 헌신된 존재여야 하며, 하나님의 영광을 온전히 추구하는 설교자여야 한다. 그는 계속적으로 새롭게 말씀을 전하고, 청중들의 시선을 끌어 모으는 방법을 연구해야 한다.

그러면서도 그가 분명히 기억해야 할 것은 설교를 완성하는 것은 결코 자신이 아니라는 사실이다. 하나님의 말씀이 선포되는 곳이 어디든, 누구에게 말씀이 전해지든지 간에 우리의 맺힌 혀를 풀어주시고, 막힌 귀를 어루만져 잘 들을 수 있도록 열어주시며, 냉담한 영혼을 따뜻하게 품어서 녹여주시고, 우리로 하여금 생명의 말씀을 말할 수 있고 들을 수 있는 하나님의 나라의 백성이 되게 하실 분은 오직 하나님 밖에 없다는 사실을 기억해야 한다.[24]

급격한 변화들이 일어나고 있는 시대 속에서 청소년 사역을 감당하려는 사역자들은 계속해서 사역과 관련한 이런 요소들을 점검하고 확인하는 작업이 필요하다. 이것은 설교자가 가진 자원과 지식, 열심과 열정을 어디에 어떻게 안배해야 할지를 분명하게 구분할 수 있도록 해 줄 것이며, 이 사역의 소중성뿐만 아니라 어떻게 감당해야 할지에 대한 지혜를 가져다 줄 것이기 때문이다. 이러한 점에서 우리는 다음 2부에서 설교에 대한 신학적 이해를 먼저 정립하고자 한다.

---

24) Haddon Robinson and Craig Brian Larson, ed., *The Art and Craft of Biblical Preaching*, 주승중 외 4인 역, 『성경적인 설교 준비와 전달』 (서울: 두란노, 2006), 565.

2부
청소년 설교를 위한 설교의 신학적 이해

땅이 꺼지는 이 요란 속에서도
언제나 당신의 속삭임에
귀 기울이게 하옵소서.
내 눈을 스쳐가는 허깨비와 무지개가
당신 빛으로 스러지게 하옵소서…
나의 노래는 당신의 사랑입니다.
당신의 이름이 내 혀를 닳게 하옵소서.
이제 다가오는 불 장마 속에서
'노아'의 배를 타게 하옵소서.
그러나 저기 꽃잎 모양 스러져 가는
어린 양들과 한 가지로 있게 하옵소서.

- 구상, "기도"

3장
하나님의 계시 사건으로서의 설교
: 설교에 대한 신학적 이해

우리가 설교할 때 하나님은
그 설교를 통하여 하나님의 백성들에게 말을 걸어오신다.
– 칼 바르트

    종종 겨울 산행을 하다보면 기온 차 때문에 빙판길이 되어있는 산길을 만날 때가 있다. 그러한 빙판길을 걷다보면 자칫 잘못하여 미끄러져 곤두박질치는 경우가 있다. 빙판길에 미끄러지지 않기 위해서는 다리에 잔뜩 힘을 주고 중심을 잃지 않으려는 신중하고 조심스러운 자세로 걷게 된다. 빙판길을 지나갈 때는 한 발자국 한 발자국을 조심스럽게 떼어놓는 자세가 필요하다. 걸음을 신중하게 떼어놓는 것과 같은 이같은 자세는 세상 모든 일에 적용된다.

    급변하는 시대 속에서 살아가면서 설교자에게도 이러한 신중한 자세가 요구된다. 무엇보다도 하나님의 말씀 앞에 자신을 바로 세우려는 노력과 마음 자세가 없다면 아무 것도 감당할 수 없게 된다. 맡겨주신 설교자로서의 사명이 얼마나 소중한 일이며, 이것이 얼마나 대단한 사역임을 알기에 바로 감당하려는 자세가 필요하다. 마음 자세가 가치관을 결정짓는다면 설교자의 마음 자세는 설교 사역의 모든 것을 결정짓는 요소가 된다.

설교 사역에는 중요한 요소들이 많이 있다. 성경을 정확히 해석하는 능력도 필요하고, 말씀을 효과적으로 전할 수 있는 전달 능력도 필요하다. 또한 청중의 필요를 정확히 읽어내고, 그것에 적절하게 메시지를 구성하는 능력도 필요하다. 이것을 가능하게 하는 원동력이 있다면 그것은 설교자의 마음 자세이다. 어떤 마음 자세를 갖느냐에 따라 이 모든 것은 가능해지기 때문이다. 그렇다면 설교자의 마음 자세를 결정짓는 것은 무엇인가? 그것은 설교에 대한 이해에 대한 바른 이해, 즉 설교에 대한 신학적 이해와 관계된다. 설교자가 설교에 대해서 어떤 이해를 갖느냐에 따라 그 사역을 성실하게 보존하려는 마음 자세와 생명을 걸고 감당하려는 마음 자세를 지배하게 된다. 이런 점에서 설교에 대한 어떠한 신학적 이해를 갖느냐는 설교 사역을 결정짓는 중요한 요소로 작용한다.[25]

이것은 설교 사역을 감당하려는 설교자에게는 가장 우선되어야 하는 일이다. 설교를 신학적으로 어떻게 이해하고, 그 이해를 바탕으로 어떤 마음 자세를 갖느냐는 중요한 요소이다. 마치 가이사랴 빌립보에서 주님을 대신하여 교회를 이끌고 복음 사역을 감당하게 될 베드로가 주님이 누구이신지에 대해서 명확한 신학적인 고백을 가져야 했던 것처럼, 오늘의 시대에서 설교 사역을 감당하는 설교자들도 설교에 대한 그러한 신학적 고백을 필요로 한다. 왜냐하면 그들이 이해한 것을 사랑할 수 있으며, 사랑할 수 있을때 바로 감당할 수 있고 보존할 수 있기 때문이다. 또한 이것이 오늘의 시대에서 설교할 수 있

---

[25] 김운용, 『새롭게 설교하기』 (서울: WPA, 2005), 123.

는 능력과 이유를 제공해 줄 것이기 때문이다.

설교, 하나님의 사건

그렇다면 우리는 설교를 어떻게 정의할 수 있을까? 설교에 대한 정의는 그동안 다양하게 주어졌고, 어떤 것 하나로 규정하기도 어려운 것이 사실이다. 설교를 어떻게 정의할 수 있을 것인가를 묻기 전에 우리는 먼저 설교가 어떻게 시작되었는가를 깊이 숙고해보면 그에 대한 대답을 얻을 수 있다. 설교는 하나님께서 오늘도 이 세상 가운데 말씀하시기를 원하신다는 사실로부터 시작된다. 종교개혁자들이 강하게 주장한 용어를 빌린다면 하나님은 오늘도 "말씀하시는 하나님"(Deus loquens)이시다. 그렇다면 어떻게 말씀하셨으며, 오늘은 어떻게 말씀하고 계시는가? 성경은 그렇게 증언한다. "옛적에 선지자들을 통하여 여러 부분과 여러 모양으로 우리 조상들에게 말씀하신 하나님이 이 모든 날 마지막에는 아들을 통하여 우리에게 말씀하셨으니 이 아들을 만유의 상속자로 세우시고 또 그로 말미암아 모든 세계를 지으셨느니라."(히 1:1-2). 신약에서 마가는 예수님께서 승천하시기 전 위임하신 내용을 그렇게 정리하고 있다. "또 이르시되 너희는 온 천하에 다니며 만민에게 복음을 전파하라… 제자들이 나가 두루 전파할 새 주께서 함께 역사하사 그 따르는 표적으로 말씀을 확실히 증언하시니라."(막 16:15, 20).[26]

성경이 증언하는 이 내용을 다시 정리하면 이런 의미가 된다. 하나님께서는 역사 속에서 자신을 드러내시는 계시를 계속해 오셨으며

---

26) 이것을 영어성경으로 읽으면 더 선명하게 다가온다. "He (Jesus) said to them, 'Go into all the world and *preach* the good news to all creation…' Then the disciples went out and *preached* everywhere, and the Lord *worked with* them and *confirmed* his word by the signs that accompanied it." (NIV).

다양한 형태로 자신을 드러내셨다. 친히 강림하셨던 시내산 사건은 말씀으로 다가오시는 하나님의 현현(顯現) 사건이었다. 또한 이스라엘에게는 선지자들을 보내서 그 시대를 향한 하나님의 말씀과 뜻을 나타내셨다. 그것은 기록된 율법과 구약성경으로 문자화되었다. 그렇게 인간의 역사 속에서 계속되어 오던 하나님의 계시는 히 1:1-2에서 밝히고 있는 대로 계시의 최종적인 형태인 '성육신 사건'으로 나타난다. 과거에 여러 모양으로 말씀해 오신 하나님의 계시사건이, 이제 하나님께서 친히 인간의 몸을 입고 이 땅에 오셔서 말씀하신다. 하나님의 자기 계시는 말씀이 육신이 되셔서 우리 가운데 거하시는 '하나님의 사건'이 된다.

예수 그리스도는 하나님의 말씀이었으며, 말씀 그 자체가 되신다. 그분은 이 땅에 계실 때 책을 쓰시지 않으신 것은 그 분 자신이 말씀이기 때문이었다. 그리스도 안에서 하나님은 행동하셨고 또한 말씀하셨다. 그러므로 성육신 사건은 하나님의 계시 사건의 완성이다. 성육신 되어 말씀으로 오신 예수 그리스도는 이 땅에서 스스로 자신을 증언하신다. 예수 그리스도는 자신을 선포하시는 유일한 설교자이다. 그는 친히 자신을 증언하실 뿐만 아니라 설교자를 그의 말씀에 봉사하는 자로 세우신다. 이 과제는 교회 전체에 주어지며, 교회는 그리스도의 직무에 참여한다. 뿐만 아니라 인간의 구원의 길을 활짝 열어놓으시고, 그 복음을 세상 속에서 설교하고 증언하도록 설교자들을 보내신다. 우리가 설교하는 이유, 우리의 말이 하나님의 말씀이 되는 이유는 하나님의 말씀 자체이신 예수 그리스도 때문이다.

여러 모양으로 말씀하신 하나님께서 마지막에 아들로 말씀하셨다는 신학적 명제는 예수 그리스도가 하나님의 계시 자체라는 의미를 담고 있다. 이런 점에서 칼 바르트는 예수 그리스도를 "하나님의 자기 계시"(*Selbstoffenbarung Gottes*)라고 주장한다. 하나님께서는 예수 그리스도 안에서 자신을 완벽하게 계시하셨다.[27] 그렇게 갈릴리 바닷가에서, 팔복산에서, 갈보리 산 십자가 위에서 선포하셨던 하나님 나라의 복음은 이제 제자들에게 위임되어 세상에 선포(preach)하도록 위임하셨고, 그 제자들은 오늘도 온 세상에서 이 말씀을 설교하고 있다. 하나님께서는 이 세상 속에 말씀하시기를 원하셨기 때문에 설교라는 제도를 고안하셨다. 그래서 바르트는 설교가 시작될 때 하나님께서는 사람들에게 말을 걸어오신다고 주장한다.

이렇게 설교는 예수 그리스도를 통해 나타난 완성된 하나님의 계시를 증언하고 선포한다는 점에서는 하나님의 계시의 연속선상에 놓인다. 계속해서 자신을 증언하시기를 원하시는 예수 그리스도께서 오늘도 설교자들을 파송하시며 교회에 이 직무를 위임하신다. 이 점에서 설교는 하나님의 계시 사건이며, 그 바탕 속에서 이루어진다. 도무지 하나님을 알 수도 없고, 만날 수도 없는 인간에게 다가오셔서 말씀하시는 하나님, 그리고 마지막에는 예수 그리스도를 통해서 성육신이라는 방식을 통해 온전히 자신을 드러내시는 하나님께서 오늘도 하나님의 명령을 따라 온전히 말씀 사역이 행해질 때 그것을 통하여 "사람들에게 말을 걸어오시는 사건"이 된다. 선지자들을 통해서 말을 걸어오신 하나님, 가장 마지막 방법으로 예수 그리스도를 통해서 성육신하심으로 인간에게 말을 걸어오신 하나님께서 오늘도 설교자들을 통해서 계속하여 말을 걸어오고 계신다.

이렇게 오늘도 말씀하시는 하나님의 자기 계시 사건인 설교는 성령의 생생한 임재를 통해 오늘도 삶과 역사를 변화시키시는 "하나님의 사건"이다. 이런 점에서 설교는 "하나님 자신에 의해 말씀되어지는 하나님의 말씀"이다. 그러나 설교는 "주어진 명령에 복종해야 하

---

[27] Tony Lane, *Christian Thought*, 김응국 역, 『복음주의 입장에서 본 기독교 사상사』 (서울: 나침반, 1987), 420쪽.

는 교회 안에서 설교를 행하도록 부름을 받은 사람들에 의해서 행해진다."28)

들음과 참여

이렇게 설교는 예수 그리스도를 통해서 나타난 완성된 하나님의 계시를 증언하고 선포한다는 점에서 "하나님의 계시 사건"이며 계속되어 온 하나님의 계시 사건이라는 연속선상에서 행해진다.29) 설교를 이 세상 가운데 말씀하시기를 원하시는 하나님의 말씀과 뜻이 분명하게 드러나는 계속되는 하나님의 계시 사건으로 이해할 때, 설교자에게 있어서 중요한 것은 '말함'(speaking)이 아니라 '들음'(listening)이다. 흔히 설교를 '말하는 사역'으로 생각하기 쉽지만 설교는 '들음'으로부터 시작되고 완성된다. 먼저 설교자는 말씀하시는 하나님의 계시 사건에 참여를 필요로 한다. 설교는 단순히 말하는 사건이 아니며, 단지 말만 한다고 해서 되는 것이 아니다. 설교 사역은 설교자의 깊은 들음과 참여를 통해서 시작되고, 세워진다.

설교자는 말씀을 선명하게 듣고 그것을 이 시대 속에, 그리고 하나님의 백성들과 교회에 선명하게 들려주어야 하는 사명을 가진다. 그러므로 하나님의 말씀을 전하려는 설교자는 먼저 하나님의 계시 사건에로의 참여와 들음을 전제로 한다. 설교자가 하나님의 계시의 사건에 먼저 참여함으로서 설교는 세상이 제공할 수 없는 것을 제공할 수 있게 되며, 하나님이 제공하시는 것을 이 땅에 제공할 수 있게 된다.

하나님의 계시 사건인 설교가 행해질 때 하나님은 스스로 은폐하심을 버리신다. 여기에서 하나님의 비의(秘意)는 드러나며, 하나님의

---

28) 칼 바르트, 정인교 역, 『칼 바르트의 설교학』 (서울: 한들, 1999), 44-45.
29) 김운용, 『새롭게 설교하기』 (서울: WPA, 2004), 126-27.

세계는 선명하게 그 모습을 드러낸다. 이렇게 설교자가 하나님의 계시의 사건에 참여함으로 세상은 오늘 "하나님의 계시에 참여"하게 된다. 설교자는 이 땅에 스스로를 드러내시고, 사람들에게 말을 걸어오시는 하나님의 계시의 사건에 참여한다. 우리의 설교가 행해질 때 그분은 주석과 같은 발로 거니시며, 불꽃과 같은 눈으로 감찰하시며 행동하고 계신다. 설교자인 우리는 사용되는 것이고 우리는 그의 말씀의 객체가 된다. 설교자가 이 들음과 참여함이 없다면 우리는 결단코 "설교의 영광을 볼 수도 말할 수도 없을 것"이다.[30]

이러한 이해는 설교자가 어떤 형태로 말씀을 전하든지 간에 설교는 반드시 성경적인 설교가 되어야 함의 또 다른 표현이다. 성경적 설교는 설교의 규범과 같은 사실이다. 설교가 하나님의 말씀일 수 있는 것은 그것이 하나님의 계시의 완성인 성경이 말씀하게 하고, 그리스도에게 나타난 말씀하시는 하나님의 행위를 직접 드러내기 때문이다. 증언하는 성경의 증언에 근거하기에 설교는 하나님의 말씀이며, "복음의 살아있는 소리가" 된다. 이렇게 설교가 하나님의 말씀일 수 있기 위해 철저하게 성경 중심적이어야 한다.

설교를 하나님의 말씀의 증언이요, 선포라고 이해할 때, 본문이 중심이 되고, 본문이 말씀하도록 하는 설교여야 한다. 설교자에게는 성경을 바르게 읽고, 바르게 해석하며, 바르게 선포해야 할 사명을 가진다. 이런 과정을 바로 갖지 않는다면 설교자는 말씀의 세계를 드러내는 것이 아니라 왜곡시킬 수 있다는 사실을 기억해야 한다. 성경의 세계 속으로 들어가서 그 가운데서 말씀하시는 하나님을 먼저 경험하고, 그 사건에 참여하지 않고서는 성경의 세계는 활짝 열리지 않는다. 게르하르트 에벨링이 주장한대로 성경은 살아있는 "언어사건"

---

30) 위의 책, 130-31.

(*Wortgeschehen*)이기 때문에 설교자가 그것을 먼저 듣고, 참여하여 바른 해석을 필요로 한다. 그때 설교자 앞에 서있는 회중들에게 하나님의 세계가 펼쳐지게 된다.

설교의 궁극적 목표

그렇다면 설교를 하나님의 계시 사건으로 이해할 때, 우리는 궁극적으로 설교 사역을 통해 무엇을 기대할 수 있을 것인가? 하나님께서는 설교를 통해서 계속해서 하나님의 말씀과 뜻을 드러내신다. 하나님의 자기 노출(God's self-disclosure)은 계시 사건의 목표이듯이 설교의 궁극적 목표가 있다면 그것은 '하나님의 드러나심' 이다. 설교가 바로 행해질 때 오늘의 회중들은 하나님의 계시를 자신들의 것으로 느끼게 되며, 현재 일로 만들어 준다. 그러므로 설교는 하나님에 관한 정보를 전달해주는 것(transmit)이 아니라 말씀을 통해 살아 계신 하나님을 새롭게 경험할 수 있도록 해주는 것(experience)이다. 이러한 점에서 폴 스캇 윌슨(Paul Scott Wilson)은 설교를 "회중들이 살아 계신 하나님을 만나는 사건"이라고 정의한다. 우리가 바로 행하는 설교 사역을 통해 기대할 수 있는 것은 실로 우리의 상상을 초월하게 된다. 하나님의 세계는 펼쳐지게 되고, 흑암과 혼동 가운데 있던 세계 가운데 하나님의 말씀이 선포됨으로 질서의 세계로 창조되었던 것처럼 심령들을 새롭게 하시는 하나님의 재창조가 계속되게 된다.

또한 설교 가운데서 우리는 예수 그리스도의 임재를 기대하며 경험하게 된다. 설교의 사역을 위임하시면서 주님은 제자들에게 "세상 끝 날까지 항상 함께 하실 것"임을 약속하셨다. 그들의 사역의 현장에 임재를 약속하셨다. 그들이 주님의 위임을 받고 나아가 설교하였을 때 "주께서 함께 역사"하셨고, 그 따르는 표적을 통해 말씀을 확증

(confirm)하셨다고 말씀하신다(막 16:20). 그러므로 설교 사역이 행해지는 가운데 우리는 그리스도의 임재를 예견할 수 있게 되며, 그것을 누릴 수 있게 된다. 그리스도의 임재는 은혜의 선물이며, 약속의 성취요, 그리스도를 통한 하나님의 자유로운 행위이다. 비록 그것을 어떤 공식으로 서술하거나 설명할 수는 없지만 하나님이 정하신 장소와 시간 안에서 스스로를 나타내시는 하나님의 자유로운 결의라는 비의(秘意)에 따라서 그리스도의 임재는 일어난다.

설교자의 마음 자세에 달렸다

세계적인 명성을 누리고 있는 트럼펫 연주가인 루이 암스트롱은 "당신 속에 음악이 있다면 음악에 대한 정의가 필요 없다. 그러나 당신 속에 음악이 없다면 아무리 음악에 대한 훌륭한 정의를 내린다 할지라도 당신은 그것을 알지 못할 것이다"라고 했다. 설교에 대한 신학적 정의가 반드시 필요한 것은 아니다. 하나님의 거룩한 말씀을 바로, 가장 효과적으로 전하려는 마음 자세가 바로 되어 있으면 명쾌한 정의를 내리고, 그것을 되뇌이는 것보다 더 중요하다. 그러므로 설교의 기교를 배우고, 오늘의 현장과 문화 사회적인 특성을 분석하고 거기에 적합한 설교 방법론을 강구하기 전에 설교자가 먼저 배워야 할 것이 있다면 그것은 설교의 신학적 이해이다. 이것은 그 무엇보다도 우선되어야 하는 과제이다. 왜냐하면 이것이 바로 되어 있을 때 설교 사역은 바로 감당될 수 있으며, 그 사역을 새롭게 감당할 수 있기 때문이다.

서슬 퍼런 독재정권을 향해 저항의 시인으로 살다가 젊은 날 세상을 떠난 시인 신동엽의 시, "누가 하늘을 보았다 하는가"를 읽다보면 설교자로 산다는 것이 무엇이며, 어떻게 서야 할 지에 대한 깊은 성찰을 얻게 된다. 그 전문을 읽어보자.

누가 하늘을 보았다 하는가
누가 구름 한 송이 없이 맑은
하늘을 보았다 하는가

네가 본 건, 먹구름
그걸 하늘로 알고
일생을 살아갔다

네가 본 건, 지붕 덮은
쇠항아리
그걸 하늘로 알고
일생을 살아갔다

닦아라, 사람들아
네 마음속 구름
찢어라, 사람들아
네 머리 덮은 쇠항아리

아침저녁
네 마음 속 구름을 닦고
티 없이 맑은 영원의 하늘
볼 수 있는 사람은
외경(畏敬)을/ 알리라

아침저녁
네 머리 위 쇠항아릴 찢고
티 없이 맑은 구원의 하늘
마실 수 있는 사람은

연민(憐憫)을
알리라

차마 삼가서
발걸음도 조심
마음 조아리며
서럽게
아 엄숙한 세상을
서럽게
눈물 흘려
살아가리라

누가 하늘을 보았다 하는가
누가 구름 한 자락 없이 맑은
하늘을 보았다 하는가.

 이 시를 읽다 보면 설교자로 산다는 것에 대해 두려움을 갖게 되고 깊은 생각에 빠지게 된다. 설교자는 자기가 본 하늘을 이야기하는 사람들이요, 자기가 본 하늘에 대해 증언하는 사람들이다. 그런데 시인은 "누가 하늘을 보았다 하는가?"라고 질문하고 있다. 구름 한 점 없는 맑은 하늘을 보았다고 외치고 있지만 혹 우리가 본 것이 먹구름은 아닌지, 그것을 일생 하늘로 알고 외치며 살아가는 어둔한 설교자는 아닌지, 우리가 본 것을 힘껏 외치지만 그것은 정작 '지붕 덮은 쇠항아리'를 하늘로 알고 일생을 살아가고 있지는 않는지…

 진정으로 마음 속 구름을 닦고, 머리 덮은 쇠 항아리를 찢은 사람이 바로 선 설교자요, 바로 사명을 감당해 가는 설교자이다. 그렇게 살아가는 설교자의 마음 자세는 언제나 두 가지로 요약된다: "외경"

(畏敬)과 "연민"(憐憫). 전자가 하나님과 그 세계에 대한 경탄이라면 후자는 죽어가는 영혼에 대한 사랑의 마음이다. 이러한 마음을 가지고 살아가는 설교자는 "겨울 냇가를 건너는 사람처럼"(豫兮若冬涉川)[31] 자신이 떼어놓는 발걸음 하나도 조심스럽게 떼어놓는다. 그러한 자세가 설교의 여정을 바로 걷게하기 때문이다.

---

31) 노자, 『도덕경』 (서울: 현암사, 1999), 15장.

4장
본질을 결정하는 요소
: 설교 신학

당신이 믿을 수 있다면 얻을 수 있고
당신이 꿈꿀 수 있다면 당신은 될 수 있다.
– 윌리엄 워드

모든 것을 결정짓는 요소

한국 유학생 세 명이 비교적 월세가 싼 오래된 뉴욕의 한 고층 아파트 33층에서 함께 생활하고 있었다. 그러던 어느 날 엘리베이터가 고장이 나서 세 사람은 계단으로 걸어 올라가야 했다. 말이 33층이지 등산을 하는 것도 아니고 계단을 뻥뻥 돌아 33층을 올라가려니 앞이 캄캄했다. 그 때 한사람이 제안을 했다. 33층이니까 한사람씩 자기 전공분야에 대해 11층을 올라갈 동안에 다른 두 사람에게 강의하면서 올라가자고 했다. 그러면 지루함도 덜하고 자기가 배운 것을 정리할 수도 있고, 또 각자가 공부하는 것을 서로 이해하게 될 터이니 그야말로 일석삼조가 아니겠느냐고 했다. 좋은 생각이라고 모두 동의를 하고 먼저 법학을 공부하는 사람이 법이란 무엇인가에 대해 열심히 설명하면서 11층을 올라갔다. 그 다음에는 철학을 공부하는 사람이 인생이란 무엇인가에 대해 옆 사람 얼굴에 침을 튀기는지도 모른 채 열변을 토해가며 다음 11층을 올라갔다. 예상대로 서로의 학문에 대해 말하고 들으면서 올라가니 수월하게 올라갈 수가 있었다. 그 다음에는 신학을 공부하는 학생의 차례였다. 그는 왜 하나님이 우리에게 필요한지, 우리는 왜 하나님을 믿을 수밖에 없는 존재인지에 대해 차근차근 설명하면서 나머지 11층을 올라갔다. 드디어 33층, 자기 아파트 현관문 앞에 도착했다. 그런데 이게 웬일인가? 도착하자마자 세 사람은 서로의 얼굴을 보며 기절초풍할 수밖에 없었다. 왜 그랬을까? 그들은 열쇠 복사하는 돈을 절약하기 위해서 열쇠를 경비실에다 맡겨두고 다니는데, 열쇠를 받아오는 것을 깜박 잊고 올라왔기 때문이었다.

아무리 좋은 이야기를 나누고 왔고, 화기애애한 분위기 속에서 33층을 올라왔다 하더라도 열쇠가 없으면 그 모든 수고는 허사가 되고 만다. 이것은 우리 인생에 있어서 굉장한 것을 이루고 또 분위기 좋게 감당했다 할지라도 가장 핵심적인 요소가 빠져버리면 모든 것이 빠져버리게 된다는 이야기이다. 비유가 적절할지 모르지만 어쩌면 설교 신학은 열쇠와 같은 역할을 하는 중요한 요소이다. 설교자 자신이 설교 사역을 감당함에 있어서 내가 지금을 무엇을 행하고 있는가를 명확하게 아는 것은 그 사역의 성패에 달린 만큼 중요한 요소이다. 그러므로 설교자는 자기가 행하는 설교에 대하여 타당성과 동기를 제시할 수 있는 바른 신학적 이해를 필요로 한다. 왜 그러한가? 알버트 모휠러(Albert Mohler)는 주장하기를 설교 신학은 "설교가 한 인간의 창작품이나 고안(invention)이 아니라 하나님의 한 은혜로운 창조물이며, 교회를 위한 하나님의 계시된 뜻의 중심 부분이라는 겸

---

32) R. Albert Mohler, *Feed My Sheep: A Passionate Plea for Preaching* (Morgan: Soli Deo Gloria Publications, 2002).

손한 인식"에서 시작된다고 했다.32) 이렇게 설교 신학은 설교 사역의 모든 것과 설교자의 자세를 규정하는 요소로 작용하게 된다.

앞장에서 언급한 대로 오늘의 청소년 세대는 그들의 혼을 빼앗아 갈 너무 많은 소리들에 둘러 싸여 살아가고 있다. 들으려고도 하지도 않거나 들을 수도 없는 것처럼 보이는 세상에서 우리가 어떻게 계속해서 설교를 할 수 있으며, 또 어떻게 효과적으로 그 일을 수행할 수 있을 것인가? 그 본질적인 비결은 '어떤 기술'에 정통해야 하는 것이 아니라 '어떤 신념'에 의해 지배되는 것이다. 달리 말하면 효과적인 설교 사역을 위해서 선행되어야 하는 것은 어떤 설교 방법론보다 설교가 무엇인지에 대한 분명한 신념, 즉 설교에 대한 신학적 이해라는 말이다. 그래서 존 스토트는 어느 세대를 대상으로 하든지 간에 우리가 설교자가 되고자 한다면 반드시 설교에 대한 신학적 이해를 필요로 한다고 했다. 만약 설교에 대한 신학적 이해가 올바르다면 우리가 꼭 감당해야 하는 일에 대한 모든 기본적인 통찰력을 갖게 될 것이며, 그 일을 성실하게 할 수 있도록 하는 모든 자극을 받게 될 것이기 때문이다.33)

결핍에서 오는 문제들

모든 요소가 풍부해도 건강에 결정적인 한 가지 영양소가 결핍되게 되면 문제가 되는 것처럼 모든 것을 세울 수도 있고 무너뜨릴 수도 있으며, 모든 것을 가능하게 하기도 하고 모든 것을 불가능하게 하는 요소가 있다면 그것은 설교자의 바른 신학적인 이해이다. 청소년 사역이 점점 어려운 상황이 도래하고 있기 때문에 설교자들에게 더욱 필요한 것은 이러한 신학적 무장이다. 그렇다면 설교 신학의 결

---

33) John R. W. Stott, *Between Two Worlds*, 정성구 역, 『현대 교회와 설교』 (서울: 풍만, 1987), 105.

핍이 가져오는 결과는 무엇일까?

먼저는 신학적 이해의 결여는 설교 사역을 적절하게 감당하지 못하게 하는 주요 원인이 된다. 설교에 대한 바른 신학적 이해가 결핍되게 되면 열심히 감당해도 결국은 허사가 '될 수 있는 요소로 작용한다. 설교 신학의 결여는 설교의 본질의 결여로 연결되게 하며, 찰스 스펄전이 말한 대로 그저 설교가 "감미로움"만 가지고 있으면 "수다스럽기만한 설교"로 전락할 수도 있다. 그런 설교는 매력 있고 문학적인 강론을 할 수 있을지 모르지만 하나님의 생명을 제공할 수는 없다. 사람을 웃기고 즐겁게 하는 '개그'나 '강의'는 했을지 모르지만 그러한 설교는 생명을 그리스도께 인도하는 생명 사역은 되지 못한다.

둘째로 설교 신학의 결여는 일관성이 없게 한다. 바른 설교신학이 결여된 설교자는 지금 자신이 무엇을 하고 있는지를 알지 못하고 있기 때문에 방향성을 상실하게 된다. 오늘 어려운 상황 속에서도 그것을 여전히 감당하게 하는 요소도 설교 신학이 결정짓는다. 박해가 오고 환난이 겹쳐 와도 설교를 중단할 수 없게 하는 것도 설교에 대한 신학적 이해로부터 온다. 박수를 받지 못해도, 사람들이 듣고 싶어 하지 않아도 끝까지 달려갈 수 있게 하는 것도 여기에서부터 시작된다. 십자가 선포의 설교 신학, 복음 선포의 설교 신학, 예수 그리스도를 통한 구원을 말씀 선포의 신학으로 가졌던 사도 바울의 경우만 하더라도 도무지 설교 사역을 감당할 수 없는 반대와 고난, 아무도 듣지 않고 외면하는 때라 할지라도 도무지 포기하지 않고 일관성 있게 달려갈 길을 다 달려가지 않았던가? 그러나 설교 사역을 감당하는 설교자에게 적절한 설교 신학이 결여되어 있다면 그는 사역에 대한 일관성을 상실하게 될 것이다.

셋째로 설교신학의 결여는 설교의 진정한 권위를 잃게 만든다. 왜냐하면 설교의 주체를 잃어버리게 됨으로 말미암아 설교자 자신이 마치 주체인 것처럼 처신하게 될 것이기에 진정한 말씀의 권위를 놓치게 된다. 오늘날 설교자들의 가장 심각한 문제 가운데 하나를 들라면 그것은 설교자가 설교의 주인으로 군림하려는 현상이다. 이것을 디트리히 리츨은 "객체와 주체의 분열 현상"이라고 주장한다. 이것은 설교의 주인이 하나님이시며, 자신은 그 분의 위임을 받아 대언하는 것이며, 그가 보고 들은 하나님의 세계와 말씀을 증언하는 것이라는 사실을 망각하게 됨으로서 야기되는 현상이다. 이렇게 되면 설교자는 은연중에 설교를 지배하는 지배자가 되게 되고, 심지어는 성경 본문조차도 자신이 하고자 하는 주장을 증명해주는 보조 자료로 사용하는 경향으로 나타난다. 그는 성경 본문이 말씀하는 바를 증언하는 설교자로 서기 보다는 설교를 자기주장을 펼치고 야망을 드러내는 도구로 삼을 수 있다. 설교 사역은 사람이 그 권위를 가지게 되면서 진정한 말씀의 권위를 상실하게 된다. 설교자들이 설교의 주인처럼 행동하게 된다면 그를 통해서 전달되는 설교에는 하나님의 말씀이 희미하게 될것이다.

네 번째는 설교의 부적절성(irrelevance)을 들 수 있다. 설교가 바로 행해지기 위해서는 반드시 필요한 토양이 있다면 말씀의 근원으로서의 성경, 바른 교리적 바탕으로서의 신학, 역사적 맥락에서의 교회 전통을 들 수 있을 것이다. 그러나 이런 토양 위에 견고하게 뿌리 내려야만 건강한 사역이 될 수 있지만 설교는 오늘의 삶과 연관성을 가져야만 오늘의 청중들의 삶을 터치하는 설교가 될 수 있다. 설교는 서재에서 끝나는 것이 아니며, 기도실에서 완성되는 것도 아니다. 설교는 말씀을 듣는 청중들의 삶에 가서 뿌리를 내릴 때 완성될 수 있기 때문에 설교는 반드시 오늘의 현장과의 연계성 속에서 행해져야 한다. 그러므로 설교는 언제나 현장성을 가지며 그런 점에서 삶의 가장 자리에서 행해지는 신학적 작업(doing local theology)이다. 이러한 설교의 신학적 특성을 알지 못하면 설교자는 오늘의 삶에 대한 연구를 등한히 하게 될 것이며, 나의 청중들에 대한 연구를 등한히 하게 될 것이다. 오늘의 청중들에게 말씀하시는 하나님에 대해서 관심을 갖지 못할 것이기 때문에 자연히 오늘의 청중들에 대해서 깊이 연구하지 못하게 될 것이다. 그렇다. 설교자가 영원한 프리즘을 통해서 모든 역사와 경험을 비추게 될 때에 복음 자체의 무한한 적응성은 "그때-거기"(then-and-there)와 "여기-지금"(here-and-now) 사이를 연결한다.

하나님의 말씀이 드러나는 방식

설교는 하나님의 말씀이 이 세상에 나타나는 방식이다. 그래서 청중들은 설교를 통해서 하나님의 계시의 말씀을 현재적 사건으로 경험하게 되며, 자기 자신들을 위한 적절한 말씀으로 느낄 수 있게 된다.[34] 이렇게 설교는 하나님의 계시와 깊은 관련되어 있는데, 설교는 "계속되는 하나님의 계시의 현재화"이다. 그러므로 설교를 하나님의 계시사건으로 이해한다고 할 때 우리는 설교함에 있어서 어떠한 특성을 기대할 수 있을까? 설교의 이러한 신학적 측면을 세 가지 이미지를 통해 설명해 보자.[35]

첫째로 설교는 침묵 속에서 생성되는 말씀(proceeding from silence)이다. 하나님이 말씀하시기 전에는 침묵이 있었다. 여기에서 하나님의 침묵은 우리의 기도에 응답하시지 않으시고 외면하시는 것과 같은 의미의 침묵이 아니다. 하나님의 침묵은 하나님의 전체 계시에 필수적인 요소이다. 침묵 가운데 계시는 하나님은 선지자들과 예

---

34) Fred B. Craddock, *Preaching* (Nashville: Abingdon Press, 1998), 51.
35) 위의 책, 52-65.

언자들을 통해 드러나기 시작했고, 예수 그리스도를 통해서 선명한 '소리'로 나타난다. 그러나 그것이 이해할 수 없는 방식으로 주어졌을 때 사람들은 귀를 닫아버리고 배척해 버린다. 사람들의 멸시와 증오 앞에서 십자가를 지신 예수 그리스도께서도 고난의 길을 걸어가실 때 침묵 가운데서 걸어가신다. 동정녀 마리아에게서 탄생하실 때도, 그리고 십자가를 지실 때에도 사람들에게 공교하게 그것이 설명되지 않고 침묵 가운데서 행해진다. 초기에는 알지 못하였으나 부활 후에, 그리고 성령님께서 강림하신 후에 그것은 선명히 드러난다.

이렇게 하나님의 계시 사건인 설교는 침묵을 깨뜨리시는 하나님의 행동이다. "말씀으로 침묵을 깨뜨리시는 하나님," 크래독은 이것이 기독교의 설교와 하나님의 계시의 속성을 가장 적절하게 설명해 주는 표현으로 이해한다. 설교는 하나님의 침묵을 깨뜨리면서 말씀을 드러내는 행동이며, 침묵 속에 싸여 있던 하나님의 활동과 뜻을 드러내는 사건이다. 설교란 바로 주님이 무슨 말씀을 하실까 하는 마음으로 기다리며 앉아 있는 사람들 앞에 놓인, "침묵이라고 하는 투명한 유리를 향해 내어 던지는 말씀"이다. 언제나 설교의 시작은 이렇게 침묵으로부터 시작된다. 그러므로 하나님이 침묵하셨듯이 설교자는 침묵 가운데서 그분의 음성을 들으려는 자세가 필요하다.

두 번째는 설교는 조용한 휘파람 소리와 같이 세미하게 들리는 (heard in a whisper) 말씀이다. 하나님의 자기 드러내심은 모든 사람에게 선명하게 나타났던 것은 아니다. 하나님은 구름 속에 손을 담그셔서 하늘 위에 큰 글씨로 "너를 사랑한다"고 쓰신 것도 아니고, 천둥을 울리면서 말씀하신 것도 아니었다. 하나님이 침묵을 깨뜨리신 것은 큰 소리가 아니고 세미하게 들리는, 모든 사람들이 들을 수 없는 방법으로 침묵을 깨셨다. 엘리야가 세미한 하나님의 음성을 들었던 것처럼 오늘도 마찬가지로 하나님의 세미한 음성을 들을 수 있는 귀가 설교자에게 필요하다. 마치 금강석 원석에서 금을 채취하는 광부와 같이 오늘날 설교자에게 요구되는 능력은 세미하게 들리는 말씀의 특성을 이해하고, 그것을 선명하게 들을 수 있는 능력이다.

세 번째로 설교는 지붕 위에서 외쳐진(shouted from the housetop) 말씀이다. 이제 들리는 하나님의 말씀은 설교자의 귀에는 속삭임으로 다가오는 세미한 음성이었지만 설교자의 입에 담긴 그 말씀은 큰 외침이 된다. 여기에서 '외침'이라 함은 말씀을 전달하는 스타일이라기보다는 설교가 공적인 선포(public proclamation)가 되어야 한다는 의미이다. 그래서 크래독은 지붕 위에서 외쳐지는 설교의 이미지를 통해서 설교자가 감당해야할 설교 사역의 자세를 설명하고 있다. 설교자는 전하는 메시지의 중요성과 절박성을 알아야 하며, 편협한 교파주의나 배타적인 세력을 넘어설 수 있어야 한다. 외치는 것으로 설교를 이해할 때, 설교자는 담대하고 분명하게 증거해야 하며, 씨앗이 자라나 큰 나무가 되듯 하나님의 말씀의 미래를 신뢰한다는 의미를 담고 있다. 또한 지금껏 들어온 말씀의 전통을 중요하게 생각하면서 듣는 사람의 상황을 깊이 고려한다는 말이다.

모든 것을 요구하는 정교한 행동

계시의 측면에서 볼 때 하나님은 철저하게 "자신을 은폐하시는 하나님"(Deus Absconditus)이시면서 또한 "자신을 드러내시는 하나님"(Deus Revelatus)이다.[36] 거룩한 신비 속에 계시는 하나님께서 스스로 자신을 드러내시는 사건을 가리켜 하나님의 계시라고 할 때

---

36) Karl Barth, *Church Dogmatics*, II/1, IV/1 (Edinburgh: T. & T. Clark, 1957)을 참조하라. 이 양자 사이의 구분과 이해는 기독교 신학에서 오랜 역사를 가지고 있으며, 이러한 계시 이해는 종교개혁자들에게 있어서 근본적인 내용이 되었다. 루터도 에라스무스와의 논쟁에서 이것을 전제로 개진하며, 칼빈 역시 그의 『기독교 강요』 전반에서 이러한 이해에 의존한다. Martin Luther, *The Bondage of the Will* (Grand

오늘도 설교자는 이 계시의 사건을 계속해 가는 하나님의 구원사의 한 모퉁이에 서 있는 존재이다. 도무지 하나님을 알 수도 없고, 만날 수도 없는 인간에게 다가오셔서 말씀하시는 하나님, 그리고 마지막에는 예수 그리스도를의 성육신이라는 방식을 통해 온전히 자신을 드러내시는 하나님께서, 이제 설교라는 방식을 통해 사람에게 말을 걸어오신다. 선지자들을 통해서 말을 걸어오신 하나님, 마지막에 예수 그리스도를 통해서 성육신하심으로 인간에게 말을 걸어오신 그 하나님께서 오늘은 설교자들을 통해서 말을 걸어오고 계신다.

이런 점에서 오늘 하나님의 말씀을 이 세상에 드러내는 설교 사역은 설교자들에 달렸다. 이것은 설교자가 주체여서가 아니라 영원히 하나님 앞에서 객체로 서야 하는 설교자가 그것을 어떻게 감당하느냐에 달린 설교자의 마음자세, 즉 신학적 이해와 관련된 말이다. 우리의 설교 사역을 지탱시켜 주시고, 힘을 불어 넣어주시는 분은 하나님이시다. 교회를 세우고, 그 교회를 하나님의 공동체로 형성해 가는 일을 위해 하나님의 백성들을 부르시고, 그들 속에 화해의 놀라운 역사를 이루시기 위해 오늘 설교자들의 말과 생각들을 사용하시는 분은 하나님이시다.

여기에서 설교자의 역할은 하나님의 계시의 사건을 증언하며, 강력하게 나타내기 위해, 즉 하나님의 계시의 사건을 강화하도록(enhance) 세워주셨다. 이러한 사역을 위해 세움 받은 설교자는 명확한 설교에 대한 설교 신학적 이해를 가져야 한다. 왜냐하면 설교자의 마음 자세가 바로 되어 있을 때 바로 행할 수 있기 때문이다. 오늘도 계속해서 말씀하시는 하나님이 자신을 드러내시기 위해서 설교자를 세우시고, 설교를 사용하심을 아는 설교자라면 어떻게 설교 사역을 아

Rapids: Baker, 1976); John Calvin, *Institutes of the Christian Religion*, vol. I, II, trans. by Ford Lewis Battles (Grand Rapids, Michigan: Eerdmans, 1975) 등을 보라.

무릇게나 감당할 수 있겠는가? 이 점에서 설교는 설교자의 모든 것이 동원되어야 할 정교한 행동(delicate act)일 수밖에 없다.

5장
설교 할 수 있는 능력은 어디에서 주어지는가?

내가 일어나 설 수 있도록 나를 정복하옵소서.
당신의 권능 앞에 굴복할 수 있도록
나의 야망과 열망들을 깨뜨리시며,
나의 모든 주장들을 날려버리시옵소서.
나의 심령에 불 질러 주시고, 나를 새롭게 하옵소서.

- 존 던 (John Donne, 17세기 영국의 설교자, 시인)[37]

"세상에서 가장 어려운 일이 뭔지 아니?"
"흠… 글쎄요, 돈버는 일? 밥 먹는 일?"
"세상에서 가장 어려운 일은 사람이 사람의 마음을 얻는 일이란다. 각각의 얼굴만큼 다양한 각양각색의 마음을… 순간에도 수만 가지의 생각이 떠오르는데 그 바람 같은 마음이 머물게 한다는 건 정말 어려운 거란다."

---

37) John Donne, *John Donne: Selections from Divine Poems, Sermons, Devotions, and Prayers*, ed. John Booty (New York: Paulist Press, 1990), 83.

생텍쥐페리의 『어린 왕자』 중에 나오는 구절이다. 사람의 마음을 얻는 일, "그 바람 같은" 사람의 마음을 붙들어 놓는 일은 정말 쉬운 일은 아니다. 사람들의 마음을 얻어야 한다는 점에서, 그리고 그 마음을 말씀 앞에 붙들어 놓아야 한다는 점에서 설교란 결코 쉬운 사역이 아니다. 더욱이 수많은 소리들에 사로잡혀 살아가는 청소년들의 마음을 하나님의 말씀 앞에 붙들어 놓는다는 것은 수월한 일이 아님에 틀림이 없다. 청소년들의 마음을 말씀에 묶어 놓기 위해서 필요한 것은 좋은, 그리고 그들에게 걸맞은 방법론에 대한 강구가 필요하다. 청소년 설교자는 이러한 것들에 대해 연구하고, 더 좋은 방법론을 개발하는 일에 있어서 게으르지 않아야 할 것이다. 그러나 그것보다 선행되어야 하는 것이 있다면 설교자의 설교의 이해요, 신학이다. 앞장에서 언급했듯이 이것은 설교에 방향성을 제공할 뿐만 아니라 설교의 생명력을 공급해 주기 때문이다. 또한 설교자로 하여금 그 사역을 감당할 이유와 바른 자세를 견지하게 해주기 때문이다.

왜 교회는 지금껏 모든 강조점을 설교에 두어 왔을까? 설교가 무엇이기에 교회 사역에 있어서 그토록 중요한 요소로 작용해 왔을까? 왜 우리는 설교를 신학적으로 바로 이해해야 하며, 그것을 더 잘 감당하기 위한 계속해서 노력해야 하는가? 이에 대한 대답을 필립 브룩스를 통해 들어보자. 그는 예일대학의 유명한 레이먼 비처 설교학 강의에서 그렇게 주장한다. "그러므로 나는 여러분 앞에 놓인 전망에 대하여 가장 진지하게 축하하지 않고는 설교 사역을 위하여 준비하고 있는 여러분에게 이 강의를 시작할 수가 없습니다. … 우리 서로 기뻐합시다. 사람이 할 수 있는 좋은 것과 행복한 것들이 아주 많은 세상 가운데서 하나님께서는 우리에게 가장 좋은 것과 가장 행복한 것을 주셨습니다. 우리를 그분의 진리의 전파자로 만들어 주셨으니 말입니다."

우리가 오늘의 청중들인 청소년들의 마음과 귀를 말씀에 붙잡아 두어야 하는 이유는 바로 그 때문이다. 오늘도 하나님께서는 잃어버린 영혼들에게, 그리고 당신의 자녀들에게 말씀하시기를 원하시기 때문이며, 그 일을 위해서 우리를 세우셨기 때문이다. 그러므로 진리의 전파자로 세움 받은 사람의 가슴 속에는 오직 떨림과 그 사역을 더 잘 감당하기 위한 몸부림만 있을 뿐이다. 우리가 진정으로 설교자로 세움 받았고, 그 일을 위해 부르심을 받은 확신을 가지고 있다면 내가 감당해야 하는 사역이 무엇인지에 대한 바른 신학적 이해가 필요하고, 그에 따른 노력이 따라와야 할 것이다.

설교 할 수 있는 능력: 예수 그리스도의 부활

여기에서 다시 확인해야 할 질문은 그것이다: 도대체 누가 설교할 수 있는 능력을 부여한 것인가? 누가 권한을 주었기에 설교자는 담대히 강단으로 나아가는 것이며, 왜 사람들은 그의 설교가 시작될 때에 귀를 기울이는 것인가? 설교할 수 있는 능력은 어디에서 오는 것일까? 이것은 설교자가 설교 사역을 감당할 때 지금 무엇을 하고 있는지에 대한 바른 인식뿐만 아니라 그것을 효과적으로 수행하기 위해서 반드시 필요한 질문이다.

기독교 설교는 예수님의 부활 속에서 탄생했다. 처음 무덤을 찾았던 한 제자가 부활하신 주님을 만나고 돌아와서 두려움과 떨림을 가지고 "그리스도께서 살아나셨다!"고 외쳤다. 사람들은 그들이 전하는 메시지를 쉽게 이해하지 못했고, 수긍하지 못했지만 그들이 전하는 메시지를 주님께서 그것을 '확증' 해 주심으로 그 메시지를 받아들이게 되었다. 이렇게 기독교의 설교는 부활의 소식을 듣고 확신하게 된 사람들이 기쁨에 넘쳐 "예수님은 정말로 살아나셨다!"라고 외치면서 달려 나아감으로 시작되었다. 예수 그리스도의 부활 사건이 기독교의 설교를 시작하게 했으며, 그것의 중대성과 중요성을 부여해 주었

다.38)

이렇게 예수 그리스도의 부활과 다시 오심의 약속은 설교할 사명(commission)과 능력(power)을 가져다준다. 선지자들이 장차 올 영광의 환상을 통해 부름 받고 보냄을 받은 것처럼, 교회는 부활하신 그리스도의 영광의 예견을 통해 행군의 명령을 받았다. "가서 말하라"는 명령은 부활을 전하도록 세움 받고, 보내심을 받는 부활의 목격자들에게 반복적으로 주어지는 명령이었다.

선포로 시작된 부활 사건은 이제 이야기의 특성을 통해 전달되며, 부활의 진리는 초대교회 증언을 통해 이야기로 산출된다. 이러한 점을 염두로 어거스틴은 설교를 "하나님의 사랑의 이야기(narratio)"라고 명명하는데,39) 이제의 이야기는 예수 그리스도의 이야기가 중심을 이루며, 그의 사역과 죽으심과 부활, 승천과 재림을 포함한다. 부활의 선포와 함께 이야기는 듣는 사람의 역사를 미래에까지 열어 놓음으로서 폭넓게 하고 있다. 이제 이야기는 말하는 사람과 듣는 사람을 함께 엮어 주면서 미래로 이끌어간다. 이것은 설교가 종말론적인 관점에서 행해짐을 의미하는데, 위르겐 몰트만은 이것을 예수 그리스도의 부활과 동일한 우리의 미래의 부활을 기다리는 것이며, 그리스도의 미래에 동참하기 위해 부활하신 그리스도를 기대하고 있음을 의미하는 것으로 이해한다.40)

이렇게 설교는 종말론적인 틀 안에서 행해지며, 그리스도의 부활을 통해 완성된 예수님의 이야기를 계속할 때 하나님의 구원의 역사

---

38) 이러한 설교의 신학적 이해는 듀크대학의 설교학 교수인 리챠드 리셔(Richard Lischer)에게서 찾을 수 있다. 보다 자세한 내용을 위해서는 Richard Lischer, *A Theology of Preaching: The Dynamics of the Gospel* (Durham: The Labyrinth Press, 1992)를 참조하라.
39) Domenico Grasso, *Proclaiming God's Message* (South Bend: Notre Dame University Press, 1965), 115-16에서 재인용.
40) Jürgen Moltmann, *Theology of Hope* (New York: Harper & Row, 1967), 180-81.

는 깊어지고, 또한 확대된다. 그러므로 설교는 계속해서 오늘의 역사와, 인간들의 삶 속에서 그리스도의 구속을 통한 "새창조"를 계속해 가는 사역이다. 설교는 본질적으로 인간의 이야기(a story)를 하나님의 이야기(The Story)로부터 분리해 내는 작업이며, 그 근본적인 차이점을 보여주는 작업이다. 그러나 그리스도의 이야기는 인간의 이야기를 덮으면서 봉합을 시도하게 되는데, 이것을 리셔는 설교에 있어서 "이야기들의 분리와 결합"의 사건으로 이해한다. 이렇게 예수 그리스도의 부활은 그분의 전 인격적인 존재하심이 다른 사람에게 널리 전해진 커뮤니케이션 사건이었다. 설교자는 이러한 커뮤니케이션 사건을 통해 사람들의 삶 속에 죽음과 소망의 차이를 드러낸다. 어떻게 살아야 할지, 무엇을 지향해야 할지, 진정한 삶의 이유와 방향을 설정해 준다.

그러므로 부활의 증언 기록, 다시 말해 초대교회 설교의 기록인 사도행전은 종결된 이야기가 아니라 오늘도 계속되어야 하는 "끝나지 않는 이야기"이다. 그리스도의 이야기는 계속해서 선포되고 들려져야 하는 이야기이기 때문에 세상 모두를 향한 개방성을 가진다. 예수 그리스도의 종말론적인 부활은 기독교 이야기의 개방성 가운데서 힘을 얻는다. 사람들은 계속되는 이야기 가운데 참여하도록 초청을 받게 되며, 어떻게 살아야 하는지에 대한 방향성을 제시받게 된다.

그렇다면 선포의 장소는 어디인가? 토론이 선포에 의해 물러나고, 분석이 찬양에, 동의가 참여에 의해 물러나게 되는 것은 부활의 사건이 가지는 특성 때문이다. 이제 부활의 선포요, 증언인 설교는 어디에서 행해질 것인가? 부활의 선포는 어디에서나 주어져야 하지만 가장 적절한 장소는 "예배를 드리는 공동체"이다. 죽음과 부활, 이 핵심적인 주제는 기독교 예배의 중심에 서있다. 교회력의 드라마는 그것을 잘 드러내 보이고 있으며 '작은 부활주일'로 기원된 주일에 드려지는 예배는 그것을 다시 재연하는 곳이다.

이렇게 부활에 의해서 시작되고 특징지어지는 설교 사역은 하늘과 땅의 권세를 가지신 분의 약속을 가지고 행한다. 말씀하시는 이가 하나님이시고, 말씀을 돕는 이가 성령님이시기 때문에, 설교하고 가르치는 사람들은 말씀의 효과 있는 능력이 사라지지 않았다는 확신을 가지고 그 일을 행한다. 하나님은 진리를 나누어 줄 뿐만 아니라 예레미야나 이사야의 경우처럼 진리를 능력 있게 전달하도록 설교자의 입을 지키신다. 말주변이 없다고 이유 있는 항의를 하는 모세에게 하나님은 "누가 사람의 입을 지었느뇨? 이제 가라, 내가 네 입과 함께 있어서 할 말을 가르치리라."(출 4:11-12)고 말씀하시면서 설교의 사명을 맡겨 주신다. 신약에서도 어부들을 택하셔서 하나님의 설교자로 세우신다. 특별히 오순절 사건에서 새로운 방언을 허락하시며 성령님으로 함께 하심을 확인시켜 주신다. 그들이 의혹으로 뒤덮인 세상 가운데 나아가 하나님의 말씀(부활의 소식)을 전할 때 주님께서는 친히 "여러 표적들로 확증"하심으로 완성하신다. 또한 친히 증언하시는 분이 성령님이시며, 말할 수 없는 탄식으로 이 사역을 돕고 계신다(롬 8:16, 26).

성령님이 함께 계심에도 불구하고 바울의 설교 전달 능력은 그렇게 강력하지 못했던 것 같다. 당시의 수사학적 우아함을 지녔던 지식 있는 사람들은 사도 바울의 설교를 경멸하는 태도로 비판했다. "그의 편지들은 중하고 힘이 있으나 그 몸으로 대할 때는 약하고 말이 시원치 않다"(고후 10:10)는 것이 그들의 불평 사항이었다. 바울은 설교자가 단지 청지기, 대변자, 증인, 사자, 종, 그리고 토기에 불과함을 고백하면서도 그는 하나님의 집의 청지기(οικνουμοσ)가 된 신비와 선포자(κηρνξ)가 된 사실을 선포한다. 그리고 그가 하나님의 메시지와 증인이 된 사건과 사도로 부르시고 종이 되어 섬길 수 있도록 불러주신 주인이 되시는 주님 때문에 그가 하나님의 동역자가 되었다는 사실을 담대히 선언하고 있다.

바울과 마찬가지로 모든 설교자는 말씀이 역사하실 것을 알고 있으며, 자신 있게 하나님의 약속을 소유하고 있다. 그래서 이 사역을 위해 나아가는 자는 언제가 과거 구약의 예언자들이 가졌던 강한 확신을 가지고 나아가게 된다:

> 이는 비와 눈이 하늘로 부터 내려서
> 그리로 되돌아가지 아니하고
> 땅을 적셔서 소출이 나게 하며
> 싹이 나게 하며 파종하는 자에게는 종자를 주며
> 먹는 자에게 양식을 줌과 같이
> 내 입에서 나가는 말도 헛되이 내게로 되돌아오지 아니하고
> 나의 기뻐하는 뜻을 이루며
> 내가 보낸 일에 형통함이니라. (사 55:10-11)

이렇게 기독교의 설교는 사도들의 사역을 계속 연장하여 감당하는 것이며 확실히 예수님의 사역을 계승한다. 십자가의 어리석음을 가장 고상한 지혜로 받아들이기로 작정한 사람(고전 1:22-25)을 하나님의 동역자로 부르시고 초청하신다. 설교의 영광은 이러한 하나님의 신비에 대한 인간의 청지기직, 즉 은혜로 주어지며 겸손과 어린아이같은 신뢰 가운데 설교자에 의해 받아들여지는 청지기직으로 이루어진다.

설교 사역을 통해서 우리가 기대할 수 있는 것

그렇다면 우리가 설교 사역을 감당할 때 기대할 수 있는 것은 무엇인가? 먼저 우리가 하나님의 말씀을 전하는 설교 사역을 감당할 때 우리들을 통해 하나님의 말씀이 선포된다. 제 2 스위스 신앙고백이

가르쳐 준대로 우리는 "하나님의 말씀을 전하는 것은 하나님의 말씀" (Praedicatio verbi Dei est verbum Dei)임을 함께 고백하게 된다. 칼 바르트가 말한 것처럼, 설교를 하나님의 말씀과 사람의 말로 구분할 수는 없으나 설교가 선포의 역사적 계승에 참여하는 한 우리가 설교하는 것은 베드로와 바울이 하나님의 말씀을 설교한 것과 마찬가지로 우리의 설교는 하나님의 말씀이 된다. 왜냐하면 선포가 성경에서 증언된 계시를 돌이켜 보는 일에 참으로 의존하여 성경의 증거를 충실히 반복하는 한 설교는 하나님의 말씀이기 때문이다.[41]

둘째로 설교는 말로 행해지는 하나님의 말씀이다. 설교는 말해지기까지는 설교가 아니다. 설교는 두 번 태어나는데, 디트리히 본회퍼가 말한 대로 한번은 연구하는 과정에서, 또 한번은 강단에서 태어난다. 오랜 기간 동안의 기도와 양육 받는 단련 끝에 태어난다는 의미에서 설교는 분만되는 것(delivered)이며, 받았던 것을 전해 줄 때에 하나님의 말씀은 이 세상에 전달된다(delivered). 그러므로 설교는 말하는 사건이며, 선포의 사건이다. 내 입속에서 메시지가 맴돌고 있다고 해서, 내 가슴 속에 불 일 듯이 타오르고 있다고 해서 설교가 되는 것이 아니라 그것은 반드시 선포됨으로 의미있는 증언의 사건이 된다.

셋째로 설교는 특정한 시간과 장소와 사람들에게 하나님의 말씀이 된다. 모든 시대에 동일하게 선포되는 말씀이지만 오늘의 청중들에게 적절하게 해석되고 선포됨으로서 설교는 하나님의 말씀이 된다. 이것은 과거에 기록된 성경을 통해 드러나는 하나님의 계시의 말씀이 오늘의 청중들을 위해 적절하게 해석되고, 그것이 연관성(relevance)을 가지고 적절하게 선포될 때 하나님의 말씀 사건이 된다. 설

---

41) Karl Barth, *Church Dogmatics*, vol. I/1 (New York : Scribner, 1955), 136.

교란 유일한 참 설교자인 예수 그리스도가 그것에 의하여 자신을 선포하기를 원하시는 바 살아있는 말씀임이 진실이라면 그러한 살아있는 말씀은 우리에게 의존하지 않고 오히려 우리가 그 말씀에 의존하고 있는 것도 진실이다. 그러므로 오늘도 설교자들은 오늘의 상황과 사람들에 대해 연구하고, 방법론을 강구하는 것은 이러한 특성 때문이다.

설교를 통해 하나님은 당신의 비밀을 버리신다

인간에게 일어날 수 있는 가장 위험할 뿐만 아니라 가장 경이로운 한가지 사실은 인간이 그의 불순종과 무지함에도 불구하고 하나님의 복음을 선포하기 위하여 사용될 수 있다는 점이다. 인간이 생명의 말씀을 말할 수 있으며, 그들의 증언은 마음을 바꾸고 생명을 창조할 수 있다. 또한 오늘의 청중들은 설교자를 통해 살아계신 주의 말씀을 확실히 설교에서 들을 수 있다. 이렇게 설교는 세상이 제공할 수 없는 것을 제공하게 되며, 하나님이 이 세상에 제공하시기 원하시는 것을 온전히 제공하게 된다. 하나님은 설교가 행해질 때 당신의 비밀을 버리시며 스스로를 계시하신다. 하나님은 설교를 통해 당신의 사랑과 생명을 주시며, 자신을 드러내신다. 그러므로 설교는 하나님의 이 계시에 참여하는 것이며, 하나님의 계시 사건이 된다. 그러므로 설교는 개개인에게 있어서 생명과 신앙을 창조할 뿐만 아니라 세계의 역사도 결정할 것이라고 말해야 한다. 예수 그리스도는 우리 손에서 회심자를 받으시는 것이 아니라, 설교하고 증언을 할 때 우리가 주의 손에서 사람들을 받는 것이다.

그러므로 설교는 하나님의 사건이 된다. 성경 본문이 해석되어 그 의미가 청중들의 구체적인 상황 속에서 표현될 때 그것은 하나의 사건이 된다. 이것은 하나님과의 만남(encounter), 하나님의 세계에로의 참여(engagement), 말씀하시는 하나님과의 대화(dialogue)가 된다. 단지 강단에서 설교자가 독백하는 것이 아니라 함께 말씀의 여정을 찾아가면서 하나님의 말씀을 찾아 맛보며 경험하게 되는 새로운 사건이 되어야 한다. 그러므로 설교자가 여기에서 던져야 할 질문이 있다면, "나에게 있어서 설교는 무엇이며, 내가 행하는 설교에서 무엇이 일어나는가?"가 관심사가 되어야 한다.

그래서 해리 에머슨 포스딕이 전해주는 휴 라티머(Hugh Latimer)의 지혜를 가져야 한다. 라티머는 한때 영국 황제 앞에서 설교해야 했다. 왕은 생사의 존탈(尊脫)을 결정지을 수 있는 권한을 가진 존재였다. 궁전으로 향해 가는 동안 그의 귀에 그러한 말이 쟁쟁하게 울려 퍼지고 있었다. "라티머! 오늘 네가 설교하는 내용에 유의하라. 너는 오늘 영국의 왕에게 설교하기 때문이다!" 그러나 그때 그는 또 다른 음성은 듣게 된다. "라티머! 라티머! 오늘 네가 설교하는 내용에 유의하라. 너는 만왕의 왕 앞에서 설교하기 때문이다."[42] 한 설교자가 영국 왕 앞에서 설교하면서 떨 수밖에 없었다면 우리는 만왕의 왕 앞에서 설교한다는 사실을 기억하며 경외감을 가지고 신학적인 원리를 따라서 바로 설교해야 할 것이다. 다른 사람에게서 박수갈채를 받는 것도 중요하고 인기 있는 설교자가 되는 것도 중요하지만 하나님 앞에서 인정받는 설교자가 되는 것은 더욱 중요하기 때문이다.

---

42) Harry Emerson Fosdick, *The Living of These Days* (New York: Harper, 1956), 226-27.

6장
추구해야 할 설교 신학적 원리

다른 신들이 강했으나 당신께서는 약했다.
그들은 당당히 걸어서 옥좌로 나아갔지만
당신께서는 비틀거리며 나아갔다.
그러나 우리의 상처에는
오직 하나님의 상처만이 말을 걸 수 있다.
다른 신들은 상처를 입지 않았으나
당신께서는 홀로 상처를 입었다.

- 에드워드 실리토

트렌드 라인을 읽을 수 있어야

얼마전 미국 대통령이었던 빌 클린턴이 보스턴의 사립학교인 밀턴 아카데미 졸업식에서 행한 연설에 관한 기사를 한 일간지에서 읽은 적이 있다.[43] 이 학교는 T. S. 엘리엇과 에드워드 케네디 상원의원 등 각계의 다양한 지도자를 배출한 것으로 유명한데, 클린턴은 이 명문학교의 졸업생들에게 주는 연설 가운데 그런 말을 했다. "최근 이어지는 테러와의 전쟁에서 드러나듯 우리는 선악의 이분법적 구도

---

43) 『중앙일보』(2003. 6. 10).

에 매몰돼 있다. 앞으로 20년간 이익, 책임, 가치의 나눔을 확산시키고, 국가 간 상호 의존성이 갖는 위험 요소를 줄여나가는 자세가 절실히 요구된다. 이를 위해 우리 젊은이들은 국제적 이슈에 대해 끊임없이 생각하고 말하고 토론하는 자세를 갖춰야 할 것이다." 변화하는 국제 정세 속에 가져야 할 이러한 자세를 소개하면서 그는 그것을 가능하게 하는 것으로 헤드라인(headline)과 트렌드 라인(trend line)에 대해 언급한다. 전자가 담화나 특정 기사의 제목을 의미하는 말로 어떤 사실에 대한 요지를 제공해 주는 것이라면, 후자는 그 사회와 문화 흐름의 '추세선'을 의미하는 말이다. 전자가 오늘의 뉴스라면, 후자는 우리가 가는 방향이며 그에 대한 인식이다.

오늘 일어나는 일에 대한 관심도 중요하지만 지금 우리가 어디로 가고 있으며, 어느 방향으로 나아가야 할 것인지에 대한 '추세선'을 보지 못한다면 흔들릴 수밖에 없다. 수억대의 연봉을 주면서 인재를 영입하는 것은 무엇 때문인가? 그들이 추세선을 명확히 읽을 수 있기 때문이 아니겠는가? 큰 그림을 보지 못하는 것은 발 앞 정도 밖에 비추어주지 못하는 작은 손전등만 하나 들고 가기 때문이다. 익숙한 길은 찾아갈 수 있겠지만 새로운 길은 찾아가기 어려운 것은 트렌드 라인을 읽지 못하기 때문이다. 클린턴은 그 연설에서 "이제 우리 마지막 수업을 하자"고 하면서 새로운 단계로 나아가는 젊은이들을 향해 트렌드 라인을 읽을 수 있는 사람이 되어야 함을 강조하였다. 우리 앞에는 세 가지 과제가 던져져 있는데, 우선은 요즘 세상의 본질을 파악하는 일이고, 그 후에 우리는 문제 해결을 위해 무엇을 해야 하는지, 그리고 어떻게 할지를 고민해야 한다는 충고도 더하였다.

이것은 청소년 설교자들에게도 중요한 교훈을 준다. 청소년 설교자들은 눈앞에 보이는 현상(헤드라인)에 대해서도 감각을 잃지 않아야 하지만 미래를 보는 비전 능력이라고 할 수 있는 트렌드 라인을 읽을 수 있어야 한다. 자신이 감당하고 있는 사역의 본질에 대해서도 명확한 파악이 있어야 할 뿐만 아니라 오늘날 문제가 청소년 사역과 관련하여 문제가 무엇이며, 그것을 해결하기 위해 진정으로 필요한 것이 무엇인지, 그리고 어떻게 감당해야 할 것인지를 고민해야 한다. 이것은 자신이 감당하고 있는 사역이 어디로 지향해야 하는지에 대한 추세선을 읽는 능력으로부터 나온다고 해도 과언이 아니다.

지금까지 계속해 온 작업은 청소년 설교 사역의 본질을 이해하는 작업이었다. 무엇보다도 청소년 설교자는 자칫 어떤 산뜻한 방법론 추구에 고착될 수 있고, 너무 현장의 요구에만 집착될 수 있다. 그러나 먼저 설교에 대한 신학적 이해를 시도하는 것은 감당해야 하는 사역의 본질을 읽기 위한 작업이며, 본질에 대한 바른 이해는 바른 '추세선'을 읽는 능력을 제공해 주기 때문이다. 또한 방법은 항상 변하지만 "원칙"은 변하지 않기 때문이다. 청소년 설교의 본질을 이해하기 위해 청소년 설교자가 기억해야 할 설교에 대한 신학적 이해, 그 마지막 내용을 정리해 보자.

설교단에 나서기 전

다른 설교자가 다 그러하지만 특별히 청소년 설교자가 말씀을 듣고 강단으로 나아가기 전에 반드시 확인해야 할 사항이 있다. 이것은 설교를 바르게 감당하게 하고, 강단 "위에서" 뿐만 아니라 "아래에서"의 설교자의 자세를 규정해 주는 요소들이다. 청소년 설교자들이 설교단으로 나아가기 전에 반드시 확인해야 할 사항을 다음과 같이 정리해 볼 수 있겠다.

먼저 청소년 설교자는 **설교가 명령이고 위임이라는 사실을 기억해야** 한다. 설교는 어떤 필요 때문에 고안한 제도가 아니다. 교회는 설교가 어떤 목적을 위한 좋은 방편이고, 효과적인 테크닉이 된다고 생각해서 고안한 것이 아니다. 오히려 성경은 설교가 위임(commission)이며 위탁(charge)이라는 사실을 분명하게 알려준다. 바울은 이 점을 아주 담대하게 진술해 준다. "때를 얻든지 못 얻든지 하나님의 말씀을 설교하라." (딤후 4:2, "Preach the Word… in season and out of season." NIV).

여기에서 설교는 명령으로 나타난다. 그러므로 설교에 대한 신학적 이해는 언제나 설교가 인간의 고안물이 아니라 하나님의 은혜로 우신 작품(creation)이며, 오늘날 교회를 위해 그분의 드러난 뜻의 가장 중심 부분이라는 사실을 겸손하게 인식함으로부터 시작된다. 이런 점에서 설교자는 어떤 특별한 목적을 위해 보냄을 받은 존재(a commissioned agent)이다. 그의 임무는 하나님이 말씀하시기 때문에 말씀을 전하는 것이다. 이것은 설교자가 하나님에 '관해서'(about) 설교하는 것이 아니며, 하나님이 말씀하시는 것을 전해야 한다는 의미를 담는다. 그러므로 설교는 왕의 명령을 전달해야 한다는 점에는 '전령'(herald)의 의미를 갖기도 하지만 보냄 받은 측면에서 보면 '증언'의 특성이 강하다.[44] 보냄을 받았다는 측면에서 보면 증인은 보내신 이의 큰 진리의 말씀을 가볍게 선언할 수가 없다. 이러한 점 때문에 자크 엘룰(Jacques Ellul)은 설교는 "두렵고 떨리는 모험"이라고 선언한다.[45] 청소년 설교자는 무엇보다도 내가 하나님으로부터 보냄 받아 그분의 말씀을 전하고 있다는 '자기 확인'이 필요하며, 그러한 사명을 바로 감당하고 있느냐에 대한 '자기 점검'을 필요로 한다.

---

44) 설교의 이러한 측면에 대해서는 Thomas G. Long, *The Witness of Preaching*, 정장복·김운용 역, 『증언으로서의 설교』 (서울: 쿰란 출판사, 1998)를 참조하라.
45) Jacques Ellul, *The Humiliation of the Word*, trans. Joyce Main Hanks (Grand Rapids: Eerdmans, 2000), 109-10.

둘째로 청소년 설교자는 기독교의 설교는 성경을 설교하는 것이라는 사실을 잊지 않아야 한다. 설교자는 자신의 사상이나 어떤 인생의 교훈을 주지시키기 위해서 설교하는 것이 아니라 오늘도 말씀하시는 하나님께서 당신의 계시의 완성인 성경을 통해 오늘도 말씀하시는 바를 바로 듣고, 바로 들려주는 것이 설교이다. 이러한 점을 확인하였다면 설교 사역을 위해 설교자에게 가장 먼저 요구되는 것은 바로 성경으로부터 말씀하고자 하시는 하나님의 음성을 듣는 것이다. 그러므로 설교자가 하나님의 말씀에 붙잡히는 것이 중요하다. 그가 성경을 붙잡는 것이 아니라 하나님의 말씀이 그를 사로잡도록 온전히 드릴수 있어야 한다.

우리가 준비를 잘 갖추었으며 성령님께서 일하고 계신다면 우리가 성경을 전한다기보다는 차라리 성경이 우리를 통해서 전하도록 허용하는 것이 될 것이다. 이러한 점에서 보면 설교자는 '제조자' 라기보다는 '분배자' 이다. 그러므로 설교자는 하나님의 말씀에 대해서 헌신해야 한다. 매일 그것을 기도하고 묵상해야 할 것이며, 오늘도 말씀하시는 하나님의 음성을 듣기 위해서 성경을 체계적으로 공부해야 한다. 다른 어떤 것에 권위가 있는 것이 아니고, 오직 하나님의 말씀만이 설교자가 전하는 메시지에 권위를 준다. 이렇게 할 때 진정한 설교의 능력이 주어지게 된다.

하나님께서 설교자 예레미야에게 확인시켜 주신 것이 바로 그것이다. "내 말이 불같지 아니하냐. 반석을 쳐서 부스러뜨리는 방망이 같지 아니하냐?"(렘 23:29). 말씀의 토대 위에 견고하게 선 설교는 성경 그 자체가 가지는 특성을 따라 "좌우에 날선 검"이 될 것이다. 피조물을 생겨나게 한 바로 그 동일한 살아있는 권위의 말씀이 오늘 설교 가운데서 동일하게 역사하게 되는 이유가 바로 여기에 있다. 이런 점에서 설교자는 예레미야에게 주셨던 권고의 말씀에 귀를 기울

여야 한다: "내 말을 받은 자는 성실함으로 내 말을 말할 것이라. 겨와 밀을 어찌 비교하겠느냐?"(렘 23:28).

그렇다. 성경을 벗어난 설교, 성경과 상관없는 설교는 겨와 같은 설교이며, 듣는 사람에게나 그 사역을 명하신 설교의 주인에게 그것은 아무런 유용성이 없는 설교가 되고 만다. 하나님의 진리의 말씀인 성경으로부터 나오지 않고서는 우리가 행하는 설교는 겨와 같으며, 겨와 같은 설교를 가지고서는 굶주린 영혼들을 채워줄 수가 없게 된다.[46] 설교의 주인이 요구하시는 것은 알곡과 같은 설교이다.

셋째로 청소년 설교자들은 **예수 그리스도를 설교**한다는 사실을 기억해야 한다. 설교가 성경으로부터 나와야 하듯이, 모든 성경은 예수 그리스도를 증거 하기 때문에 설교는 그리스도 중심성을 가질 수밖에 없다. 성경의 모든 증거의 가장 중심적인 분은 예수 그리스도이며, 그분은 구약과 신약의 예언의 중심 주제이다. 구약의 설교자들은 오실 메시야에 대해 증언하였다면, 신약의 설교자들은 오신 그리스도와 다시 오실 그리스도에 대해 증언한다. 이것은 삼위 하나님의 특성을 약화시키는 말이 아니다. 인간의 구속 역사를 증언하고 있는 것이 성경이라고 했을 때, 이는 예수 그리스도가 구속 역사의 중심에 위치한다는 의미이다. 그 때문에 초대 교회 이래 기독교의 설교는 예수 그리스도의 생애와 죽으심, 부활과 다시 오심을 증언하는 케리그마에 초점을 맞추어져 있었다. 그러므로 이것은 설교의 점검표가 아니라 나침판과 같이 역할을 하게 되며, 언제나 성경의 본문이 무엇이든지간에 그것을 통해서 증언하는 것은 복음이며 그리스도여야 한다. 그래서 기독교의 설교는 그리스도 중심성을 가진다.

워런 워어스비는 하나님의 역사(성경) 가운데 수많은 인물들이 등

---

[46] Warren W. Wiersbe, *The Dynamics of Preaching* (Grand Rapids: Baker Books, 1999), 25.

장하는데, 그리스도를 여러 역할을 감당했던 인물들 중의 한사람 밖에 되지 못하는 양, 설교자들이 그렇게 그리스도를 전해서는 안 된다고 충고한다.[47] 그러므로 설교자가 어떤 본문을 통해 설교하든지 간에 듣는 자들의 마음이 예수 그리스도를 향하게 하여야 하며, 갈보리 십자가와 피의 복음을 의지하게 하는 것이 되어야 한다. 여기에서 그리스도를 전한다는 것은 단순하게 그분의 이름만을 언급한다는 의미가 아니라 그분의 생애와 삶과 죽음, 부활을 증거하는 것이며, 설교의 중심 속에 그리스도의 복음이 관통하는 설교가 되어야 함을 의미하는 말이다. 그분이 행하신 일과 오늘도 우리의 삶 속에서 행하고 계시는 일을 증거하는 것이다. 설교가 그리스도 중심성을 가져야 한다는 말은 음식을 다 요리한 다음에 양념을 뿌리듯이 그리스도에 대해 몇 마디 말을 첨가하는 것을 의미하지 않는다. 설교의 중심 속에, 그리고 메시지의 중심이 그리스도가 되어야 하며, 그분을 중심으로 모든 것이 배열되는 것을 의미한다. 이렇게 청소년 설교자들은 자신의 설교의 중심 속에 그리스도가 오게 해야 한다.

넷째로 청소년 설교자들은 오늘 현장 속에 있는 당대의 사람들에게, 특히 **청소년들에게 설교한다**는 사실을 기억해야 한다. 이것은 통괄적으로 말하는 것이 아니라 한 사람 한 사람, 개인에게 말한다는 의미를 담고 있다. 또한 설교는 당대의 사람들에게 당대의 커뮤니케이션을 통해 전달되어야 한다는 사실을 의미하는 말이다. 여기에서 설교자는 전체적인 관점이 아니라 개인적인 관점에서, 전체로 일반화시키지 않고 한 개인 개인을 바라보면서 설교할 수 있어야 한다. 마치 청소년들이 그것이 나에게 하는 설교인 것처럼 느끼게 하라는 말이며, 마치 "나는 너에게 관심을 가지고 있고, 너에게 나누어줄 중요한

---

47) 위의 책, 34.

무엇을 가지고 있다"는 자세를 가져야 한다는 의미이다. 이러한 설교자는 한 사람의 중요성을 아는 사람이며, 그 한 사람을 구원하시기 위해 예수 그리스도께서 하나님 나라의 보좌를 넉넉히 버릴 만큼 사랑하신 존재라는 사실을 잘 아는 사람이다.

그러므로 그의 설교는 언제나 자신의 회중들을 염두에 두고 준비된다. 그러한 설교자는 그들이 듣는 방식을 아주 중요하게 생각하며, 그들에게 전달되는 방법과 언어에 대해서도 신중하게 고려한다. 그는 언제나 메시지의 중요성을 알기 때문에 그것을 어떻게 전할 것인지에 대해 연구할 뿐만 아니라 어떤 방식으로 전달 할 것인지에 대해서 깊은 관심을 가지게 될 것이다. 오늘의 청소년들에게는 그들이 듣는 방식을 고려해야 하며, 특별히 그들이 즐거움 가운데서 들을 수 있도록 만드는 것은 실로 중요한 작업이다. 이것은 설교자의 뛰어난 유머감각 때문에 웃음에 젖어 가게 하려는 것이라기보다는 이들이 하나님의 말씀을 효과적으로 듣게 하려는 도구로 사용하라는 말이다. 언제나 설교자는 그의 회중들이 하나님의 위대하심에 의해 경외심을 느끼면서 집으로 돌아갈 수 있게 해야 하기 때문에 결코 유머로 설교를 메꾸는 정도로 생각하지 않을 것이다.

다섯 번째로 청소년 설교자는 **변화를 위하여 설교해야** 한다. 여기에서 '변화' 라 함은 말씀을 통한 삶의 변화이며, 관심과 가치관의 변화, 삶의 자세와 세계관의 변화를 의미하는 복합적인 개념이다. 변화는 유아기적인 신앙에서 성숙한 신앙으로(고전 3:1-4), 메마름에서 풍성한 열매로(고전 3:5-9), 세상의 지혜로부터 하나님의 지혜로(고전 3:9-23)로 성숙되어가는 변화를 의미한다.[48] 그들은 영적으로 성숙해 가면서 분별력을 갖게 되며 세상의 방식을 따라 사는 것이 아니라

---

48) 위의 책, 71-73.

하나님이 기뻐하시는 것을 추구하게 될 것이다. 이러한 변화를 위해서 가장 중요한 요소는 경험을 불러일으키는 것이다. 이것은 설교의 궁극적인 목표가 된다. 어떤 교리에 대한 정보를 제공해 주거나 정의를 내려주려고 하기보다는 어떤 경험에 이를 수 있도록 해야 한다. 사람들은 어떤 정보를 받았을 때가 아니라 말씀의 경험을 통해 말씀 사건이 그 속에 일어날 수 있을 때 삶의 변화를 경험한다. 논리적인 명제를 통해 정보로 제공받는 것을 사람들은 쉽게 잊어버리지만 그들이 말씀의 사건으로 경험한 것은 결코 잊어버리지 않는다.

이러한 경험을 불러일으키는데 있어서 가장 중요한 요소는 설교의 구조와 설교의 언어 사용에 달려 있다. 사람의 마음은 논쟁으로 채워지는 학당이 아니라 그림으로 채워져 있는 화랑과 같다는 말은 언어 사용의 중요성을 강조해 준다. 청소년 설교자들은 하나님의 말씀을 증언하는 성경이 이야기와 상상력, 메타포(은유)와 같은 시적 언어들로 가득 차 있음을 염두에 둔다면 그의 설교에도 논증하고, 명제적으로, 가르치려는 설교 대신에 그림을 그려주는 언어 사용을 고려해야 할 것이다. 하나님은 그림과 그림언어(picture language)를 사용하셔서 진리의 말씀을 가르치신다.

또한 설교 형식에 있어서는 연역적인 구조보다는 귀납적인 구조로, 명제적 구조보다는 이야기와 같은 구조와 형식의 변화를 시도하는 것도 도움이 될 것이다. 새로운 형식의 추구는 설교가 변화에 초점을 맞추기 때문이며, 이러한 목적을 이루기 위해서는 매체 활용도 함께 고려해 할 것이다. 제임스 로더가 주장한대로 설교는 말씀을 경험하면서 삶의 변화를 가져오는 "변화의 순간"(transforming moment)이 되어야 한다.[49]

---

[49] James E. Loder, *The Transforming Moment: Understanding Convictional Experiences* (San Francisco : Harper & Row, 1981).

여섯 번째로 설교는 **열정이 이끌어가는** 설교(passion-driven preaching)가 되어야 한다. 열정은 위대한 설교를 결정짓는 요소들 가운데 가장 중요한 요소이다. 열정 없이 행해지는 것은 그것이 무엇이든지 간에 무기력하게 만들지만, 열정으로 감당하는 것은 그것이 무엇이든지 간에 감격하게 하고 황홀하게 한다. 열정이 우리의 설교에 설득력을 실어준다. 긴장하여 다리가 부들부들 떨리면서 감당하는 첫 설교이든지, 은퇴를 앞두고 마지막으로 감당하는 설교이든지간에 열정을 잃어버리면 모든 것을 잃어버린다.

말씀에 대한 열정, 하나님의 역사하심과 복음에 대한 열정, 잃어버린 영혼들, 그리고 방황하고 있는 세상을 향한 열정이 없이는 직업적인 의무감으로 설교하거나 혹은 다른 것을 추구하는 '설교꾼'이 되게 한다. 설교는 하나님의 영광에 대한 열정이 이끌어가는 설교가 되어야 바른 설교가 될 수 있다. 성경은 하나님께서 당신의 구속의 역사와 계획을 따라 어떻게 영광을 받으시는지에 대한 스토리들로 채워져 있다.[50] 그러므로 설교 준비나 전달에 있어서 열정이 빠져 버린다면 설교자는 이 사역을 온전히 감당할 수 없게 된다.

마지막으로 청소년 설교자들은 설교가 필연적으로 **영광송**(Doxology)**이 되어야** 함을 기억해야 한다. 설교의 궁극적인 목적은 하나님께 영광을 돌리는 것이다. 구원받은 하나님의 백성들을 그분의 보좌 앞에 바로 세우며, 하나님의 행하신 일들을 기뻐하며 영광을 돌리는 것이다. 하나님의 창조세계에 하나님의 영광의 섬광을 드러내는 것이다. 하나님의 영광은 우리의 이해를 넘어서며, 하나님의 신비 가운데서 행해진다. "하나님의 신비의 가장자리에서 춤추는 것"(dancing the edge of God's mystery)이라는 데이빗 버트릭의 주장은 이러한 특징

---

50) Jim Shaddix, *The Passion Driven Sermon*, 김운용 역, 『열정이 이끌어가는 설교』 (서울: 예배와 설교 아카데미, 근간예정).

을 잘 드러낸다.51) 다음 세대를 효과적으로 세우기를 간절히 원하시고, 전심으로 감당할 것을 명령하셨던(신 6장) 하나님께서는 말씀을 통해 이 사역이 바로 행하여질 때 영광을 받으신다. 하나님의 영광을 드러내는 일이 언제나 설교자의 마음 한복판에 자리 잡으며, 그것을 추구할 때 바른 청소년 설교자들이 될 수 있을 것이다.

그대로 행하겠다는 결단을 내리는 순간

청소년 설교자에게는 어떠한 원리를 따라 설교하여야 하는지가 중요하다. 방법은 여러 가지이고, 그 방법은 바뀌지만 바뀔 수 없는 원리(principle)를 따라 설교하게 하는 것은 이러한 신학적 이해를 가지고 행할 때 주어진다. 이러한 원리들을 추구하며, 그것들을 설교 사역 가운데 효과적으로 적용할 수 있을 때 이제부터 세워지는 모든 사역에 대한 것들이 의미를 갖게 될 것이다. 변화 심리학의 권위자로 알려진 앤서니 라빈스는 그의 책에서 발명왕 에디슨의 말을 인용하여 그렇게 말한다. "시작과 창조의 모든 행동에 한 가지 기본적인 진리가 있다. 그것은 우리가 진정으로 하겠다는 결단을 내린 순간, 그때부터 하늘도 움직이기 시작한다는 것이다."52) 지금까지 기다랗게 설교의 신학적 원리를 살펴본 것은 이러한 이유 때문이다. 바른 신학적 원리를 알고 그대로 행하겠다는 결단을 내리는 순간, 하늘도 도우실 것이다.

한 현자가 외딴 산 속의 오두막집에 홀로 살고 있었다. 보름달이 환하게 비치는 어느 날 밤 그의 오두막에 도둑이 들었다. 그 현자는 걱정이 되었다. 거기에는 도둑이 가져갈 만한 것이라고는 담요 한 장

---

51) David Buttrick, *Homiletic: Moves and Structures* (Fortress Press, 1989), 189.
52) Robbins Anthony, *Notes from a Friend*, 이우성 역, 『내 인생을 바꾼 성공노트』 (서울: 씨앗을 뿌리는 사람, 2003).

밖에 없었고, 마침 그것을 자기 몸에 두르고 있었기 때문이다. 그 담요를 문 옆에 걸어두고 구석으로 가서 그는 몸을 숨겼다. 그러나 그 도둑은 방안을 빙 둘러보았지만 어둠 때문에 그 담요를 볼 수 없었다. 별로 취할 것이 없어서 도둑은 실망하고 방을 나가고 있었다. 그 때 그 현자가 소리쳤다. "기다리세요. 이 담요를 가지고 가세요. 아주 미안하게 됐습니다. 이 추운 밤에 이렇게 먼 길을 오셨는데 우리 집에서 가져갈 것이 아무 것도 없으니 말이오. 다음에 올 때는 미리 나에게 말해 주시오. 그러면 내가 가난하긴 하지만 무언가를 준비해 놓겠소. 이번에는 누추하지만 거절하지 말고 그 담요를 가져가세요! 그렇지 않으면 내 마음이 너무 아플 것 같소." 도둑은 그런 현실을 믿을 수가 없었다. 그리고 걱정이 되었다. '참 이상한 사람이다. 지금까지 이렇게 말하는 사람은 없었는데…' 그는 얼른 담요를 집어 들고 달아났다. 그날 밤 그 현자는 보름달이 뜬 창가에 앉아서 한 편의 시를 썼다. 그 시의 내용은 대강 이런 것이었다. "참으로 아름다운 달이구나! 저 달을 그 도둑에게 주면 좋으련만!" 그는 눈물을 흘리면서 중얼거렸다. "그 불쌍한 사람이 그렇게도 먼 곳에서 여기까지 찾아 왔는데…"

설교자에게 필요한 것이 이런 마음이 아니겠는가? 자신이 가진 전부를 주고 싶은 마음, 아니 하나님께서 허락하시는 은혜를 반드시 들려 보내고 싶은 그 마음이 설교 사역을 세우고, 그러한 마음이 충만할 때, 때론 도둑과 같이 강퍅한 마음으로 서 있는 청소년들이라도 그들의 마음을 적실 수 있게 될 것이다.

3부
청중으로서의 청소년 이해

여름이 뜨거워서
매미가 우는 것이 아니라
매미가 울기 때문에
여름이 뜨거운 것이다.

매미는 아는 것이다.
사랑이란 이렇게
한사코 너의 곁에 붙어서
뜨겁게 우는 것임을

울지 않으면 보이지 않기 때문에
매미는 우는 것이다.

- 정현종, "모든 순간이 다아 꽃봉오리인 것을"

7장
청중으로서의 청소년 이해가 필요하다

> 긍정적인 것이든 부정적인 것이든,
> 내 삶은 내가 에너지를 쏟고 주의를 기울이는
> 대상을 자연스럽게 끌어당긴다.
>
> – 마이클 로지에[53]

알아야 치료할 수 있다

영국의 작가 니콜라스 에반스의 원작을 로버트 레드포드가 연출하고 직접 주연한 드라마, *The Horse Whisperer*라는 영화가 있다. '말에게 속삭이는 사람'이라는 뜻을 담은 이 영화의 제목은 우리말 '조마사'(調馬師)라는 의미를 담은 말이다. 이 영화의 원작자가 영국의 남서부지방에 머물 때

〈그림 2〉 The Horse Whisperer 포스터

---

[53] Michael J. Losier, *Law of Attraction*, 이수경 역, 『끌어당김의 법칙: 원하는 것을 당기고 원치 않는 것을 밀어내는 성공의 과학』(서울: 웅진윙스, 2007).

한 대장장이에게서 들었다는 '호스 휘스퍼러'에 관한 내용을 중심으로 쓰여진 책의 내용을 중심으로 영화가 만들어졌다. 심한 정신적 충격으로 고통 받고 있던 말을 어떤 '호스 휘스퍼러'가 '귓속의 속삭임'으로 감쪽같이 치유했다는 이야기에 감동을 받아 책을 쓰게 되었는데, 영화는 단순히 말(馬)에만 초점을 두고 있는 것이 아니라 상처 입은 영혼들에게 초점을 맞추고 있다. 영화의 스토리는 대략 이런 내용이다.

애니 맥클린은 뉴욕의 여성 잡지사의 야심만만한 편집장이었다. 출세와 성공을 위해 정신없이 달려온 그녀는 남편 로버트와 딸 그레이스에게 다정하지도 자상하지도 않았던 아내였고, 엄마였다. 어느 겨울 고요한 새벽, 그레이스는 친구와 승마를 하러 나갔다가 비탈진 언덕을 내려오던 중 굴러 떨어지는 사고를 당한다. 불행히 이 비탈은 국도와 이어져 있었고 새벽길을 달리던 대형 트레일러가 급하게 브레이크를 밟지만 말에서 떨어져 쓰러진 친구를 깔고 지나가는 사고가 발생한다. 공포에 사로잡힌 그레이스의 말, '필그림'은 마치 자기 주인을 지키겠다는 듯 달려오는 트레일러를 몸으로 막다가 주인을 지켜내지만 깊은 중상을 당한다. 필그림 덕분에 그레이스는 죽지는 않았지만 한쪽 다리를 절단할 수밖에 없었다.

이 사고를 당한 이후 딸 그레이스와 그녀의 말, 필그림은 육체적으로도 큰 상처를 입었지만 무엇보다도 정신적인 충격에 사로잡히게 된다. 자기 때문에 친구가 죽었고, 자신의 애마(愛馬)가 저런 고통을 당하고 있다는 생각에 그레이스는 고통과 혼동의 늪에서 벗어날 수가 없었다. 처참할 정도의 중상을 입었을 뿐만 아니라 정신적인 충격으로 시달리고 있는 필그림을 안락사 시키면 자기 학대에 빠져 있는 그레이스를 충격으로부터 구할 수 있을 것이고 주변의 사람들이 간곡한 충고와 권유가 있었지만 애니는 말이 회복되는 것이 자신의 딸을 회복시키는 길이라고 믿고, 말을 회복시켜야한다고 결심하게 된다. 말의 치료를 위해 여러 자료들을 찾던 중에 애니는 충격을 받은 말을 치유해주는 '호스 휘스퍼러'가 존재한다는 사실을 알게 된다. 남편의 만류에도 불구하고 애니는 그레이스와 필그림을 데리고 일주일이 넘게 달려야 하는 서부의 몬태나(Montana) 주로 떠난다.

〈그림 3〉 영화장면

  회사 일까지 다 접어버리고 장도에 오르는 엄마의 심정을 이해하지 못하는, 아니 이해하고 싶어 하지 않는 그레이스는 모든 일을 독선적으로 판단하고 처리하는 어머니와 사사건건 갈등과 마찰을 빚는다. 정신적인 충격으로 사나워진 말을 치유해 주는 조마사인 톰 부커(로버트 레드포드 분)가 처음엔 필그림의 상태가 너무 비극적이어서 처음엔 치유를 사양했으나, 말의 주인인 그레이스에게서 필그림을 살리길 희망하는 진실한 의지를 발견하고는 도와주기로 결심한다. 그의 치유에 얼마나 시간이 걸릴지 모르지만 애니는 집념을 가지고 몬태나에서의 삶을 시작한다.

  톰의 가족들과는 한 가족처럼 가까이 지내면서 서로에게 있는 상처들과 아픔들을 발견하게 된다. 고요하고 광활하고, 모든 것이 여유 있고 넉넉하기만 한 몬태나의 대초원에서 그레이스의 말, 필그림은 조마사의 노력으로 서서히 치유가 일어나면서 상태가 호

〈그림 4〉 치유된 필그림

전되기 시작하고, 그레이스도 생기를 되찾아간다. 뿐만 아니라 한가하고 여유 있는 삶 속에서 애니 역시 자신의 삶을 다시 살펴보면서 그녀의 마음속에서도 치유가 일어난다.

호스 휘스퍼러는 천방지축 날뛰는 말을 쓰다듬으면서 마치 사람에게 말하듯이 그의 귀에 속삭인다. "너의 아픔을 알고, 네가 받은 엄청난 충격을 다 알고 있다"고 속삭이는 듯한 조마사의 노력으로 조금씩 좋아지기 시작하고, 사나워져서 접근도 할 수 없다는 말에게 서서히 치유가 일어나게 된다. 결국 조마사를 태우고 초원을 질주하는 필그림의 모습은 치유가 일어난 감격스럽고 아름다운 광경이었다. 말을 치료하려는 엄마의 집념으로 조금씩 말이 치유되면서 딸도 죄책감과 마음의 상처로부터 놓임을 받게 되고 서서히 치료되어간다. 또한 딸이 치유되면서 모처럼의 여유와 안정을 통해 애니 자신도 치유되는 것을 느끼게 되고, 그의 병든 가정도 서서히 회복되어 간다.

이해가 필요하다

어떤 점에서 청소년 설교자들은 마치 조마사와 같은 존재들이다. 무엇을 심어주고 가르치려고 하기 전에 조마사와 같이 진정으로 그들과의 친밀한 관계(rapport)를 형성하고, 그의 삶의 자리와 마음의 상처를 깊이 이해하면서 그들의 영혼을 향하여 속삭이는 자여야 한다. 조마사가 치유하기 위해서는 먼저 그 말을 알아야 했듯이 청소년 설교자에게 요구되는 것은 설교의 대상이요, 청중인 청소년에 대해 알아야 한다.

설교는 특정 현장 속에서 이루어지는 사역일 뿐만 아니라 그 시대 속에서 이루어지는 당대의 커뮤니케이션이다. 그러므로 무엇을 전해야 할지, 내용(contents)에 대한 부분이 정해졌다면 그 메시지를 들을 '대상'에 대한 이해가 필요하다. 그러므로 여기에서 필수적으로 요구되는 것은 청중에 대한 분석이다. 특별히 청소년 설교는 그 어떤 설교보다 설교의 청중이요 대상인 청소년들에 대한 적절한 이해를 필요로 한다. 만약 이것이 실패하게 된다면 효과적인 사역을 기대하기 어렵기 때문이다. 그래서 프래드 크래독은 설교단에 올라가기 전에 설교자가 마땅히 연구해야 할 "두 가지의 초점"을 소개한다.[54]

하나의 초점은 청중들에게 맞추어져야 하는데, 이것은 그들의 개인적, 사회적, 정치적, 경제적, 가정의 상황까지 포함하는 삶의 정황(context)에 대한 고려이다. 다른 하나는 성경 본문에 맞추어져야 하는데, 본문의 역사적, 신학적, 문학적 배경을 고려하여 본문을 연구하는 일에 초점을 맞추어야 한다는 의미이다. 이 두 가지는 서로 분리될 수 있는 내용이 아니고, 설교자가 들려져야 할 메시지를 본문으로부터 찾았다고 한다면 이제 그 메시지는 청중들에게 적합하게, 또한 연관성을 갖도록 전해져야 한다. 초보적인 아마추어 연설가는 무엇을 말하려고 할 때 가장 먼저 묻는 것이 "나는 무엇에 대해 말할까?"(What will I talk about?)를 묻게 된다. 그러나 보다 전문적인 사람은 "나의 청중은 누구인가?"(Who is my audience?)를 묻게 된다. 그러므로 청중에 대한 이해는 선택적인 사항이 아니라 효과적인 커뮤니케이션을 위해서는 가장 필수적인 요소라는 사실을 알 수 있다.

삶의 자리에 대한 이해로부터

이렇게 청소년 설교는 청중인 청소년에 대한 이해를 선행 조건으로 한다. 그렇다면 무엇을, 어떻게 이해해야 할 것인가? 한 시간 이상을 관찰한 어느 청소년 사역자가 그렇게 토로한 것을 들었다. "규정

---

54) Fred B. Craddock, *Preaching* (Nashville: Abingdon Press, 1985), 85.

할 수도 없고, 이해할 수도 없는 아이들이다. 정말 한마디로 이야기하면 청소년들은 알 수 없는 존재들이다!" 이 관찰자는 청소년들과 다른 문화를 공유하고 있고, 세대의 간격(generation gap)을 가지고 있는 점을 감안할 때 그의 고민에 찬 외침이 단순하게만 들려오지 않는다. 청소년들의 삶의 자리에 대한 이해는 수월하지 않고, 그들과의 간격을 가지고 있는 설교자로서는 어쩔 수 없이 한계를 가지고 있음을 부인할 수 없다. 그러나 객관적인 분석으로부터 개인적인 차원의 친분관계 형성까지 이해하려는 설교자의 자세만 있다면 전혀 불가능한 작업은 아니다. 이것이 반드시 필요로 하는 작업임을 감안할 때, 청소년 설교자는 이에 대한 노력을 게을리 하지 않아야 할 것이다. 청중으로서의 청소년을 이해하기 위해서 여기에서는 주로 그들의 삶의 자리에 대한 이해와 심리적 이해에 제한하여 다루고자 한다.

청소년들은 그들만의 고유한 문화 사회적인 상황(context) 가운데 살고 있기 때문에 그에 대한 이해는 효과적인 청소년 사역을 위해 필수적인 요소이다. 청소년 사역은 어쩌면 그들이 누리고 있고, 형성해 가는 문화에 대한 이해로부터 시작된다. 흔히 문화적인 특성을 지칭하는 말로 '코드'라는 말이 사용되기도 하는데, 이것은 청소년들의 문화 코드를 알아야 한다는 말과도 통하는 의미이다. 이전 세대들은 경제 코드로 모든 것을 이해하고는 했지만 오늘날 청소년들의 특성은 '문화 코드'가 중요한 개념으로 자리 잡는다. 사실 오늘날 청소년의 문화는 기존의 청소년 문화와도 판이하게 다르다. 그래서 청소년 설교자가 과거의 자기의 경험과 문화적 척도를 가지고 판단하려고 할 때 문제에 직면하게 되는 것을 본다.

가령 요즘 중·고등학생에게는 휴대폰이 그들의 문화 코드이다. 매일 주머니 속에서 나와 호흡하는 휴대폰은 이제 단순한 전화기가 아니라 그들의 분신이 되었다. 이렇게 '모바일 라이프'는 지금 학생들에게는 보편적인 생활방식이 되었다. 겨우 전화를 주고받거나, 문자 정도를 읽는 정도가 아니라 그들의 삶에 있어서 필수적인 요소이다. 최근 한 조사에 따르면 중·고등학생의 휴대폰 보급률은 약 85%에 육박하고 있는 것으로 조사되었다.[55] 성인들보다 더 휴대폰을 더 많이 사용한다는 이야기이며, 흔히 경제 코드로 생각하는 성인들은 "돈이 얼마가 드는데..."부터 생각하는데, 청소년들은 문화 코드를 통해서 본다. 그런 차이에서 야기된 요금 때문에 각 가정들마다 문제가 생기는 경우가 많이 있다.

앞서 언급한 영화 "호스 휘스퍼러"에서 엄마 애니의 문화 이해나 삶의 자세는 그의 딸과는 전혀 달랐다. 사고를 통해 그는 딸을 바라보는 태도가 달라졌다고 하지만 딸의 문화를 아직은 이해하지 못하였다. 그러나 조마사는 말과 딸 그레이스의 아픔이 무엇이고, 상처가 무엇인지, 그들이 무엇을 생각하고 있는 것을 알려고 했다. 다시 말해 그들의 문화 코드에 대한 이해가 있었던 셈이다. 그는 딸의 입장에서 생각하고, 상처받은 말의 입장에서 이해하려고 하였기 때문에 치유가 가능해졌다. 어쩌면 문화 코드를 이해하려는 것은 성육신의 원리와도 같은 내용이다. 하늘 보좌를 버리시고 이 땅에 내려오신 예수 그리스도께서 이러한 자세를 갖고 계셨기에 육신을 입으시고 사람이 되셨다. 세상의 사람들을 알고 이해하시기 위해 하늘 보좌를 버리고 이 땅에 내려오신 것은 그들과 같아지시기 위해서였다.

이러한 점에서 청소년 사역자로서 필요한 것은 그들을 있는 그대

---

55) 서울 YMCA가 2007년 7월 서울 및 수도권 중·고등학생 780명을 대상으로 실시한 '청소년 휴대폰 요금 사용 실태조사'에 따르면 중·고생 10명중 8.5명(84.9%)이 휴대폰을 소유하고 있으며 이들이 한 달에 내는 휴대폰 요금은 38,414원에 달하는 것으로 나타났다. 이는 중고생의 한달 평균인 31,035원에 비해 24% 많은 금액이며 일반 가입자 평균 요금 38,226원(2006년 각 사업자 제출 자료)을 약간 상회하는 수준이다.

로 이해하려고 하는 자세이다. 우리가 가지고 있는 청소년 상을 내려놓고, 어른 세대가 가지고 있는 판단과 잣대를 접고, 그들의 입장에서 생각하고 이해하려는 자세가 필요하다. 단정한 머리와 교복, 집과 학교, 그리고 주일에는 교회에 나와 예배 드리고, 학교에서는 공부에만 전념하는 모범생을 그려놓고 모두를 거기에 맞추려고 하는 우리가 가진 원본 그림만 내려놓아도 가능해진다. 접근하기 쉽지 않고, 이전과 너무 다른, 그러면서 이해가 잘 안 되는 존재들이지만 있는 그대로 받아들이려는 자세만으로도 가능해진다. 어쩌면 그것이 예수님이 가지신 자세였고, 우리를 향한 주님의 마음이었기에 우리가 용납받은 것 아닌가?

오늘의 상황과 문화 사회적 이해

그렇다면 오늘의 청소년들이 살아가는 삶의 상황은 어떠한가? 먼저 청소년들이 처해있는 문화 사회적 상황부터 간략하게 살펴보자. 첫째, 오늘의 청소년들은 고도의 기술사회를 살아가고 있다. 고도로 발달된 기술 사회에서 생성된 문화와 기기들에 익숙해 있으며, 그것에 의해서 영향을 받으면서 성장하고 있다. 부모들은 전화, 라디오, 전축, 공중파 TV 정도의 혜택을 받으면서 자랐지만, 오늘의 청소년들은 인터넷, 게임, MTV, 위성 TV, DVD, CD, MP3, 휴대폰, 게임기 등과 같은 다양한 디지털 기기 문화 속에서 생활한다. 그들은 인터넷과 자라가고 있으며, 서로가 함께 연결되어 있어야 불안하지 않은 '버디버디 세대'이며, 서로 촌수를 맺으며 살아가는 '싸이 세대'이다. 채팅 룸과 PC방, 오락실, 노래방 등 문명이 주는 오락성에 맘껏 젖어 살아가는 세대이며, 사이버 세계에 몸과 마음을 빼앗기고 살아가는 세대이다.

문제는 이러한 첨단 기계 문명 속에서 살아가면서 기계가 인간을 대체해 가고, 인간 소외가 체제화 되어 가는 상황 가운데 청소년들이 서 있다. 사람과 사람이 만나는 일보다는 기계와의 만남, 기계를 통해서 사회와 사람을 보는 존재들이다. 그러한 점에서 그들은 인간성이 약해질 수 있는 기술 문화 속에서 살아가고 있다. 사회학자 김문조는 기술사회를 만끽하면서 살아가고 있는 N세대 청소년들의 특징을 "탈제약성"으로 규정하면서 그들이 가지는 형태적 특징으로 몇 가지로 나누어서 분석한다. 즉, 익명성을 특징으로 하는 사이버 공간에서 외적조건과는 상관없이 자신의 속내를 토로하고자 하는 욕구가 증대되는 표출화의 경향, 날씬한 것을 추구하는 다이어트 열풍에서 찾아볼 수 있는 현상으로 가전제품의 축소지향주의와도 연관되는 흐름인 경량화의 경향, 심도 있는 사고를 강조하는 활자세대와는 달리 주어진 자극에 즉각적인 반응을 선호하는 조급화의 경향, 영상매체의 급진적 확산과 함께 읽기보다는 보기가 중시되는 시각화의 경향, 전통적인 공동체나 산업사회의 결사체와는 구별되는 유목적 집단형성을 선호하는 유목화 경향, 놀이에 대한 관심이 증대되어 온라인 여흥에 많은 시간과 정력을 할애하는 놀이화 경향 등으로 설명하고 있다.[56] 이것은 기술 사회가 가져다주는 문화 사회적 특성에 의해 깊은 영향을 받고 있는 청소년들의 특성을 잘 요약한 것이라고 할 수 있다. 이렇게 오늘의 청소년들은 기술문화에 의해 깊이 영향을 받고, 그 안에서 과거와는 전혀 다른 그들만의 삶을 새롭게 형성해 가고 있다.

둘째로, 오늘의 청소년들은 폭력에 대한 지식과 폭력에의 노출이 심한 시대를 살고 있다. 청소년들은 폭력에 대해 이전보다 훨씬 더 많은 것을 알면서 자라고 있다. 영화와 노래, 소설 속에 폭력의 장면

---

[56] 김문조, "정보화 시대의 청소년," 『사회연구』, 통권 2호 (2000년 가을), 23-27.

이 넘쳐나고 있고, 사이버 세계나 게임 등에서도 쉽게 접하는 폭력의 장면들에 그들은 완전히 노출되어 있다. 또한 그들은 개인적으로도 수많은 폭력을 경험하고 있다. 학교에서 교사들에 의해서나 학교 주변에서 비행 청소년 또래들에 의해서 가해지는 물리적 폭력, 왕따와 같은 따돌림의 폭력, 가정과 학교에서 인격을 모독하거나 무시하는 언어적 폭력, 하나님의 형상으로서의 독특성은 무시된 채 획일화된 사회와 교육제도가 가하는 인격적 폭력, 청소년을 성적인 상품으로 여기는 성적 폭력까지 그들은 수많은 폭력에 대해 노출되어 있고, 그것에 상처를 받으면서 그들의 심성이 악해질 수 있는 가능성과 인간성 상실의 가능성 앞에 놓여있다.

세 번째로는 핵가족과 가정 파괴 혹은 가정의 파편화 현상을 들 수 있다. 최근 통계에 의하면 미국의 경우 십대 10명중 4명(39%)이 홀아버지, 홀어머니 슬하에서 자라는데, 10가정 중 8가정은 아버지가 없는 가정, 십대의 20%는 의붓아버지, 혹은 어머니와 함께 사는 성인 남성과 함께 살고 있다. 그러한 현상은 이혼율이 급속도로 치닫고 있는 한국 사회도 크게 다르지 않을 전망이다. 한국도 이제는 이혼율이 30%를 넘어서면서 가정이 파괴되고 파편화 되고 있는 시대를 살고 있다. 21세기 들어와서 가장 큰 변화와 진통, 혼돈을 앓고 있는 분야를 사회학자들은 가족문화로 꼽고 있다. 이혼율이 10여년 만에 3배로 늘어나더니 2006년에는 결혼한 4쌍 중(33만2,000건) 한 쌍(7만3,000건) 꼴로 이혼하면서 미국 다음으로 이혼율 2위를 나타내고 있다. 이렇게 되면서 한해 새로 구성되는 가족 중 22%가 재혼 가족이라는 데이터가 나오고 있다. 이러한 상황 가운데서 가장 크게 영향을 받는 것은 역시 청소년들이다. 우리는 전통적으로 대가족 문화 속에서 서로 어울리면서 살아왔다. 그 안에서 배우고 가르치면서 인격의 성숙과 가족의 소중함을 배우면서 살아왔다. 그러나 핵가족화 되면서 이기적이고 개인적인 성향으로 흐르고 있을 뿐만 아니라 이러한 가정 파괴와 파편화의 현장에서 깊은 상처를 안고 살아갈 수 있는 그런 가능성 가운데 놓여 있다.

넷째로는 오늘의 청소년들은 성(性)에 대한 지식과 노출이 심화되는 때를 살고 있다. 인터넷에는 불과 몇 번의 클릭으로 음란물에 쉽게 접속할 수 있을 만큼 노출되어 있고, 성도덕과 규범이 흔들리는 시대 속에 서 있다. 어떤 점에서 보면 성도덕이 무너지고, 규범이 없는 시대 속에서 살고 있다고 착각할 만큼 영화나 드라마에서는 성적 타락 현상들을 미화시키고 있다. 이러한 분위기 속에서 미국의 경우, 7~80% 정도가 고교 졸업 때까지 섹스를 경험한다는 통계가 나와 있는데, 한국도 청소년들의 성 경험이 빨라지고 그 수치도 높아지고 있다. 성을 상품화하고, 매매하는 문화에 청소년들은 노출되어 있으며, 과도한 성적 지식과 노출 문화 속에서 살아간다.

최근 서울가정법원 소년자원보호자협의회(회장 신기남)는 전국 초·중·고교생 등 청소년 2,370명을 대상으로 실시한 설문 조사 결과 청소년기의 성관계에 대해서는 "사랑한다면 가능하다"는 응답도 45.7%에 달했고, 성관계를 허용할 수 있는 시기에 대해서 "만난 지석 달 후"가 39.6%로 가장 많은 수치를 차지했고, "만난 당일도 가능하다"는 응답도 15.9%에 달했다. 전체 응답자의 17.3%는 실제로 성관계 경험이 있다고 응답하기도 했다. 한국에이즈퇴치연맹 서울특별시지회(회장 이경률)와 삼육대학교 에이즈예방연구소(소장 손애리 교수)는 서울시의 후원으로 실시한 설문 조사에서는 청소년의 성 경험률은 중학생이 1.1%, 고등학생이 7.5%가 성경험이 있었으며, 성경험이 있는 청소년의 첫 성경험 평균연령은 중학생 13.3세, 고등학생 15.2세로 나타나 중학생은 과거와 별 차이가 없으나 고등학생의 경우는 증가하는 추세를 보였고, 첫 성경험 연령은 점점 낮아지고 있었

다.57)

우리에게는 가꾸어야 할 땅이 있다

다음 세대를 얻기 원한다면 그 세대의 문화 코드를 알아야 한다는 말이 있다. 청소년 설교는 특별히 다음 세대를 세우는 것을 그 목표로 한다. 이러한 문화적 흐름의 중심에 청소년들이 자리 잡고 있음을 감안할 때 청소년 사역자들은 오늘날 문화에 대한, 특별히 청소년 문화에 대한 이해를 필요로 한다.

미국의 캔자스 주와 콜로라도 주는 중서부권에 서로 인접해 있다. 주로 평원으로 이루어져 있는 이 두 주(州)는 그 특성이 많이 다르다. 캔자스는 푸른 평원인데 콜로라도는 사막과 같은 척박한 대지를 하고 있다. 콜로라도 주 이즈(Eads)는 모래바람이 많이 불어 늘 먼지 속에 뒤덮여 있다. 이 땅이 척박한 이유는 따로 있다. 이즈 동쪽 슈거 시티(Sugar City) 근처에는 메리단 호와 헨리 호 등 큰 호수가 두 곳이 있어 농사를 지을 수 있는 여건을 가지고 있다. 그런데 인근 도시인 콜로라도 스프링스(Colorado Springs)에서 식수원을 확보하기 위해 호수를 매입하는 바람에 주민들은 농업용수를 구할 수 없게 됐다. 그래서 농사를 포기하자 푸르던 대지는 갈색 사막으로 바뀌어가고 바람이 불면 먼지기둥이 일어난다고 한다.

필자가 연구학기로 몇 개월을 집을 비워두었더니 문을 잠가 놓았는데도 여간 먼지가 많이 싸여있는게 아니었다. 사람이 살지 않는 곳에는 늘 이렇게 먼지만 쌓이게 된다. 돌아와 그것을 닦고 살만한 처소로 바꾸는데 상당한 시간이 필요했다. 가꾸지 않으면 '갈색 사막'이 된다. 우리에게도 가꾸어야 할 땅이 있다. 자신도 영성으로 가득

---

57) 『한겨레』 (2003년 07월 07); 『한국의약신문사』 (2007년 1월 8일)

채우지 않으면 메마른 심령이 되고 만다. 자신도 가꾸어야 하고, 여러 가지 이유로 메마른 사막과 같이 되어가는 청소년들의 심령도 가꾸어야 한다. 갈색 사막이 되지 않게 하기 위해…

8장
청소년 문화의 근간(根幹)
: 포스트모던 문화

포스트모던 시대에로의 전환은
다음 세대들에게 복음의 말씀을 전해야 하는
교회의 임무를 수행함에 있어서
거대하고 강력한 도전이 되고 있다.

— 스탠리 그렌츠[58]

일반 설교에서도 그러하지만 청소년이라는 특수 계층의 청중들을 대상으로 하는 청소년 설교에서 청중의 중요성이 더해가는 것은 그들만의 독특한 문화와 특성을 가지고 있기 때문이다. 다른 어떤 세대보다도 청소년들의 삶은 문화적 특성에 의해서 영향을 받는데 그들의 일차적인 공간은 문화적인 공간이다. 청소년들은 스스로 문화 공간을 만들기도 하고, 그것에 의해 영향을 받으면서 서가는 세대이다. 이러한 사회적인 상황이 청소년 문화에 영향을 주고 있다. 청소년을 이해할 수 있는 가장 중요한 열쇠는 문화이다. 과거에는 문화를 주변

---

58) Stanley J. Grenz, *A Primer on Postmodernism* (Grand Rapids: Eerdmans, 1996), 10.

적인이며, 가장 자리에 해당하는 것이라고 이해했다. 그러나 이제 문화는 각 영역에 있어서 가장 중심 되는 관심거리가 되었다. 하나님 말씀의 선포를 연구하는 설교학에서도, 그리고 예배학에서도 이제는 문화에 대한 연구가 중요한 장르가 되었다. 그것은 다음 세대를 세우려는 기독교 교육에서도 마찬가지이다. 다음 세대를 얻기 원한다면 이제 그 세대의 문화 코드를 알아야 한다. 그렇다면 오늘날 청소년들이 공유하고 있는 문화의 중심을 이루고 있는 것은 무엇일까?

'포스트'의 시대

청소년 문화를 이해하려고 할 때 그들의 문화의 특징은 '포스트'의 특징을 가지고 있음을 알 수 있다. '후기', 혹은 '탈'로 이해되는 이러한 접두어는 청소년 문화를 이해하는데 어떤 통찰력을 준다. 그들은 장년세대들이 쌓아 올린 후기 산업시대를 살고 있으며, 합리성을 근간으로 한 모던 세계를 넘어서 포스트모던 세계를 살고 있다. 이데올로기에 사로잡혀 전쟁의 혹독한 대가를 지불했고, 지난 반세기동안 이데올로기의 망령에 지배를 받았던 기성세대와는 달리 오늘의 세대는 탈이데올로기 시대를 살고 있다. 또한 그들은 전통적인 가치관이나 구조에 대해서도 탈 전통주의 시대를 구가하는 문화와 라이프스타일을 견지한다. 합리성에 근간을 둔 이성이 지배하는 세계 대신에 감성이 지배하는 그런 문화를 만들어 가고 있다.

'포스트' 문화를 대표하는 것이 있다면 그것은 포스트모더니즘일 것이다. 1980년대 초 프랑스의 르몽드지(誌)가, 지금 유럽에는 "포스트모더니즘이라는 유령이 출현했다."고 했지만 20여년이 지난 지금 그것은 더 이상 유령으로 여기지 않으며, 그것은 우리 사회와 문화의 흐름을 설명해주는 익숙한 개념으로 자리 잡고 있다. 청소년들에게도 이것은 전혀 유령으로가 아니라 어느 사이에 삶의 표현의 일환으로 여기게 되었다. 현대 문화의 특성과 변화를 이해하기 위해서 절대적으로 필요한 개념이 있다면 그것은 '포스트모던'을 들 수 있을 것이다. 특별히 청소년 문화는 오늘날 문화 변화의 중심 가운데서 존재함을 생각할 때 오늘날 청소년 문화의 특징 가운데 두드러진 특징으로 우리는 포스트모던이라는 단어를 떠올리게 된다. 그들이 가지고 있는 문화적인 특성을 규정하려고 할 때 이 단어가 아니고서는 설명하기가 어려워진다.

1990년대에 들어서면 문화, 사회, 지식 체계와 관련하여 가장 널리 회자되고 있는 말 가운데 하나가 포스트모던이라는 단어이다. 그러나 일면 '포스트모던'이라는 용어에 대한 오해도 적지 않음을 이해할 수 있다. 이것을 마치 이단 사설과 같이 이해한다든지, 혹은 자유주의적인 흐름으로 배격하려는 경향도 본다. 포스트모던으로 대표되는 제반 흐름들이 위협적인 요소로 대두되고 있음이 사실이다. 그러나 극단적인 포스트모던 신학이 있고, 철학이 있으며, 다양한 장르의 학문적 추구가 있지만 현대 사회의 변화와 문화의 흐름을 이해하는 데 있어서 가장 적절한 단어가 어쩌면 포스트모던이라는 단어일 것이다. 특히 전혀 새로운 세대들인 청소년들의 문화를 이해하는데 있어서 이것은 아주 적절한 단어임에 틀림이 없다.

그렇다면 포스트모던 시대는 좋은 것일까, 나쁜 것일까? 찰스 디킨스가 말한 대로 "그것은 최상의 시대"이기도 하고 "최악의 시대"이기도 하다. 그는 프랑스 혁명이 일어나던 변화의 시기에 대해 언급한 내용이지만 그것은 모든 시대에 적용되고 있음이 사실이다. 어느 시대나 긍정적인 측면과 부정적인 측면이 있고, 위험과 기회가 공존하고 있음이 사실이다. 그래서 위기(危機)라는 단어에는 '위험'과 '기회'라는 말이 합성되어 이루어진 것처럼, 어떻게 대처하느냐에 따라 위험의 시간일 수도 있고, 기회의 시간이 될 수도 있다. 여기에는 받아들여야 할 원리들이 있고, 개조해야 할 것이 있으며, 결코 따를 수 없는 것들이 있음을 명확히 구분하여 진리로 덮어나가는 자세를 가져야 한다.

포스트모더니즘

청소년들이 호흡하는 오늘의 문화의 특징을 이해하기 위해 그 근간이 되고 있는 포스트모더니즘에 대해 살펴보자. 포스트모더니즘은 계몽주의 이후 나타난 모더니즘의 한계를 극복하려는 노력의 일환으로 나타나는 시대정신이요, 문화적인 현상(cultural phenomenon)이다. 1960년대에 들어서면서 포스트모더니즘이라는 용어는 주로 예술가들이나 건축가들에 의해서 오랫동안 지배적인 관점이었던 모더니즘에 대한 급진적인 대안을 제시하는 용어로 사용되기 시작하여, 1970년대에 들어서는 문화 전반에 걸쳐 확대되었고, 근래에 와서는 문예 사조나 철학사상을 뛰어넘어 대중문화에까지 깊이 침투되었다. 이제 포스트모던 경향은 "선택 가능한 하나의 관점이라기보다는 이 시대를 관통하고 있는 시대 흐름"으로 받아들이게 되었다.[59]

포스트모더니즘은 모더니즘을 전제한 말이며, 과학과 기술문명, 이성과 합리성을 근간으로 하는 근대를 떠나 새로운 시대로 접어든다는 의미를 가진다. 본래 '포스트'(post)라는 접두어는 '후기-' 혹은 '탈-'의 뜻을 가진 말이며, 이것이 모더니즘과 연결될 때, '후기 근대주의' 혹은 '탈 근대주의'라는 뜻이 된다. '후기'라는 말로 규정하면 연속성을 내포하는 반면, '탈'이라는 말로 규정하면 이것은 단절과 비판, 극복이라는 주제가 강조된다. 이것은 두 가지로 다 해석이 가능하며, 실제적으로 이 두 가지 의미를 따라 논의가 계속되어

---

59) 이문균, 『포스트모더니즘과 기독교 신학』 (서울: 대한기독교서회, 2000), 24.

왔다.

　이렇듯 포스트모더니즘은 근대 세계관과 그것에 통합되어 나타난 계몽주의에 대한 반동으로 시작되었고, 언제나 포스트모던은 모던을 전제한다. 그러므로 포스트모던의 내용과 주장(agenda)을 바로 이해하려고 한다면 우리는 반드시 모던 사고 구조가 무엇인지에 대한 이해를 필요로 한다. 근대 이전의 시대를 신화와 교권(敎權)의 시대로 규정할 수 있다면, 근대는 이성에 대한 신뢰를 바탕으로 한 과학과 이성의 시대였다. 모던 시대는 계몽주의와 함께 시작되었으며, 그 시대를 통과하면서 서구에서부터 그 모습을 드러내어 전 세계로 확장되었다.

　이런 점에서 계몽주의는 모던 시대의 정신세계와 포스트모더니즘을 이해하는 출발점이 된다. 대체적으로 계몽주의는 "17세기 후반부터 18세기에 걸쳐 유럽을 지배했던 사상 풍조를 가리키는 것"[60]으로 르네상스의 인본주의 정신과 17세기 과학의 혁명적인 발달을 한데 묶어 근대 세계를 출현시키는 결정적인 계기를 만들었다. 중세를 지배하였던 교권(敎權)으로부터 벗어나 인간 이성의 우위를 발견하게 해 주었던 것이 바로 계몽주의와 르네상스였다. 이러한 영향을 힘입어 변화를 주도한 것은 역시 17~18세기 과학자들이었으며, 고대로부터 중세에까지 이어져 내려왔던 과학의 원리들이 대부분 폐기되거나 근본적으로 바뀌었고, 중세의 세계관으로부터 철저하게 이탈하는 계기가 되었다. 전에는 신(神)의 계시, 혹은 교권이 진리를 판정하는 최종적인 기준이었다면 계몽주의 영향과 함께 진리의 판정기준이 철저하게 인간의 이성과 과학적인 합리성에서 찾으려고 했다.

　계몽주의와 함께 시작된 근대성(modernity)은 이성(理性)에 신뢰

---

[60] 위의 책, 13-14.

성을 두고, 그것을 활용하여 세계를 파악하려 하였으며, 개인을 인식하는 주체로 삼았다. 여기에서 이성 중심의 문화와 사고가 형성되게 되었으며, 합리성과 개인을 중심으로 한 세계 가치관이 형성되게 된다. 이성과 합리성의 산물인 과학과 기술 문명은 이제 중세의 미신적인 사고에서 벗어나 인간이 주체가 되게 하였으며, 인류의 미래를 보다 풍요롭게 할 수 있는 낙관론이 지배적이었다. 근대에서 이성은 인간의 모든 문제를 해결할 수 있으며, 삶의 풍요와 행복을 가져다 줄 수 있는 것으로 기대했다. 이성에 대한 신뢰와 초자연적인 것에 대한 거부의 형태들이 근대 사회 속에는 다양한 형태로 나타난다. 과학적, 기술적, 이성적 진리의 노정을 따라 인간 사회를 재건하겠다고 나서는 움직임들이 나타나는데, 그 중에 하나가 '산업화 시대'(industrial age)를 구가하는 움직임들이었다. 또한 유토피아 프로젝트 역시 모던 시대의 열매였다. 변증법적 유물론을 통한 마르크스주의 고안에서는 이러한 경향이 가장 야심적으로 뻗어 나갔다. 공산주의 지도자들은 계몽주의의 이상을 사회주의 체제를 통해 러시아에서 펼쳐갔다. 이렇게 모더니즘의 비전은 "인간의 자율적 이성에 입각한 유토피아"였으며, 과학의 기초 위에 기술이 서고, 그 위에 경제 발전이 추구된다는 관점으로 문화를 바라보는 "유토피아 프로젝트"였다.[61]

그러나 20세기 중반에 들어서면서 모더니즘의 결과는 처절한 정신적 공허로 다가온다. 이러한 모더니즘의 가정(假定)들은 산산조각이 났다. 물론 근대성과 함께 많은 사회적인 발전과 과학기술 문명이 이룩한 이기(利器)를 통해 인간의 삶은 한결 풍요를 누리는 것 같았다. 그러나 1, 2차 세계대전을 겪으면서 인간 이성을 중심으로 한 근대성이 이룩한 과학 기술문명의 결과를 히로시마에서 보았고, 아하

---

61) J. Richard Middleton and Brian J. Walsh, *Truth Is Stranger Than It Used to Be: Biblical Faith in a Postmodern Age* (Downers Grove: Inter-Varsity Press, 1995), 17.

슈비츠에서 보았다. 이성을 중심 하여 세워진 사회 체제였던 유럽에서 자행된 유대인 대학살(Holo caust)과 현대 기술문명의 결과를 히로시마 원자폭탄에서 보면서 피폐해진 인간의 실존을 보게 된 것이다. 산업사회가 이룩한 지구 환경은 극심한 오염과 생태계의 파괴 등의 결실로 나타났고, 가장 이상적인 노동자의 천국이 되어야 할 러시아는 인류사에서 전례를 찾아보기 힘든 압제와 획일성의 사회가 되었으며 결국 공산주의 종주국으로서의 깃발을 내리고 말았다.

계몽주의 이래 형성된 인간 이성을 중심으로 한 근대성은 신뢰를 상실하게 되었고, 이성은 학문의 전당에서 점점 퇴위를 당하게 되었다. 사고의 기본 범주들이 변화를 겪으면서 이제 세계를 보는 새로운 방식이 출현하게 되었다. 이것이 포스트모더니즘이며, 근대 세계관과 계몽주의 프로젝트, 근대의 기술 과학의 이상, 그리고 근대주의가 수립했던 철학적인 가설들에 대한 반작용, 혹은 거부 현상으로 등장하게 된다. 이는 근대성(modernity)이 수립했던 문명의 열매들, 즉 과학기술, 사회 통제, 합리적 계획화에 대한 반발로서 형성되는 지적, 문화적, 사회적, 철학적인 일련의 흐름이었다.

포스트모더니즘은 단순히 철학 운동에서만 나타난 것이 아니라 광범위한 문화 현상으로서 등장한다. 무엇보다도 포스트모던 경향 가운데 서 있는 문화 창출자들은 삶의 양식이나 가치관, 그들의 문화 표현에 있어서 기존의 권위나 보편적인 기준을 따르려고 하지 않는다. 결국 "권위의 표준과 중심의 상실은 다원성과 다양성의 추구"로 표출된다. 그래서 포스트모던 문화는 세계화의 결과로 등장하는 다중 문화와 "파편화와 지역화(localization)"의 현상으로 나타난다. 이러한 결과로서 포스트모던 사회는 권위 체계가 무너진 대중사회가 된다. 고전적 문화 개념이 쇠퇴하고, 문화의 가치 기준이 다원화되면서 고급문화와 대중문화의 경계선이 사라지고, 집단의 정신에서 나

온 대중문화가 강력한 주도하는 시대가 된다.[62]

포스트모던 시대의 건축도 판이한 다름을 추구한다. 모던 시대에 건축의 목표는 합리성을 바탕으로 인간에게 가장 이상적인 삶의 장소를 마련해 주는 것이다. 각 건축물들은 서로 통일성을 가지며, 효율성에 강조점을 두었다. 그러나 포스트모던 시대에는 모던 건축이 추구한 단일한 가치 대신 다양한 가치와 의미를 추구하며, 통일성 대신에 불일치를 드러내고 표현하려고 한다. 즉 기능 위주였던 모던 건축과는 달리 포스트모던 건축은 상징성을 중요하게 생각한다. 모더니즘에 대한 반발은 예술 세계에서도 강하게 나타난다. 예술의 순수성을 추구하고 단일가치를 추구하던 근대 예술에 비해 포스트모던 예술은 표현양식의 다양화와 가치의 다양화를 추구한다. 즉 통일된 단일양식 추구를 거부하고, 다양한 양식의 콜라주와 퓨전 예술 형태를 겨냥한다. 여기에서는 예술 창작자보다는 예술 수용자의 입장이 더 고려된다.

이상의 논의들을 통해서 볼 때 포스트모더니즘은 근대의 세계관의 결정주의(determinism)를 깨뜨리고 과학적인 근대주의를 넘어서려는 일종의 지적, 문화 사회적인 운동이다.[63] 이것은 철학뿐만 아니라 문학, 예술, 건축, 신학, 대중문화에 이르기까지 전 세계적으로 확산되고 있는 일종의 지적이며 문화 사회적인 현상이다. 메타내러티브(거대 담론 혹은 절대 정신)가 거부되고 이질성과 다양성이 강조되

---

[62] 이정석, "대중문화 시대의 그리스도인," 강영안 외 편, 『대중문화, 더 이상 침묵할 수 없다』(서울: 예영커뮤니케이션, 1998), 28.
[63] 포스트모더니즘에 대한 보다 상세한 이해를 위해서는 신국원, 『포스트모더니즘: 우리 시대의 사상과 문화에 대한 기독교적 조망』(서울: IVP, 2000); 이문균, 『포스트모더니즘과 기독교 신학』(서울: 대한기독교서회, 2000); Gene Edward Veith, *Postmodern Times*, 오수미 역, 『현대사상과 문화의 이해』(서울: 예영커뮤니케이션, 1999); Stanley J. Grenz, *A Primer on Postmodernism* (Grand Rapids: Eerdmans, 1996) 등을 참고하라.

며, 근대주의가 표방하였던 인간 이성의 합리성, 과학의 신뢰성, 진리의 객관성과 보편성에 대해 해체, 혹은 넘어서려고 한다. 포스트모더니즘은 계몽주의 이후 형성된 근대성(modernity)을 통해 이룩된 것들을 붕괴 혹은 해체시키려는 지적, 문화적 운동이다.

설교 사역에 있어서 포스트모더니즘의 도전

그렇다면 이러한 지적 체계와 문화 구조가 설교 사역에 주는 도전은 무엇일까? 설교 전반에 대해 살펴보면 청소년 설교에 주어지는 도전에 대해서도 유추할 수 있을 것이다. 근대주의가 발원되었을 때 그러한 흐름은 기독교 전체를 흔들어 놓을 만큼 충격적이었고, 적잖은 위협이었다. 포스트모더니즘은 어떤 의미에서 근대와는 아주 다른 문제와 도전을 기독교 전반에 가져온다. 이것을 기독교의 토대 자체를 흔들어 놓는 위협적인 도전으로 이해하는 경향도 있고, 새로운 기회와 가능성으로 이해하는 경향도 있다. 특별히 기독교의 설교에 대해 포스트모더니즘은 기회와 위험이 공존하는 기로에 서 있게 한다. 절대 진리는 해체되고 다원주의가 논의되며, 의지가 지성의 자리를 차지하고, 이성은 정서에 자리를 내어주고, 상대주의가 도덕성을 대체해 가는 문화 사회적인 경향은 이제 전혀 다른 방식으로 기독교에 도전한다. 이러한 점에서 포스트모던 시대가 설교 사역에 가져오는 도전들을 몇가지로 정리해 보자.

첫째는 해체주의의 경향을 들 수 있다. 포스트모더니즘의 가장 대표적인 특징은 해체주의이다. 해체주의의 선구자는 역시 철학자 니체인데, 그는 신(神)의 죽음을 외치면서 절대정신의 종언과 이성이 지배하는 근대성의 죽음을 선언한다. 즉, 근대주의 사상의 기초인 이성을 통한 진리의 접근에 대해 해체를 주장한다. 니체의 충실한 제자였던 프랑스의 탈구조주의자인 자끄 데리다 역시 근대주의 전통과 주장들을 파괴하는 것을 그의 목표로 삼고 있다. 근대의 관념을 철거하고, 지금까지 지배해 왔던 문화 사회적인 통념들을 거부하기 위해 '해체'라는 용어를 사용한다. 근대성이 철학적 기초로 삼고 있는 모든 것과 전통적인 가치관을 거부하고 파괴한다. 여기에서는 기존의 신념은 붕괴되고, 보편적인 합의 자체를 해체하려고 한다. 설교 사역과 관련하여 볼 때 무엇보다도 포스트모더니즘은 절대 진리, 혹은 메타내러티브의 해체를 강조한다는 점에서 커다란 도전이 아닐 수 없다. 또한 삶의 토대라고 믿어온 것들에 대해 비판 또는 해체를 그 핵심으로 삼는다. 여기에서 "공통적 토대의 상실"이라는 결과에 사로잡히게 된다.[64] 마치 아방가르드의 주장과 같이 "파괴하는 것이 창조하는 것이다."라고 생각하면서 기존의 모든 체계를 파괴하고 새로운 세계를 꿈꾸는 전복 세력의 이미지를 갖게 된다. 여기에서 기독교 설교의 토대가 흔들릴 수 밖에 없고 무기력해 질 수 밖에 없다.

둘째는 다원주의의 흐름이다. 절대적인 진리와 가치의 해체를 주장하는 포스트모던 시대는 "모두가 자신의 법칙을 따라 움직이는 것처럼 보이는 시대"이다.[65] 세계화의 영향과 함께 다양성은 중요한 덕목이 되었으며, 예전에는 누구나 존중하고 그에 의해 삶이 조성되던 법칙들은 사라지고 있다. 포스트모던 시대는 이제껏 사람들이 의심하지 않고 받아들이던 절대적인 것들이 무너진 시대가 되고 있다. "객관성을 토대로 하여 통일성의 기초를 마련했던 철학과 과학이 흔들림으로 인해 대두된 다원주의와 상대주의는 포스트모더니즘의 가장 대표적인 특성"이 되었다. 이성주의에 입각해 문화와 사회를 획일화하는 세계관이 인간의 삶을 억압하고 비인간화하는데서 비롯된다

---

[64] 신국원, 『포스트모더니즘: 우리 시대의 사상과 문화에 대한 기독교적 조망』 (서울: IVP, 2000), 83.
[65] 김운용, 『새롭게 설교하기』, 86.

고 주장하면서 이에 대한 해체 작업을 시도하며 그 결과로 말미암은 다원성에 대한 강조는 포스트모더니즘의 가장 중요한 특징이다.[66]

포스트모던 시대에는 다원성이 공인되고 절대적으로 신봉되는 것은 거부된다. 절대적인 것을 거부하는 경향은 단순히 철학이나 학문적인 흐름 속에서만 찾아볼 수 있는 것이라기보다는 사람들의 의식과 문화 표현 속에서 나타나는 내용이다. 정형(定型)이나 믿음의 체계는 더 이상 중요한 것으로 받아들여지지 않으며, 상대주의, 다원주의 세계로 나아가는 문화 이데올로기를 가진다. 이러한 흐름의 반영인 종교다원주의도 종교 간의 차이가 "진리와 거짓의 문제가 아니라 진리에 대한 다른 인식의 문제"라고 믿게 한다. 즉, 어떤 것이 옳고 그르다고 말할 수 없으며 이것은 모두 다 개인적인 차원의 문제라는 것이다. 사회적으로는 주변에 있던 것이 중심으로 이동하며, 기존에 받아들이던 중심과 서열이 무너지고 주변부가 중심으로 진입하는 현상이 삶의 각 영역에서 나타난다. 통일성이나 객관성을 외면하고 무조건적인 다원성만을 강조하는 곳에서는 상대주의가 형성되어 절대진리에 대해서는 편견과 독선으로 몰아가기 때문에 이러한 포스트모더니즘의 특성은 기독교의 설교사역에 있어 커다란 도전으로 와 닿을 수 밖에 없다.

셋째는 감성을 중심으로 하는 문화이다. 이성을 중심으로 하는 합리성이 기초가 되어 발달한 근대의 문화들은 이제 그 영향력을 상실해 가면서 감성 중심의 문화가 형성되고 있다. 감성문화는 이성이나 논리를 중요하게 생각하지 않고 '느낌'과 '이미지'를 중요하게 생각한다. "나는 생각한다. 고로 존재한다."는 논지는 감성문화에서는 고루한 주장이며, 이제는 느낌으로 존재하는 문화가 형성된다. 모던 사

---

[66] 신국원, 『포스트모더니즘』, 25-27, 112, 236

회에서는 IQ가 강조되었으나 포스트모던 시대에는 EQ가 중요시 된다. 이러한 감성문화를 가장 잘 활용하는 것이 광고 산업이다. 광고에서 상품에 대한 정보나 논리를 전달하는 것이 아니라 하이테크 기재들을 동원하여 감성과 이미지를 중심으로 한 광고 기재들을 더 중요시한다. 기존 광고의 서술구조를 해체하여 수용자의 호기심을 자아내고 해석에 끌어들이는 기법을 사용한다. 이미지를 모호하게 열거하거나 무엇을 광고하는지 잘 알지 못할 정도로 파편화한 것도 있다. 즉 객관적이고 합리성을 바탕으로 한 서술 구조를 해체하고 열린 메시지를 소비자의 해석에 맡기는 방식이다. 또한 물건의 용도나 품질을 선전하기보다 분위기를 조성해 구매 충동을 일으키는 감성적 광고도 있고, 제품과는 관계없는 모델을 등장시키기도 하고 성역 없이 모든 것을 활용하는 것도 포스트모던의 경향을 가진다. 이러한 문화 사회적인 흐름과 함께 현대설교학에서도 이미지와 감성, 상상력 등을 적극 활용하는 설교 기재들이 논의되고 있지만 계몽주의 이후 형성된 이성과 합리성, 논리의 전달과 논증을 중심으로 한 설교 기재들은 고루하고 비효과적인 방법으로 인식될 수 있는 가능성이 있다.

EPIC 문화

미국의 드류대학교 전도학 교수인 래너드 스윗은 이 시대 속에 복음 전도를 위해 기록한 그의 책 가운데서 포스트모던 문화로 대표되는 현대 문화의 특징을 경험을 중시하고(experiential), 참여적(participatory)이며, 이미지 중심(image-driven), 그리고 관계 중심(connected)의 EPIC 문화로 규정하면서 그러한 요소를 통해 교회가 지향해야 할 방향을 제시한다.[67] 이것은 단순히 문화적인 특징일 뿐만 아니라 목회의 방향을 제시하는 지침이라고 볼 때 청소년 설교에서 방법론적으로도 고려할수 있는 부분이며, 청소년들의 문화를 이해하는데도 좋은 지침을 제공해 준다.

이러한 문화적인 요소를 잘 반영한 예로 그는 미국 최대 경매 사이트를 운영하고 있는 이베이(eBay)를 들고 있다. 이베이는 인터넷에 경매 사이트를 운영하고 있는 것으로 한국에도 그 분점이 인터넷에서 운영되고 있는데, 최근 몇 년 동안 괄목할만한 성장을 기록한다. 이베이가 크게 성장하고 모든 사람이 그 매력에 흠뻑 빠지게 할 정도의 강력한 영향력을 가질 수 있었던 이유를 마케팅 전문가들은 그 회사가 이러한 현대 사회의 문화적 특성을 잘 이해하였기 때문이라고 이해한다. 1995년부터 1999년까지 광고나 마케팅을 전혀 하지 않았지만 230억 달러 이상의 시장 점유율을 자랑할 수 있었던 것은 이러한 점을 잘 보여준다.

미국 사회에서 교회가 가지고 있는 영향력은 쇠퇴해 가는 것에 견주어 볼 때 이만큼 많은 사람에게 강력한 영향력을 끼치게 된 것은 무엇보다도 현대 문화에 대해 이해하는 것보다 훨씬 더 깊이 이해하고 있기 때문이라고 분석할 수 있다는 것이다. 무엇보다도 직접 참여하여 경험할 수 있는 장을 만들고 이미지를 통해 볼 수 있게 하였으며, 사이버 공동체를 형성하여 서로 연결시켜 주었다는 점에서 그 마케팅 전략의 특징을 살펴볼 수 있다. 이것을 하나의 단순한 마케팅 전략의 하나로 보고 신성한 복음을 전하는 말씀 사역에서는 별로 연관이 없다고 볼 수도 있겠으나, 오늘의 문화 사회적 상황을 잘 고려한 그들의 전략이 이렇게 효율적이었다면 청소년 사역자들에게도 깊은 교훈을 주는 하나의 타산지석(他山之石)과 같이 작용하지 않겠는가?

---

67) Leonard Sweet, *Postmodern Pilgrims* (Nashville: Broadman & Holman Publishers, 2000).

경험 중심의 문화

먼저 포스트모던 문화는 이성 중심의 문화에서 경험 중심의 문화로 바뀌고 있다. 도미니칸 소속의 중세교회 박사였던 토마스 아퀴나스는 『신학대전』과 같은 대작을 남김으로서 스콜라신학의 근간을 정립한 신학자였다. 탁월한 지성으로 놀라운 신학의 기초를 놓은 대 신학자가 말년에 하나님의 사랑을 직접 체험하고 난 후에는 그는 집필을 멈추고, 지금까지 자신이 쓴 모든 글들이 하찮은 '지푸라기'에 지나지 않는다고 고백한 적이 있다. 하나님에 대해서 지적인 설명을 듣고 논리적으로 이해하는 것보다는 하나님을 경험하는 것은 전혀 다른 차원임을 보여주는 이야기이다.

하루에 2천만 건 이상의 거래가 이루어지는 경매 사이트 이베이가 직접 소비자들에게 설명해 주는 이성 중심의 시스템보다는 쇼핑을 직접 경험할 수 있도록 했을 때, 다시 말해 물건도 직접 고르고, 가격도 정해진 것이 아니라 직접 정하게 하는 참여 중심의 시스템을 도입했을 때, 엄청난 기적과 같은 결과를 낳았다는 사실은 오늘의 현대문화를 대표하는 포스트모던 문화의 하나의 특징을 이해하게 하는 단적인 예라고 할 수 있다.

모던 문화를 살고 있던 한 사람이 죽은 후 한치 앞도 보이지 않는 두꺼운 구름 속을 걷고 있었다고 한다. 그는 황금으로 포장된 길을 걷고 있었는데, 구름 사이로 작은 틈이 보였다. 그곳은 갈림길이었고, 그곳에는 하나의 표지판이 세워져 있었다. 황금으로 새겨진 화살표가 좌측과 우측을 가리키고 있었다. 우측을 가리키는 화살표에는 '하늘나라로 가는 길'이라고 적혀 있었고, 좌측을 가리키는 화살표에는 '하늘나라에 대해 토론하는 곳으로 가는 길'이라고 적혀 있었다. 모던 시대의 사람은 그 갈림길에서 하늘나라를 토론하는 곳을 가는 길을 택하더라는 스윗의 비유는 시사하는 바가 크다.

그렇다면 포스트모던 시대를 사는 사람은 어떤 길을 택할 것인지 추측해 볼 수 있지 않겠는가? 포스트모던 문화는 경험에 늘 개방적이기 때문에 그 누구도 경험적 요소를 과소평가하지 않는다. 그들은 인생의 경험을 놓치지 않기 위해서라면 모든 일을 다 접어놓고, 그 일에 모든 것을 다 투자한다. 그들은 경험할 수 없는 것은 신뢰하지 않는다. 마치 이베이가 쇼핑을 직접 경험할 수 있도록 하는데 주안점을 두었고, 자기 집에 앉아서 온전히 쇼핑을 경험할 수 있는 공간을 구축해 준 것처럼 말이다.

이러한 포스트모던 문화의 특징은 참여의 문화이며, 그것에 몰입하는 생이 되게 한다. 그래서 '경험'은 포스트모던 시대의 사람들이 함께 공유하고 있는 화폐라고 말한다. 모던 시대의 사람들은 삶이 무엇인지 알고 싶어 한다면, 포스트모던 시대의 사람들은 삶이 무엇인지 경험하고 싶어 한다. 특별히 자신이 직접 스스로 경험하고 싶어 한다. 자신이 직접 경험할 수 없는 곳에서는 살고 싶어 하지 않으며, "경험이 폭발하는 환경 속에서 살고 싶어 한다." 그들은 정확한 정보를 원하지 않고, 그 정보가 경험으로 포장되어 있기를 원한다.

그러므로 청소년 사역은 무엇에 대해서 알려주는 것보다는 무엇을 경험할 수 있도록 초점을 맞추어야 한다. 간접적으로 경험하는 하나님, 즉 다른 사람(교회 전통, 교회 사역자, 교회 제도)이 정의하는 하나님에 대해서는 별로 관심이 없다. 오히려 그들은 하나님과 그의 세계를 직접 경험할 수 있기를 원한다. 강렬하게 느끼고 경험 할 수 있도록 만들어 주지 못한다면 사역에는 생명력을 상실하게 된다.

참여적 문화

두 번째로 포스트모던 문화는 참여적 문화이다. 이것은 대리적인 것에서 참여적인 것으로 그 중심 구도가 달라지고 있다. 우리 사회에도 노래방 문화가 유행이다. 이것은 먼저 일본에서 시작된 것으로 '가라오케'라는 이름으로 소개되었다. 이것은 단순히 방송국에서 틀어주는 음악을 따라 부르는 것과는 전혀 그 방식을 달리한다. 자기가 원하는 음악을 능동적으로 선택하여 마치 자기가 가수라도 된 것처럼 부를 수 있도록 했다. 포스트모던 시대의 사람들이 이러한 시스템을 즐기는 이유는 자기가 수동적인 자리에 머물러 있는 것이 아니라, 능동적으로 참여하여 자기가 원하는 것들을 성취할 수 있기 때문이다. 이것은 인터넷이나 디지털 방송에도 이제 구체적으로 반영되고 있는 특성이다. PC방이 유행하고, 게임에 몰입하는 것도 이러한 특성 때문이다. 소파에 앉아 방송국에서 보내주는 프로그램을 시청하는 것으로 만족하지 않고 직접 참여하기를 원하는 포스트모던 문화의 특성을 반영한 것이라고 할 수 있다. 게임 사이트에서도 자기가 좋아하는 캐릭터를 선택하고, 자신이 직접 꾸민 방에 사람들을 초대한다. 또한 자기가 원하는 사람에게 참여할 기회를 준다. 게임 중에 함께 대화도 하고, 여러 명이 함께 게임에 참여한다. 그들은 피동적인 형태를 벗어나 능동적 주체로서 참여하기를 원한다. 인터넷으로 연결된 세계에서 사람들은 단순히 시청자에 머무르는 것이 아니라 프로그램 제작자가 되기도 하고, 직접적인 참여자가 된다.

이것은 정치에도 나타난다. 그들은 자신이 좋아하는 정치인을 중심으로 사이트도 만들고, 공감대도 형성하여 직접 후원도 하고 모금도 한다. 그리고 공통적으로 갖는 프로그램에도 적극 참여한다. 이러한 상황에서 청소년 사역자들은 예배와 설교에 있어서 그들의 청중들을 어떻게 참여시킬 것인가를 연구해야 한다. 결코 청중들을 관객이나 수동적인 수용자로 위치시키지 않고 그들을 참여자로 받아들인다. 이베이도 고객들이 직접 참여하여 자기가 가격을 결정하고, 흥정하는 단계를 거치게 함으로서 "참여 경기"(participant sport)[68]가

되게 하였다. 여기에서는 소매가나 정해진 가격이 제시되지 않고 고객이 얼마를 지불할지를 결정하며, 그 모든 상거래에 직접 참여하게 한다. 그들 앞에 참여의 장이 활짝 열렸을 때 그들은 생기를 되찾고 사이트를 검색하며, 직접 참여하는 게임에 적극적으로 참여하게 된다. 20세기 중반 인류는 TV 출현과 함께 커뮤니케이션의 혁명을 경험했다면, 후반을 지나면서 컴퓨터와 인터넷의 확산으로 제 2의 혁명을 이루었다. 이제 우리 앞에 디지털 시대가 활짝 열리면서 제 3의 혁명 앞에 서있다.

제 2, 3의 혁명을 이룬 인터넷과 디지털 시대의 특징은 무엇인가? 고객이 적극적으로 참여하는 참여의 문화이다. 이제 그들은 서로 연결되어 있는 네트 세대(net generation; N세대)가 되었고, 참여할 뿐만 아니라 상호작용적(interactive)인 특성을 가진다. 이러한 시대 가운데서 수동적인 존재로 남아있기 보다는 참여적인 예배를 선호하며, 참여적인 장이 마련되는 교회 생활을 원한다. 그러므로 우리가 청소년 설교를 생각할 때 어떻게 나의 청중들을 적극적인 참여자로 만들 수 있을 것인가를 깊이 고려해야 한다.

이미지 중심의 문화

세 번째로 포스트모던 문화는 이미지를 추구하는 문화이며, 이미지가 이끌어가는 문화의 특성을 갖는다. 모던 문화는 언어와 문자가 중요한 매체였다. 신학자들은 이성과 질서를 종교의 핵심에 놓으면서 지적인 신앙을 창조하려고 했다. 신비와 은유는 지나치게 불분명하고 모호하며 비논리적이라고 여기면서 배제하였다. 그러나 이제 명제나 논리는 그렇게 중요하지 않고, 상징과 은유, 이미지가 중요한

---

(68) 위의 책, 53.

매체로 등장하게 된다. 이미지를 통해서 이해하게 되었으며, 이미지를 통해 표현한다. 웹상에서 아바타를 즐겨 찾고, 광고 매체에서는 어떤 논리적인 사실을 전하는 것에 주력하기보다는 자신들이 광고하려는 메시지를 어떻게 이미지화 할 것인가가 광고 커뮤니케이션의 가장 중요한 사안이 되었다. 이미지 사전은 어휘 사전을 대치하고 있으며 이미지 은행은 화폐 은행만큼이나 중요하게 여기는 시대가 되었다. 사이버 공간과 그곳에서의 생활은 자신이 만든 아바타를 통해 표출되고, 언어가 아닌 이미지로 개인의 정체성을 밝히려고 한다. 코카콜라는 어떤 재료를 사용하였는가를 강조하기 보다는 이미지를 통한 자신의 이미지 수립을 통해서 세계적인 음료수로 자리잡게 되었다.

이제는 회사의 상표가 자산이 되고 경쟁력이 되는 시대이다. 이제 포스트모던 문화는 은유, 상징, 이야기가 복잡한 그물처럼 짜여진 상징화된 이미지 시스템을 그 축으로 세워가고 있다. 이미지는 엄청난 정보를 일순간에 전달하는 놀라운 힘을 가졌다. 인류 최초의 언어는 상형문자다. 이미지와 은유는 인간이 공통 언어로 쓸 수 있을 만큼 인간에게 가까이 있다. 성경도 수많은 이미지를 사용해서 복음의 비밀을 전달했다. 포스트모던 문화는 이렇게 이미지의 그 무한한 영역을 열어가고 있다.

그러므로 청소년 사역자가 이러한 영역을 적극 활용할 수 없다면 그들의 청중들에게 다가가기가 어려울 것이다. 설교에서도 계몽주의 이후 형성된 모던 세계에서는 문자와 이성, 논리가 효과적인 전달을 위해 가장 중요하게 여기는 방법이었다. 이러한 시대를 지나오면서 교회도 근본적으로 가지고 있었던 이야기와 이미지 중심의 전달 체계를 잃어버리게 되었다. 그러나 포스트모던 세계는 철저하게 이미지를 추구한다. 그래서 스윗은 문화를 상징 시스템이라고 규정하면서 "메타포, 상징, 이야기가 함께 그물처럼 짜여진 것"이라고 규정한다. 이러한 시대에서 다르게 생각하고, 다르게 살아가도록 해 줄 수 있는 가장 좋은 도구는 메타포, 혹은 이미지라고 주장한다. 그래서 이 시대는 문자 기반(word-base)에서 이미지 중심(image-driven)의 문화와 시대로 바뀌고 있다.[69]

문제는 이러한 시대에 교회(청소년 사역자들)가 사역과 설교의 구조를 바꾸지 않으면 이러한 문화적인 특성을 가진 시대에서 소외될 수밖에 없는 상황에 놓여지게 된다는 사실이다. 일반적으로 사람들은 "정말로 풍요로움을 실감하는 것은 일반적으로 자신의 선호가 충족되는 경우"이다.[70] 사람들의 취향과 선호하는 것을 충족하기 위해서 설교하는 것은 아니지만 하나님의 말씀의 효과적인 전달을 위해서 그것은 반드시 고려되어야 할 사항이다.

이것은 단순히 포스트모던 문화의 특성일 뿐만 아니라 인간 정신 자체가 지니는 특별한 활동이다. 인간의 정신은 메타포로 이루어졌으며, 그것을 통하여 실재를 창조한다. 그래서 예수님께서도 자신의 설교 가운데 수많은 이미지와 메타포로 채워 넣으셨다. 예수님의 설교 명령을 받은 현대의 설교자들은 이미지의 정글을 살고 있는 현대인들에게 이미지를 통하여 설교하는 것과 함께 진정한 이미지가 무엇인지를 알려 주어야 한다. 정신적으로 도덕적으로 오염된 현대 문화에 대해 근본적인 해결책은 진정한 이미지를 통하여 예수 그리스도와 복음을 담아 전달해 주는 것이다.

공동체성을 추구하는 문화

마지막으로 포스트모던 문화는 서로 연결되어 있는 연결성과 공

---

[69] Sweet, *Post-modern Pilgrims*, 87-89.
[70] 김정탁, 『굿바이 구텐베르크: 선형문화에서 모자이크문화로』 (서울: 새천년, 2000), 14.

동체성(connected)을 추구하는 문화이다. 청소년과 현대 문화의 중요한 장으로 자리잡아가고 있는 웹 세계에서 즐겨 사용되는 두 단어를 들라면 우리는 연결(connected)과 공동체(community)라는 단어를 들 수 있을 것이다. 실제로 이 두 단어는 서로 연결된 공동체(connexity)라는 신조어를 만들어 널리 사용되고 있다.[71] 현대인들에게는 연관성을 중요하게 생각한다. 개인주의를 선호하는 것이 사실이지만 이제 개인주의를 넘어서 "개인적이면서도 공동체적"(individual-communal)인 특성을 추구하는 형태로 바뀌어 가고 있다. 포스트모던 시대를 사는 사람들은 자신이 누군가와 연결되어 있다고 느낄 때 안정감을 느낀다. 물론 이것은 인간이 함께 어울려 살아가는 존재이며, 이것은 하나님께서 특징지어주신 것이지만 모던 시대에는 개인주의가 강조되었다면 포스트모던 시대는 공동체와 서로의 연결성을 중요한 덕목으로 여긴다. 현대인은 "영적으로 중요한 삶의 질적인 향상, 더 깊은 유대감, 공동체적인 삶에 굶주려있다."[72]고 했다. 포스트모던 시대의 사람들은 자신의 소속감을 중요하게 생각하며, 공동체성을 추구한다. 또한 자신들과 연결된 연관성을 가진 문화를 원한다.

이러한 점을 고려할 때 설교자들은 어떻게 현대인들의 삶의 연관성을 만들어 갈 것인가를 깊이 숙고해야 한다. 모던 시대에 사람들의 지적체계는 "나는 생각한다. 고로 존재한다."는 데카르트의 명제를 통해 가장 잘 설명되었다. 그들은 사유하는 것, 논리적인 인지를 중요한 존재의 근거로 생각했다. 그러나 포스트모던 시대에는 "나는 표현한다. 고로 존재한다."는 슬로건을 통해 가장 잘 설명된다. 자신의

---

71) Sweet, *Post-modern Pilgrims*, 109.
72) Daniel Yankelovich, *The Magic of Dialogue : Transforming Conflict into Cooperation* (New York: Simon & Schuster, 1999), 217.

삶과의 연관성을 중요하게 생각하기 때문에 자신을 표현하고 싶어 한다.

새로운 규칙 설계자들이 되라

청소년 설교자는 과거와는 전혀 새로운 상황 속에 서있으며, 그들 앞에 있는 청중들은 과거와는 전혀 다른 청중들이다. 그러므로 청소년 설교자는 데이빗 가드너와 톰 가드너의 용어를 빌려서 표현한다면 모든 기존의 규칙을 파괴하는 '규칙 파괴자들'(rule breakers)이면서 역시 새로 규칙을 만들어내는 '규칙 설계자들'(rule makers)[73] 일 수밖에 없다. 지금까지 세계를 움직여 온 사람들은 하나같이 기존의 규칙과 고정관념을 파괴하고 뛰어 넘어 새로운 규칙을 만들었고, 패러다임을 창조해 왔다. 기업들은 어떻게 변화하는 상황에 정착할 수 있을 것인지를 집중적으로 연구하는데, '변화 관리'(Change Management)의 영역이 바로 그것이다. 그래서 경영학의 금언 중에 "변하지 않는 유일한 원칙은 변화해야 한다는 것"이란 말도 있다.[74]

성공적인 경영자들은 변화하는 상황에 민감하게 반응하며, 대처하기 위한 새로운 발상의 전환을 시도하였다. 그들은 늘 새로운 규칙을 만들어 왔다. 프레드 스미스(Fred Smith)는 미연방 우체국만이 편지를 전달한다는 규칙을 파괴하고, 새로운 개념의 규칙을 통해 페덱스(Federal Express)사를 설립한다. 스티브 잡스(Steve Jobs)는 컴퓨터를 집에서 사용할 수 있도록 디자인한다는 것은 불가능하다는 규칙을 깨고, 새로운 규칙을 만들어 애플컴퓨터사를 설립함으로써 개인 컴퓨터 시대를 새롭게 열었다. 그들이 규칙 깨뜨림과 새로운 규

---

[73] David and Tom Gardner, *The Motley Fool's Rule Breakers, Rule Makers: The Foolish Guide to Picking Stocks* (New York: Simon & Schuster, 1999).
[74] 박재영, "보고 느껴야 변한다," *Economist* (2004. 7. 20), 10.

칙 설정을 통해 이렇게 새로운 시대를 열어가며, 그들의 경영의 장을 새롭게 할 수 있었다.

청소년 설교자도 마찬가지로 요구되는 능력이 이러한 변화 관리의 능력이다. 어떤 의미에서 가장 뛰어난 규칙 파괴자이자 설계자는 예수님이었다. 예수님은 기존의 규칙과 관습을 깨뜨리시고, 새로운 하나님 나라의 규칙을 제시하신다. 그 분은 종교적, 사회적, 윤리적, 신앙적, 도덕적 규칙을 깨뜨리셨고 새로운 규칙을 제정하셨다. 새로운 문화 상황은 지혜로운 규칙 설계자들이 될 것을 요청한다.

9장
정보화와 커뮤니케이션 혁명

당신은 자신의 설교가
탁월한 설교가 될 수 있도록
계속해서 노력해야 한다.
그 이유는 당신의 청중들이
세련되고 전문화된 세상에 살고 있기 때문이다.

– 릭 이젤

정보의 거대한 망에 둘러싸여

몇 년 전 미국 플로리다 주 올랜도의 디즈니월드와 함께 많은 관광객들의 발길이 머무는 곳인 엡콧 센터(EPCOT; Experimental Prototype Community of Tomorrow)에 들린 적이 있다. 우리 문화가 오늘날 나아가는 방향에 대한 유명한 해석자들인 미래학자인 앨빈 토플러나 존 네스비트 등의 주장들을 대중화시키고, 현실화시켜 놓은 곳이다. 그곳 전시장의 입구에 들어가면 커뮤니코(Communicore; 커뮤니케이션의 중심부)라는 거대한 전시관을 만나게 되는데, 거대한 조각물들이 커뮤니케이션 매체의 동시적인 움직임을 표현하고 있고, 가슴 두근거리게 하는 단순한 가사로 된 노래가 계속적으로 들려온다. "우리는 드디어 새로운 시대에 들어섰습니다. 정보의 시대입니다." 엡콧이라는 거대한 지구의 내부로 우리를 데려가는 캡슐 안에서는 엄숙한 목소리가 우리 세대의 의미를 설명해 준다. 커뮤니코라는 전시관에서 나오던 대사들 중에 아직도 기억나는 내용 가운데 몇 가지는 이것이다. "지식과 커뮤니케이션이 증가하면서 우리의 삶과 세계는 완전히 새롭게 바뀌었습니다. 우주 끝에서 깊은 바다 속까지 우리는 거대한 전자망을 만들었습니다. 더 이해하려는 우리의 탐구는 끝이 없습니다. 우리는 정보의 거대한 보고를 만들었습니다.…"

십여 년 전의 이야기이니 이것은 수많은 내용들이 오늘날 현실화된 상황 가운데 서 있다. 우리는 지금 문명사적 전환이라고 지칭할 수 있는 거대의 변화의 중심에 서있다. 특별히 커뮤니케이션 혁명이라고 불릴 만큼 거대한 환경의 변화 가운데 서 있다. 오늘날의 커뮤니케이션은 과거의 형태와는 질적으로 다른 매우 혁신적이고 다양한 방법에 의해서 이루어지고 있는데, 특별히 전자 매체를 통한 획기적인 정보화 혁명이 진행되고 있다. 정보화란 "정보를 생산, 관리, 전달, 활용하는 인간의 제반 활동을 의미"하며, 정보사회는 그러한 정보화가 사회 전체적으로 큰 비중을 차지하는 사회적인 상황으로 정의된다. 이러한 정보사회는 인간의 지적 능력을 과거 어느 때보다 더 크게 요청한다는 점에서 지식사회라고도 불리며 또 정보연관 기술이 사회경제 활동의 중심이 된다는 점에서 전자기술 시대나 고도기술사회(high technology society)라고도 불린다.[75] 또한 아날로그 시대와 대칭 되는 개념인 디지털 시대로 특징 지워진다. 이것은 TV를 통해서 시작 되었으며, 컴퓨터를 통해서 확장되고 있는 새로운 시대의 유형이다.

---

75) 김문조, "총론: 정보화의 문명사적 의의," LG 커뮤니카토피아 편, 『정보혁명, 생활혁명, 의식혁명』 (서울: 백산서당, 1988), 19-20.

이렇게 우리 사회는 지금 정보화라는 새로운 변혁의 시대를 맞이하고 있다. 과학기술을 바탕으로 한 멀티미디어와 초고속 정보망을 통한 정보의 엄청난 팽창 속도는 우리 생활 전반에서 근본적인 변화를 요구하고 있다. 이러한 삶의 변화의 중심에 서 있는 세대가 청소년들이다. 그들은 그 변화가 만들어 내는 문화의 최대 수혜자들이자 향유 그룹이다. 이들은 커뮤니케이션이라는 관점에서 보면 그들의 부모 세대와는 전적으로 다르다. 메시지를 받는 방식이 다르고, 보고, 듣고, 이해하는 방식도 다르다. 청소년 설교자들이 이러한 이해에 실패한다면 그들은 메시지 전달에 실패할 것이다. 그러한 이해가 없이 설교하려 든다면 마치 돌비 사운드 시스템과 화려한 와이드 컬러 화면, 컴퓨터 그래픽 시대에 마치 낡은 흑백 무성영화로 관중들을 끌어들이려고 애쓰는 것과 같을 수 있다고 마이클 로그니스는 충고한다.[76]

정보화 시대의 특징

정보화란 정보통신 기술의 발달이 가속화되고 지식과 정보가 네트워크를 통해 대량으로 유통되는 추세, 즉 정보사회로의 전환이 가속화되는 현상이라고 말할 수 있다. 정보화는 정보통신 기술의 발달, 정보 유통 네트워크의 확장, 다양한 미디어 출현, 정보 서비스의 확산에 힘입은 지식과 정보의 대량보급, 정보통신 산업의 급성장 등을 포함한다. 이렇게 정보화 사회란 정보의 대량 생산, 유통 및 소비에 의해서 특징지어지는 사회를 말한다. 그렇다면 정보화를 촉진시키는 요인은 무엇인가? 그것은 정보통신 기술이다. 정보를 획득, 저장, 처리, 검색 및 전달하는 방법에 관한 기술이다.

---

[76] Michael Rogness, *Preaching to a TV Generation* (Lima: CSS, 1994), 1장.

정보화 사회로 치닫고 있는 오늘날의 상황 한 중심에 우리의 청중들인 청소년들이 놓여 있다. 정보화 사회란 인간과 사회 각 구성원의 욕구 변화를 정보 통신 기술을 이용하여 정보의 생산, 유통, 소비과정을 통해서 만족시킬 수 있도록 산업부문을 포함한 사회 전체의 구조 및 인간의 사고, 행동 및 생활 양식이 변화된 사회로 규정할 수 있다. 정보화 사회는 뉴미디어에 의해서 인간관계 특히 의사소통 방식에 있어서 혁명적인 변화가 일어날 것으로 예견되는 사회이다. 미디어가 지배하는 시대가 되고 있다. TV 출현과 함께 사람들의 메시지 전달 방법과 수용의 형태가 완전히 달라지고 있다.

그렇다면 정보화 사회로 치닫게 되면서 예기되는 커뮤니케이션 환경의 변화는 어떠한 특징을 갖게 될까? 이것은 마치 청소년 설교의 환경을 정리한 것과 같이 이해해 볼 수 있다. 그 중의 몇 가지를 정리해 보면 다음과 같다.

첫째로 지금의 대중매체가 일방적인 정보전달 체제인 반면 디지털 시대에는 쌍방향 전달 시대가 될 것이다. 디지털방송 시대가 개막되고 있는 오늘의 현실임을 감안할 때 이것은 먼 이야기가 결코 아니다. 일방적인 전달이 아니라 이제는 쌍방향 커뮤니케이션 시대가 된다. 그 동안 청취자 혹은 시청자들은 보내오는 정보를 수동적으로 수용할 수밖에 없는 시스템 속에 놓여 있었으나 이제는 그 정보를 자신의 선호도에 따라 직접 선택할 뿐만 아니라 그들의 의견과 피드백을 입력함으로서 매체가 제공하는 정보에 영향을 줄 수 있게 된다.

둘째로는 커뮤니케이션 과정의 개인화를 들 수 있다. 공중파 방송을 듣는 청중들은 정해진 채널에서, 정해진 프로그램을 통한 정보만을 얻게 되지만 이제는 인터넷과 같은 쌍방향 전달체제에서는 훨씬 다양한 정보를 접하게 된다. 동일한 사이트에 접속했다 하더라도 개인적인 관심에 따라 결정된다. 이런 점에서 정보의 수용자가 아니라 적극적으로 정보를 취사선택하는 '서핑'(surfing)의 주체가 된다. 마치 윈드서핑을 하면서 파도를 타는 사람과 같이 이제 정보의 파도를 타는 것이다. 인터넷 공간에서도 이제 홈페이지의 개념을 넘어서 카페와 블로그의 시대가 열리고 있다. 이것은 일종의 정보 선택의 개인화의 현상으로 이해할 수 있다.

셋째로는 가상현실의 체험 여건이 보편화된다. 가상현실은 실물은 없되 보고 느낄 수 있는 허구적 세계라는 점을 중요한 특징으로 하고 있는데, 현실보다 더욱 현실적인 세계를 구현한다는 초현실성(hyper-reality)을 주요 기능으로 한다. 고도의 편집성, 중층성(重層性), 시공간을 뛰어넘는 초월성을 지니는 가상세계는 활용 여하에 따라 커다란 극적 효과를 창출할 수 있는 개념으로 다가오고 있다. 여기에서는 관계적인 욕구, 기능적인 욕구, 공리적인 욕구를 동시적으로 충족시켜주는 장이 되면서 무미건조한 반복적인 일상사에서 염증을 느껴 모종의 이벤트를 갈구하는 현대 사회의 대중들에게 볼거리와 다양한 정보, 환상적인 소재를 제공함으로써 크나큰 호소력을 지니게 된다. 우리 사회에도 이미 보편화되고 있지만 사이버 스페이스로 대표되는 가상현실은 이제 일상생활이 되고 있으며, 공동사회(*Gemeinschaft*) 및 이익사회(*Gesellschaft*) 모두를 총괄하는 총체적인 생활공간으로 자리 잡아 가고 있다. 물론 여기에 많은 문제점들이 도출되는데 그 예로 가상현실의 혼동, 인격적인 교류의 단절현상, 명확한 토대로서의 윤리적인 삶과 정체성의 상실 등을 들 수 있다. 이것을 가리켜서 들뢰즈(Gilles Deleuze)와 가타리(Felix Guattari) 같은 학자들은 "리좀적 구조"라고 말한다.77) 뿌리줄기 식물인 리좀은 사방으로 펼쳐지는 중심이 없는 뿌리를 말한다. 독일의 사회학자 니

---

77) Gilles Deleuze and Felix Guattari, *A Thousand Plateaus: Capitalism and Schizophrenia*, trans. Brian Massumi (Minneapolis: University of Minnesota Press,

클라스 루만(N. Luhmann)이 말한 "중심 없는 사회"로 바뀌어 가는 것이다.[78] 이것은 중간의 곧은 뿌리를 중심으로 하여 바깥으로 퍼져 나가는 위계적인 조직화된 뿌리를 가지는 나무와 같은 식물 구조와는 전적으로 다르다. 이런 리좀적인 구조는 요즘에 문제가 되고 있는 '자살 사이트' 라든지, 우후죽순처럼 퍼지고 있는 음란물 사이트가 그 한 예라고 할 수 있다. 여기에는 어떤 윤리나 도덕, 마땅히 지켜야 할 어떤 규범 같은 것은 도외시되고 그것에 의해서 지배받기를 거부하면서 공동체와 인간 삶을 흔들어놓는 심각한 문제를 야기하고 있다.

넷째로는 하이테크, 하이터치의 시대라는 특성을 가진다. 텔레비전, 신문, 전화, 팩시밀리 등을 모두 합친 것보다 훨씬 다양하고 복합적인 기능을 갖는 멀티미디어가 발전되고 있다. 이 모든 것이 기술적으로 복잡하지만 그 원리는 간단하다. 보고, 듣고, 만지고, 느끼는 인간의 모든 감각기관을 통째로 이용하여 사람들에게 만족을 주려는데 그 중심 목적을 둔다. 이렇게 사람들은 다양한 매체— '하이테크'—를 통해 더 강력하게 감동받기— '하이터치'—를 원한다. 이러한 현상을 닐 포스트만은 "설명의 시대가 지나고 쇼 비즈니스 시대"가 도래하였다고 간파한다.[79]

커뮤니케이션 환경의 발전은 기술발전과 그 맥락을 같이하는데, 하이테크라는 개념은 기술의 급속한 변화로 인해 아주 중요한 개념이 되었다. 이 단어를 처음으로 사용했던 존 나이스비트는 더 작고, 더 싸고, 더 빠른 것으로 설명하면서, "진보, 혁신, 발전, 그리고 통제"로 설명한다.[80] 기술문명은 무서운 속도로 발전하면서 삶에 더 많

1987). 배식한, "사이버스페이스의 꿈과 현실," LG 커뮤니카토피아연구소 편, 『정보혁명, 생활혁명, 의식혁명』, 297쪽에서 재인용.
[78] 박길성 외, 『현대사회의 구조와 변동』 (서울: 나남, 2001), 3장.
[79] Neil Postmann, *Amusing Ourselves to Death: Public Discourse in the Age of Show Business* (New York: Penguin Books, 1985), 5장.

은 하이테크를 도입하게 되는데, 그렇게 될수록 사람들은 하이터치 균형을 찾게 된다고 이해한다. 배에 실은 짐이 적을 때 배의 안전을 위해 바닥에 모래, 자갈 등의 바닥짐으로 밸러스트(ballast)를 잡아 주듯이 우리 시대에도 더 많은 하이터치가 필요하다. 하이터치는 "삶과 죽음의 원초적 힘을 기꺼이 수용하는 것"이며, "인간보다 위대한 모든 것을 그대로 인정할 줄 아는 자세를 기꺼이 수용하는 것"이라고 나이스비트는 설명한다. 인간 기술 문명은 갈수록 하이테크로 나아갈 것이다.

요즘 하이테크와 관련하여 회자되는 단어로 "유비쿼터스"(Ubiquitous)가 있다. 어디에서든 컴퓨터가 존재하는 세계의 실현을 목표로 하는 개념인데, 이것은 향후 정보화 세계의 키워드가 될 것으로 전문가들은 전망한다. 이 말은 본래 "도처에 편재하는"이라는 의미를 가진 단어인데, 컴퓨터와 네트워크를 통해 인간 삶의 모든 것이 움직여지는 개념으로 사용되고 있다. 이것은 차세대 IT 산업의 중심이 되는 개념이며, "IT의 제 3의 물결"로 표현된다.[81]

이렇게 인간 세상은 엄청난 커뮤니케이션의 환경과 매체가 발전되고 있는 상황 가운데 놓여 있다. 정보 기술이 우리 생활 깊숙이 들어와 자리 잡고 있으며, 그것에 의해서 영위되고 있다. 말 그대로 하이테크의 시대를 살고 있는 셈이다. 앞으로도 "과학기술의 신화"에 취한 인간들은 계속해서 발전을 시도할 것이며, 이러한 기술 문명에 취하면서 사람들은 만족하는 듯 느끼지만 인간 소외와 인간성 고갈

---

80) John Naisbitt, *High Tech High Touch*, 안진환 역, 『하이테크 하이터치』 (서울: 한국경제신문, 2000), 18-21.
81) Richard Hunter, *World without Secrets: Business, Crime, and Privacy in the Age of Ubiquitous Computing*, 윤창로 외 역, 『유비쿼터스: 공유와 감시의 두 얼굴』 (서울: 21세기북스, 2003); 아라카와 히로키, 히다카 쇼지, 성호철 역, 『손에 잡히는 유비쿼터스』 (서울: 전자신문사, 2003) 등을 참조하라.

의 문제가 더욱 심각하게 대두될 것이다.[82] 결과적으로 인간 삶의 아름다움과 인간미를 더욱 추구하는 시대가 되게 될 것이다. 하이테크 시대에 더욱 더 필요한 것은 하이터치이다. 이것은 현대인들이 영성의 세계와 초월, 신비를 더욱 추구하는 것과도 같은 맥락에서 이해해 볼 수 있다. 거부할 수 없는 기술 문명의 발전 속에서 그것이 가져다 주는 열매를 즐기지만 하나님과 하나님의 백성들의 공동체로서의 교회, 그리고 영적 믿음을 기술에 접목시켜 조화를 이루어 나가는 작업이 필요하다.

다섯째로는 일방적 커뮤니케이션에서 쌍방향적 커뮤니케이션으로 바뀌고 있다는 점이다. 인쇄 미디어나 라디오, TV, 영화 등 일방향의 기존 미디어와는 달리 컴퓨터 통신으로 대표되는 뉴미디어는 상호 작용성(interactivity)에 의한 쌍방향적 커뮤니케이션 과정이 이루어진다. 자신이 정보를 선택해서 이용하는 시대, 이러한 상호작용성은 이용자를 주체적이고 능동적인 위치에 서게 한다.

여섯째로는 정보화는 커뮤니케이션에 있어서 비동시성(asynchronocity)의 특성을 부여한다. 전자 메시지나 데이터는 보존될 수 있고 거리에 관계없이 세계 어느 곳의 사람이나 동시에 경험할 수 있다. 사회 조직 내의 상하에 관계없이 누구와도 대등한 입장에서 정보를 교환할 수 있게 한다. 세대, 지위, 역할 등의 관습적인 차별에 상관없이 민주적 참여와 대화가 가능해짐으로서 상호간의 이해의 폭을 넓힐 수 있다.

일곱째로 정보화는 탈대중화의 효과가 있다. 기존의 미디어가 이

---

82) 이러한 내용을 우리는 〈쥬라기 공원〉은 사회학적, 미학적 상상력을 동원하여 '과학 기술의 신화'가 저지를 수 있는 문제점들을 잘 경고해 준다. 또한 최근에 상영된 영화, 〈아이 로봇〉도 그러한 맥락에서 이해할 수 있다. 두 영화는 과학 기술의 신화가 전혀 '의도하지 않은 사악한 결과'를 가져올 수 있음을 잘 그려주고 있다.

질적이고 익명인 다수의 대중을 상대로 하는데 비해서 뉴미디어는 특정계층을 목표 수용자로 하지 않기 때문에 탈대중화(demassification)의 효과가 있다. 특정 메시지를 상호 교환할 수 있기 때문에 미디어 이용의 개별화가 이루어진다.

새로운 환경, 새로운 도전

이렇게 정보화 사회로 대표되는 새로운 시대의 도래는 커뮤니케이션의 환경을 변화뿐만 아니라 인간 삶의 변화를 초래한다. 디지털 정보 기술은 디지털 정보사회 혹은 사이버 세계를 열어놓았고, 제반 영역에 새로운 틀의 변화를 요구하고 있다. 그것은 우리들의 사고와 생활의 틀을 변화시켜 놓고 있다. 19세기 중반 미국의 새뮤얼 모리스가 새롭게 전신(電信)을 발명했을 때 주 경계선을 허물고 지역을 와해시켰으며, 미 대륙을 하나의 정보 그리드(grid)로 감쌈으로 통일된 미국 담론을 가능케 만들었다. 물론 그 결과 이면에 대해서는 찬반의 논의가 있는 것이 사실이지만 이렇게 매체는 인간이 발명하지만 역시 그 매체에 의해서 강력하게 영향을 받는다. 컴퓨터를 중심으로 하는 첨단 매체의 발전도 단순하게 과학 기술의 혁신적 발전만 가져온 것이 아니라, 사회적인 현상뿐만 아니라 인간 내면세계의 변화도 가져오게 된다.

정보화 과정은 많은 변동의 국면을 야기하는데, 초기에는 주로 기술적 영역에 영향을 끼치던 것이 기술, 사회적 영역으로 확대되게 되며, 그리고 다시 기술, 사회, 문화적 영역으로 그 영향이 누진적으로 확장된다. 이렇게 사회적 개방성의 지표로 간주되는 사회적 자유도(societal degree of freedom)가 지속적으로 증가되어 간다. 이렇게 자유도가 확장되어 가는 개방적 생활 공간에서는 사람들의 사고 구조나 행동 양식도 크게 영향을 받아 변화를 경험하게 되는데, '얼마

만큼 사느냐'라는 생활 기회(life chance)의 문제를 지나 '어떻게 살 것인가'라는 생활 방식(life-style)의 문제가 보다 중요한 사회적 관심사로 대두된다. 이러한 변화는 현대인들과 청소년들의 사고방식과 삶의 양식, 그리고 사회를 지배하는 패러다임의 변화를 가져온다.

이렇게 미디어 발달과 함께 문화와 그 사회가 바뀌고, 그러한 문화적인 특성에 의해 의식의 변화와 삶의 스타일의 변화가 생긴다는 것은 필연적인 것이겠으나 그것이 종교에도 영향을 끼친다는 것은 믿을 수 없는 가능성이자 수긍하지 않을 수 없는 위협 요소이다. 이렇게 미디어가 많은 것을 결정하고 변화를 초래한다는 점에서 캐나다의 커뮤니케이션 학자였던 마샬 맥루한의 예언과 같은 이야기─"매체가 메시지"(Medium is message)[83]─가 이루어지는 시대 속에 서 있다. 매체에 의해 형성되는 시대에는 그 매체에 의해 영향을 받는 문화 사회적 현상과 사람들에 대한 연구가 반드시 동반되어야 한다는 의미이기도 하다.

그래서 맥루한의 입장을 따라 그의 이론을 펼치고 있는 프랑스의 커뮤니케이션 학자인 삐에르 바뱅은 "21세기 미디어 시대는 세상 사람들의 필요를 제대로 파악하고 그들의 요구에 응답할 수 있는 종교만이 살아남을 것"이라고 주장하면서, "교회가 겪게 되는 가장 큰 흔들림의 주요한 요소"라고 주장한다.[84] 그것은 죽음의 흔들림이 아니라 생명을 위한 흔들림이라고 그 가능성을 열어놓는다. 찬란한 그리스-로마 문화는 원시 기독교에는 복음에 대한 강력한 도전이자 흔들림으로 다가왔지만 그들은 선교적인 마인드를 가지고 모든 것을 극복할 수 있었던 것처럼 다시 한 번 교회로 하여금 "선교사가 되라는

---

83) Marshall McLuhan, *Understanding Media: The Extensions of Man* (New York, McGraw-Hill, 1964).
84) 삐에르 바뱅, 이영숙 편역, 『디지털 시대의 종교』 (서울: PCLine, 2000), 5, 249.

재촉"이며, 더욱이 "이제까지와는 전혀 다른 방식의 선교사가 되라는 독촉"이라는 것이다.

이것은 청소년 사역자들에게 주어지는 거룩한 도전이다. 전자매체라는 새로운 기술공학의 영향으로 인하여 기존의 것과는 전혀 다른 새로운 문명이 탄생, 형성, 발전되고 있음을 확인하면서 그러한 상황 가운데서 커다란 변화를 경험하고 있는 청중들을 깊이 고려해야 한다는 것이다. 변화하는 시대에도 변하지 않는 복음의 말씀은 그 어떤 것에 의해서도 영향을 받지 않는 그 자체가 절대적인 진리의 말씀이다. 그러나 이런 매체의 변화와 그로 인한 청중들의 삶의 변화에 대해서 소극적인 교회가 역시 영향력 있게 말씀 사역을 계속할 수 있을지 장담할 수 없는 상황이 전개되고 있다. 복음의 전달 방법과 경로는 그 시대와 상황에 따라 다양하게 행해졌다. 예수님께서 하나님 나라의 복음을 전하실 때도 당시 상황을 적절하게 고려하셨으며, 그 사회가 수용하고 있던 문화 양식이라는 방법을 통해 전달되었다. 그것은 예수 그리스도의 성육신 사건을 통해 복음이 이 세상에 들어온 것과 같은 방식이었다. 전하려는 청중들의 삶의 정황과 사회적 맥락, 그리고 필요에 동화되는 방식이었다. 다시 말해 청중들을 깊이 고려한 방법이었다.

10 장
'다음(Next) 세대'

나는 강단에서 설교할 때마다
이것이 마지막이라는 절박한 심정으로 설교한다.
마치 죽어가는 한 사람이
죽어가는 사람들에게 설교하듯이 설교한다.

– 리차드 박스터

미국의 야구팀, 뉴욕 양키스는 1980년 이후 단 한 번도 포스트시즌에 진출하지 못했지만 조 토레가 감독으로 부임한 1996년 단숨에 18년 만의 월드시리즈 패권을 거머쥐었다. 미국의 세계적 경제 전문지인 포춘(Fortune)지(誌)는 경제계에서도 토레 감독의 리더십을 벤치마킹할 필요가 있다면서 그의 지도력을 5가지로 분석한 바 있다. 첫째, 팀원들을 제대로 파악할 것, 둘째 직접 대화를 통해 믿음을 얻을 것, 셋째 항상 필요한 존재라는 믿음을 갖게 할 것, 넷째 실수에 대해 관대할 것, 다섯째 상사를 내 편으로 만들 것 등이다. 그의 리더십은 '따뜻한 카리스마'로 통하는데, 개성이 몹시 강하고 몸값이 고가인 스타들을 하나로 묶어 팀을 승리로 이끈 것으로 평가받고 있다. 그가 코칭해야 할 대상들을 잘 파악했다는 것이 효과적인 리더십과 커뮤니케이션을 통한 화합을 이루어 승리로 이끌었다는 평가를 받고 있다.

이는 청소년 설교자들에게 있어서도 귀담아 들을 필요가 있다. 가장 다루기 어려운 세대를 상대로 하나님의 말씀을 전해야 하기 때문에 가장 고도의 영적 리더십을 필요로 한다. 우리는 앞에서 정보화와 커뮤니케이션 혁명을 경험하면서 우리 사회는 많은 변화를 경험하고 있다는 사실을 살펴보았다. 특히 그러한 문화 사회적 변화의 최전위에 서 있는 청소년들은 가장 깊은 영향을 받고 있으며, 공유하고 있는 세대라는 사실을 살펴보았다.

청소년 세대의 다양한 이름

세대를 구분하는데 있어서 다양한 용어들이 사용되고 있다. 어떤 것은 아주 귀에 익숙한 용어도 있지만 어떤 것은 그 뜻을 잘 알지도 못하는 내용들도 있다. 그것은 청소년 세대의 특징을 설명하면서, 그 문화적 특성을 따라 그들의 삶의 양식과 문화를 규정하는 특성을 가진다. 몇 가지 예를 들어보면, 한때 청소년을 규정하는 말로 우리 귀에 익숙한 X세대라는 말이 널리 사용되었다. 흔히 1965~76년 사이에 태어난 당시의 청소년 세대를 지칭하는 말이었다. 이것에 이어 Y세대라는 말도 사용되었다. 이것은 1977년대 이후에 출생한 자로서 흔히 밀레니엄 세대로 불리기도 한다. 그 이후 출생자들은 N세대라는 용어(Net generation)가 혼용하여 사용되기도 하였다. 이 용어는 흔히 1977년부터 97년 사이에 태어난 세대로 디지털 기술과 함께 성장해서 디지털 기기를 능숙하게 다룰 줄 아는 디지털 문명 세대를 말한다. 컴퓨터를 막 배우기 시작한 꼬마에서 컴퓨터를 능수능란하게 다루는 20대까지를 포함하는 용어로 사용된다.

1950-60년대 베이비붐 세대, 1965~76년에 태어난 X세대가 있

었다면 1977년부터 1997년 사이에 태어난 세대를 베이비붐 에코세대, N세대라고 부른다. 이 N세대 주위의 모든 공간에는 컴퓨터가 설치되어있어, 이들은 디지털 시대의 새로운 미디어인 인터넷을 활용해 일방향이 아닌 쌍방향의 의사소통을 하며, 또한 TV보다 컴퓨터를 좋아하고 전화보다 이메일에 더 익숙한 세대이다. 단순한 관람자나 청취자가 되기보다는 이용자가 되길 원하고 정보를 찾아가고 개성을 주장할 줄 아는 강한 독립심과 자율성, 능동성, 감정 개방, 자유로운 표현과 뚜렷한 관점을 가지고 자기개발과 혁신을 추구하는 세대로 특징지어 진다.

인터넷과 2002 월드컵 대회를 지나면서 P세대라는 말을 통해 표현하기도 한다. 이것은 거리 응원과 촛불 시위, 선거 등에 앞장섰던 새로운 신세대층을 일컫는 말로 '참여'(participation), '열정'(passion), 사회 패러다임의 변화를 주도해 가는 그룹(paradigm-shifter)에서 'P'를 따온 것이다. P세대의 특징으로는 기존 질서에 대한 '도전,' 네트워크를 통한 '관계,' 다양성에 바탕을 둔 '개인,' 다양한 분야에 대한 '경험,' 재미와 즐거움을 추구하는 '감성'을 추구하는 것으로 정리된다. P세대는 "386세대의 사회의식과 X세대의 소비문화, N세대의 생활 방식 등이 융합된 컨버전스(Convergence) 시대에 걸맞은 새로운 인간형"으로 평가된다. 사회 참여적 성향이 강한 반면, 집단보다 개인의 이익을 중시하고, 미래보다는 현재의 행복을 중시하는 특성을 보였다. 감성과 이성적인 측면을 두루 갖춘 폭넓은 연령대에서 발견되며 "도전과 네트워크, 개성 표출, 참여를 통해 실제 변화를 이끄는 세대"로 설명된다. 최근에는 M세대라는 용어로도 사용되는데, 모바일 기기가 그들 삶의 중요한 표현과 소통의 수단이 되기 때문에 그러한 용어를 통해 설명하기도 한다.

이러한 용어는 언제나 언론이나 광고에서 사용함으로서 일반화되고 있는데, 특정 세대의 특성을 설명하는 중심 용어로 자리 잡아가는 이러한 용어들은 계속해서 만들어질 것이다. 이것은 다음 세대를 이해하기 위한 노력이며, 특징화를 통해 그들에게 다가가기 위한 노력으로 이해할 수 있다. 어떤 용어로 설명되든지 간에 청소년 세대는 '다음 세대' 이다.

교육은 다음 세대를 세우는 것이다. 특별히 기독교 교육은 다음 세대를 하나님의 임재 앞에 세우는 것이며, 그들을 하나님의 백성들로 살게 하는데 목적이 있다. 청소년 설교의 목적은 그들로 하여금 하나님의 음성을 듣게 하고, 듣는 법을 가르쳐서 하나님의 말씀대로 살아가는 존재들로 삼으려는 목적이 있다. 다음 세대를 세우는 일을 실패하면 미래의 교회는 있을 수 없다.

그들은 다르다

중요한 것은 정보화와 관련하여 새롭게 형성되고 있는 그들의 특징을 이해하지 않고서는 그들에게 다가가기 어렵게 된다는 점이다. 그들은 장년 세대와는 전혀 다른 문화, 사회 환경 속에서 살아간다. 인지능력이 생길 때부터 컴퓨터와 친숙한 정보화 세대이다. 사이버 공간은 그들의 삶의 공간이며, 그 공간 속에서의 접속은 생명과 같이 중요한 네트워크 세대이다. 그래서 과거에는 여학생들이 지나다니는 복도에 무릎 꿇고 손들고 있으라는 것이 최고의 벌이었지만, "한 달 동안 컴퓨터 사용 금지!," "휴대폰 사용 금지!"가 가장 큰 벌칙이 된다. 그들에게 PC와 휴대폰은 그들의 필수품이다. 컴퓨터, 비디오게임, CD-ROM과 같은 디지털 미디어를 가지고 오락, 학습, 의사소통, 쇼핑, 친교 등 거의 모든 것을 하면서 성장하기 때문에 디지털 기술은 자연스럽게 그들의 문화가 되었다.

정보 획득이나 감각의 발달이 문자가 아닌 영상을 통해 깨우치기 시작한 세대이기 때문에 인식의 형성 자체가 기성세대와는 다르다. 그들은 문자를 깨우치기 전에 컬러 TV와 영화, 비디오 등의 영상과 만화를 보고, 이러한 매체들을 통해 유통되는 다양한 음악을 들으며 자란다. 그러므로 그들에게 매스컴의 소위 스타들은 그들의 우상이 된다. 그들은 이제 더 이상 위인전을 읽지 않는다. 과거 부모 세대들이 소위 '위인'이라고 생각했던 인물들은 그들에게 별로 중요하지 않다. 다만 그들이 공유하는 매체와 문화에 의해서 높이 세워진 인물들이 그들에게는 위인이다. 이렇게 대중 매체에 의해 생성된 문화 수용 세대이다. 그래서 이러한 세대를 향해 영상세대로 구분한다. 부모 세대가 문자에 의해 영향을 받은 '문자 세대'라고 한다면 새로운 세대는 영상에 의해 영향을 받는 '영상세대'이다. 그들은 단순히 듣는 것으로 만족하지 못하고, 보고 듣는 것을 추구하고, 수동적인 수용자의 입장으로 서기보다는 적극적인 참여자로 서기를 원한다. 그들은 논리적으로 심사숙고해서 판단하기 보다는 느낌(feeling)으로 판단하고 감각적 판단에 따라 결정하고 행동한다. 그들은 모두가 취하는 행동이나 외모보다는 뭔가 다른 것을 추구하고, 튀는 행동, 외모를 추구한다. 이러한 두 세대의 특징을 도표를 통해서 정리해 보면 다음과 같다.

문자세대	영상세대
이성중심	감성중심
옳고 그름으로 판단	좋고 싫음으로 판단
논리적 심사숙고	감각적 판단에 따른 행동
미래의 득실기준	당장 좋고 싫음이 기준
동일 지향 가치관	이질 지향 가치관
남들처럼 살고 싶다	남과 다르게 살고 싶다

문자세대	영상세대
자기절제	자기표현
남이 창조한 가치에 동의	스스로 가치 창조
타인의식	자기에게 충실하려는 자기 지향적
억제된 감정	해방된 감정
보고 듣고 구경하는 정적 문화	직접 참여의 즐거움을 추구하는 동적 문화
소유가치 중시	사용가치 중시

이러한 내용들은 청소년 설교의 대상들이 달라지고 있다는 사실과 그러한 사실들을 고려하여 설교 방법론을 강구하지 않으면 효과적이 될 수 없음을 시사해 주고 있다. 메시지를 받는 방식이 다르고, 어떤 실체를 인식하는 의식(consciousness)이 과거와는 전혀 다른 세대 앞에 설교자들은 서 있는 것이다.

'다음 세대'의 특징을 이해하라

정보화와 커뮤니케이션 혁명의 시대 속에서 자라가고 있는 다음 세대(next generation)는 기성세대의 전통적인 가치관과는 다른 가치관에 기초한 생활양식을 가진 집단으로 존재한다는 특징을 가진다. 이러한 특징을 이해하는 것은 청소년 설교의 청중들인 그들을 이해하는데 중요한 요인이 된다. 그들은 다음 세대를 이어갈 주인공들임을 전제할 때 그들을 이해하려는 노력은 그 무엇보다도 필요하다. 청소년 세대가 가지는 여러 가지 특성 가운데 몇 가지를 정리해 보면 다음과 같다.

첫째로 청소년세대는 소비 지향적 특성을 가진다. 정보화, 세계화 시대의 도래와 함께 오늘의 사회는 소비 지향적 특성을 지니게 되었으며, 생산자 중심의 사회에서 소비자 중심의 사회로 이전되고 있고,

이것은 전 세계적인 추세가 되고 있다. 이렇게 소비가 미덕인 시대가 되었지만 청소년 세대들에게는 이러한 물질주의의 성향이 강하며, 일보다는 여가를 중요시하고, 낭비하는 성향이 강하게 나타난다. 물론 이것은 일정한 정도의 구매력을 가질 수 있을 때 가능한 특성이지만 대중소비문화가 이것을 부추기고 있다. 특히 N세대의 경우, 소비주의 문화를 지향하고 있는 것이 문제로 나타나는데, 유명 상표를 선호하는 경향이 크며 자신의 기호나 이미지를 전달하는 매체로 기능하고 있다. 그래서 어떤 상표의 옷이나 신발, 가방 등을 착용해야 그 그룹에서 인정받는 분위기로 형성되면서, 청소년 탈선의 이유가 되기도 한다.

N세대는 소비를 통해서 타인과 차별화하거나 동등해지려고 하며, 이상화된 이미지로서 육체를 찬미하는 소비를 갈망한다. 이들의 소비는 재화의 소비만으로 국한된 것이 아니라 영상매체, 음악, 특정 생활양식 또는 스타일의 소비를 포함한다. 청소년의 소비주의 문화는 종종 과소비, 과시소비, 쾌락적 소비, 충동적 소비, 물질만능주의, 개인주의 등으로 나타나고 있다.[85] 소비 행태도 시각적이고 감각적 패턴을 취한다.

현대사회의 다양성만큼이나 청소년들도 자신을 표현하고자 하는 욕구가 다양해졌다. 상품에는 이미지가 부여되어 있기 때문에 상품 자체를 소비하기보다는 상품을 통해 부여된 이미지, 자신의 기호를 소비한다고 볼 수 있다. 상품 브랜드에 의존한 구매는 상품의 기능인 필요에 의한 정보처리를 별로 요구하지 않고, 그 제품에 부여된 이미지가 자신의 기호로 과시할 수 있어, 감각적인 소비에 빠지기 쉬운 청소년들이 소비에 큰 영향을 받게 된다. 흔히 청소년들이 유명 브랜

---

[85] 이은희, "청소년 소비 행태의 변화와 녹색 소비," 『인하대학교 생활과학연구소 논문집』, 제 6집 (1999).

드에 매혹되는 것은 가격이 비싼 제품이나 유명 상표의 제품을 통해 우월감을 느끼기 때문으로 분석된다.

이러한 경향은 자연히 영적, 정신적 차원의 것을 중요한 관심의 대상으로 삼기보다는 현세적이고 물질적인 것에 마음과 생각을 빼앗기도록 만드는 문화적 특성을 가진다. 청소년들의 일상을 둘러싸고 있는 문화는 상업적 소비적 대중문화이며, 이것은 끊임없이 청소년들을 자극하여 상품 구매를 부추기는 문화이다. 이것은 훈육하고 절제하게 하려는 교육 문화, 혹은 신앙문화와는 상충되는 특성을 갖기 때문에 자연히 갈등과 혼란을 경험할 수 밖에 없다. 훈육하는 시스템인 학교, 교회, 가정은 여전히 획일적, 권위적인 반면, 그들을 둘러싼 대중문화는 그들의 욕구를 더욱 조장하고 소비 지향적으로 치닫게 하는 모순상황을 만들어 준다.

교육환경/신앙 환경	사회 문화적 환경
성적 억압	성적 자극
자유의 억압	자유의 표출
개성의 억압	개성의 강조
문자 문화적 체계	영상 문화적 체계
도덕주의 가치관	자본주의적 가치관

둘째로 개인 지향적 특성과 또래 집단의 형성이라는 이중성을 들 수 있다. 정보화 시대를 사는 다음 세대는 개인주의적이고 이기주의적인 특성을 가지는가 하면 그들만의 강력한 또래 집단을 형성한다. 청소년 문화에서 빼놓을 수 없는 변수는 또래 집단과 팬덤(Fandom) 문화[86]라는 특성을 가진다. 팬덤 문화는 정보화를 통해 형성되는 대중문화의 강력한 권력 집단으로 성장해 가고 있다. 여기에서 그

들은 동일 취향을 공유하는 스스로의 만족감과 소속감, 쇼비니즘적인 성향을 따라 이러한 경향을 가진다.

이것은 '버디'나 '싸이'와 같은 그들만의 문화 공간을 만들면서 또래 문화를 형성해 간다. 청소년기 또래 집단은 어른으로 이행해 가는 과정에서 매우 중요한 체험으로 설명된다. 이는 지원과 안정감을 주기 때문에, 사회적 지위를 제공해 주기 때문에, 의사결정이나 행동의 모델 내지 표준을 제공하기 때문에, 그리고 역할 수행의 기회와 피드백을 제공하기 때문으로 이해된다.[87] 이러한 만족감 때문에 또래 집단을 형성하고, 그 집단이 공유하고 있는 문화의 선도자들인 스타는 그들 삶의 우상이 된다. 청소년들이 이러한 팬덤 문화에 더욱 빠져드는 것은 이것은 청소년기의 자연스러운 흐름이기도 하지만, 억압적인 사회 구조와 치열한 경쟁과 학력 사회로 내몰리면서 나름대로의 해방구를 찾는 것이라고 할 수 있다. 스타의 옷차림을 흉내 내고, 텔레비전 화면과 인터넷에 등장하는 스타들의 황홀한 분위기에 빠져듦으로서 자신이 속한 제한된 현실을 뛰어 넘어 '스타의 세계'로 일시적인 편입을 도모하려는 욕구의 발산이라고 할 수 있다.

세 번째로는 탈권위 지향적 특성을 들 수 있다. 전통적 사회는 권위주의적 인간관계와 전통적 예절이나 격식을 중시한다. 그러나 '다음 세대'는 흔히 이러한 권위주의적 통제에 대한 저항과 거부하는 특성을 가진다. 이러한 경향은 국내 정치 상황의 변동, 억압적 제도 교육의 완화 경험, 부모의 수용적 자녀 양육 방식, 관심이나 그들의 욕구의 다원화를 인정하려는 전반적인 사회 분위기에 따른 영향을 무

---

[86] 이것은 스타에 열광하는 세대를 나타내기 위해 만들어진 용어로 Fanatic+dom의 합성어이다. 열광적으로 추종한다는 의미를 담고 있는 용어이다. 대중문화의 가장 커다란 수용 세력은 10대들이다. 흔히 청소년 세대는 스타에 의해서 자기 자신을 반영하려고 하며, 슈퍼스타를 추종하는 세대로 특징지어진다.

[87] 김찬호, "정보화 사회와 청소년 문화," 『목회와 신학』 (2000년 7월): 104.

시할 수 없다. 그들은 머리 모양이나 패션, 독특한 언어 사용, 추구하는 문화적 표현들이 어른 세대는 이해하고 수용하기 어려울 정도로 다양한 관점에서 탈권위적이고 탈전통적인 형식을 취한다. 그들은 흔히 독자적이고, 배타적인 세계를 형성해 가는 것처럼 보인다. 그래서 흔히 이러한 '다음 세대'의 경향은 어른 세대와는 다른 별종 인간 그룹으로 폄하하는 경향을 가진다. 그러나 이것은 그들을 더욱 멀어지게 하고, 공동체로부터 멀어지게 하는 배타적인 자세이다. 오히려 청소년 설교자는 그들의 차이를 이해하고, 열린 눈으로 그들을 바라보는 관점이 필요하다.

청소년 세대의 새로운 트랜드에 민감하라

정보화와 함께 요즘 청소년 세대는 다양한 영상 매체와 컴퓨터를 비롯한 뉴미디어에 매우 익숙한 세대이다. 물질적인 풍요를 누리는 시대를 살면서 소비주의의 선정적이고 자극적인 광고에 노출되어 있으면서 소비 지향적, 개인주의적, 탈권위주의적 특성을 조장하고 부추기는 상황 속에서 살고 있다. 소비주의, 물질주의를 중시하고, 유행을 쫓는 낭비 성향을 보이고, 일보다 여가를 중시하는 특성이 강하다. 청소년들은 자신의 개성과 다양성을 음악, 옷, 장신구, 음식의 취향, 여가활용 방식에 표출하면서 매우 자유분방하고 남을 의식하지 않는 채 생활하는 특성이 있다.

한편으로 정보화 시대를 사는 청소년들은 과거에 비해 복잡해지고, 수많은 압박과 자극들, 유해환경으로부터 오는 수많은 유혹 앞에 서있는 존재들이다. 이러한 환경적 여건은 청소년들로 하여금 자신이 직면한 많은 문제를 해결하기 위해 고민하고 숙고하기보다는 쉽고 간단하며, 자기중심적인 해결책을 취하게 한다. 이것을 놓고 기성세대들은 청소년들이 즉흥적이고 인내심이 부족하며 유아적이라고 걱정스러운 목소리를 드높이고 있다.

　시대는 끊임없이 새로운 트렌드(흐름)를 만들어 왔다. 사람들은 그러한 흐름을 만들고, 거기에 영향을 받으면서 살아가는데, 청소년들은 그 흐름의 중심에 서있다. 낡은 유행은 반드시 사라지고 새 흐름이 그 자리를 대체하는 법인데, 이처럼 반복되는 트렌드의 소멸과 생성 과정 속에서 그 승패가 결정되게 된다. 경영학과 리더십 이론에서는 오늘의 흐름과 다가올 흐름을 미리 짚어내고 발 빠르게 대응하는 트렌드 리더는 승자가 되지만, 낡은 트렌드에 매달려 있는 둔감한 사람은 패자로 전락하기 쉽다는 사실을 강조한다. 이것은 청소년 설교자들에게도 그대로 적용되는 사실이다.

　오늘의 청소년 세대는 정보화와 매스 미디어에 의해서 가장 직접적으로 영향을 받는다. 이러한 문화에 의해서 살아가고, 영향을 받고 있는 청소년들을 어떻게 이해하느냐는 중요한 장으로 자리잡는다. 그들은 컴퓨터와 친숙한 세대이며, 접속(connection)을 중시하는 네트워크 세대이다. PC와 핸드폰은 그들의 필수품이며, 다양한 디지털 미디어를 가지고 오락, 학습, 의사소통, 쇼핑, 친교 등 거의 모든 것을 하며 성장했기 때문에 디지털 기술은 자연스럽게 이들의 삶의 도구와 미디어가 되고 있다. 그래서 혹자는 청소년 세대를 "호모 핸드포니쿠스"(Homo Handphonicus)로 표현한다. 그러나 그들은 정보화 세계가 가져오는 각종 해악과 유혹에 중독되어있고, 사이버 범죄에 노출되어 있다. 인터넷과 사이버 세계를 살아가면서 그 안에 내재하는 수많은 내용과 문제들에 의해 노출되어 있다. 신앙 교육이나 전도는 점점 어려운 시대를 살아가고 있다. 그러나 이러한 문화 속에서 정신적, 영적 공허감을 더해갈 것이기 때문에 바른 가치관과 문화, 신앙관을 심어주는 것은 중요한 일로 대두된다. 그러므로 청소년 설교는 더욱 중요한 시대를 살고 있는 셈이다.

11 장
청소년의 심리적 이해

영적 전투가 치열한 교회에서도
사람들은 이익을 따지는 구매자와 같다.
그들의 필요를 채워주지 않은 교회에는
구태여 시간을 내서 참석하려는 마음이 들지 않을 것이다.

– 릭 이젤

물건을 팔아 이익을 얻으려는 사람들은 소비자들을 알고 그들의 필요를 알뿐만 아니라 그들의 심리까지도 잘 이해하여 적절하게 마케팅의 자료로 활용한다. 소비자의 마음을 사로잡기 위해 그들은 그들의 선호도와 취향을 연구한다. 소비자들의 코드를 제대로 포착하여 불황을 극복한 일명 '바퀴 달린 신발'(일명 힐리스)이나 인라인 스케이트는 불황의 때에도 불황을 모르는 상품으로 평가받고 있다. 이들 제품이 몇 년 전 히트 상품이 될 수 있었던 이유는 스피드, 건강, 레저에 대한 관심이 높아진 소비자들의 코드를 적시에 정확히 포착하였기 때문으로 평가받았다.

이러한 노력은 청소년 사역자들에게도 요구되는 작업이다. 그들의 청중들인 청소년들의 심리와 필요를 알고, 그것을 적절하게 고려하는 것은 효과적인 사역을 위해서 절대적으로 필요한 일이다. 이런 점에서 여기에서는 청소년기의 심리적, 정신적 발달과 특징을 살펴보자. 이러한 특징들을 잘 이해하는 것은 청소년을 이해하는데 필요할 뿐만 아니라 그들의 혼란과 문제들을 잘 이해할 수 있게 하는 실마리를 제공해 줄 것이다.

전환하는 과도기

청소년기는 아동기에서 성인기로 전환하는 과도기로 규정할 수 있다. 이 때는 신체적으로 급격한 변화를 경험하고, 심리적 사회적으로도 혼란과 복잡한 변화를 경험하면서 성인으로 진입하는 시기이다. 또한 개인의 다양한 내적, 외적 경험을 통합하여 성숙의 기초를 형성하는 시기이기도 하다. 이 시기에 청소년들은 사회가 요구하는 기대에 도달하려고 노력하며, 육체적, 정신적, 감정적, 그리고 사회적인 발달을 이루어간다. 그래서 청소년기를 '제 2의 탄생기'라고 하기도 하고, 이러한 성숙기를 가지면서 갖게 되는 감정의 변화 때문에 '질풍노도의 시기'라고도 한다. 청소년들은 심리적 발달과 관련하여 반항과 갈등, 좌절과 고통, 꿈과 공상, 낭만과 사랑의 시간을 보내기도 한다. 사람은 심리적으로 뿐만 아니라 인지적으로도 발달과정을 거치게 되는데, 여기에서 발달이란 "인간이 생존에 필요한 기능을 습득하고 주위 환경에 적응해 나가는 과정의 연속" 가운데서 주어지는 것이다.

청소년기는 신체적, 생리적으로 아주 빠른 성장을 경험하면서 여러 가지 새로운 기능들이 발달하는 시기이다. 외적으로는 체중과 신장이 급격히 성장하며, 내적으로는 성적인 특징과 기능들이 완전히 성숙하는 시기이다. 이런 성적 발달이 시작되는 시기를 우리는 사춘기(puberty)라고 하는데, 신체적으로 미성숙한 상태에서 성숙한 상태로 변화하는 '생물학적 변화'의 시기라는 의미를 담고 있다. 인간은 일생동안 두 번에 걸쳐 성장 급등(growth spurt) 현상을 경험하는데 첫 번째는 영아기에 경험한다면, 두 번째 사춘기에 이루어진다. 신장과 체중이 급격하게 증가하는 원인은 내분비선에서 분비되는 호르몬의 증가 때문이다. 이 때 보통 여자가 남자보다 2년 정도 빨리 급격한 성장이 시작된다. 일반적으로 남자가 여자에 비해 10세 정도까지는 신장과 체중의 발육이 앞서다가 보통 11~12세에 이르면 여자들이 잠깐 앞지르는 현상을 보였다가 다시 13~14세경에 추월당하는 경향을 보인다. 이는 소녀들이 소년들에 비해 사춘기를 2년 정도 앞서 경험하기 때문이다. 사춘기의 시작은 사람마다 다르며 여학생의 경우 빠르게는 8-9세에 시작되기도 하고, 늦게는 12~14세에 시작되기도 한다. 남학생의 경우 여자에 비해 1~2년 늦는 것으로 알려져 있다.

이 때 여학생은 초경을 경험하게되며 자기 몸에 대해 품고 있는 이미지와 여성으로서의 정체성을 재확립할 수 있는 중요한 시기이다. 대부분의 소녀들은 이러한 신체 변화를 맞아 한편으로는 변화를 바라면서도 한편으로는 두려워하는 양면적인 느낌을 경험하며 앞으로 겪게 될 변화나 성장에 대해 약간의 두려움을 갖기도 한다. 그러한 변화로 인해 행복해 하면서도 당혹스러워 한다. 이러한 신체적 변화와 함께 청소년들은 나이가 든 것처럼 행동하고 성인으로 대우 받기를 원하는 심리에서 흡연이나 음주 같은 성인들의 행위에 몰입하기도 하고, 화장을 하거나 이성에 대한 강한 호기심을 보이기도 한다.

청소년의 정신 발달

청소년기에 접어들면서 성숙의 정도에 따라 일반적으로 다음과 같은 변화를 경험하게 된다. 물론 모든 청소년이 다음에 서술한 성장과정을 따르는 것은 아니며 개인적인 차이는 존재하지만 청소년기의 심리적 사회적 변화를 정상적인 발달(normal development)이라는 관점에서 보면 대략 다음과 같이 요약할 수 있다.

일반적으로 중학생 시기인 청소년기 초기는 신체적으로 가장 왕성한 성장과 발달을 나타낸다. 추상적 사고 능력, 논리적 추리능력, 타인을 이해하는 능력 등이 생겨난다. 이렇게 새롭게 형성되는 능력을 따라 세상이 안고 있는 모순과 부조리에 대해 심각한 의문을 보이기도 하며, 기성세대의 권위나 규칙, 가치관에 대해 도전하기도 하고, 신체 변화에 대해 동성의 또래들과 비교하기도 한다. 자신이 친구들과 신체 변화에 다름을 인식하게 될 때는 고민을 하기도 하고, 다른 친구들이 존중하는 규범이나 행위에 함께 동조하는 경향을 가진다.

고등학생 시기인 청소년기 중기가 되면 가족들보다는 또래 친구들과 어울려 보내기를 좋아하고, 그 시간도 더욱 많아진다. 부모나 기성세대가 수립한 가치 체계에 대해 거부하거나 반항하는 경향을 보이기도 한다. 이 때는 자신의 주장을 강하게 내세우며 고집을 부리기도 하는데, 부모로부터 해방과 독립을 위해 투쟁적인 특징을 보이기도 한다. 그러나 장래 자신의 직업이나 진학 등에 대해서는 부모나 어른들로부터 큰 영향을 받기도 한다. 때로 자신의 기대와 환상이 현실의 벽에 부딪히면서 심한 좌절감이나 우울증에 빠지기 쉬운 시기이기도 하다.

고등학교 말과 대학에 입학하는 기간인 후기 청소년기는 자기 주장을 내려놓지 않으면서도 부모의 의견을 수용할 줄 알고, 어른 세대의 타당성도 인정할 줄 아는 여유가 생기게 된다. 이 때는 부모 세대의 관점과 가치도 공유하기 시작하며, 자기 자신의 가치관을 수립해 가기 시작한다. 또한 이성 친구와의 친밀 관계가 형성되고 사랑의 관계로 발전하기도 한다. 이 때는 성인에 보다 가까워지는 시기로 자신의 열망과 현실 사이에서 균형 감각을 찾아가기 시작한다.

청소년의 정신 발달에 대해 체계적으로 제시해 준 사람은 심리사회적 발달론(psychosocial theories)을 제시한 에릭 에릭슨(Erik Erikson)을 들 수 있다. 그의 이론에 따르면 청소년기는 인생의 가장 본질적인 문제인 "나는 누구인가?"에 대해 가장 역동적인 해답을 구하는 시기이다. 에릭슨은 인생에서 발생하는 위기의 산물로 정체성(identity)이 발달한다고 주장하는데, 인간은 사전에 정해진 계획에 따라 발달한다는 후성설의 원칙(epigenetic principle)을 주장한다. 에릭슨은 개인의 발달 과정을 출생부터 죽음까지 8단계로 나눴다.[88] 각 단계에서 발생하는 위기가 적절히 대처 될 경우에는 긍정적인 결과가 나타내지만 그렇지 못하면 부정적인 결과를 나타내게 된다고 이해한다.

에릭슨이 주장하는 정신발달 단계들 중에 5단계가 청소년기에 해당하지만 4단계와도 맞물려 있다. 4단계는 대략 6~11세에 갖게 되는 단계인데, 잠재 상태(the latency state)로 분류된다. 이 단계에서 근면성 대 열등감(industry vs. inferiority)의 갈등에 직면하게 된다. 이러한 기술을 마스터했을 때 어린이는 근면성 감각이 발달하고 성취에 대해 긍정적 관점을 갖게 되지만 기대를 충족하지 못하고 끊임없이 비판을 받게 되면 자신이 열등하다는 느낌이 발달하게 된다.

5단계는 대략 12~18세 사이의 시기에 일어난다고 보는데 이 시기

---

[88] 에릭슨이 제시하는 각 단계의 발달과제는 신뢰-불신(trust-mistrust), 자율성-수치심(autonomy-shame), 주도성-죄책감(initiative-guilt), 근면성-열등감(industry-inferiority), 정체성-역할혼동 (identity-role confusion), 친밀감-고립(intimacy-isolation), 생산성-자기몰두(generativity-self absorption), 자아통합-절망 (integrity-despair) 등이다. 보다 상세한 것을 위해서는 Erik H. Erikson, *Childhood and Society*, 김인경 역, 『아동기와 사회: 인간발달 8단계 이론』 (서울: 중앙적성, 1988)을 참조하라.

에 청소년들은 자신의 미래에 대해 생각하고 어떤 직업을 가질 것인지 결정하기 시작한다. 이 단계에서 청소년들은 정체성 대 역할 혼동(identity vs. role confusion)의 단계에 직면하게 되며, 자신의 미래에 대해 만족스런 실행 계획을 정립하면 위기의 결과는 긍정적인 것이 되고 정체성 확립도 달성된다. 반면 정체성이 온전히 수립되지 못하면 역할 혼동의 감각이 발달할 수 있다.

이렇게 에릭슨에 의하면 청소년기의 가장 중요한 특징이자 과제는 정체성 수립이며, 그렇지 못했을 때 정체성 혼란(identity confusion)에 빠지게 된다. 이러한 정체성의 개발은 아동기에 형성되는 동일시(identification)의 단계와도 연결되는 것으로 부모, 동료, 교사, 대중스타 등과 같은 개인뿐만 아니라 친구들, 같은세대, 혹은 어떤 특정 문화를 공유하는 그룹을 통해서 영향을 받는다. 청소년들이 관계되어 있는 이러한 다양한 그룹과의 관계, 문화적인 영향력과 사회 변동까지 포함하여 다양한 요인에 의해 영향을 받으면서 형성되어간다. 정체성의 형성은 아주 간단할 수 있지만 아주 복잡하게 진행될 수 있고, 정상적이거나 일탈적일 수도 있다. 이것은 긍정적으로 이루어질 수도 있고, 부정적인 요인에 의해서도 형성될 수도 있다. 조숙하게 이루어짐으로서 범위가 축소될 수도 있고, 그 반대로 아주 확대될 수도 있다. 아주 완벽한 성취를 이룰 수도 있으나 그것이 이루어지지 않아 오히려 혼란을 경험할 수도 있다.[89] 그래서 청소년기에는 바른 정체성을 형성하기도 하지만 그렇지 못하거나 그릇된 정체성을 형성하여 혼란에 빠질 가능성도 있다. 이러한 정체성 형성에 영향을 주는 요인은 반드시 이 시기에 와서 결정된다기 보다는 훨씬 이전의 것에 의해 영향을 받는데, 일찍부터 정체성 형성에 방해를 받

---

89) 권이종, 『청소년 교육 개론: 신세대의 이해와 지도』 (서울: 교육과학사, 2001), 107.

을 수도 있고, 무한정 확대될 수도 있다. 이렇게 청소년기의 정체성 형성은 다양한 요인에 의해서 결정되며, 개인과 환경에 따라 아주 다양하게 진행된다.

청소년기의 인지 발달

청소년기에는 인지 발달에 있어서도 급성장을 이룬다. 이 때 청소년들은 성인기의 지식을 습득하고 이용하는 능력이 절정에 이르는 기간이다. 이 시기의 성장은 앞서 언급한 대로 질적, 양적인 측면에서 일어나게 되는데, 이 두 가지는 동전의 양면과 같이 주어진다. 인지 능력은 지적 능력을 나타내는 IQ와는 구별되는 의미로서 정신 능력으로서 청소년기에 현저하게 발달한다. 청소년 말기와 성인 초기에는 안정적인 상태에 이르게 되며, 청소년기 초기에는 현저하게 발달하다가 어느 시기가 되면 하락하는 양상을 보이기도 한다. 학자 간에 논쟁이 있지만 이것은 유전적, 환경적 요인에 의해서도 영향을 받는 것으로 일반적으로 이해된다. 환경적 요인으로는 양호한 건강 상태, 자극을 주는 가정환경, 우수한 교육 환경 등이 긍정적으로 작용한다면, 출생 전후의 영향 상태, 건강 조건, 초기 사회와 경험의 부족, 부족한 언어 발달, 부모와 자녀간의 경험 부족, 짧은 학교 교육, 가정과 학교 밖의 문화적 접촉 기회 부족 등은 부정적인 요인으로 작용한다.

나이가 들어가면서 지식의 구성과 활용 여부에 대해서 스위스의 심리학자 쟝 피아제(Jean Piaget)가 포괄적으로 설명해 준다.[90] 인

---

[90] 이에 대한 보다 상세한 내용을 위해서는 B. J. 왈스워즈, 정태위 역, 『피아제의 인지 발달론』 (서울: 배영사, 1975); Brarry J. Wadsworth, *Piaget's Theory of Cognitive and Affective Development* (New York: Longman, 1989); Thomas G. Groome, *Christian Religious Education*, 이기문 역, 『기독교적 종교교육』 (서울: 대한예수교장로회 총회교육부, 1983) 등을 참조하라.

지 발달단계에 대한 그의 연구는 널리 지지를 받고 있을 뿐만 아니라 참신한 강조점을 제시해 준다. 그에 따르면 인간의 인지 능력의 발달은 생득적 요인인 내적 성숙과 환경적 요인인 출생 후의 경험과 학습에 의해 크게 영향을 받는다. 인지 발달은 환경에 대한 적응능력을 의미하는데 동화와 조절의 기능에 의해 주어진다. 환경적 요인은 사물을 대상으로 하는 물리적 경험과 사람들과의 상호작용인 사회적 요인으로 구성된다. 이와같은 요인들을 적합한 방식으로 통합, 조정하는 개인의 내재적 능력이 중요한다. 인간의 인지 발달에는 적응과 조직화, 평형화 과정이 포함되는데 적응에는 동화와 조절이 있다. 동화는 양적 변화, 성장을 의미하고, 조절은 질적 변화, 발달을 의미한다. 이 두 가지는 서로 분리된 체제이지만 구조를 좀더 고차원적인 체제나 구조를 통합시키려는 경향을 조직화라고 규정한다.

그에 따르면 어린이의 인지 발달 과정을 4단계로 구분하는데, 감각 동작기(sensorimotor stage; 출생 후 18개월까지), 전조작기(preoperational stage; 18개월~7세), 구체적 조작기(concrete operation stage; 7~12세), 형식적 조작기(formal operation stage; 12세 이상)가 그것이다. 각각의 단계는 어린이의 문제 해결 능력과 논리적 추리 능력이 한 단계씩 도약된 상태를 나타내며, 청소년기는 피아제의 인지 발달 단계에서 3단계인 구체적 조작기와 4단계인 형식적 조작기 사이에 위치한다. 그에 따르면 형식적 조작 단계는 아동기에서 볼 수 없었던 괄목할 만한 능력을 갖추게 되는데, 현실성(the real)에서 가능성(the possible)을 인지할 수 있는 능력으로 발전해 간다. 이 때 청소년기는 가정적 사고(propositional thinking)가 가능하게 되는데, 현실적으로 주어진 데이터 자체가 아니라 주장이나 진술을 받아들이게 된다. 눈에 보이는 세계에만 집착하는 것이 아니라 당면한 현실의 상황을 이해하면서 그들이 할 수 일이나 능력까지 보이는 단계이다.

이렇게 형식적 조작기로 분류되는 청소년기는 지각과 경험을 넘어 추상적인 사고가 가능해지고 과학적 방법으로 가설을 설정하고 이를 논리적으로 검증하는 능력이 발달한다. 이제 복잡한 윤리적 쟁점에 대해서 자신의 입장을 표현할 수 있고 추상적으로 사고하는 능력이 생긴다. 그들은 freedom이나 liberty 같은 추상적 개념을 어려움 없이 논할 수 있다. 가설 설정 능력은 물리적 상태를 다루는 과학적 사고를 넘어 사회, 정치, 종교, 철학 등 전 영역에 걸친 이상주의(idealism)로 확장된다. 청소년기의 이상주의는 자신의 관념에 대한 집착과 이익 추구, 또는 자신의 관념과 일치하지 않는 모든 것에 대한 비판으로 나타난다. 흔히 이상주의의 실현을 위해 사회를 변화시키고자 하며 보다 나은 사회를 만들기 위해 기존의 사회를 개혁하고자 하는 성향을 보이기도 한다. 이런 특징을 법관적 사고 또는 판단자적 사고라고 부르기도 한다.

청소년의 도덕성 발달

청소년기의 도덕성 발달에 대한 것은 하버드대학의 심리학 교수였던 로렌스 콜버그의 도덕 발달론(Theory of Moral Reasoning)에서 찾을 수 있다. 그는 고등학교 졸업 후 나치의 박해를 받던 유대인 문제로 고민을 하다가 도덕적 사고와 관련된 주제에 관심을 갖게 되며, 이를 계기로 시카고 대학에 진학하여 이에 대한 연구를 하였으며, 그의 주 관심분야는 도덕적 사고의 발달과 관련된 분야로, 시카고 지역의 중산층 아동 및 청소년들을 대상으로 도덕적 갈등사태를

---

91) 그는 흔히 하인츠의 이야기를 즐겨 사용하였다. "유럽의 한 부인이 특수한 종류의 암을 앓아 거의 죽어가고 있었다. 그 부인의 병을 치료하는 데는 오직 한 가지 약밖에 없는 것으로 알려져 있었다. 이 약은 같은 마을에 사는 어느 약사가 최근에 발명

담고 있는 이야기를 들려준 후[91] 이에 대한 피험자들(연구에 참여한 아동 및 청소년)의 견해 및 판단을 분석하여 도덕 판단(추론)능력의 발달단계를 제시하였다. 즉 어린이와 청소년에게 기본적 도덕 개념과 가치에 대한 가설적인 문제를 제시하였다. 가령, "인생에서 도덕적 가치의 기초"라는 주제의 개념화에 대한 지식을 얻기 위해서는 다음과 같은 질문을 제시하였다. 죽어가는 여자의 남편이 약값을 치르지 못할 경우에도 약사가 약을 주어야 하는지, 또는 유명한 사람 한 명의 생명을 구하는 것이 좋을지 아니면 평범한 많은 사람의 생명을 구하는 것이 더 옳은가에 대한 질문이 그것이었다. 그가 제시한 이러한 이야기에 따라 반응 정도를 따라 도덕판단(추론)능력의 발달단계를 크게 3수준으로 구분한다. 여기에는 주로 인습(convention)이라는 상식적 평균치를 중심으로 그 전과 후를 구분하는데 전인습적 수준(preconventional level), 인습적 수준(conventional level) 및 후인습적 수준(postconventional level) 등이 그것이다.

한 라디움 종류의 약이었다. 그 약을 만드는 데는 원가가 상당히 비싼데다가, 그 약사는 약값을 원가의 10배나 요구하였다. 라디움을 200불에 구입해 가지고 그 조그만 약을 2,000불에 팔려고 한다. 병든 부인의 남편인 하인츠는 돈을 구하기 위해 아는 사람들 모두 찾아 다녔으나 그 약값의 절반밖에 안 되는 1,000불 밖에 마련하지 못했다. 할 수 없이 하인츠는 그 약사에게 가서 자기 부인이 죽어가고 있다고 설명하고 그 약을 1,000 달러를 받고 싸게 팔거나, 아니면 외상으로라도 자기에게 팔아주면 다음에 그 돈을 갚겠다고 간청했다. 그러나 그 약사는 '안 됩니다. 그 약은 내가 발명한 약인데, 나는 그 약으로 돈을 벌어야 합니다' 라고 대답했다. 절망에 빠진 하인츠는 결국 약방을 부수고 들어가서 자기 부인을 위하여 그 약을 훔쳐내었다." 콜버그는 소년들의 도덕적 추론구조를 알아보기 위해 다음과 같은 질문을 하였다. 1) 남편은 약을 훔쳤기 때문에 벌을 받아야만 하는가? 2) 약제사는 그렇게 터무니없이 비싼 약값을 요구할 권리를 가지고 있는가? 3) 약제사가 부인을 죽인 것이나 다름없다고 비난하는 것은 정당한가? 4) 만약 정당하다면 그리고 부인이 중요한 인물이었다면, 약제사를 더 심하게 처벌해야 할까? 이에 대해 보다 상세한 내용은 Lawrence Kohlberg, *Moral Stage: A Current Formulation and a Response to Critics*, 문용린 역, 『콜버그의 도덕성 발달이론』(서울: 아카넷, 2000); *The Philosophy of Moral Development*, 김민남 외 역, 『Kohlberg 도덕발달의 철학』(서울: 교육과학사, 2000) 등의 책을 참조하라.

콜버그는 사람들이 인생에서 선택을 할 때 적용하는 추리(reasoning)의 수준이 서로 다르다는 측면에서 발달을 보았으며, 이런 형태의 도덕적 추리는 사람의 일생에 걸쳐 발생하며 개인의 사회적 상호작용에 따라 달라진다고 보았다. 그는 사람들이 내리는 실질적인 결정은 중요하지 않으며 오히려 그러한 결정 뒤에 작용하는 추리가 중요하다고 강조하였다. 그는 이러한 도덕적 추리 수준을 3개 수준으로 구분하고 이를 다시 6개 단계로 구분하였다. 이 단계들은 누구나에게 보편적으로 적용되는 것들로서 어떤 단계를 생략하고 지나가거나, 문화에 따라 생략하고 지나가는 단계는 없다고 보았다. 사람은 보다 상위의 추리 수준을 이해할 수 있을 때 현재의 추리 수준에서 한 단계 위의 추리 수준으로 진화하며, 사회적 상호 작용을 통해 새로운 높은 수준의 가치를 수용하도록 자극받는다.

피아제나 에릭슨과는 다르게 콜버그는 발달 수준과 단계를 연령과 연결시키지 않았다. 발달 수준을 결정하는 것은 각 개인이 그 딜레마를 해결하기 위해 어떤 결정을 내리느냐에 달려 있는 것으로 보았다. 발달의 수준은 자기만족(self-gratification)에 기초한 추리, 동조(conformity)를 기반으로 한 추리, 그리고 내면화된 개인적 가치(individual values)를 기반으로 한 추리로 진행된다. 어떤 청소년이 어떤 발달 단계에 있는지 알려면, 직면한 딜레마에 적용하는 추리 수준을 관찰하고 평가해 보아야 한다. 이를 좀더 자세하게 살펴보면 다음과 같다.

첫 번째 전인습적 도덕의 수준은 자기중심성과 이기성을 바탕으로 하는데, 아이는 무엇이 옳고 그른지에 대한 문화적 기준(cultural roles)에 기초하여 결정을 한다. 보상과 처벌, 그리고 자신의 욕구에 대한 보상에 기초하여 추론이 적용된다. 여기에서 두 가지 단계로 나누어지는데 첫 번째 단계는 '주관화-처벌과 복종 지향'(punishment and obedience orientation)의 단계이다. 이 단계에 속하는 아이는 처벌받을 수 있기 때문에 규칙을 위반하는 것을 회피한다. 즉, 하인츠가 약을 훔치는 것은 벌을 받게 되기 때문에 잘못이라고 판단한다. 아이는 규칙에 철저하게 복종하지만 다른 사람의 감정을 헤아리거나 다른 사람의 이해관계를 고려하지 못하는 경우가 많다.

두 번째 단계는 "상대화-도구적 쾌락주의와 구체적인 상호의존 지향"(instrumental relativist orientation)의 단계로서, 여기에서 적용되는 추리는 자신의 욕구나 때로는 타인의 욕구를 만족시키는 방향으로 나아간다. 이 단계에서 다른 사람을 돕는 이유는 거래가 성립되기 때문이다. 즉 자기가 도움을 준 사람은 자기에게 뭔가 빚지는 것이 되기 때문이며, 마찬가지로 상대가 자기를 존중해 주면 이쪽에서도 상대를 존중해 주고, 그렇지 않으면 이쪽에서도 상대를 존중해 주지 않는 단계이다. 즉 약을 훔쳐서라도 하인츠는 자기 아내의 생명을 구해야 한다고 판단하는 시기이다. 자신의 욕구 충족이 도덕 판단의 기준이며, 욕구 배분의 동기는 있으나 자신의 욕구충족을 우선 생각한다.

두 번째 수준은 인습적 도덕의 수준으로 나와 이웃·공동체를 고려하여 상호 관계성과 평등성이 확립되는 수준이다. 여기에서 가장 중요한 특징은 동조(conformity)이다. 이 때 각 개인은 일반 사회 질서를 포함한 다른 사람의 기대에 동조한다. 이 수준에서 주어지는 세 번째 단계는 '객체화-착한 아이 지향'(good boy/nice girl orientation)의 단계로서 개인들이 중요하게 고려하는 것은 타인의 기대에 부응하는 생활과 착한 행위이다. 인정받는 사람이 되기 위해 타인의 승인을 중요하게 생각한다. 어른들을 기쁘게 하고 칭찬을 얻기 위해 착한 소년, 멋진 소녀가 되려고 노력하는 단계이다. 즉, 하인츠가 약을 훔치는 것은 약사의 권리를 침해하여 남에게 해를 끼치기 때문에 옳지 못하다고 판단한다. 대인 관계 및 타인의 승인을 중시한다. 주로 12~17세의 청소년에게 나타나는 이 시기는 상호 인격적 일치가 나타난다. 청소년은 다른 사람의 관점과 의도를 이해할 수 있고, 고려할 수 있다. 정의는 항상 다른 사람을 부정하고 해치지 않는 옳은 것에 대한 인습적 형상(image)을 포함한다.

네 번째 단계는 '사회화-사회질서와 권위 지향'(law and order orientation)의 단계로서 이 단계에 속한 사람은 권위(authority)와 사회 질서 유지를 지향한다. 여기에서는 의무를 완수하고 권위에 존경을 표하는 것을 강조하며, 다소 손해를 보는 일이 있더라도 법을 준수하는 쪽이 좋겠다고 생각한다. 법은 어떤 경우에도 지켜져야 하기 때문에 하인츠의 행동은 정당하지 못하다고 판단하는 시기이다. 주로 18~25세 시기에 주로 나타나며, 이 때에는 법과 질서가 호소력이 있다.

세 번째 수준은 탈인습적 도덕의 수준인데, 자기가 속한 집단을 넘어서 모든 사람의 공동선을 추구할 수 있는 수준의 단계이다. 이 수준의 사람들은 내면화된 개인적 가치에 기초하여 결정을 내리게 된다. 이런 가치들은 친구나 가족 혹은 집단에 의지하는 것이 아니라, 전적으로 결정을 내리는 개인에게 달려 있다. 여기에서 작동하게 되는 두 단계는 이제 5단계와 6단계인데, 먼저는 '일반화-사회계약, 법률주의 지향'(social contract, legalistic orientation)의 단계이다. 여기에서 올바른 행동이란 개인적 권리와 사회적 합의라는 면에서 결정된다. 이 때 권리(right)란 사적인 견해나 가치의 문제로서 뿐만 아니라 법률적 관점에서 본 개념도 포함된다. 하인츠가 약방 문을 부수고 들어간 것은 잘못이나 인명을 구하기 위한 일이므로 용서해야 한다고 판단하는 시기이다. 인간으로서의 기본 원리에 따라 행동한다. 사회적 책임으로서의 공리주의, 가치기준의 일반화를 추구한다. 25세 이상의 시기에 나타난다. 이 단계의 사람들은 신념이 서로 다른 사람들의 상호 유익을 위하여 합의를 시도한다.

6단계는 "궁극화-보편적 윤리적 원칙 지향"(universal ethical principle orientation)의 단계로서 최고의 발달 단계인 이 단계에서 올바른 행동은 스스로 선택한 윤리적 원칙(ethical principles)에 일치하는 양심적인 결정으로 정의된다. 윤리적 원칙은 논리적, 보편적, 내적 일관성의 특징을 갖추게 된다. 자기의 양심에 비추어 부끄러움이 없으면, 잘못된 법보다는 자기의 양심에 따라 행동하는 단계이다. 법이나 관습 이전에 인간 생명이 관여된 문제로서 생명의 가치는 무엇보다도 우선하여 생각해야 한다면서 보편적 도덕원리를 지향하는 단계이다.[92]

이러한 다양한 수준의 도덕성 발달의 단계를 개념화하기 위하여 콜버그는 연속적 속성을 강조하는데, 즉 더 높은 상위의 단계로 나아가기 위해서 반드시 하위 단계인 아래 단계를 성취해야 한다고 주장한다. 그는 조사를 통해 16세 이상 연구 대상자의 약 10%만이 명백하게 5, 6단계의 사고를 하고 있는 것을 알 수 있었으며, 이들 10%는 다 형식-조작적 논리사고를 할 수 있었다고 주장한다. 또한 이것은 보편적으로 주어지는 것이 아니기 때문에 연령을 명확히 구분할 수 없지만 대략적인 청소년에 형성되는 도덕성의 발달에 대해서 좋은 이해를 제공해 주는 이론이다. 이렇게 콜버그는 도덕적 딜레마에 대한 청소년들의 반응을 토대로 피아제의 도덕발달이론을 정교화하고

---

[92] 콜버그는 말년에 7단계를 추가한다. 그것은 도덕 문제는 도덕이나 삶 자체가 문제가 아니라 우주적 질서와의 통합이라고 보는 단계이다. 예수, 간디, 마틴 루터 킹, 공자, 소크라테스, 칸트, 본 회퍼, 테레사 등의 위대한 도덕가나 종교지도자, 철인들의 목표가 곧 우주적인 원리이다. 우주적인 원리가 속하는 것은 '내가 대접을 받고자 하는 대로 남을 대접하라'는 황금율과 같은 곳에서 드러난다. 생명의 신성함, 최대 다수를 위한 최선의 원리, 인간 성장을 조성하는 원리 등이 우주적인 원리에 속한다고 주장한다.

확장시킨 것으로 평가되고 있다. 딜레마를 보고 소년들은 두 가지, 즉 규칙, 법, 권위적 인물에 복종하는 것과 개인의 욕구를 충족시키기 위해 이런 규칙과 명령을 어기는 것 중 하나를 선택해야 하는 것을 보면서 도덕성의 발단 단계를 수립하였다. 그는 피아제가 도덕성을 타율적 도덕성과 자율적 도덕성으로 양분한 것은 도덕성 발달을 지나치게 단순하게 본 것이라고 생각하고, 피아제가 주로 어린이를 연구의 대상으로 한 것에서 성인까지 확대하여 도덕성 발달을 '3수준 6단계'로 확대함으로 인간의 도덕성 발달에 대한 보다 폭넓은 이해를 제시한다.

방어기제를 이해하라

이렇게 청소년기는 많은 것이 이루어지는 중요한 시기이지만 그 때문에 많은 혼란과 갈등을 경험하는 것이 사실이다. 이러한 정신적, 인지적, 도덕적 발전을 계속하면서 청소년기에 성취해야 할 가장 중요한 이슈 중의 하나는 정체성(identity)의 형성이라고 할 수 있다. 만약 그것이 적절하게 형성되지 못했을 때는 혼란이 야기되게 되며, 그에 대한 방어기제로도 나타나게 된다. 심리적, 정서적으로 적절하게 발달되지 못했을 때 그만큼의 혼동을 경험할 뿐만 아니라 방어기제를 만든다는 점에서 그만큼 청소년기의 심리적 특성은 아주 복잡하게 느껴질 수 있다.

청소년기에 자기 정체성이 적절하게 형성되지 못했을 때 일어날 수 있는 방어기제로는 몇 가지를 들 수 있다. 즉 자기를 억압하거나 열등감을 형성하는 억압(repression), 자기 자신을 부정해 버리는 부정(denial), 자신의 불안감을 다른 것에 투사하는 형태인 투사와 전이(projection and displacement), 자기 자신을 합리화시키는 것(rationalization), 삶의 현장에서 빠지는 경향인 철회(withdrawal), 스스로 성장이나 발전을 중단해 버리는 퇴행(regression), 이 세상을 부정적, 금욕적으로 생각하게 되는 현신도피와 금욕주의와 같은 방어기제 형성될 수 있다. 귄터 그라스의 책을 바탕으로 만들어진 영화, 『양철북』에 보면 어렸을 적 어른들의 모습에 실망한 한 아이가 어른이 되고 싶지 않아 스스로 성장을 멈추어 버림으로 어린아이 상태로 남아있는 내용이 나온다. 일종의 퇴행이라는 방어기제가 작동한 셈이다.

청소년 설교자들이 청소년들에게 나타나는 다양한 현상과 삶의 태도에 대해서 이해하려 할 때 그것을 단순히 문제로만 받아들일 것이 아니라 일종의 방어기제라는 관점에서 이해한다면 문제를 훨씬 쉽게 이해 할 수 있다. 방어기제 외에 발달심리를 적절히 이루어지지 못함의 혼동에서 오는 상황으로는 불안 반응(anxiety reaction), 두려움과 공포, 우울증과 자살 등의 양상으로도 나타난다. 정신 발달이나 인지 발단의 차원에서 청소년의 심리를 이해하려고 할 때 이렇게 대두되는 방어기제 외에도 역기능적인 내용에 대해서도 이해할 수 있어야 한다.

정체성 형성과 관련한 역기능

청소년기에 이룩해야 할 정신 발달의 과제로서 정체성 형성이라고 볼 때, 그 성취 수준이 낮게 되면 자신에 대한 이미지나 세계관을 그리지 못하는 상태에 직면하게 되는데 이것을 J. E, 마르시아(J. E. Marcia)는 "정체성 혼미"(identity diffusion)의 상태로 부른다.[93] 이러한 경우에는 미래에 대한 계획과 삶의 목표를 세우는 일에는 크게 관심을 기울이지 않게 되며, 충동적이고 매사를 쉽게 포기하는 경향

---

93) J. E. Marcia, "Identity in Adolescence," in Joseph Adelson, ed., *Handbook of Adolescent Psychology* (New York: John Wiley, 1980), 159-187

을 갖기도 한다. 때로는 자신의 정체성에 대해 깊은 고민이 없이 부모나 사회가 제시하는 규범에 의해 주어진 가치를 그대로 받아들이면서 단순히 동조하는 현상이 나타날 수 있는데, 이것을 정체성 폐쇄(identity foreclosure)라고 한다. 여기에서는 목표 의식도 있고 안정되어 있지만 삶의 목표를 자기 스스로 추구하여 찾은 것이 아니기 때문에 융통성이 결여될 수 있다. 특별히 신앙생활을 하는 청소년들 가운데서 모태 신앙이거나 어렸을 적부터 습관적으로 교회 생활을 해 온 학생들의 경우에는 이러한 상태에 빠질 수 있다. 이것을 그들은 당연하게 받아들일 수 있지만 외적 상황이 바뀌거나 외적 충격이 오면 외견상 유지되던 정체감이 붕괴될 위험을 내포하고 있으며, 목표 달성이 좌절될 경우 극단적인 행동을 보일 수 있다. 또한 자신에 대한 뚜렷한 개념을 아직 찾지 못했지만 찾으려고 노력하며, 선택을 위한 여러 대안을 능동적으로 탐색하고 다양한 활동에 적극적으로 참여하기도 하지만 아직 안정이나 만족스러운 상태는 아니어서 불안한 상태를 '정체성 유예'(identity moratorium)라고 한다.

가장 만족스러운 상태는 '정체감 성취'(identity achievement)의 상태인데, "자신에 대한 갈등과 고민의 결과 자신이 다른 사람과 다르다는 것을 인지하고 자신의 진로와 삶의 철학을 발견한 상태"로서 자신의 역할에 대한 규정이 안정적으로 정립되어 있으며 상황적 변화에 동요하지 않는 성숙한 정체감을 소유하고 있다. 이렇게 되면 삶에 대해 의욕적이고 목표 의식이 뚜렷해진다.[94]

이것을 위기라는 측면에서 살펴보면 정체성 혼미와 폐쇄는 위기를 경험하지 못한 상태이며, 유예의 단계는 계속되는 위기 속에 있는 경우이고, 정체감 성취는 정체감의 위기를 극복한 후 형성되는 상태

---

94) 위의 책

이다. 일반적으로 청소년 초기에는 정체감 혼미와 폐쇄의 형태가 많고 중기에는 네 가지 형태가 비슷하게 나타나며 후기에 들어가면 정체감 유예와 성취의 형태가 증가하는 것으로 나타나고 있다.

그러면 이러한 정체성의 위기 극복을 위해 어떻게 대처하며 자아 정체감 정립을 위해서 필요한 것은 무엇이 있을까? 먼저는 자기 자신을 있는 그대로를 보는 자기 객관화의 자세가 필요하다. 이것이 결코 쉽지는 않다고 할 수 있지만 어떤 유아기적인 자기방어기제를 개입시키지 않고 자신을 깊이 숙고해 볼 수 있는 보다 성숙한 자세를 얻을 수 있다. 자기 정체성의 바른 형성을 위해서는 자기 수용의 자세도 필요하다. 있는 그대로 자기를 받아들이면서 나에게는 좋은 면도 있고, 그렇지 않는 모습도 있음을 인정하는 것이다. 약점도 있고, 장점도 있는 나의 모습을 그대로 직시하면서 진정으로 나를 아끼고 사랑하는 자세가 필요하다. 이렇게 청소년들이 자신의 정체성을 바르게 정립해 가는 것은 가장 중요한 심리적 발달 과제인데, 이것을 더욱 효과적으로 성취하기 위하여 스스로의 노력도 필요하지만 사역자의 역할도 아주 중요하다는 사실을 기억해야 한다.

너머를 볼 수 있는 능력

미국 버지니아 패어팩스의 게준트하이트 병원(Gesundheit Hospital)의 전설적인 인물인 패치 아담스의 생애 일화를 그린 영화, 『패치 아담스』를 보면 주인공은 불우한 가정환경에서 태어나 성장하면서 수차례 자살을 기도하였던 사람이었다. 이러한 자살 충동과 성향을 치료받고자 그는 스스로 정신병원에 입원하였다. 그곳에서 그는 전형적인 천재 신드롬에 걸린 한 유명회사의 회장이 갑작스럽게 손가락을 펴 보이며 몇 개냐는 질문을 받는다. 순간적으로 당황하여 "네 개"라고 답을 하자 그를 완전히 미친 사람 취급을 해버린다. 그러나 어느 조용한 시간 그와 대화를 나누는 가운데 그 문제의 해답을 물었을 때, 그는 겉으로 드러난 문제의 현상을 바라보지 말고 그 너머를 보라고 하면서 손가락 너머를 볼 것을 요청한다. 그것을 한참 주시하는 그의 눈에 손가락이 겹쳐 보이면서 "여덟 개!"라고 대답하자 아주 좋은 대답이라고 칭찬하면서 삶의 모든 현상들을 겉으로 드러나는 것만 보지 말고 그 너머를 보라는 충고를 해준다.

그 일 후에 패치 아담스는 같은 방을 쓰고 있는 동료 루디가 다람쥐가 무섭다면서 화장실을 가지 못하고 안절부절못하는 것을 보면서 도대체 그 작은 다람쥐 한 마리 때문에 화장실을

〈그림 5〉 "패치 아담스" 영화장면

못 간다는 것이 말이나 되느냐고 설득하려 하지만 실패하고 만다. 그러나 잠시 후 그는 루디의 문제 이면을 보게 되면서 그를 이해하게 되고, 손으로 권총 모양을 해서 "빵!" 소리를 입으로 내면서 다람쥐를 잡는 시늉을 한다. 신이 난 루디는 여기에도, 저기에도 있다고 하자 아예 기관총을 꺼내 그것을 난사하는 동작을 취한다. 그렇게 한 다음에 루디로 화장실에 가게 하는데 성공한다. 그러한 경험을 통해 패치는 "바로 이거야!"라고 외치며, 병원에서 나와 진정으로 사람을 돕고 치료할 수 있는 의사가 되기 위해 의과대학에 진학한다.

단순하게 겉으로 드러나는 현상만으로 판단하려고 하지 않고 사람의 이면을 보려고 했을 때 문제는 의외로 쉽게 해결되는 것을 경험

했던 패치는 언제나 인간의 문제와 질병까지도 그 이면을 보려고 노력하면서 환자를 치료해 나간다. 청소년 설교자에게는 많은 요소가 필요하지만 특별히 그 너머를 볼 수 있는 눈을 필요로 한다. 눈앞에 나타나는 현실이나 현상으로 판단하고, 속단할 것이 아니라 그 너머를 볼 수 있는 심안(心眼)을 가지고 있어야 사역을 바로 감당할 수 있다. 그러므로 청소년들에게 하나님

〈그림 6〉 "패치 아담스" 포스터

의 말씀을 전하려는 설교자는 마땅히 그들의 심리와 정신적 차원에까지 관심을 기울일 때 효과적인 사역자로 설 수 있게 될 것이다.

12 장
관계를 통해서 본
청소년의 정서 및 사회성 발달

> 청중과의 관계를 형성하는 첫 순간에 열쇠가 되는 것은
> 주장 자체보다는 감정과 더욱 깊은 관계가 있다.
> 설교자와 청중 서로 간에
> 감정의 선이 연결되기 전까지 그 설교는
> 청중의 귀에 들어오지 않는다.
> 서로 하나가 되는 관계로 발전한 후에야
> 함께 나눌 시간이 다가올 것이다.
>
> – 캘빈 밀러[95]

    청소년 설교는 그 대상인 청소년들에 대한 이해를 중요하게 생각하는 이유는 그들이 복잡 미묘한 실타래에 엉켜 지낼 뿐만 아니라 발전 단계의 성취를 필요로 하기 때문이다. 특히 청소년 설교에서는 대상에 대한 실패는 사역을 온전히 감당할 수 없게 만드는 요소로 작용한다. 그러한 측면에서 앞 장에서 우리는 심리적인 이해를 살펴

---

[95] Calvin Miller, *The Empowered Communicator*, 최예자 역, 『청중을 사로잡는 설교자』 (서울: 프리셉트, 2006), 21.

보았다. 여기에서는 청소년의 정서 발달과 사회성 발달에 대해서 살펴보고자 한다.

사람은 감정의 동물이기 때문에 정서 표출이나 반응은 인간관계에서나 상호 의사전달에 있어서 중요한 요소가 된다. 희노애락과 같은 사람의 감정 표현인 정서적 표현, 또는 아이가 웃거나 우는 것과 같은 정서적 반응은 본능적이거나 생애 초기에 형성되는 것들이다. 그래서 발달 과정에서 그렇게 중요하게 생각하지 않는 경향이 있지만 이러한 정서적 표현이나 반응은 언어적 표현이나 반응보다 더 분명하고 확실한 의사소통 역할을 한다. 특별히 청소년기는 정서적 발달에 있어서 중요한 시간이면서 또한 굴곡을 보이는 시기이기 때문에 이것을 적절하게 이해하는 것은 중요한 사안이다. 특별히 청소년기는 다양한 관계들 속에서 이러한 정서와 사회성의 발달을 갖게 된다. 이러한 측면을 몇 가지 차원으로 나누어서 살펴보자.

자기와의 관계-자아 중심성

청소년기는 자기 자신이나 타인과의 관계에서 자아 중심성(ego-centrism)의 정서적 특성을 갖는다. 자아 중심성이란 청소년들이 "자신의 생각이나 감정에 집중하면서 자신은 다른 사람과는 다른 특별한 존재라고 믿는 자아의식의 형태"이다. 자신이 특별하다고 생각하는 청소년들은 자신이 타인의 집중적인 관심과 주목의 대상이라고 생각하고, 다른 사람들이 눈치 채지 못하는 외모상의 결점이나 작은 실수에도 신경을 쓰며 고민하곤 한다. 이것은 청소년기에 나타나는 자연스러운 현상이며, 이러한 과정을 거쳐 그들의 자아가 형성되어 간다. 청소년들은 자기 자신에 대한 생각에 사로잡혀 있는 현상, 즉 자의식(self-consciousness)을 다른 발달과정보다 훨씬 강하게 보인다. 이 시기의 청소년들은 세상 모든 사람들이 자기만 쳐다보고 있다고 느끼기도 하며, 자신의 작은 결점도 무척 크게 생각하여 다른 사람을 지나치게 의식하면서 열등감에 시달리기도 한다. 다른 사람이 흉보지 않을까 민감하게 받아들이는 시기이기 때문에 유난히 외모에 대해 신경을 쓰는 시기이다. 이러한 자의식 개념에서 발전한 것이 청소년기의 자아중심성이다. 청소년들은 "자신만의 독특한 세계와 타인의 보편적인 세계를 구분하지 못하고 자신은 특별한 존재라는 착각에 빠지게 되어 자신이 우주의 중심이라고 믿을 만큼 강한 자의식을 보이는 것"을 말한다.

D. 엘킨트(D. Elkind)는 이러한 청소년기의 자아 중심성은 두 가지 형태로 발전된다고 설명는데 상상적 청중(imaginary audience)과 개인적 우화(personal fable)가 그것이다. 전자는 자신이 타인의 집중적인 관심과 주의의 대상이 되고 있다고 생각하는 것을 말한다. 이것은 자의식 과잉에서 항상 자기가 주목의 대상이 되고 있는 것으로 생각하는 경향으로, 자기본위의 '상상 속의 관중' 만들기에 해당한다. 청소년들을 교실에 들어갈 때 모든 사람이 자신을 보고 있는 것처럼 느낀다. 그것은 사실이 아닌데도 그렇게 착각하는 것이다. 청소년들이 보이는 유치한 어투나 제스처, 변덕스럽고 요란한 옷차림 등은 이 시기 청소년들이 '상상 속의 청중'을 의식하기 때문이다.

후자는 "자신은 특별하고 독특한 존재이므로 자신의 감정이나 경험 세계는 다른 사람과 근본적으로 다르다고 믿는 것"을 의미하는데, 자신의 중요성을 지나치게 강조하다 보니 이러한 특성 때문에 자신을 비현실적으로 인식하게 된다. 많은 청소년들이 늘 자주 사용하는 말, "엄마는 내가 어떤 기분인지 조금이라도 아세요? 이런 기분은 아무도 모를 거예요."라고 말하는 것은 이 시기의 '개인적 우화'의 한 현상을 나타낸 것이다. 이것은 한마디로 자기 자신을 지나치게 각별하게 보는 경향이다.[96]

이렇게 자기 자신과의 관계에서 자아 중심적 특성을 갖게 되는데, 추상적 사고 능력이 발달하는 청소년 중기 이후에 이르러 타인과의 정서적 관계를 점차 경험하며 자신과 타인 간의 유사점과 차이점을 이해해 가는 가운데 사라지게 된다. 물론 엘킨트는 인간의 발달 단계에서 각 단계마다 자아 중심성을 갖게 된다고 보는데, 특히 청소년기의 자아중심성은 발달 특성으로 "주관적인 탐색 단계에서 객관적인 탐색 단계로 넘어가는 시기"라고 보았다.

에릭슨에게서 살펴본대로 자아 중심성과 연관하여 청소년기는 정체성을 확립하여야 하나, 그렇지 못했을 때 정체성 위기(identity crisis)를 경험하게 된다. 청소년기의 신체적 생리적 변화와 인지 능력의 발달로 인해 청소년들은 이전에는 문제 삼지 않았던 것들을 새로운 관점에서 바라보기 시작하며 다양한 내용의 고민과 회의(懷疑)를 경험하게 된다. 이러한 고민들과 회의는 대부분 자기 자신을 둘러싼 환경과 여건과 관련된 것들이다. 이러한 현상을 정체성 위기라고 한다.

에릭 에릭슨은 이러한 고민을 "자신에 대한 정체성 확립을 위한 노력의 발현"으로 보았다. 그는 정체성을 "자기 자신에 대한 동질성과 일관성(sameness and continuity)을 강화해 주는 주관적 느낌"으로 정의했다. 정체성이란 "대인 관계, 역할, 목표, 가치 및 이념 등에 있어서 자신만이 지니는 고유성 즉 '자기다움'에 대한 자각"이라고 할 수 있다.[97] "자기 통합성과 일관성을 견지해 나가려는 의식적 무의식적 노력"은 이러한 자기 정체성을 확립하려는 노력의 하나라고 할 수 있다.

---

96) David Elkind, *Egocentrism in Adolescence*, Child Development, 38. 1025-34
97) Erikson, 『아동기와 사회』, 7장 참고

이성과의 관계 – 이성에 대한 동경과 관심

청소년기는 이성관계에 있어서 새로 눈이 뜨게 되는 시기이다. 특별히 청소년기는 성적 호기심이 많은 시기이며, 신체 변화는 성에 대한 호기심을 자극하게 된다. 이러한 신체적, 심리적 변화 때문에 이성에 대한 동경과 관심을 갖는 시기이다. 특별히 성적으로 사춘기 초기에는 일반적으로 초경에 대한 불안과 자위 행위에 대한 죄의식, 음모(陰毛)의 발생에 따른 호기심과 부끄러움, 나아가 자신의 용모에 대한 열등감 등의 반응을 보인다고 한다. 신체 내부에서 일어나는 호르몬 변화는 청소년들의 성욕을 발달시키고 이성에 대한 호기심을 고조시키며 남녀 관계에 대해 강한 관심을 갖게 만든다.

사춘기의 성적 성숙이 어느 정도 완성된 중기 청소년들은 이제 비슷한 연령의 이성에게 강한 관심을 보이기 시작한다. 이성을 가까이 하려 하고, 용모나 복장에 많은 신경을 쓰기 시작한다. 인기 연예인이나 운동선수, 상급생이나 학교 선생님 등 연상의 이성에 대한 연모의 정을 품기도 한다. 이성에 대한 태도는 아직 소극적이며, 주의를 끌고 싶지만 겉으로는 수줍어하고 자신의 감정을 숨기려 한다. 사춘기 후기가 되어 이성에 대한 상호 작용 방식을 경험하고 이성에 대한 관점이 발달하면서 자신이 좋아하는 한 사람과 데이트를 시작하기도 한다.

청소년기의 성적 행동은 성적 사회화(sexual socialization) 과정에 의해 결정된다. 청소년의 성에 대한 사회화는 성 정체감(sexual identity), 부모의 영향, 또래의 영향 등에 따라 차이가 나기도 한다. 한편 성 정체감을 통해 성적 사회화를 형성하게 되는데, 남성다움(masculinity)과 여성다움(femininity)에 대한 성 정체감의 형성은 아동기에 시작되지만 청소년기에 본격적으로 모양을 갖추고 외부로 표출된다. 청소년들은 신문, 방송, 잡지 등의 미디어와 학교, 그리고 가장 중요한 소스로 자신의 부모로부터 성이 무엇인가에 대해 배우게 된다. 부모는 자신의 행동을 통해 간접적으로 성에 대한 태도를 전달하게 된다. 그러므로 성에 대한 가정의 자유스런 분위기가 성적 사회화 과정을 이루어가는 데 도움을 준다.

이 때의 성에 대한 인식이나 성적 사회화는 어느 계층보다 또래의 영향이 크다. 또래는 자신들의 문화를 통해 정보를 제공하고 가치를 전달한다. 청소년들은 친구에게 데이트, 성에 대한 개인적 경험, 공통의 관심사 등을 솔직히 터놓고 논의를 하게 된다. 청소년기에 성에 대한 올바른 인식이 확립돼야 성인이 되었을 때 이성 관계에 어려움을 겪지 않게 되는데, 이러한 여러 관계를 통해 성역할과 바른 이해를 갖게 된다.

가장 중요한 관계-또래 집단

청소년기에 가장 중요한 관계는 또래 집단이다. 청소년의 사춘기적 성숙은 자율성의 증대와 함께 부모와 정서적으로도 좀 더 거리를 유지하게 되며, 부모에게 하찮은 존재나 유치한 존재로 취급받는 것을 원치 않게 된다. 아직도 적극적으로 부모의 승인을 구하는 이중적인 모습을 보이기도 한다.

청소년들은 나이가 들수록 활동성이 좋아지고 따라서 또래와 어울릴 기회가 더 커진다. 이 시기에 청소년들은 부모의 권위에 대해 의문을 갖거나 반항심을 갖기 시작하면서, 그들이 어떤 행동을 결정해야 할 때 종종 부모와 갈등이 발생한다. 또한 학년이 높아가면서 점점 가정과 멀리 떨어져 생활하는 경우가 많기 때문에 이러한 때에 가족들보다도 또래 집단이 친구들이 중요한 그룹으로 다가오게 된다. 청소년들은 대부분의 자유 시간을 친구들과 보내게 되면서 서로에게 큰 영향을 미치는 중요한 관계가 된다. 또래 집단과 많은 시간을 보내기를 원하는 것은 서로가 비슷한 신념과 이해를 공유하기 때문이다.

완전한 자율성을 보장받기 전까지 친구에게 감정적 지지를 제공함으로써 서로에게 부모나 어른을 대신하게 된다. 청소년기는 또래 집단에의 동조(conformity) 의식을 중요하게 생각하는데, 자신이 친구들과 다르게 변화되는 것을 걱정하고 두려워하기 때문에 친구들이 존중하는 규범과 행위에 동조하게 된다. 이 때 이러한 동조 의식은 "하지만 친구들도 다 그렇게 한단 말이야"라는 말을 통해서 표현되거나, 머리 모양, 옷 입는 방식, 좋아하는 음악, 삶의 스타일 등에서도 이런 동조의식이 작용하게 된다.

이러한 또래 집단과의 관계는 우정을 중요한 요소로 생각하게 되는데, 친구에 대한 의리와 충실은 중요한 요소이다. 그들은 우정을 "서로의 공통성에 대한 충성성"으로 이해한다. 청소년들은 친구와 은밀한 생각이나 느낌을 공유해야 하는 것이라고 생각한다. 청소년기 초기에는 친한 친구는 감정적 지지, 정보, 충고를 제공하고 자존심을 높여 주기도 한다. 이런 동성 간의 우정은 성인기 이후의 이성 관계, 부부 관계, 대인 관계의 기초를 이룬다고 보았다. 특별히 또래간의 만남은 서로 동등한 만남이므로 이 만남을 통해 각자가 지니고 있는 자아 중심적 시각을 완화해 가며, 또한 자신과는 또 다른 견해가 존재할 수 있으며 자신의 견해에 한계가 있음을 깨닫게 된다.

이러한 과정을 가지면서 청소년들은 서로 주장하고, 흥정하고, 절충하는 법도 배우게 되면서 자아 중심성을 극복해 가게 된다. 이렇게 청소년기의 우정은 아주 중요한 위치를 차지하며, 특별한 기능을 수행한다. 가족이나 어떤 사람들과의 관계에서도 얻을 수 없는 "성장과 자각의 풍토를 제공해 준다"는 점에서 청소년기의 우정은 중요해진다. 초기에는 감정적 우정의 특성이 강하지만 차츰 다른 사람과의 동등한 인연으로 대체하면서 객관적으로 생각하는 경향을 갖게 된다. 청소년기에 성에 따른 우정의 양상도 약간의 차이를 보이는데, 일반적으로 여학생들은 남학생들보다 더 깊고, 상호의존적이다. 반대로 소년들은 "선천적인 친구처럼 실제에 적용할 수 있는 활동을 같이 할 사람"을 상대적으로 중요하게 여긴다.[98]

갈등과 사랑의 관계-가족

청소년기에 있어서 가족과의 관계는 갈등과 사랑의 관계로 역할하게 된다. 청소년들은 신체적 사회적 변화와 함께 인지 능력의 증대, 자아 정체성의 형성으로 인해 청소년기의 자녀와 부모 사이에 갈등이 증가하는 경우가 많다. 갈등의 증가는 청소년의 정상적 발달에서 반드시 겪어야 할 부분이다. 가족들과의 갈등의 문제는 일상의 사소한 일로부터 시작하여 금전, 외모, 가족 간의 관계, 학교생활, 시간 사용, 친구관계, 성적, 이성 및 동성 친구와의 관계 등에 대해 부모와의 견해 차이 때문에 갈등을 야기하게 된다. 부모는 언제나 청소년들의 음악과 유행하는 옷, 사용하는 어휘들, 그들의 문화나 예기치 못한 행동 때문에 종종 당황하게 된다. 갈등의 원인은 청소년기 전반을 거쳐 청소년들은 개성화(individuation)가 이루어지고, 자기 정체성이 발달해 가는 과정에 있기 때문에 부모의 생각과 달리하는 경우가 있기 때문에 주어진다. 청소년들은 부모가 언제나 옳은 것은 아니라는 것을 깨닫기 시작하게 되면서 이러한 사고의 변화는 부모의 권위와 부모들이 정해 놓은 규칙에 대해 의문을 제기하도록 만든다. 이러한 것으로 인해 부모와의 갈등은 일어나게 되는데, 가족의 규칙이나 규제 등에 대해 갈등의 양상은 종종 반항으로 나타나게 된다.

---

98) 권이종, 『청소년 교육개론』, 227-30.

그러나 이러한 갈등은 다툼으로 나타나기도 하지만 대체로 부모와의 관계 자체가 위협받지는 않는다. 갈등은 있으나 부모의 사랑으로 인해 실제로 청소년들은 존경을 보내기도 하며, 인생의 교훈을 받으며 살아간다. 부모의 영향력은 어떤 또래 집단의 영향 못지않게 중요한 요인으로 작용한다. 부모와 또래 집단의 가치관이 서로 모순된다거나 청소년들이 또래 집단에 대해 의존도가 더 높다 할지라도 부모의 영향력은 그 어느 것과 비교할 수 없다.

가족의 사회적, 경제적, 종교적, 교육적, 지리적 배경에 의해서 청소년들은 깊이 영향을 받는다. 음악이나 취미, 오락, 복장이나 유행 언어, 삶의 패턴 등에 대해서는 또래 집단의 영향력이 절대적일지 모르나 기본적인 도덕, 사회적 가치관, 인생관, 성인들의 세계와 이해와 같은 영역에서는 부모의 영향이 절대적이다.[99] 이 시기의 갈등은 단지 성인이 되어가는 과정의 한 부분일 뿐이다. 물론 모든 청소년들이 부모에게 순종적이지는 않으며, 5~10% 가량은 가정과 부모를 거부하는 형태로도 나타나고 있다. 이런 경우의 청소년들은 비행을 저지르거나 정서적으로 불안정한 상태로 십대를 보내게 된다.

장애를 일으키는 현대 문화의 숲에서

사춘기를 지나가는 청소년기는 심리적으로, 정서적으로 질풍노도의 시대를 보내는 기간이다. 그만큼 정서적으로 불안정하고, 성인이라는 관점에서 보면 사회성에 있어서 문제점을 야기하기도 한다. 그러나 청소년들은 많은 혼란과 문제를 안고 자기 안에서, 혹은 타인과의 관계에서 갈등하면서 성인으로 성숙해 간다. 과거와 달리 오늘의 문화적, 사회적 환경이 많이 달라지면서 성인 세대와의 갈등의 양상

---

99) 위의 책, 221.

도 한층 심화되고 달라지고 있다. 인간 발달 단계에서 주어지는 문제는 과거나 현재나 있었던 것이 사실이지만 이러한 여건 속에서 오늘날 청소년들의 그러한 양상이 완전히 달라지고 있다. 다양한 매체와 문화적 환경, 교육환경으로 인해 더더욱 어려운 시기를 보내면서 정서 발달과 사회성 발달에 있어서 일탈 현상도 나타나고 있다.

청소년기는 성인이 되어가는 길목이고, 이들은 다양한 길을 걸어서 어른이 된다. 이러한 여정을 어른들은 너무 지나치게 한정하려는 경향이 없지 않기 때문에 갈등의 양상은 더해간다. 학력 위주의 현대 사회는 아이들의 정서 발달에 있어서 더 많은 제한을 보여준다. 학교와 공부라는 틀에 의해 묶여 깊은 정서 함양에 기여할 그러한 공간과 여건이 턱없이 부족한 가운데 오늘의 청소년들은 서 있다. 지금까지의 어느 사회보다도 사회성 발달을 위한 생활 체험이나 진로가 고정화되어 자유롭게 여가를 즐기거나 무엇을 마음대로 할 수 있는 자유가 박탈된 현실 가운데 청소년들은 서 있다. 역기능적이고, 비인간적인 장애를 일으킬 수 있는 문화 사회적 숲에 서 있기 때문이다. 이러한 측면에서 청소년 비행도 이해한다면 교회와 사역자들의 책임이 얼마나 중요한 지를 일깨워 준다. 흔히 청소년 비행은 "시대를 반영하는 거울"이라는 말이 있다. 이것은 기독교 교육의 장에서 청소년들이 건전한 정서와 사회성 발달에 깊은 관심과 장을 마련해야 한다는 과제로 대두된다.

오늘 현대인에게 가장 무서운 질병 가운데 하나는 조급증이다. 사람들은 서서히 성장하는 것보다 급성장을 좋아한다. 급성장을 자랑거리로 삼는다. 어떤 버섯은 6시간이면 자라고, 호박은 6개월이면 자란다. 그러나 참나무는 6년이 걸리고, 건실한 참나무로 자태를 드러내려면 100년이 걸린다고 한다.[100] 100년의 긴 세월에는 따뜻한 햇볕과 솜털 같은 바람의 시간만 있었던 것이 아니다. 천둥 번개에 사나운 바람이 휘몰아치는 고통과 갈등의 시간도 포함된다. 청소년기는 수많은 갈등을 안고 있지만 그것은 성숙한 한 인간으로 발돋움하는 시간임을 이해하고, 청소년 사역자들은 어떻게 그들을 도울 수 있을지를 고심해야 할 것이다. 왜냐하면 그들은 창조주 하나님께서 예비해 놓으신 궤도를 따라 성장과 발달의 가능성을 향해 달리고 싶지만 오늘의 문화 사회적 환경은 큰 장애의 숲으로 끌어당기고 있기 때문이다.

---

100) 강준민, 『뿌리깊은 영성』 (서울: 두란노, 1999).

4부
청소년 설교 준비와 방법론

희망이란
본래 있다고 할 수 없고
없다고도 할 수 없다.
그것은 마치 땅 위의 길과 같은 것이다.
본래 땅 위에는 길이 없었다.
한 사람이 먼저 가고,
걸어가는 사람이 많아지면
그것이 곧 길이 되는 것이다.

- 루쉰, 『고향』 중에서

13장
설교 준비도 헌신이다

모든 사람이 말할 수 있는 것보다
설교에서는 훨씬 더 많은 일이 일어난다.
설교는 성령의 감화를 받아
양철이 금이 되고
땅의 돌들이 다이아몬드가 된다는 점에서 보면
일종의 연금술이다.

– 바바라 브라운 테일러

흔한 설교자의 고질병: 게으름, 교만, 망상

영국 성공회의 한 교구 설교자는 설교를 준비하는 것을 무척 귀찮게 생각하던 사람이었다. 교인들은 배우지 못한 무식한 사람이라고 폄하하면서 자신의 학식과 언변에 대해서 늘 자신만만해 하던 사람이었다. 특별히 설교 준비를 하지 않고서도 그의 설교 사역은 그런대로 유지되었다. 다만 마음에 거리낌이 있어 자신은 언제나 성령님께 의지하며 그분이 주시는 메시지를 받아 즉흥적으로 설교하겠다는 서원 기도를 했다. 그렇게 별 문제없이 사역하고 있던 어느 날 예배가 시작되기 전 누군가 교회당 안으로 걸어들어 오는데 그것을 본 그는 그 자리에 얼어붙고 말았다. 그 사람은 자신이 속한 교구 감독 주교였기 때문이다. 휴가 기간 중에 예배를 드리기 위해 예고 없이 그 교회를 방문한 것이다. 그동안은 회중들은 무식하다고 생각하면서 그 앞에서 허세를 부리며 그럭저럭 지내왔는데 주교를 속일 수는 없을 것 같았다. 그래서 황급히 내려가 인사를 드리고, 자신은 즉흥설교를 하기로 하나님께 서원을 했다는 사실을 알렸다. 그렇게 예배가 시작되었다. 그런데 한참 설교를 듣고 있던 주교가 갑자기 일어나 밖으로 나가버리는 당혹스러운 일이 발생했다. 예배를 마치고 목양실로 갔더니 거기에는 휘갈겨 쓴 주교의 메모가 놓여있었다. "그대가 서원한 것은 아무 효력이 없네. 제발 설교 준비 좀 잘하시게."

한 미국 장로교회의 목사는 자신의 학식과 언변, 오랜 설교 경력을 자랑하는 것은 아니었지만 그의 문제는 교만의 문제였다. 늘 자랑하듯이 목사관에서 얼마 떨어져 있지 않는 교회당까지 가는 5분이면 자신은 주일 설교 준비는 다 마칠 수 있다고 여러 사람 앞에서 떠벌이고는 했다. 어느 날 교인이 목사관을 8km나 떨어진 먼 곳으로 이사하게 했다. 자동차가 없던 시절이었기에 최소 2시간이나 걸어와야 하는 가깝지 않은 거리였다. 설교 준비를 5분으로 끝내지 말고 좀더 긴 시간을 내서 제발 잘하라는 뜻이었다.

한 침례교 목회자는 게으르거나 교만했기 때문에 문제가 된 것은 아니었지만 그의 잘못된 신앙관이 문제였다. 그는 성령님을 깊이 의뢰하였던 목사였기 때문에 그가 열심히 기도하고 강단에 서면 그날 전해야 할 말씀은 성령님께서 주신다고 자신 있게 말하고는 했다. 만약에 주시지 않으면 어떻게 하느냐는 질문에 대해 "마 10:19-20의 예수님의 약속도 안 믿으십니까? '너희를 넘겨 줄 때에 어떻게, 또는 무엇을 말할까 염려하지 말라. 그때에 너희에게 할 말을 주시리니, 말하는 이가 너희가 아니라 너희 속에서 말씀하시는 이 곧 너희 아버지의 성령이시니라.' 무엇을 말할까 염려하지 말라고 했고, 할 말을 주시겠다고 했는데 저는 그 말씀대로 믿고, 행하는 것입니다."

　설교 준비와 관련하여 설교자들이 가장 많이 걸리는 흔한 고질병에 대해 존 스토트가 묘사한 내용이다.[101] 다른 것에 시간을 다 써버리고 정작 설교 준비할 시간이 없어 메모지에 몇 자 긁적여 가지고 강단에 올라가 그것을 감추기 위해 소리를 높이고, 아멘을 강요하고, 호통을 치는 설교자가 있다면 그는 지금 '게으름'이라는 고질병에 걸려 있다. 길게 준비하지 않아도 교인들은 자기 설교에 은혜만 잘 받는다고 생각하거나, 큰 교회 성장을 이룬 자기는 능력있는 설교자라고 생각하면서 교회 안과 밖의 일들로 시간을 다 보내고, 자신의 능력과 경험을 의지하면서 별 준비 없이 강단에 서는 설교자가 있다면 그는 지금 '교만'이라는 고질병에 걸려 있는 셈이다. 설교 준비는 능력 없는 사람이나 하는 것이요, 자신은 기도로 살고 있고, 성령 충만한 사람이기 때문에 강단에 올라가면 하나님께서 늘 '직통 계시'(?)를 주신다고 생각하면서 아무 준비 없이 강단에 올라가는 설교자가 있다면 그는 지금 '망상'이라는 고질병에 걸려있는 설교자라고 할 수 있다.

　혹 그런 설교자가 있을까 생각할 수도 있지만 일반적인 관점에서 한국교회 설교자들은 다른 나라 설교자들 보다도 그런 병에 걸릴 수 있는 가능성이 더 많은 것이 사실이다. 왜냐하면 한국교회 목회 현장은 새벽부터 밤 늦게까지 뛰어야 하는 분주한 현장이기 때문이다. 교회 행정, 심방, 노회 등 상회와 관련된 모임들, 교회 안의 크고 작은 모임과 회의에 참석해야 하는 부담 외에도 잦은 설교 횟수 때문에 늘 설교 준비할 시간이 넉넉지 못한 것이 사실이기 때문이다. 그래서 간

---

101) John Stott, *I Believe in Preaching* (London: Hodder and Stoughton, 1998) 6장.

단하게 대지와 예화만 메모해서 강단에 올라가는 경우도 허다하며, 별 준비 없이 강단에서 즉흥적으로 설교하는 경우도 적지 않은 것 같다. 궁여지책으로 다른 설교자의 설교집이나 인터넷 검색을 통해 적당히 그것을 짜깁기하여 설교하고 싶은 유혹 앞에 늘 서 있다. "변호사의 변론은 그의 사무실에서 결정난다"는 말이 있듯이, 설교는 그것을 준비하는 서재에서 결정된다.

그것은 청소년 설교도 마찬가지이다. 그것은 철저하게 준비되어야 한다. 아동부나 청소년을 위한 설교는 간단히 메모만 해서 설교하려는 경향이 강하기도 하지만 내용의 발전을 위해서는 완벽한 원고를 준비하는 것이 좋다. 흔히 장년 설교에 대해서는 부담을 갖지만 청소년을 위한 설교는 한 두 가지의 예화를 이용하여 적용해주고 간단히 결론만 맺어주는 정도로 가볍게 생각하기 쉽지만 그날의 본문을 철저히 연구하여 완벽한 설교 준비에 관심을 가져야 한다. 또한 설교에서 사용한 매체나 다양한 기법도 고려해야 하기 때문에 청소년 설교 보다는 깊은 준비를 필요로 한다.

비뚤어진 마음으로는

모든 것이 그렇지만 특히 설교는 그 준비에서 결정된다. 그래서 설교 준비는 아무리 강조해도 지나침이 없다. 그러나 설교 준비는 쉽지가 않다. 설교 준비가 늘 어려운 것은 "설교할 내용이 있어서 준비를 시작하는 것이 아니라 설교해야 하기 때문에 준비를 시작"하는데 있다.[102] 다시 말해, 늘 설교할 내용이 설교자를 기다리고 있는 것이 아니라 설교자는 매번의 설교를 위해서 깊은 묵상과 연구, 기도를 통해 그것을 하나님으로부터 받아야 하고, 찾아야 하는 것 때문에 어렵

---

102) Haddon Robinson and Craig B. Larson, eds., *The Art and Craft of Biblical Preaching* (Grand Rapids: Zondervan, 2005), 2장.

게 느껴진다. 설교 준비는 언제나 하나님의 말씀을 찾아 떠나는 순례의 여정이며, 새로운 창작의 과정이기 때문에 마치 아이를 해산하는 것처럼 어렵게 느껴지는 것이 사실이다. 설교 준비가 어려운 것은 그것 하나로 구성되는 단순한 준비가 아니라 아주 많은 내용들이 합력하여 이루어지는 복합적인 사역이요, 많은 영적 훈련이 요구되는 사역이기 때문이다. 또한 설교 준비가 하나님과 온전히 일치되지 않는다면, 다시 말해 하나님께서 보내시는 메시지를 온전히 받아들이기 위해 그분을 향해 안테나가 바로 세워지지 않는다면 수신될 수 없다는 사실 때문에 어려움이 있다. 하나님을 향해, 주신 설교 사명의 중요성을 향해 온전히 서 있지 못하고 비뚤어진 마음을 가지고 있는 설교자에게는 언제나 설교 준비는 부담스럽고 어려운 일이 된다.

그러나 설교가 무엇인지, 그를 세운 분이 누구인지를 아는 사람은 그것이 부담이 아니라 감격스러운 일임을 알게 될 것이다. 하늘과 땅이 잇대어지는 황송하기만 한 놀라운 사역을 내게 맡겨 주심을 알고 있기 때문이다. 설교 준비는 어렵기 때문에 가치가 있고, 힘들기 때문에 그 영광 또한 값진 것이다. 어렵기 때문에 제대로 준비하지 않고 적당히 대충 준비하거나, 자기변명을 통해 합리화하려 한다면 그는 지금 충성스럽지 못한 설교자의 모습으로 서 있음이 분명하다.

반면 충실하게 하나님께 경청하고, 준비하는 성실한 설교자라면 그는 지금 그 결실이 어떻게 나타나든지 간에 그 사역을 감당하는 기본을 바로 갖춘 것임에 틀림없다. 그래서 존 스토트는 그 시대에 영향을 끼친 설교자는 모두 하나님 앞에서 부끄러움이 없는 양심적 설교 준비 과정을 가졌음을 증언한다. 그러면서 그는 영국의 유명한 설교자였던 레슬리 웨더헤드(Leslie Weatherhead)가 세상을 떠났을 때 1977년 1월 9일자 영국의 한 신문에 실린 애도하는 글을 소개한다.

그가 사람들에게 그렇게 굉장한 영향을 끼친 비결이 무엇이었는가? 가난한 사람이나 부유한 사람이나, 힘 있는 사람이나 그렇지 못한 사람이나, 유명한 사람이나 무명한 사람이나 모두가 그에게 와서 그의 설교를 통해 편견 없이 들려주시는 하나님의 말씀을 받았다. 그렇게 수많은 회중들에게 마치 마법이라도 걸린 듯이 그의 설교에 붙잡히게 되고, 그의 설교가 끝났을 때는 마법에서 풀려나지만 감격을 가지고 나아가게 되는 비결은 도대체 무엇인가? 그 이유를 그에게 아마도 스무 번이 넘게 물어보았다. 그러나 그의 대답은 언제나 한결 같았다. "준비!" 오직 열심히 하나님의 말씀을 준비한 것 밖에는 아무런 비결이 없습니다.[103]

이렇게 설교 준비의 중요성을 아는 설교자는 그 나머지 일들은 모두가 사소한 일이거나 자신의 삶에서 최고의 자리에 놓을 수 없는 일임을 잘 알고 있다. 설교를 준비한다는 것은 말씀하시는 하나님 앞에서 부복하고 그분의 음성을 듣는 것이고, 하늘의 천군과 천사들이 연주하는 찬양의 소리를 듣는 시간이며, 앞서간 믿음의 영웅들의 고백과 외침을 듣는 시간이다. 그 사실을 아는 사람은 긴급한 일들이 그의 삶 속에서 횡포를 부릴 수 없도록 시간 사용과 우선순위 선정에 있어서 안정된 사람이다.

즉흥곡은 없다?

스페인이 낳은 20세기 최고의 건축가로 알려진 안토니 가우디는 환상적인 건축양식으로 자유분방하면서도 자연주의적인 건축을 시도하여 역사상 가장 뛰어났던 건축가의 한사람으로 평가받고 있다. 그는 건축을 할 때마다 혼신의 힘을 다해 설계하고 주변과 어우러지게 지었기 때문에 만든 것 하나하나마다 그의 예술성이 드러나 있다.

---

103) Stott, *I Believe in Preaching*, 227.

독일의 음악가 바그너가 주창했던 종합예술론과, "자연에는 직선이 존재하지 않는다"는 괴테의 자연론에서 영향을 받아 대담하고 강렬하며 직감적인 조형감각을 드러낸 건축가였다. "신이 머물 지상의 유일한 공간"이라고 과찬을 아끼지 않는 그의 대표적 건축물인 사그라다 파밀리아(성가족) 교회는 하늘을 향해 치솟은 네 개의 탑과 생동감 넘치는 우아한 조각으로 장식되어 있는데,

〈그림 7〉
스페인의 사그라다 파밀리아교회

1882년 착공하여 120년이 훨씬 지났지만 아직도 완성되려면 200년이 더 걸린다고 하니 대공사임에 틀림없는 것 같다. 그는 자연의 여러 가지 형상을 기초로 하여 구조, 형태, 기능, 상징의 종합으로서 건축물을 제시한 위대한 건축가였다.

그의 생각들을 모은 『가우디 공간의 환상』이라는 책에서 그는 이렇게 주장한다. "건축가는 장식가처럼 막연하게 말하지 않는다. 건축가는 구체적으로 말을 해야 한다. 건축가의 언어는 기하학이다. 각각의 기능에 맞는 형태를 발견하는 일은 건축가에게 어울리는 작업이다." "위대한 명장들은 섬세하며 풍부한 지성에 의해 길러진 감정을 가진 사람들이다. 즉흥곡은 결코 즉흥적으로 만들어진 작품이 아니다. 영감은 노력하지 않고도 나오는 것이 아니라 힘겨운 노력 끝에 생성되기 때문이다."[104]

즉흥곡이란 결코 "즉흥적으로 만들어진 작품이 아니다"는 말이 인

---

104) 안토니 가우디, 이종석 역, 『가우디 공간의 환상』 (서울: 다빈치, 2001), 91.

상적이다. 음악에서 즉흥곡(即興曲, impromptu)이라고 했을 때, 즉흥적으로 지은 악곡이나 작품을 지칭하는 말로 "자유분방한 즉흥연주의 느낌을 일으키도록 만든 피아노곡" 형식을 지칭하는 말로 쓰인다. 가령 쇼팽의 '즉흥환상곡'은 4곡으로 이루어졌는데, 그중에서 마지막 곡은 실제로는 쇼팽의 나이 24세에 작품으로 가장 먼저 작곡된 것이지만 그의 사후에 발견되어 네 번째 곡으로 분류된 곡이다. 후대에 곡이 너무 환상적이어서 '즉흥환상곡'으로 붙여졌다고 한다. 오선지에 바로 그런 위대한 곡을 그려 넣을 수 있는 능력, 피아노에 앉아서 즉흥적으로 연주할 수 있는 능력은 그냥 나오지 않는다는 말이다. "깊은 영감, 오랜 기간 잘 길러진 감성이 어느 한 순간 화산처럼 분출"되어 나옴으로 탄생하는 것이 즉흥곡이라는 의미로 가우디는 즉흥곡은 없다고 했을 것이다. 끊임없이 노력하고, 갈고 연마한 기술 때문에 위대한 곡이 나오고, 혼이 살아 움직이는 위대한 건축물이 나오는 것이 아니겠는가?

"피로 써라! 그러면 너는 알게 될 것이다. 피가 곧 정신이라는 것을…" 니체가 한 말이다. 피로 쓰고, 혼으로 쓰고, 열정으로 쓴 곳에서만 역사는 일어난다. 잘 하느냐도 중요하지만 열심히 하느냐는 더 중요하다. 그런 점에서 설교 준비에는 왕도가 있을 수 없으며, 설교에는 즉흥곡은 없다. 능력있는 설교는 깊은 영성과 기도, 하나님과 동행하는 삶, 그리고 말씀에 대한 연구와 묵상, 설교를 위한 기초 작업을 꾸준히 해 온 자리에서 분출되어 나오는 결과일 뿐이다.

일본 고치현(縣)의 한 경마장의 '스타'였던 하루우라라는 올해 열 살인 암컷 경주마가 최근에 은퇴를 했다는 기사가 일본 신문에 대대적으로 보도 되었다. 국내 신문에서도 여러 신문이 기사화했다. '화창한 봄날'이라는 이름을 가진 이 경주마는 1998년 데뷔한 이래 113번 경주에 출전해서 열심히 달렸지만 한 번도 이긴 적이 없어서 '화창한 봄날'은 한 번도 경험해 보지 못했다. 하루우라라는 애초에 경주마로서는 불리한 체격 조건이었다. 발목이 가늘고 몸집이 작았으며, 폐활량도 떨어졌다. 하지만 일

〈그림 8〉 하루우라라가 100번 경기에서 달리는 모습

본인들은 우승 가능성이 '제로'인 하루우라라를 위해 기꺼이 마권(馬券)을 사주었고, 2003년 12월 하루우라라가 100번째 출전하던 날은 전국에서 5,000명이 넘는 관중이 그를 응원하러 경마장으로 몰려들었고, 이것을 취재하려는 기자들만도 32개 언론사에서 100여 명이 되었다고 한다. 2004년 3월에는 유명 기수가 그를 타고 달리는 경기가 기획돼 전국에서 마권을 발매하였는데, 자그마치 5억 엔 이상이 팔려나갔다. 이 행사로 하루우라라는 경영난에 허덕이던 고치경마장을 구하였다.

물론 그날도 하루우라라는 열심히 달렸지만 10마리 경주마 중에서 10등을 했다. '매번 지기만 하는 말(馬)'을 취재하기 위해 고우치 경마장을 찾았던 기자가 쓴 책도 나왔다. 그 책의 한 장의 제목은 "그래도, 여전히, 달린다."였다.[105] 그 말은 매번 졌고, 3등을 한 것이 그의 최고 성적이었지만 하루우라라는 월평균 2회 꼴로 경주에 참가한다. 뒷심이 딸려 우승은 못해도 반드시 중간에 한 번은 치고 나간다. 온 힘을 다해 뛴다는 얘기다. 기수들은 안다고 한다. "기분이 나쁘면 기수를 떨어뜨리려 하거나 우물쭈물 달리는 말들도 있지요. 하지만

---

105) 시게마츠 기요시, 최영혁 역, 『달려라! 하루우라라』 (서울: 청조사, 2004).

하루우라라는 늘 전력질주를 합니다."

빠름의 미학이 지배하는 세상에서 일본인들이 "언제나 지는 경주마"에게 이렇게 열렬하게 박수를 보내는 이유는 무엇일까? 포기하지 않고 끝까지 전력질주하는 그것만으로 아름답기 때문이 아니겠는가? 성실하게 전력질주하는 모습이 고단한 삶에 지친 일본인들의 마음을 달래주는 역할을 했기 때문이었다. 그래서 신문 기사의 타이틀도 "매번 지면서도 전력질주 하는 널 보며 시름을 달랬단다."로 되어 있었다.

설교 준비에도 열정과 전력질주 하는 자세가 필요하다. 그렇게 준비된 설교가 상한 심령들을 치유할 것이며, 연약한 심령들을 세울 수 있을 것이다. 또한 사람들에게 말씀을 통해 하늘의 소망을 갖게 해 줄 수 있을 것이다. 기교가 필요한 것이 아니라 전력질주 할 수 있는 열심이 필요하다. 신선하고 생명력이 넘치는 설교를 위해서는 설교자의 각별한 노력을 필요로 한다.

성공적인 설교자가 되려고 하는 사람은 그의 전 삶이 강단을 지향하게 해야 한다. 모든 물줄기가 강단을 벗어나 다른 곳, 다른 일들로 흘러 나가게 될 때 그 강단은 메마르고 영적으로 천박해 질 수 밖에 없다. 모든 물줄기가 강단을 향하게 할 때 그의 설교는 신선한 설교가 될 것이다.[106] 설교가 어려운 이유는 설교자의 모든 것을 요구하기 때문이며, 이것은 설교자가 어둠의 권세와 영적 전투를 하는 것이라고 생각할 때 감당할 수 있는 일이기 때문이다. 가장 고귀하고 전 존재를 요구하는 사역을 하찮은 것으로 생각하게 하거나, 부차적인 일로 미루어 놓도록 만드는 유혹과의 싸움이다. 그래서 헨리 비처는 그의 예일 설교학 강좌에서 "설교는 설교자가 감당해야 할 일 전부이

---

106) Bruce Mawhinney, *Preaching with Freshness* (Grand Rapids: Kregel Academic & Professional, 1997), 3장.

다"라고 했다. 그것은 설교 준비만 하고 다른 것은 안 해도 된다는 말이 아니라 그가 감당하는 모든 것은 설교 준비로 모아져야 한다는 의미이다.

설교 준비의 우선 사항: 본문을 이해하는 일

그러면 어떻게 준비하고, 어떻게 시작할 것인가? 여기에서는 반드시 청소년 설교에만 해당된다기보다는 설교 준비에 대한 절차를 익히기 위해 설교 준비에 대한 일반적인 절차를 함께 살펴보자. 설교 준비는 극히 주관적인 일이기 때문에 설교 준비에는 누구나 따라야 할 정해진 방식도 없고, 이렇게 하면 참으로 은혜로운 설교를 준비할 수 있다고 보장해 주는 지름길은 없다. 설교자는 자신의 상황과 특성에 따라 자기에게 맞는 적절한 방법을 개발하는 것이 중요하다. 그럼에도 불구하고 설교 준비에는 따라야 할 원칙이 있고, 반드시 고려해야 할 사항이 있다. 그것을 체계적으로 갖지 않기 때문에 설교 가운데 설교자의 말만 보이고 하나님의 말씀은 희미한 설교가 있다. 본문은 읽어놓았을 뿐 하나님이 말씀하시는 바가 설교에서 선명하게 들려지지 못하고 오직 설교자의 주장과 소리들로 가득 차 있는 설교도 있다.

설교 준비에서 가장 중요한 것은 "무엇을 설교할 것인가?"를 발견하는 일이다. 설교 준비에서 가장 우선되어야 할 일은 그날의 본문을 바로 이해하는 것이다. 설교의 목적은 듣는 사람들이 설교자의 학식이나 경험, 본문에 대한 해박한 지식을 듣고 감탄하기 위함이 아니라 본문을 통해서 오늘도 말씀하시는 하나님의 말씀을 듣도록 하는 것임을 잊어서는 안 된다. 그렇게 설교의 목적을 이해하였을 때 설교자에게 가장 절실하게 요구되는 것은 본문을 바로 듣고 이해하는 것이다. 그러므로 설교자의 가슴 속에서 계속해서 터져 나와야 할 소리는

"이 본문을 통해서 하나님께서 말씀하시기를 원하시는 것은 무엇입니까?", "나의 청중들이 들어야 할 메시지는 무엇입니까?"여야 한다. 설교자가 이런 간구의 정신과 함께 본문으로 나아가 마치 동굴 탐사대가 동굴을 탐사해 가듯이, 유적 발굴단이 유적지에서 돌멩이 하나, 작은 사금파리 조각 하나, 뼛 조각 하나도 소중하게 여기면서 발굴해 가듯이 그렇게 본문을 연구해 가야 한다.

이러한 준비는 장기적인 차원과 단기적 차원으로 구분해 볼 수 있다. 장기적이라 함은 설교는 평생 감당해야 할 사역이며, 장기적인 관점에서 말씀을 순차적으로 연구해 가면서 준비한다는 의미가 있다. 단기적 차원이라 함은 당장 감당해야 할 이번 주일의 설교를 위해 준비하는 것을 의미한다. 설교 준비는 본질적으로 이 두 가지 차원에서 이루어져야 한다. 마치 창고에 양식을 비축하는 것과 같이 설교자는 장기적인 측면에서 성경을 연구하고, 독서를 하는 등의 준비가 이루어져야 한다. 그때마다 곶감을 빼먹듯이 해서도 안 되고, 임기응변식으로 준비가 이루어져서도 안된다.

① **본문선정**

설교 준비를 함에 있어서 가장 중요한 것은 본문을 이해하는 것이라고 할 때 설교자가 본문을 연구해 가는데 있어서도 단계가 필요하다. 본문 연구를 위해서 먼저 강구되어야 할 것은 본문을 어떻게 선정할 것인가와 관련된 사항이다. 본문을 선택하는데 있어서 일반적으로 사용되는 방법은 다음 몇 가지로 정리할 수 있다.

첫째로 본문을 차례로 읽어가면서 선정하는 방식(lectio continua)이다. 이것은 주로 강해설교자들이 선호하는 방법으로 성경의 순서를 따라 장별로 읽어 내려가면서 설교하는 방식이다. 이것은 본문 선정이 용이하고, 본문 연구에 빨리 착수할 수 있게 한다는 장점

뿐만 아니라 본문을 체계적으로 읽으면서 선택하여 설교하는 성경의 그 책에 대해 체계적으로 말씀을 전할 수 있다는 장점도 있다.

그러나 이것은 다른 본문과 교회력에 대해서 간과할 수 있다는 약점이 있다. 가령 창세기를 강해하는 설교를 하고 있다면 최소한 1-2년이 넘게 소요된다. 그 기간 동안에는 다른 성경은 거의 설교되지 못하게 되고, 그렇게 몇 책을 계속해서 강해하는 동안에 다른 책들에 대해서는 한 번도 말씀을 듣지 못한 채 끝날 수도 있다. 또한 교회력의 절기가 크게 고려되지 않는 설교가 진행될 수 있다는 약점이 있다. 교회력의 순환구조는 그리스도의 구속이라는 풍성한 메시지를 절기에 따라 다양하게 전할 수 있는 좋은 기회이며, 기독교 예배의 시간적 특성은 증거되는 설교를 훨씬 강력하게 하는 요인으로 작용한다. 이러한 본문 선택은 부활절에 성탄절 본문으로 설교할 수 있고, 성탄절에 부활절 본문으로 설교할 수 있는 가능성이 있다. 물론 부활절에도 예수님의 탄생의 메시지를 전할 수 있고, 성령강림주일에 예수님의 수난의 메시지를 전할 수도 있다. 그러나 부활주일에는 부활 메시지가 훨씬 강력하게 와 닿는다. 예배는 이러한 과거 사건을 끌어 당겨 오늘 여기에서 맛보게 하는 아남네시스(anamnesis)의 특성과 장래 우리에게 허락하신 하나님 나라에서 맛보게 될 은혜를 미리 여기에서 끌어와 맛보게 하는 프로렙시스(prolepsis)의 특성으로 이루어지므로 시간의 특성을 살릴 때 훨씬 강력한 메시지로 와 닿게 될 것이다.

둘째로 성서일과(lectionary)를 통해 선택하는 방법이다. 성서일과는 교회력에서 다양한 절기와 특별 주일을 위해 성경 구절을 신학적, 예배학적, 성서신학적 관점에서 신구약을 통일적으로 배열하여 사용할 수 있도록 만들어 놓은 성구집이다. 개략적으로 성경 전체를 설교할 수 있는 3년 주기 구조로 되어있다. 이에 대한 다양한 자료집들은 설교 준비에 대한 석의와 설교를 위한 지침들을 제공해주고 있어 많은 도움을 주고 있는 유용한 방식의 하나이다. 이러한 특성 때문에 에모리대학 설교학 교수인 토마스 롱은 "본문을 정하는데 있어서 가장 뛰어난 방법" 중의 하나라고 했다.[107]

셋째로는 임의적인 설교자의 선택의 방법이 있다. 설교자가 기도하고 묵상하면서 목회적인 필요에 따라 본문을 선택하여 설교하는 방법이다. 이러한 방식의 장점은 융통성이 있다는 것과 설교자가 깊은 묵상 가운데서 선정한 본문이기 때문에 이것은 설교 준비에 있어서 설교자에게 자신감을 부여해 줄 수 있다는 장점이 있다. 그러나 매 주일 적당한 본문을 선택하기 위하여 성경을 찾아야 하는 작업은 설교자에게 많은 부담으로 다가오게 되며, 적절한 시간에 본문 선정이 안 되었을 때는 본문 연구에 차질이 생기기도 하고 설교 준비가 소홀해질 수 있는 가능성을 안고 있다. 또한 설교자가 전하려는 어떤 주제나 내용에 따라 삽화적으로 끼워 넣기 식의 본문 선정이 될 가능성이 높다.

어떤 형식을 따르든지 간에 전적으로 설교자 개인의 선택에 달려 있는 문제이지만 본문을 선택할 때 반드시 고려해야 할 사항은 교회력, 사회적 변동 사항이나 국가 기념일 등 외부적인 요인들, 목회적 요인 등이 있겠다. 교회력은 하나님의 역사하신 것들을 회상함을 통해 오늘 여기에서 맛보게 하고, 장래의 것들을 예견하여 선취(先取)할 수 있게 해 준다. 그러므로 교회력은 하나님께서 하나님의 백성들에게 허락하신 은총을 새롭게 되뇔 수 있게 해준다는 점에서 예배뿐만 아니라 설교의 보고(寶庫)와 같기 때문에 적절히 활용하는 것은 바람직한 일이다. 또한 사회적 이슈나 목회적 관심 사항들도 적절하

---

[107] Thomas G. Long, *The Witness of Preaching*, 정장복 · 김운용 역, 『증언으로서의 설교』 (서울: 쿰란출판사, 1998), 120.

게 고려하여 선택하되, 무엇보다도 본문을 설교자가 말하고 싶은 주제의 보조 도구로 사용해서는 안 되고, 본문이 말씀하도록 하는 점은 본문 선택 과정부터 적절히 고려되어야 할 사항이다.

② 본문으로 부터 듣기

이렇게 본문 선정이 끝난 후에 그것을 이해하기 위한 그 다음 단계로 들어가야 하는데, 그것은 본문으로부터 듣기이다. 이것은 본문 읽기로부터 시작하여, 개괄적으로 살펴보기, 본문에 참여하기, 본문 묵상하기 등의 단계를 따라 순차적으로 가질 수 있다. 이러한 단계를 거치면서 설교자는 옆에 노트를 두고 계속해서 떠오른 것과 발견한 메시지를 기록해 나가는 습관을 들이는 것이 좋다. 이 단계에서 설교자가 주석서로 먼저 달려간다면 탐구 여정을 제한하기 때문에 가장 마지막 단계에서 발견한 것을 점검하기 위한 수단으로 사용하는 것이 좋다. 이러한 과정에서 중요한 것은 설교자가 상상력을 가지고 그 말씀이 주어진 현장과 사건 앞에 서 보고, 당시의 청중, 혹은 등장 인물들과 함께 서 보는 것이 중요하다.

본문에서 발견되는 이상한 점이나 충돌을 일으키는 상치(相馳)된 사항, 본문이 지금 말씀하고 있는 것이나 행하려는 것이 무엇인지를 깊이 숙고해야 한다. 그래서 그 상황과 사건에 직접 참여해 보고, 그 말씀이 들려지던 그 자리에서 직접 말씀을 청취하는 청중(수신자)의 입장에 서 보기도 하며, 그 말씀을 기록한 성경 기자들의 입장에 서 보는 것도 중요하다. 본문 전후의 문맥과 연결성을 깊이 살펴보기도 하고, 다른 여러 관점에서 그 본문을 살펴보는 단계를 갖는 것이 좋겠다. 발견된 본문의 어떤 중심 사상과는 함께 뒹굴기도 하고, 던져 보기도 하면서 그 안에 뛰노는 작업도 필요하다. 이것을 콜럼비아 신학대학원의 설교학 교수였던 웨이드 휴이는 "본문과 뒹굴며 노는 것"

(to play with the text)라고 표현한다. 여기에서 이 말씀을 주셨을 때, 왜 이런 표현을 사용하지, 왜 이런 메시지를 주신 것일까? 함께 뒹굴면서 그 의미를 탐구하는 단계를 표현한 말이다.

때로는 그것을 음악으로 구성해 보는 것도 좋다. 어떤 종류의 음악이나 악기로 본문을 표현하면 좋을까를 염두에 두고 본문의 분위기를 느껴보는 것이다. 예수님의 공생애의 시작을 알리는 마가복음 1장의 경우에는 트럼펫 연주와 같이 화려하다. 그러나 예레미야 애가 1장 말씀은 우울한 색조의 바이올린이 적합할 것이다. 허다한 무리들이 찬양을 올려드리는 요한 계시록 4, 5장의 말씀은 팀파니와 심벌즈의 소리가 강하게 들리는 장엄한 오케스트라 연주로 표현되는 것이 적합할 것이다. 이러한 작업이 필요한것은 설교자가 본문을 읽을 때 늘 그 울타리를 벗어나지 못하고 깊이 있는 메시지를 찾아내지 못하기 때문이다. 때로는 늘 설교해 온 상식적이고 상투적인 차원에 머물 수도 있다.

이러한 작업은 본문에 몰입하여, 본문을 통하여 오늘 이 시대 가운데서 말씀하시기를 원하는 바를 바로 들으려는 노력의 일환이다. 그러므로 설교 준비에서 가장 중요한 단계는 설교자가 본문이 말하는 바를 주의깊게 듣는 것이다. 석의 단계는 설교의 방향뿐만 아니라 본문이 말씀하시는 바를 선명하게 듣게 한다는 장점이 있다.

이렇게 하여 본문으로부터 들은 바를 설교자는 점검하는 단계를 가져야 한다. 여기에서 성서해석학이 필요하고 주석서가 필요해진다. 본문으로부터 들은 바가 성서신학적, 역사적, 신학적으로 문제가 없는가를 점검하는 단계가 필요하다. 그리고 주석서를 통해 그것을 확인해야 한다. 그러나 그것은 설교 준비의 첫 단계가 아니라 마지막 단계로 주어져야 한다. 좋은 주석서는 설교자가 연구한 부분을 교정해 주고 심화해 주며, 풍요롭게 해준다.[108] 이렇게 함으로써 설교자는 성경을 해석할 때 혼자 고립되어 해석하는 위험으로 피할 수 있게 되며, 다양한 신학적 관점들을 이해할 수 있게 해준다.

③ 설교 작성 단계

이러한 단계를 통해 설교자는 학문적으로 연구했던 것을 통해 본문의 중심 메시지를 발견하게 되고, 이제 "나의 청중들이 설교를 듣기 위해 기다리고 있는 방"으로 들어가야 한다. 그는 석의 단계에서 발견한 내용들을 통해 설교자로서 가져야 할 폭넓은 사고와 이해를 바탕으로 본격적인 설교 준비로 나아가야 한다. 여기에서 설교자는 이러한 연구 단계에서 만났던 어떤 성서신학적인 이론을 들고 가거나 성서비평학의 주장들을 들고 들어가는 것이 아니라 그것을 통해서 오늘의 회중들에게 말씀하시기를 원하시는 그 메시지를 들고 나아가야 한다. 이제 설교자는 이제 본문연구에서 설교로 옮겨가면서 또 다시 질문을 던지게 된다. "이 설교를 듣게 될 사람들에게 본문이 말씀하시기를 원하고, 행하기를 원하는 것은 무엇인가?" 이러한 물음과 함께 이제 설교자는 설교 작성을 시작하게 될 것이다.

이러한 일반적 준비 절차를 밟아 설교를 준비할 때 청소년 설교자들은 설교 작성 단계에서는 앞서 고찰한 대로 나의 청중들의 특성과 상황에 맞게 설교를 작성해야 한다. 즉, 청소년 청중들에게 맞는 언어와 그들의 삶의 자리, 관심사가 적절하게 고려되어 본문에서 발견한 메시지를 적절하게 엮어 나가는 것이 중요하다. 설교자는 그가 말하는 것이 오늘도 성경을 통해서 말씀하시는 하나님이 드러나게 하고, 성경의 텍스트가 바로 해석되고 선포됨으로 성경 중심의 설교가 되어야 한다는 사실을 염두에 두어야 한다.

---

108) Bernhard W. Anderson, "The Problem and Promise of Commentary," *Interpretation,* vol. 36, no. 4 (Oct. 1982): 342-43.

설교는 '본문성'과 '전달성'이 함께 고려되어야 한다. 전자는 성경에 토대를 두고, 성경이 말씀하시는 바를 바로 듣고, 해석하여 전달해야 한다는 특성이라면 후자는 그것이 오늘의 시대, 청중들이 이해할 수 있고, 연관성을 갖는 메시지로 전달해야 한다는 특성을 의미한다. 청소년기의 특성 때문에 후자에 더 염두를 두는 것이 일반적인 경향이지만 그럼에도 불구하고 전자를 결코 간과해서는 안된다는 사실을 기억할 필요가 있다.

설교 준비의 완성

그렇다면 설교 준비를 완성하는 것은 무엇일까? 기본적인 이야기이지만 설교 준비의 원동력은 하나님과의 깊고 진지한 대화인 기도이다. 기도는 설교에 영감과 권위를 제공해 준다. 설교자가 어떠한 기도를 드리는가와 관련된 기도의 성격이 그의 설교의 성격을 결정한다. 설교의 능력은 기도에서 나온다.[109] 가벼운 기도는 가벼운 설교를 만든다. 예화를 찾아 여기 저기 헤매는 것도 중요하지만 하나님의 존전 앞에 무릎을 꿇고 그분에게 들으려고 하는 기도는 더욱 중요하다. 기도는 설교의 준비의 시작 단계에서부터 완성과 설교의 전달, 그리고 그 이후에 이르기까지 참으로 중요한 사역이다. 왜냐하면 설교를 완성 시키시는 분, 말씀이 싹이 나게 하고 자라게 하시는 분이 바로 하나님이시기 때문이다.

그러므로 설교자는 시작 단계에서 그렇게 의뢰하게 될 것이다. "주의 백성들에게 어떤 말씀을 주시겠습니까? 하나님, 어떤 말씀을 전하기를 원하십니까?" 설교 준비의 중간 단계에서 본문을 연구하면서도 그는 그렇게 기도할 것이다. "주님, 종의 눈을 열어서 주님의

---

[109] E. M. Bounds, *The Complete Works of E. M. Bounds on Prayer: Experience the Wonders of God through Prayer* (Grand Rapids: Baker Books, 2004).

말씀의 세계를 보게 하소서!" 설교를 써내려가는 과정에서도 설교자의 기도는 계속되며, 강단에 올라갈 때도 그의 기도는 계속된다. 또한 말씀 선포를 마치고 교회당 통로를 걸어 나올 때도 그의 기도는 계속 될 수밖에 없다. 이렇게 기도는 설교의 모든 것을 세우는 기초와 같으며, 능력의 통로가 된다. 설교의 열정도, 영혼에 대한 간절함도 설교자의 기도에서 결정된다. 습관적인 설교자가 아니라, 앵무새와 같이 일정한 말을 되풀이하는 설교자가 아니라 들판에서 목자 없는 양같이 헤매다 돌아온 하나님의 백성들을 향한 연민과 사랑, 간절함과 긴박감을 가지고 말씀을 외칠 수 있어야 한다. 결국 이 모든 것이 하나님의 은혜로 이루어진다는 사실을 알고 무릎 꿇음으로 이루어진다.

또 하나, 우리의 설교를 완성하시는 분은 성령님이심을 기억하고 그분을 의지하라는 사실이다. 설교자가 성령님께 온전히 사로잡힐 수 있을 때 그의 설교 사역은 아름다운 열매로 나타나게 된다. 그것은 설교 준비부터 전달까지 모든 단계에 걸쳐 설교자는 성령님의 임재와 기름 부으심을 구하여야 한다. 설교에 영감을 주시는 분도, 하나님의 열심을 가지고 설교할 수 있도록 하시는 분도, 감동을 갖게 하시는 분도, 삶을 변형시키는 능력을 허락하시는 분이 결국 설교자 자신이 아니라 성령님이라는 사실을 온전히 고백하는 사람은 그분을 의뢰하게 될 것이다. 설교 준비의 완성은 설교자에게 있는 것이 아니라 성령님께 있다. 이것을 망각하고 달려가는 설교자에게는 언제나 설교 준비는 부담일 수밖에 없지만 성령님을 의지하는 설교자에게는 즐거움이며 감격일 수밖에 없다.

여기에서 확인해야 할 것 한 가지는 설교 준비에 있어서 가장 중요한 일은 설교자가 선포할 내용을 준비하는 것도 중요하지만 그보다 더 우선되어야 할 일이 있다는 점이다. 무엇보다도 우선되어야 할 준비는 설교자 자신의 준비이다. 그래서 마틴 로이드 존스는 설교 준비에 있어서 "가장 중요한 것은 설교자 자신의 준비"라고 했다.[110] 설교 사역을 위해서 설교자로 준비된다는 것은 그의 인격과 삶을 준비해야 한다는 측면과 그가 무엇을 위해서 세움 받았고, 무엇을 우선해야 하는지 소명과 관련된 사항이다. 그런 진정한 소명을 발견한 사람은 시간 사용에 있어서 바른 청지기로 서게 될 것이다. 설교자로서의 소명에 집중하지 않으면 다른 분주한 일들이 횡포를 부리게 되고, 사도들이 교회가 성장하면서 가장 먼저 발견한 잘못, "말씀과 기도에 전념하지 못한" 잘못을 범하게 된다. 설교자가 설교 준비와 설교에 대한 열정이 약해지면 그것은 교회의 약화로 나타나게 된다는 것이 성경의 교훈이다. 설교자가 준비에 소홀하여 설교에 영양가가 떨어지면 성도들은 영양 실조에 걸릴 수 있다는 사실을 기억해야 한다. 모든 일이 중요하고, 필요하지만 설교자에게 가장 긴급하고 중요한 일은 설교라는 설교자로서의 소명의 확인이 중요하다.

헨리 나우웬이 한 서커스단에 갔다가 현란한 공중 묘기를 보면서 입을 다물 수가 없었다. 끝난 후에 그를 만났을 때 단원 가운데 한 사람이 그런 말을 했다. "헨리, 만인이 내게 박수를 보냅니다. 내가 허공에 뛰어올라 거꾸로 공중제비 하는 것을 보며 다들 나를 영웅으로 생각합니다. 하지만 진짜 영웅은 내가 아니라 내 손을 잡는 사람입니다. 내가 하는 일이라고는 팔을 내밀고 믿는 것뿐입니다. 잡는 사람이 나를 잡아 끌어올려 주리라고 믿는 것뿐입니다. 그리고 팔을 내밀고 그의 손길에 붙잡히는 것입니다."

이것은 설교 준비에 대한 놀라운 통찰을 제공해 준다. 설교 준비는 하나님의 손길을 잡으려고 발버둥치는 것도 아니고 하나님의 입

---

110) D. Martin Lloyd-Jones, *Preaching and Preachers*, 서문 강 역, 『목사와 설교』 (서울: 기독교문서선교회, 1977), 183.

술에 담겨 있는 말씀을 뽑아오기 위해 몸부림치는 것도 아니다. 설교 준비는 온전히 하나님께 나를 맡기는 작업이고, 오늘도 기억나게 하시고 깨닫게 하시는 성령님의 손길과 속삭임에 붙잡히는 것이다. 내가 그분의 손길에 붙잡히기 전에는, 내 가슴에 불이 타오르기 전에는 다른 사람의 가슴에 불을 전할 수 없다. 먼저 설교자가 준비되어야 한다. 다시 물을 일이다. 나는 설교 준비에 헌신된 설교자인가?

14 장
설교 준비를 위한 기본 단계

연탄재 함부로 발로 차지 마라
너는 누구에게 한 번이라도
뜨거운 사람이었느냐

– 안도현

"피, 수고, 눈물, 그리고 땀"

1940년 5월 13일, 2차 세계대전이 한창이던 때, 영국 의회에서는 새로 수상으로 선출된 윈스턴 처칠이 수락 연설을 하고 있었다. 독일과의 전쟁이 계속되면서 런던 시내에 포탄이 떨어지는 상황에서 처칠은 결사 각오의 마음을 그의 연설에 이렇게 담았다.

…우리는 지금 역사상 최대 결전 중의 하나인 그 도입부에 있습니다. 우리는 폴란드와 노르웨이 등 여러 곳에서 전투 중에 있고 지중해에서도 전투를 대비해야 합니다. 공중전도 계속 중이고 국내에서도 많은 준비가 이루어져야 합니다. 이런 위기에 처하여 오늘 의회에서 길게 말씀드리지 못하는 점을 용서해 주시리라고 생각합니다. …나는 이 정부에 참여한 장관들에게 이야기 했던 대로 의회 여러분들에게 다시 말씀 드립니다: "나는 피, 수고, 눈물, 그리고 땀밖

에는 달리 드릴 것이 없습니다." 우리는 가장 심각한 시련을 앞두고 있습니다. 우리는 길고 긴 투쟁과 고통의 세월들을 앞두고 있습니다. 여러분은 묻습니다, 당신의 정책은 무엇인가? 나는 말합니다, 육상에서, 바다에서, 하늘에서 전쟁을 수행하는 것이라고. 하나님께서 주신 우리의 모든 힘과 능력을 총동원하여, 어둡고 개탄스러운 인간의 범죄 목록에서도 유례가 없는 저 괴물과 같은 독재자를 상대로 전쟁을 수행하는 것, 이것이 우리의 정책입니다. 여러분은 질문할 것입니다, 우리의 목표는 무엇인가? 나는 한마디로 답할 수 있습니다. 그것은 승리입니다. 승리, 어떤 대가를 치루더라도 어떤 폭력을 무릅쓰고라도 승리, 거기에 이르는 길이 아무리 길고 힘해도 승리, 승리 없이는 생존도 없기에 오직 승리뿐입니다…

새로운 직무를 향한 처칠의 결심은 이 시대 속에 하나님의 말씀을 들려주려는 설교자에게 많은 것을 생각하게 한다. 특별히 설교를 영적 전투로 이해했을 때 설교자에게 가장 깊이 요구되는 것이 있다면 그것은 역시 "피, 수고, 눈물, 그리고 땀"이다. 만약 그러한 마음이 되어있지 않다거나 그것이 부담이 된다면 그는 설교자 되기를 일찍 포기해야 할 것이다. 설교가 어떠한 사역임을 확실히 인식하고 그 사역에 임하는 설교자라면 그것이 요구해 오는 것을 결코 회피하거나 두려워하지 않을 것이다. 신실한 설교자라면 그는 하나님의 말씀이 선명하게 들려지는 신선한 설교를 위해서 각고의 노력을 기울이는 사람일 것이며, 그 일에 온전히 헌신되어 있는 사람일 것이다. 그 사람의 가치관은 그의 시간 사용과 삶의 우선순위를 어디에 두고 살아가느냐에 따라 결정되듯이 설교자가 자신의 직무에 충실한 사람인가, 헌신된 사람인가는 그가 그것을 준비하는 시간을 어떻게 쓰는 것인가에 달려있고, 그것을 즐거움으로 감당하고 있는가로 결정된다.

일찍 시작할수록 좋다

앞 장에서 우리는 설교 준비는 "하나님께 나를 온전히 맡기는 작업"이고, "성령님의 손길과 속삭임에 붙잡히는 것"이라고 규정하면서 과연 설교 준비에 헌신된 사람인가를 스스로에게 물었다. 설교 준비에 헌신된 사람으로 살아가기 위해 마음을 굳힌 설교자는 어떻게 시작해야 하는가? 설교 준비는 언제 시작하는 것이 좋으며, 어떻게 시작하는 것이 좋은가?

설교 준비와 관련하여 변할 수 없는 한 가지 진리는 설교 준비는 일찍 할수록 좋다는 것이다. 사람은 서두르게 되면 허둥대게 된다. 일상에서 늘 분주한 일에 사로잡혀 지내다 보면 설교 준비를 일찍 시작한다는 것은 현실적으로 그렇게 쉽지 않다. 그러나 늦게 시작할수록 결코 깊은 묵상의 시간을 갖기가 어려우며, 그렇게 되었을 때 자신뿐만 아니라 청중들을 황폐화 시키는 주요 원인이 될 수 있다. 자신에게 해가 된다 함은 늦게 시작하여 긴장과 부담을 갖게 되면 목회자의 정서적, 신체적 구조에 해를 가져온다. 일반적으로 목회자는 주일 설교를 마치게 되면 긴장감이 완화되게 되고, 마음의 여유를 갖게 된다. 그 때 바로 다음 설교 준비를 시작하게 된다면 긴장감이 완화된 상황이기 때문에 마음에는 여유를 누리게 되면서 시간적인 여유를 가지고 설교를 준비하게 된다. 주간의 후반부가 될수록 설교에 대한 부담과 긴장감은 높아 가는데, 거기에 설교 준비를 늦게 시작할 경우에는 빨리 마쳐야 한다는 중압감 때문에 더욱 긴장감을 유발하게 된다.

설교 준비는 일찍 시작하는 것이 좋다. 설교 준비를 일찍 시작하는 것의 유익은 그 무엇보다도 말씀에 깊은 묵상과 기도를 통해 잘 묵은 포도주와 같이 깊은 맛을 자아내게 한다는데 있다. 그는 한 주간 내에 진공 속에서 살기보다는 설교에 대한 묵상과 자료를 수집하면서 보내기 때문에 설교 준비는 훨씬 더 구체적이 될 수 있다. 일찍 설교 준비가 시작된다는 것은 그만큼 본문 석의 작업이 빨리 마무리가 될 것이며, 전해야 할 설교의 구체적 메시지와 함께 한 주간을 살 수 있게 해준다. 그래서 브루스 모힌니는 "본문 주해(exegesis) 작업을 일찍 시작할 수 있다면, 늦게 시작해서 자기 생각을 집어넣는(eisegesis) 실수를 예방할 수 있게 된다"고 주장한다.111) 일찍 시작하는 것은 설교 준비의 기본 과정에 충실할 수 있게 해줄 뿐만 아니라 안정감을 가지고 설교 준비를 할 수 있게 한다.

어디에서부터 시작할 것인가?

처칠 수상의 이야기로부터 시작했으니 그에 대한 이야기를 하나 더 하자. 1915년 가을, 처칠은 해군 장관직에서 해고되어 쫓겨난 적이 있었다. 그 후 그는 블렌엄에서 모처럼 자유로운 시간을 보내고 있었다. 물론 그는 공직에서 쫓겨난 자괴감과 울분에 사로잡혀 있었고, 그러한 자신과 힘겹게 싸우고 있었다. 어느 날 그는 그림이라도 그려볼 마음으로 유화 도구를 사가지고 왔다. 캔버스를 펴놓고 물감도 다 펼쳐 놓았으나 캔버스에 조그만 점 하나를 그려놓고 그것을 한없이 바라보고 있었다. 그때 존 래버리 경의 부인이 그곳을 방문했다. 그리고 물었다.

"윈스턴, 도대체 지금 뭐하고 계십니까?"

"그림을 그리고 있는 중이었습니다."

영리한 그녀는 처칠의 얼굴을 보는 순간 모든 상황을 바로 눈치챘다.

"왜 그림은 안 그리고 그렇게 앉아 있기만 하세요? 뭐가 문제이지

---

111) Bruce Mawhinney, *Preaching with Freshness* (Grand Rapids: Kregel Academic & Professional, 1997), 3장.

요?"

"도대체 어디서부터 시작해야 할지 모르겠습니다."

그 말을 들은 그녀는 커다란 붓을 들더니 파란색 물감을 듬뿍 묻혀서 캔버스 위에 거침없이 마구 칠하기 시작했다. 그리고 그렇게 말했다.

"윈스턴, 이 놈은 이렇게 공략하는 거예요."

그 후 25년의 세월이 지나 후 그는 영국의 수상이 되었다. 그때를 회고하면서 나중에 그는 이렇게 고백했다.

나는 해군 장관에서 해임된 후 이곳에서 그림을 그리려고 앉아 있었는데 어디서부터 시작을 해야할지 몰라 가만히 앉아 있기만 했다. 그때 우리 집에 방문한 존 래버리 경 부인이 내 캔버스 위에 마구 파란색 칠을 해댈 때 그 캔버스 녀석은 아무 말도 못하고 꼼짝없이 당하고 말더군. 그놈은 그런 행동 앞에서 반격할 수도 없었고, 복수도 할 수 없었어. 그 캔버스는 내 앞에서 아무 저항도 못하고 복종했어. 그때 비로소 내 두려움이 깨어지는 것을 느꼈지. 내 안의 소심함과 의기소침함이 완전히 사라졌어. 나는 가장 큰 붓을 잡고 내 마음 속의 바람에 따라 그 캔버스를 공격했지. 그때 이후로 나는 하얀 캔버스를 한 번도 두려워한 적이 없었다. 나는 아주 여러 번 인생을 살면서 두려움을 경험한 적이 있었다. 그때 그 하얀 캔버스는 마치 내가 살아내야 할 삶만큼이나 무서웠다. 어디서부터 시작해야 할지, 어떻게 해야 할지 알 수 없는 커다랗고 압도적인 문제처럼 보였다. 나는 어떤 적절한 방법이 있을 것이라고 믿었다. 어떤 최상의 방법이 말이야. 그냥 물감을 격렬하게 마구 칠하면서 나는 어디에서부터 시작해야 할지를 알게 되었다.

설교자들도 때론 설교 준비를 하다 보면 어디서부터, 어떻게 시작해야할지 모를 막연함에 사로잡힐 때가 있다. 그때 요구되는 것이 있다면 큰 붓을 잡고, 파란 물감을 잔뜩 묻힌 다음에 두려워하지 말고 색칠을 해가기 시작하면 된다. 어디에서부터 설교 준비를 시작할 것인가를 염려하기 보다는 바로 시작하면 말씀은 주어진다. 하나님과의 대화로부터 시작하라. 묵상으로부터 시작하라. 성경 읽기와 영감을 줄 수 있는 독서로부터 시작하라.

이제 설교 준비를 시작하는 몇 과정들을 살펴보자. 여기에서 인정해야 할 것은 설교 준비는 기계적으로 이루어지는 과정이라기보다는 성령님의 속삭임을 통해서 진행되는 유기체적 과정이라는 사실이다. 마치 나무의 줄기가 자라가듯이 설교 준비는 생명을 바탕으로 유기체적으로 진행되어간다. 그래서 그래디 데이비스(H. Grady Davis)는 설교는 유기체적인(organic) 것이며, 설교 준비는 유기체적으로 준비되어야 한다고 주장한다.112) 설교자는 설교 준비를 위한 단계를 고려할 때 언제나 이것을 기계적인 과정으로 이해하기 보다는 유기체적인 과정으로 이해해야 한다. 그러나 무작정 뛴다든지, 아무렇게나 되는대로 하다보면 뭔가 잡힌다는 의미가 아니다. 마치 운동선수가 기본 자세를 익숙하게 한 후에야 응용 동작이 나오는 것과 같이 설교자는 기본적인 과정에 충실하면서 성령님의 속삭임과 자유로우신 역사하심을 기대해야 할 것이다.

성경 본문과의 대화 과정

설교할 본문을 선택한 이래 설교자가 밟아야 할 설교 준비를 위한 첫 번째 단계는 성경과 대화를 나누는 과정이다. 설교를 준비하는 것은 성경본문과의 대화로부터 시작된다. 설교 준비과정은 철저히 대화의 과정이다. 워렌 워어스비가 말한 것처럼, 설교자가 성경을 향하

---

112) H. Grady Davis, *Design for Preaching* (Philadelphia: Muhlenberg Press, 1958).

여 말을 걸지 않으면 성경도 나에게 말을 걸어오지 않는다.[113] 성경이 나에게 말을 걸어온다는 사실을 알 때 성경은 내가 연구하는 대상 그 이상임을 깨닫게 될 것이다. 우리가 만약 성경을 사유하는 것으로 만족하는 사람들이라면 하나님의 말씀은 학문적인 대상으로 조각이 나고 만다. 그렇게 될 때 설교자는 논쟁으로 가득한 소음에 귀가 멀고, 고요하게 말씀하시는 하나님의 음성을 들을 수 없게 된다. 그러므로 규칙을 따르는 성경읽기는 "깊은 훈련을 통해 나타나는 최고의 자유로움"으로 완성된다. 설교자가 자기에 맞는 방식으로 자유롭게 행할 수 있지만 그러한 창조성은 그냥 주어지는 것이 아니라 깊은 훈련을 따라 이룩되는 차원이라는 말이다. 그래서 워어스비는 다음의 일곱 가지 질문을 통해 설교 준비를 위한 성경읽기를 권장한다.

1) 본문은 무엇을 말하는가?
   (What does the text *say*?)
2) 본문은 그것을 어떻게 말하는가?
   (*How* does the text say it?)
3) 본문은 그 말씀을 듣는 처음 청중들에게 무엇을 의미하였는가?
   (What *did* the text mean to the original hearers?)
4) 본문이 오늘의 교회에는 무슨 의미가 있는가?
   (What *does* the text mean to the church today?)
5) 본문이 내게 의미하는 것은 무엇인가?
   (What does the text mean to *me*?)
6) 본문이 청중들에게 무엇을 의미하는가?
   (What does the text mean to *the congregation*?)
7) 설교자가 청중들에게 어떻게 본문을 의미있게 만들 것인가?
   (How can I make the text meaningful to *my hearers*?)[114]

---

[113] Warren W. Wiersbe, *Preaching and Teaching with Imagination: The Quest for Biblical Ministry* (Grand Rapids: Victor Books, 1994), 17장 참조.

이것을 마치 기초훈련을 위한 가이드라인과 같이 설교자가 설교 준비를 위해 성경을 읽을 때 반드시 준수해야 할 요목으로 작용한다. 이러한 지침을 따라 성경 읽기를 계속하면서 오늘도 말씀하시는 성령님의 속삭임에 민감하게 되었을 때 설교자는 이 단계를 완성했다고 볼 수 있다. 물론, 이것은 순차적으로 이루어지는 요목들은 아니다. 이것들은 함께 주어지기도 하고, 처음 3단계를 가진 다음에 그 다음의 4단계를 함께 작업할 수도 있다. 첫 번째 질문에 대해 심각한 숙고가 주어지지 않았을 때 설교는 본문이 말씀하시는 것과 별 상관없는 주제를 중심으로 한 설교가 되고 말 것이다. 이러한 경향은 주제설교, 혹은 대지설교가 주종을 이루었던 한국 교회 강단에서 어렵지 않게 만나게 되는 경향이다. 본문이 무엇을 말씀하시는 지에 대한 분명한 숙고가 없이는 자의적인 해석과 영해, 알레고리 해석이 되고 만다. 하나님 말씀을 전하려는 설교자는 그 무엇보다도 성경 본문이 무엇을 말씀하는지에 대한 종합적인 이해를 필요로 한다. 설교 준비에 있어서 본문이 무엇을 말하는가를 찾아내는 것보다 더 중요한 일은 없다. 설교자는 자신이 전하고자 하는 메시지에 매료되어서 본문이 말씀하시는 것보다 앞서는 경우가 있기때문이다. 본문이 의미하는 것을 정확히 발견하는 것이야말로 설교자의 "가장 소중하고 성스러운 의무"이다.

그래서 존 브로더스(John Boradus)는 설교자가 본문이 말씀하는 바를 이해하기 위한 치열한 노력이 결여되고, 본문이 진정으로 의미하는 바를 바로 전하지 않는다면 그는 하나님 앞에서 죄를 짓는 것이라고 주장한다.[115] 본문이 의미하는 바를 바로 이해하기 위하여 설교

---

114) 위의 책, 203.
115) John A. Broadus, *A Treatise on the Preparation and Delivery of Sermons* (New York: A. C. Armstrong and Son, 1987), 62.

자에게 필요한 것은 먼저 그 본문을 반복해서 읽고, 묵상하는 것이다. 이 때 다른 번역서나 원전을 연구할 수도 있고, "누가 이 말씀을 기록했는가? 누구에게, 왜 썼는가? 언제, 어디서 썼으며, 전하려는 중심 메시지는 무엇이었는가? 본문의 상황(context)은 무엇이었는가? 반복해서 나타나는 구절이나 단어는 무엇인가?"와 같은 내용을 탐구함으로 본문의 의미를 탐구하는 과정을 가질 수 있을 것이다. 이러한 단계를 가질 때 설교자에게 있어서 가장 큰 방해꾼은 "설교자가 가지고 있는 본문에 대한 선지식"(preconceived notion)이라고 할 수 있다.[116] 이런 방해꾼에 사로잡히면 설교자는 자기가 가지고 있는 선지식의 울타리 속에 본문을 밀어 넣으려고 할 것이며, 그 렌즈로 본문을 탐구하게 된다. 그래서 워어스비는 한 번도 만난 것이 없는 것처럼, 처음 그 본문을 대하듯이 대하는 것은 어렵지만 그러한 자세는 설교자가 늘 자신을 훈련해야 할 목표라고 주장한다.[117]

그 다음으로 가져야 할 과정은 "본문이 어떻게 말하는가?"를 찾아야 한다. 이 단계는 본문의 문학 형식을 발견하는 것인데, 이것을 무시해 버리면 해석 과정은 모호해지기 쉽다. 성경은 동일한 형식으로 하나님의 말씀을 전하는 것이 아니라 다양한 장르의 문학적 기법을 통해서 하나님의 말씀을 전하고 있다. 하나님의 말씀을 선포하고 있는 성경에는 비유도 있고, 편지도 있으며, 시도 있고, 내러티브도 있으며, 역사적 기록도 있고, 지혜를 담은 격언의 형식도 있다. 또 어떤 수사학적 기법을 사용하였는가도 살펴보아야 한다. 로마서와 시편은 동일하게 해석할 수 없고, 계시록의 상징과 이미지를 다른 문학 장르와 동일하게 다루어서도 안 될 것이다. 또한 본문의 의미론적(semantical) 차원은 설교자가 잊지 않아야 할 소중한 영역이다.

---

116) Wiersbe, *Preaching and Teaching with Imagination*, 206.
117) 위의 책.

그 다음으로 본문 연구 단계에서 설교자가 탐구해야 할 내용은 본문이 처음 독자(수신자)에게는 무엇을 말하려고 하였으며, 오늘의 독자에게는 어떤 의미가 있는가를 물어야 한다. '당시와 오늘'(then and now)에 주시는 본문의 의미와 이미지를 정확히 아는 것은 중요하다. 또한 오늘 나에게 의미하는 것이 무엇인지를 명확히 알 수 있을 때 설교자는 뭔가를 말해야 하기 때문에 설교하는 존재가 아니라 말해야 할 무엇이 있기 때문에 설교하는 존재가 될 수 있다. 그것은 청중들에게 주시는 말씀으로 이어지게 된다. 청중들이 하나님이 말씀하시는 바를 듣게 하고, 그 진리를 전 인격으로 경험할 수 있도록 도와야 한다. 그들의 지성으로 진리를 이해하고, 감성으로 느끼며, 의지는 하나님이 말씀하시는 바를 삶으로 살아내려는 결단으로 이어질 수 있어야 한다.

> 설교는 단순히 벽에 그림을 그리는 것이 아니며, 성도들이 감탄하도록 거기에 걸어 두는 것도 아니다. 삶의 실재에는 도달하지 못한 채 아름다운 삶의 겉모습만 보게 하는 벽에 있는 창문도 아니다. 설교는 청중들을 순례자의 길로 인도하는 활짝 열린 문이다. 이것은 성도들이 하나님의 영광에 이를 수 있도록 봉사하는 문이며, 성도들의 영적 성장을 위해 새로운 단계에 이르게 하는 문이다. 하나님의 말씀을 전하는 일은 얼마나 큰 특권인가![118]

이렇게 설교자가 설교를 준비하는 과정에서 먼저 가져야 할 단계는 본문으로부터 듣는 단계이다. 종종 어떤 설교자들은 이런 복잡한 과정은 신학교 설교학 강의실에서나 할 수 있는 신선놀음 정도로 생각하거나, 이것은 재미도 없고 따분한 일이라고 생각하면서 이 모든 과정을 생략해 버린 채 바로 설교로 들어가려는 경향을 본다. 물론

---

118) 위의 책, 218.

분주한 목회 현장에서 감당해야 할 설교가 한두 편이 아닌데 언제 이 모든 복잡한 과정을 따라 설교를 준비할 수 있겠느냐고 생각하는 설교자도 있을 수 있다. 그러나 왕의 명령을 전달할 사자로 세움 받았다면 그에게 있어서 가장 필요한 것은 왕이 명령하는 내용, 다시 말해 그가 가서 전해야 할 메시지를 바로 듣고, 전하는 것은 그 어느 것보다도 중요하다고 할 수 있다.

설교의 목적과 중심 주제 정하기

이렇게 본문을 읽어나가면서 두 번째로 가져야 할 단계는 설교의 목적과 중심 주제를 발견하는 과정이다. 무엇 때문에 이 설교를 하는지를 먼저 결정해야 한다. 이러한 설교의 목적은 어디로 나아가는지를 알게 해주며, 설교의 요점이 무엇인지를 분명히 해준다. 그러므로 설교의 목적이 선명하게 수립되지 않으면 설교는 방향성을 상실하게 된다. 또한 이것은 설교의 강조점이 무엇이며, 그것을 위해 어떻게 자료를 배열할 것이며, 그동안 설교자의 가슴 속에 맴돌았던 많았던 설교에 대한 단상들을 정리할 수 있도록 도와준다. 이것은 과연 하나님이 원하시는 것이고, 회중들에게도 중요한 목적이 될 수 있을 것인가를 결정할 수 있도록 도와준다는 점에서 중요하다.

설교의 목적은 이제 설교의 핵심과 같은 주제를 선정하게 한다. 설교의 목적과 주제는 깊은 관련성을 가지는데, 설교의 주제는 본문을 연구하는 과정에서 그것이 가장 중심적으로 말씀하는 메시지이기도 한다. 이것은 설교자가 임의로 정하기보다는 본문의 핵심적 메시지, 즉 본문이 청중들에게 요구하는 것과 깊은 연관성 속에서 정해져야 한다. 성경 본문은 청중들이 마땅히 행하여야(to do) 할 일들을 말씀해 준다(to say). 설교는 바로 성경 본문이 말씀하시는 바로 그것을 말하며, 행하는 것이다. 성경 본문이 말하려 하는 것(to say)과 청중들과 함께 행하려고 하는 것(to do)을 설교자는 설교를 통해 말하고 행하게 된다. 전자를 토마스 롱은 설교의 목표(focus)라고 하고, 설교가 청중들과 함께 행하려고 하는 것, 즉 후자를 설교의 목적(function)이라고 한다. 설교의 목표에 대한 진술은 설교의 중심적이고 지배적이며 전체를 아우르는 통일적 주제에 대해 정확하게 표현하는 문구여야 한다.

설교의 목적에 대한 진술은 "설교자가 그 설교를 통해서 창조하기를 원하며, 회중들에게 일어나기 원하는 변화에 대한 서술"이다.[119] 설교의 중심 주제는 설교가 나아가야 할 목표와 목적을 중심으로 하여 정해져야 한다. 이것은 설교의 구성과 자료의 배열, 전개 방법에 대한 기본적인 틀을 제공한다. 어떤 설교이든지 간에 그 주제를 명료하고 함축적으로 표현할 수 있기까지 설교를 작성할 준비도, 선포할 준비도 되어있지 않다고 할 수 있다. 이렇게 목적과 주제는 깊은 연관을 가지는데, 다음과 같은 질문을 통해 더욱 선명해 질 수 있다. "나는 무엇을 회중들에게 말하려고 하는가? 나는 그들이 무엇을 깨닫기를 원하는가? 내가 설교할 때 그들의 마음속에 무엇이 일어나기를 바라는가?" 이러한 질문에 대해 간략한 문장으로 표현할 때 설교의 목적과 목표를 기술하는 문장이 되며, 이것은 다시 설교의 주제로 압축될 수 있을 것이다. 설교의 목적과 주제와 관련하여 아래 글을 읽어보자.

> 설교를 위한 단상들이 쏟아져 나온다. 좋은 내용들을 일일이 기록한다. 처음에는 다소 느리게 나오기도 하지만 금방 많은 것들로 채워진다. 그것들은 중심적인 주제를 따라 분류되어야 한다. 그 주제 문장을 정하는 것이 결코 쉽지는 않다. 가끔 그것은 가장 힘든 일로

---

119) Long, 『증언으로서의 설교』, 172, 176.

느껴지기도 한다. 여러 주제들이 마음속에서 넘실넘실 춤을 춘다. 은혜, 자비, 심판… 이 모든 것들을 한편의 설교에서 다 다룰 수는 없다. 이번 설교에서 나는 어떤 차원을 다루어야 할 것인가? 그 주제는 어떻게 한계를 지을 것인가? 만일 내가 그 설교가 전체적인 차원뿐만 아니라 단순성의 차원을 가져야 한다면 나는 분명히 하나의 목적을 가져야 한다. 이것이 좋을까? 저것이 좋을까? 아니다. 바로 이것이다. 나는 드디어 발견했다. 빈 종이 맨 위쪽에 바로 그것을 기록해 넣었다. 이것이다. 나는 이것을 설교에서 전할 것이다. 하나님의 승인이 떨어졌다. 마치 한 줄기 빛이 내 마음을 환히 비추이듯이 내 마음에 뜨거운 확신이 느껴졌다. 얼마나 놀라운 주제인가! 하나님의 도우심을 입으면서 나는 그것을 붙들고 모든 진리를 선포하리라. 성령님께서 그것을 취하시며, 하나님께서는 그것을 통해 역사하시리라. 나는 주제를 결정하고, 그것을 함축적인 한 문장으로 명확하게 정리한 후에 이제 설교 구조에 마음을 쏟게 된다.[120]

설교의 목적과 중심 주제가 결정되게 되면 이제 설교자는 본격적으로 설교 작성에 돌입하게 되는데, 먼저는 그 주제를 따라 설교의 골격을 세우게 될 것이고, 자료들을 배열하게 될 것이다. 설교의 목적과 주제를 정하는 것은 마치 흩어져 있던 쇠 조각들 틈바귀에 자석을 놓는 것과 같다. 무질서하게 놓여있던 쇠붙이들은 자석의 힘에 이끌려 바로 정렬되지 않던가?

그 다음 단계들

이렇게 주제와 설교의 목적을 설정하면서 설교의 방향성이 잡혔다면 설교자는 어떤 설교의 형태를 취할 것인가를 결정하고, 설교의 개요(outline)를 작성한 후에 원고 작성 단계에 들어가게 될 것이다.

---

120) John Killinger, *Fundamentals of Preaching* (Philadelphia: Fortress Press, 1985), 49.

설교 형태론에 대해서는 앞으로 종합적으로 다룰 것이기 때문에 생략하고 어떻게 개요를 작성할 것인지를 살펴보자. 설교자는 어떤 설교 형태를 사용할 것인가와 상관없이 설교 내용을 어떻게 구성하고 배열하며, 어떤 방식을 따라 설교의 중심 주제를 표현할 것인지를 구상하고 계획하는 단계를 필요로 한다. 흔히 개요를 작성하는 것은 전통적인 설교에서만 필요하다고 인식하는 경우가 있지만 마치 설교의 구조와 전개과정을 정리한다는 측면에서 보면 그것은 모든 설교 형태에 필요하다. 다음 장에서 살펴보겠지만 이단계에서 설교자는 어떤 설교 형태와 방식을 따라 설교의 내용을 담고 전개할 것인지를 결정해야 한다.

여기에서 전통적 구조는 설교의 중심 주제를 앞에 제시하고, 그것을 설명해 나가는 연역적인 구조를 취한다면, 현대설교학에서 제시되는 새로운 설교의 형태들은 대부분 중심 주제가 가장 마지막에 드러나게 하면서 그것을 향한 집약적인 움직임을 갖는 귀납적 구조를 더 선호한다. 마치 추리소설과 같이 문제를 제기하고 그것을 심화한 다음에 반전을 통해 클라이맥스에 이르게 하는 구조도 취할 수 있을 것이다. 또한 반드시 그러한 문제 제시와 해결이라는 구조로 전개해 가지 않는다하더라도 마치 개울을 건너 목표 지점에 이르기 위하여 돌을 놓아 징검다리를 만들어 건너가듯이 그런 구조로 개요를 작성할 수도 있을 것이다. 어떤 형식을 취하든지 간에 설교의 개요는 통일성이 있어야 하고, 균형을 이루는 것이어야 하며, 신학적인 타당성이 있어야 한다. 이러한 윤곽을 정하는 과정에서 설교자는 설교를 어떻게 시작하고, 어떻게 끝낼 것인지에 대한 것, 즉 설교의 서론과 결론도 고려하게 될 것이다. 이러한 개요가 작성되었다고 한다면 이제 그것을 따라 수집한 설교 자료를 배열하게 될 것이며, 설교 원고를 작성하는 작업에 들어가게 될 것이다.

피로 찍어 이야기를 썼던 사람과 같이

19세기 러시아 최고의 작가 도스토예프스키는 28살에 사형선고를 받은 적이 있었다. 영하 50도의 추운 날씨에 사형장으로 끌려갔다. 이 땅에서 숨을 붙이고 살 수 있는 시간이 불과 5분밖에 남지 않았다. "이 5분을 어떻게 살아갈 것인가? 2분 동안에 나의 죽음을 애도하기 위해서 찾아온 친구와 친척들에게 따뜻한 인사를 나누리라. 그리고 2분 동안에 살아왔던 지난 세기를 돌이켜 보며 하나님 앞에 감사를 하리라. 마지막 1분 동안은 내가 발 붙이고 살아가던 이 땅의 아름다움을 둘러본 다음에 난 조용히 눈을 감고 하나님 앞에 서리라." 도스토예프스키는 2분 동안 친척과 친구들을 향하여 따뜻한 인사를 나누었다. 지나온 생애를 돌이켜 보는데 무서운 공포가 엄습해 왔다. 내게 한번만 더 기회가 주어진다면 이렇게 후회스럽게 살지는 않을 것을… 인생의 시작이 있으면 끝이 있음을 내가 왜 모르고 살았단 말인가? 한번 만 더 기회가 주어진다면… 이 때 밖이 왁자지껄 시끄러워졌다. 한 병사가 흰 손수건을 흔들며 요란하게 말을 타고 달려오는 것이 아닌가? 황제의 사면령을 전하기 위해 달려온 특사였다. 그때의 기억을 되살리며 도스토예프스키는 그는 남은 생애를 살았고, 문학을 통해 진정한 삶의 목적을 전하기 위해 자기의 피를 찍어서 하고 싶은 이야기를 써 내려갔다. 불후의 명작이 된 『죄와 벌』, 『카라마조프의 형제들』 등과 같은 작품은 그렇게 쓰여졌다.

설교도 마찬가지이다. 어떤 사람은 본문을 정하고 그것을 묵상하고, 주석서를 참조하고 설교의 윤곽을 간략히 머릿속에 그려 보거나, 혹은 메모하여 원고도 없이 즉석에서 설교한다. 그는 뛰어난 인격과 삶, 설교자로서의 탁월한 재능, 그리고 그가 받은 적절한 교육과 상황에 적절하게 잘 대처하는 능력을 갖춘 설교자일 수 있다. 또 청소년 설교는 장년 설교에 비해 길이나 내용이 간단하기 때문에 이런 절차를 똑같이 밟을 필요가 없다고 생각할 수 있지만 성실하게 하나님의 말씀을 받고, 그것을 적절하게 형식으로 배열하여 효과적으로 전달하는 것은 어떤 연령층을 위한 설교이든지 동일하게 적용되는 사실이다. 영국의 유명한 설교자였던 윌리엄 생스터는 적어도 10일 전에는 설교 주제를 정하고 거의 매일 같이 설교를 준비하였다. 1950년대를 풍미했던 조지 버트릭의 경우에도 한편의 설교를 위해서 25시간에 30시간을 준비했고, 폴 쉐어러의 경우에는 한편의 설교를 위해 40시간 이상을 준비했다고 한다.

주의깊게 준비된 설교가 설교의 능력을 감소하거나 성령님의 역사하심을 감소시킨다고 주장하는 것은 터무니없는 낭설이며, 오히려 설교 준비에 적절하게 헌신하지 않은 사람의 자기변명에 불과하다. 왜냐하면 성령님은 즉석에서도 역사하시기도 하시지만 그분은 질서의 영이시며, 강단에서만이 아니라 서재에서도 동일하게 역사하시는 분이시기 때문이다.

신실한 설교자는 성경을 깊이 읽고 연구하여 그것을 통해 오늘도 말씀하시는 하나님의 음성을 바로 들으려고 할 것이며, 그러한 과정을 통해 설교에서 전하려는 중심 메시지를 주제로 정하고, 윤곽을 잡아 설교를 작성하고 그것을 효과적으로 전달하기 위해 노력하는 과정을 가장 중요한 과정으로 잡게 될 것이다. 이러한 과정을 통해 그는 씨름하고 몸부림을 하면서 하나님의 음성을 듣는 일에 민감하게 될 것이다. 그래서 설교학자 존 킬링거는 "형편없는 기술자만이 기술을 하찮은 것으로 여긴다"고 했다.[121] 그것은 그냥 된 것이 아니라 피나는 노력과 훈련을 통해, 그리고 자기 절제를 통해 전문가로 태어나는 것이다. 설교에 있어서 왕도(王道)는 없다. 다만 철저한 준비만 있

---

121) Killinger, *Fundamentals of Preaching*, 43.

을 뿐이다. 찰스 스펄전은 그렇게 말했다. "날마다, 날마다 내려오는 만나, 오, 이 교훈을 잘 배울 수만 있다면!"

15장
청소년 설교는 방법론도 중요하다

닦아라, 사람들아
네 마음속 구름
찢어라, 사람들아,
네 머리 덮은 쇠 항아리…

- 신동엽[122]

두 가지 관심

설교 사역은 몇 가지의 책임이라는 층으로 구성된다. 진리의 말씀 자체에 대한 책임, 설교자로서 자신과 교회, 그리고 세상에 대한 성실성에 대한 책임, 그리고 그 메시지를 효과적으로 전해야 하는 방법론에 대한 책임 등이 그것이다. 특별히 하나님의 말씀을 설교하도록 부르심을 받은 설교자들은 하나님의 진리의 말씀을 전해야 할 책임이 있을 뿐만 아니라 그것을 듣는 사람들과 그 시대가 이해할 수 있는 방식으로 말씀을 전해야 할 책임이 있다.[123] 본문으로부터 한 발

---

122) 신동엽의 시, "누가 하늘을 보았다 하는가" 중에서.
123) Brian C. Stiller, *Preaching Parables to Postmoderns* (Minneapolis: Fortress Press, 2005), vii.

짝 물러나 분석적인 단계를 갖는 것 대신에 그는 무엇보다도 말씀으로 뛰어 들어가고, 깊이 잠기며, 또한 약간 다른 해변에서 떠오르기도 하는 작업을 계속하여야 한다. 그러한 작업을 통해 설교자는 본문의 새로운 의미뿐만 아니라 본문이 제시하는 새로운 실행(performance) 사항, 즉 청중들이 매일의 삶 가운데서 행하여야 할 것을 제시할 수 있어야 한다.[124] 이것은 설교자의 부름의 중심에 있는 일이라면 이 모든 작업의 마지막 부분에서 필요한 것은 말씀을 전달하는 방법론(style)에 대해 관심이다.

특별히 청소년 설교자들은 이 두 가지 사실에 대해 깊이 숙고하면서 설교 사역을 감당해야 하는데, 청소년 설교에서는 무엇을 전해야 할 것인가와 함께 어떻게 전할 것인가가 중요하다. 그들이 이해하고, 들을 수 있는 방법으로 전하는 것이 중요하기 때문이다. 이 두 가지에 무관심한 청소년 설교자는 효과성을 기대할 수도 없고, 바로 감당할 수도 없게 될 것이다. 왜냐하면 그들은 문화 변화의 최선봉에 서 있기 때문에 메시지의 듣는 방식도 과거와는 많이 다르기 때문이다.

메시지 전달 방법

이솝 우화에 학과 여우의 이야기가 있다. 어느 날 학은 자기 집에 맛있는 음식을 차려 놓고 여우를 초대했다. 여우는 아주 기뻐하며 학의 집에 갔다. 학은 여우가 좋아하는 음식을 장만하여 그릇에 담아 내놓았다. 그리고 여우에게 맛있게 먹으라고 권하였다. 그러나 그 그릇은 주둥이가 길쭉하여 여우는 그것을 먹을 수가 없었다. 학은 여우에게 어서 드시라고 권하면서, 자신은 길쭉한 주둥이를 그릇 속에 넣어 맛있게 먹고 있었다. 여우는 도저히 자기의 넙적한 입으로 음식을

---

[124] Richard Lischer, *The End of Words: The Language of Reconciliation in a Culture of Violence* (Grand Rapids: William B. Eerdmans Publishing Company, 2005), 92.

먹을 수가 없어서 입맛만 다시다가 돌아왔다. 며칠 후 여우도 학을 자기 집에 초대하였다. 여우도 역시 학이 좋아하는 음식을 장만하여 내 놓았다. 여우는 넙적한 접시에 음식을 담아 내놓으면서 어서 드시라고 권하였다. 그리고 자기는 기다란 혀로 접시의 음식을 맛있게 핥아먹었다. 그렇지만 학은 주둥이가 뾰족하여 넓은 접시에 담긴 음식을 도저히 먹을 수가 없어 구경만 하다가 돌아갔다.

서로에게 복수를 한 라이벌의 이야기 같지만 이것은 청소년 설교자들에게 주는 소중한 교훈을 담고 있다. 귀한 손님을 초대했고, 아무리 맛있는 음식을 준비했다 할지라도 그것을 담은 그릇이 잘못되어 있을 때 효과를 기대하기는 어렵게 된다. 그러므로 메시지를 전해야 할 사람들은 청중들이 어떻게 듣는가에 대해서도 잘 알아야 한다. 그런 점에서 우리는 앞에서 청중으로서의 청소년들의 특징을 다양한 관점에서 살펴보았다. 이제 이러한 이해는 청소년 설교 방법론으로 우리의 눈길을 돌리게 해 준다.

최첨단 커뮤니케이션의 영역의 하나인 광고 산업에서는 오늘의 청중들이 어떻게 듣는가에 대해 깊이 연구한다. 또한 그들의 관심사와 선호도에 대해서도 깊이 고려하여 광고 커뮤니케이션을 준비한다. 즉 청중들이 듣는 패턴에 따라 그들이 전하려는 메시지를 담는다. 만약 청소년 설교자들이 청중 이해에서 실패한다면 절반을 실패한 것이고, 그들과 깊은 연관성(relevancy)을 가지는 적절한 방법론을 고려하지 않는다면 그는 남은 절반도 실패하는 커뮤니케이터가 될 것이다.

메시지 전달의 커뮤니케이션이 시대에 따라 달라져야 하듯이 의사소통 역시 변화하는 문화의 본질과 함께 그 맥락을 같이 해야 한다. 설교자의 메시지의 핵심은 바뀔 수 없겠으나 메시지 전달 방법은 시대와 상황에 따라, 그리고 대상에 따라 달라져야 한다. 아무리 의

사전달의 환경이 바뀐다 할지라도 하나님의 진리와 말씀은 절대로 변하지 않는다. 문화와 상황은 계속해서 변하기 때문에 하나님의 메시지를 전하는 방식들은 시간의 흐름에 따라 바뀌어야 한다.

훌륭한 커뮤니케이터

효과적인 커뮤니케이션은 하나의 예술과 같다. 이는 아무렇게나, 되는대로 하는 것이 아니라 정교하게 준비되어야 한다는 의미이며, 어느 한 가지 요소에 의해서 결정된다기 보다는 여러 가지 요소에 의해서 세워진다는 의미이다. 그러므로 효과적인 커뮤니케이션을 원하는 커뮤니케이터는 많은 요소를 고려하여 그것을 정교하게 세워 나가려고 할 것이다. 청소년 설교도 커뮤니케이션의 차원에서 보면 다양한 요소들을 고려하여 정교하게 세워 나가야 할 예술과 같다. 그렇다면 청소년 설교자가 효과적인 커뮤니케이션을 위하여 고려하여야 할 것은 무엇이 있을까? 말씀을 전하기 어려운 시대에 다음 세대를 세우려는 청소년 설교자들이 유능한 전달자가 되기 위해 반드시 고려해야 할 사항은 무엇이 있을까? 앞에서 언급된 내용들과 관련하여 몇 가지를 정리해 보자.

첫째로 유능한 전달자는 청중들이 정보를 어떻게 받아들이는가를 깊이 연구한다. 그는 자신이 좋아하는 방식으로 메시지를 전하는 사람이 아니라 오히려 청중들이 좋아하는 방식을 찾는다. 커뮤니케이션은 일종의 "의미의 발생"이라고 볼 때, 그 의미를 전달하고자 하는 커뮤니케이터와 그것을 수용하는 청중 사이에서 발생하는 것이다. 그러므로 수용자인 청중과의 관계성을 고려하지 않을 수 없게 된다. 만일 "내가 그토록 일러줬는데도 이 꼴을 만들어 놓았어! 내가 세 번 네 번 일러주었는데도 아직 그것을 이해하지 못했단 말이야?"라고 말한다면 전달자는 의미의 전달이 두 사람 사이에서 일어난다는 사실을 잊고 있었다는 점에서 문제를 안고 있다. 이러한 식으로 어떤 메세지를 전달한다면 두사람 사이에서는(between) 제대로 전달 행위가 일어난다고 할 수 없을 것이다. 이는 그가 청중의 상황이나 상태를 고려하지 않았기 때문에 생겨진 오류라고 할 수 있다. 상대방의 다양한 상황을 무시하거나 전혀 고려하지 않고 일방적으로 메시지를 전달하면 전달된 결과는 달라진다. 전달자는 '내가 말했으니 알아들었겠지…' 하고 착각을 하게 되지만 거기에서는 커뮤니케이션은 일어나지 않게 되며, 중대한 차질을 가져오게 된다.125)

일례로 이러한 원리를 신중하게 고려해 가는 모습을 우리는 마케팅의 현장에서 찾게 된다. 성장하는 기업의 특징은 언제나 고객 중심의 특징을 가진다. 마케팅이나 경영의 원리를 자세히 살펴보라. 그들은 자신들이 원하는 것에 초점을 맞추는 것이 아니라 철저하게 고객이 원하는 것에 초점을 맞춘다. 그들은 신중하게 고객들을 연구하며, 그들의 필요에 적절하게 대처하려고 노력한다. 이렇듯 고객 중심의 마케팅은 불황 가운데서도 호황을 가능케 하는 요인이 된다.

물건을 팔아 재화(財貨)를 얻으려는 사람들의 노력이 이러하다면 하물며 하나님의 말씀을 전하려는 설교자는 어떠해야 하겠는가? 그런 점에서 청소년 설교자들은 가장 첨단에 서 있는 청중을 그 대상으로 한다. 그들은 기존의 세대와는 상당 부분 다른 문화를 가지고 있으며 다른 사고를 하며 살아간다. 그러므로 그들은 옷차림이나 커뮤니케이션 하는 스타일도 다를 수밖에 없다. 그러므로 청소년 설교자들은 그들의 청중들인 청소년들에 대한 깊은 관심을 가져야 하며, 그들이 어떻게 듣는지에 대한 연구를 필요로 한다.

둘째로 유능한 전달자는 청중이 들으려는 내용이 무엇인지를 이

---

125) 이원희, "뜻(Meaning)의 전달로서의 커뮤니케이션," 『교수논총』 2집, 서울신학대학교 (1991): 165-200.

해한다. 설교자는 청중들이 듣고 싶어 하는 말을 하는 존재가 아니라 하나님께서 말씀하시기를 원하시는 것을 전해야 한다. 그러나 그 말씀을 전하는 설교자라 할지라도 청중들의 관심사와 진정으로 원하는 필요를 고려하지 않는다면 그들은 결코 전해야 하는 메시지를 전달할 수 없게 될 것이다. 청중들의 필요(need)를 고려하지 않는다면 효과적인 커뮤니케이션을 기대하기 어려울 것이다. 그래서 릭 워렌은, 청중들은 항상 "내가 이것을 왜 들어야만 하지? 이것을 들으면 내게 유익이 되는 것은 무엇이지?"라는 질문을 하며, 만약 이 두 개의 질문에 대해 분명한 답을 가지고 있다면, 그는 청취자의 관심을 얻게 될 것이라고 했다. 다시 말해 전하려는 메시지의 내용이 청중들의 필요에 부합하였을 때 효과적인 커뮤니케이션이 가능해진다는 말이다.

셋째로 유능한 전달자가 전달하는 메시지는 그 구조가 분명하며, 그것은 청중들에게 의미있는(meaningful) 것이 된다. 커뮤니케이션은 전하려는 메시지가 선명해야 하며, 그것을 전달하는 구조 역시 분명해야 한다. 또한 그것은 막연한 내용이나 개념이 아니라 청중들에게 분명한 의미를 전해 주는 내용을 포함한다. 다시 말해 뜬구름 잡듯이 말하고 그러한 내용으로 채워져 있는 것이 아니라 그것은 청중들과 깊은 연관성이 있기 때문에 의미로 다가가게 된다.

넷째로 유능한 전달자는 계속해서 청중들의 반응(피드백)을 고려하면서 새로운 커뮤니케이션 방법을 강구하여 자신이 의도하는 효과를 만들어 간다. 그는 언제나 커뮤니케이션은 일방적이 아니라 쌍방적이라는 사실을 잘 알고 있으며, 상호 의미를 공유하는 작업임을 알고 있기에 계속해서 청중들의 피드백을 고려한다. 그는 청중들의 반응을 읽으면서 그것을 고려하여 또 다른 커뮤니케이션의 차원을 열어가는 존재이다. 그는 커뮤니케이션을 일방적인 메시지의 전달로 이해하는 직선적인 차원(linear view)으로 보기보다는 상호 작용적

(interactive), 혹은 상호 교류적(transactional view) 차원으로 이해한다. 커뮤니케이션은 일방적인 외침이나 단독 행위가 아니라 상호 교류적인 차원임을 알기에 그들은 계속해서 청중들의 반응을 고려하고 조정하여 새롭게 보완하여 이어나가는 작업으로 이해한다.

설교 방법론도 중요하다

이러한 커뮤니케이션의 차원을 깊이 이해하고, 그것을 고려하여 설교하려는 청소년 설교자는 늘 커뮤니케이션의 방법론을 새롭게 추구하게 된다. 그들은 고정된 패턴이나 습관적으로 사용해온 방법론으로부터 벗어나 늘 의미 있고, 신선하면서도 효과적인 방법론을 강구하게 된다.

그동안 설교학에서는 '내용'(what)에 대한 관심과 강조는 적절하게 이루어졌지만 상대적으로 '방법론'(how)에 대해서는 무관심해 왔던 것이 사실이다. 하나님 말씀의 선포인 설교는 무엇을 전할 것인가에 대한 강조는 아무리 강조해도 지나침이 없지만, 그것이 중요하고, 반드시 전달되어야 할 소중한 메시지임을 인식하는 설교자라면 '어떻게' 그것을 전할 것인지에 대해서도 결코 무관심하지는 않을 것이다. 설교의 역사를 살펴보면 각 시대마다 능력있게 쓰임 받았던 설교자들은 한결같이 설교를 새롭게 하려는(renewal) 노력과 그것을 새롭게 구성하여 전하려는(re-forming) 노력을 계속해 왔음을 알 수 있다. 하나님의 말씀을 전하도록 세워주신 분과 복음의 위임에 대해 충실하려는 설교자들은 언제나 이 사실을 간과하지 않았다. 보다 효과적인 말씀 준비와 전달에 대한 관심은 말씀 사역을 위임받은 사람들의 당연한 관심이라고 할 수 있을 것이다. 설교자들은 그들이 살고 있는 시대 속에서 보다 효과적으로 말씀을 전달하기 위한 설교의 형태, 혹은 방법론에 대한 추구도 전달해야 하는 말씀의 내용과 함께 깊이 관심을 가져온 내용이었다.

특별히 변화하는 시대 가운데서 살아가는 청중들은 시대의 변화와 함께 그들의 의식(consciousness)과 메시지를 받는 커뮤니케이션의 형태가 달라지고 있는 상황 가운데서, 하나님의 말씀의 효과적인 전달에 관심을 갖는 사람이라면 당연히 설교의 방법론에 대해서도 관심을 갖게 될 것이다. 이러한 점 때문에 하나님 나라 복음의 가장 위대한 커뮤니케이터였던 예수님도 다양한 방법을 사용하여 말씀을 전하셨으며, 청중에 따라 보다 효과적인 방법들을 사용하셨다. 그 동안 설교자들은 "무엇을 전할 것인가"(the what of preaching)에는 깊이 관심을 가지고 있었지만 "어떻게 전할 것인가"(the how of preaching)에 대해서는 무관심해 왔던 것이 사실이다.[126] 프레드 크래독(Fred B. Craddock)은 이러한 현상을 "설교 방법론에 대한 학대"(the abuse of how)라고까지 지적한다.[127]

이러한 방법론의 무관심은 설교에 있어서 지루함과 설교에 대한 권태감(boredom)을 야기하는 주원인이 된다는 점에서 설교 사역에 있어서 커다란 문제로 다가오게 된다. 설교에 대한 권태감은 단순히 단조롭고 재미없는 설교를 꼬집는 비판일 뿐만 아니라, 하나님의 말씀에 대해 귀를 막아 버리게 하고, 생명의 역사가 좌절되게 한다는 점에서 하나님의 말씀 사역을 방해하는 근본적인 "악의 근원"(the root of all evil)이 된다. 이러한 지루함과 권태감은 설교에 대해서 무관심하게 만들고, 하찮은 것으로 생각하게 만들며, 결국에는 믿음의 세계와 하나님의 말씀에 대해서 정면으로 대항하고 거부하는 세

---

[126] 이에 대한 보다 상세한 내용을 위해서는 김운용, 『설교의 새로운 패러다임』 (서울: 장신대 출판부, 2004); 『새롭게 설교하기: 변화하는 시대 속에서 설교』 (서울: WPA, 2005) 등을 참조하라.

[127] Fred B. Craddock, *Overhearing the Gospel: Preaching and Teaching the Faith to Persons Who Have Heard It All Before* (Nashville: Abingdon Press, 1978), 10-13.

력이 되게 한다. 이러한 점에서, 잘 준비된 설교라 할지라도 적절한 형식(form)에 담아서 잘 전달하지 않는다면 그 효과(effectiveness)를 기대하기 어렵게 된다.

서구의 선교사들을 통해 복음을 받은 이래, 한국교회 설교자들은 약간의 차이는 있겠지만 흔히 현대 설교학에서 "3대지와 한편의 예화"(three points and a poem)로 통하는 방법에 오랫동안 매여 있었다. 그 형식에 있어서도 '연역적 설교'(deductive preaching)의 틀을 유지해 왔으며, 명제적이고, 논증적인 방법의 울타리 안에 안주해 왔다. 즉 어떤 명제를 중심으로 대지를 정하고, 그 명제를 전달하기 위해 한두 가지의 예화를 사용하여, 그 명제를 증명하고 논증해 보이는 틀을 유지해 왔다. 그동안 설교 방법론은 "설교에 있어서 가장 적게 관심을 두는 요소"였으며, 서구 교회도 계몽주의 영향을 받은 이래 거의 300여 년 동안 이 설교의 틀에 안주해 왔음이 사실이다.

그러나 말씀의 전달의 차원에 깊은 관심을 가져온 현대설교학에서는 설교의 형태는 "강줄기의 흐름에 있어서 강둑만큼이나 설교의 흐름과 방향을 결정해주는 데에 중요한 요소"이며, 설교에 있어 틀(shape)을 가져다주고, 또한 활력을 가져다주는 요소로 인식해 왔다. 설교의 형태는 복음의 커뮤니케이션을 도와주며 결정짓는 중요한 요소이기 때문에, '어떻게' 전달할 것인가는 '무엇을' 전달할 것인가와 마찬가지로 결정적인 요소로 인식되어 왔다. 설교는 이 형태에 의해서 형성되어지는데, 마치 점토가 어떤 틀(shape)에 넣어지느냐에 따라 그 모양이 달라지는 것과 같다. 설교를 위해 수집된 자료들이 조직되는 구조(structure)와 같은 역할을 하는 것이 설교의 형태이다. 보다 효과적인 커뮤니케이션을 위해서 우리는 설교에 틀과 에너지를 가져다주게 될 설교의 형태에 대한 강구를 필요하다. 그러므로 설교의 형태는 설교의 내용과 더불어 필수적인 부분이며, 복음의 커뮤니케이션에 있어서 지배적이고 보완적인 요소이다.

이 때문에 1970년대 이래 현대설교학에서 가장 깊이 관심을 가져 온 부분의 하나는 설교의 형태에 대한 것이었다. 변화하는 시대 속에서 설교 사역을 감당하려는 설교자는 마땅히 커뮤니케이션의 관점에서 어떻게 말씀이 들려지는가에 관심을 기울여야 하며, 인간의 의식 속에 어떻게 작용이 일어나는지에 관심을 가져야 할 것이기 때문이다. 이러한 점에서 설교의 내용이 가장 잘 전달될 수 있는 방법은 무엇이며 어떻게 설교를 구성할 것인가에 지속적으로 관심을 기울이지 않고서는 효과적인 말씀 사역을 기대하기 어려울 것이다. 특별히 청소년 설교는 커뮤니케이션의 최첨단에서 이루어진다는 점에서 이러한 내용들을 더 깊이 고려하여야 할 것이다.

한 수도사에게 어느 여행자가 찾아와서 자기 인생을 인도해 줄 지혜로운 말씀을 한마디 해달라고 간청했다. 그러나 그날은 침묵의 날이었다. 그 수도사는 고개를 끄덕이고서는 종이를 꺼내어 단 한마디를 적었다: "알아차림." 방문객은 어리둥절해졌다. "너무 짧군요. 좀 더 길게 말씀해 주시겠습니까?" 스승은 종이를 되받아서 적었다: "알아차림, 알아차림, 알아차림." "그런데 도대체 이 말의 뜻이 무엇입니까?" 여행자는 난감해 하며 물었다. 그 수도사는 손을 뻗어 종이를 집어다가 그위에 적었다: "알아차림, 알아차림, 알아차림이란 알아차림을 말한다."

우리 삶에 있어서 알아차림은 인간다운 삶을 위해서도 그렇고, 반듯한 삶을 위해서도 가장 중요한 요소로 작용하며, 이것이 바로 되어 있을 때 삶이 바로 세워진다. 청소년 사역도 마찬가지로 가장 중요한 요소는 이러한 "알아차림"이며, 그리고 그것을 새롭게 세워가며 노력과 실행하려는 노력이다. 내가 진정으로 그것을 깨닫고, 진정으로 하겠다는 결단만 내리게 되면 하늘도 도우신다. 청소년 설교자의 사역은 언제나 말씀의 중요성을 알아차림으로부터, 그리고 그것을 효과적으로 전하려는 방법론의 중요성에 대한 알아차림으로 세워지는 것이다.

겨울 전쟁, 영적 전쟁

2차 포에니 전쟁으로 유명한 카르타고의 유명한 장군 한니발은 상상을 초월한 발상의 전환, 즉 패러다임의 혁신을 통해 전투를 늘 승리로 이끌어온 장수였다. 겨울에 군대를 이끌고 알프스를 넘는다는 것은 누구나 불가능하다고 생각했지만 그는 지금의 대전차 부대와 같은 코끼리 떼를 이끌고 넘어와 로마로 진격해 들어온다. 사람이 넘기도 어려운데 코끼리 부대를 이끌고 그 산을 넘는다는 것은 발상 자체가 불가능하다고 생각되는 일이지만 그는 오히려 발상의 전환을 통해 그것을 역으로 활용하였다. 한니발의 승리를 평가하는 사람들은 그가 무모한 생각을 가지고 있었던 역발상의 소유자였기 때문이라기보다는 그것을 가능하게 생각할 수 있었던 현장과 대상을 잘 알고 있었기 때문에 가능했을 것으로 본다. 다시 말해, 그는 눈 내리는 알프스의 겨울을 잘 알고 있었기 때문에 이길 수 있었다고 사람들은 평가한다.[128]

그러나 시대는 다르지만 동일한 겨울 전투에서 참패한 장수도 있다. 전투의 달인이요, 승승장구하던 나폴레옹이 1812년 60만 대군을 이끌고 러시아 정복에 나섰다가 혹독한 겨울 추위에 밀려 결국 군사들 대부분을 잃고 겨우 5천여 병사만 살아 돌아왔다. 완전한 참패였다. 그 참패로 인해 그는 권좌에서 물러나게 되었는데, 참패의 가장 큰 이유는 러시아의 혹독한 겨울 추위 때문이었다. 역사가들은 나폴

---

128) 김운용, 『설교의 새로운 패러다임』, 168.

레옹이 자신 만만해 했지만 혹독한 러시아의 겨울을 잘 알지 못했기에 패배로 끝나게 되었다고 평가한다. 즉, 한 사람은 겨울을 잘 알고 있었기에 이길 수 있었다면, 다른 한 사람은 그것을 잘 알지 못하여 패배하였다는 것이다.

설교 사역은 짧은 20~30분 동안에 영혼을 얻기도 하고, 잃어버리기도 하는 영적 전쟁과 같다. 이 영적 전쟁은 유통업계의 판매전략만큼이나 치열한 것이며, 급변하는 시대에는 더욱 더 치열해 지는 것이 설교 사역이다. 오늘의 설교자는 변하는 시대 속에서 변하지 않는 하나님의 말씀을 전해야 하기 때문이다. 특별히 청소년들은 이러한 변화의 최선봉에 서 있음을 감안할 때 방법론에 대한 강구가 요청된다. 능력 있는 말씀 사역을 위해서는 새로운 전략도 필요하고 오늘의 청중도 알아야 하며, 상황의 변화도 알아야 하고, 보다 효과적으로 말씀을 듣게 할 방법론(형태)도 알아야 한다. 그러므로 청소년 설교자들은 겨울 전쟁에 나서는 것만큼, 혹은 생존을 위해서 뛰는 사람들과 같은 절박한 마음과 혁신적인 발상의 전환을 필요로 한다. 왜냐하면 설교 사역은 오늘 생명을 건져내고 하나님이 통치하심을 확대해 가는 영적 전쟁과 같기 때문이다.

이런 설교 사역을 효과적으로 감당하기 위해 필요한 여러 가지 요소들 가운데 청소년 설교자는 특별히 설교의 방법론, 즉 설교의 형태에 대해서 관심을 가져야 한다. 그동안 설교의 형태가 크게 주목받지 못하였던 것이 사실이지만 설교의 형태는 "설교의 의미와 효과에 있어서 실질적이고 절대적인 요소"이다.[129] 설교의 형태는 효과적인 커뮤니케이션을 위해서 반드시 고려되어야 할 사항이다. 설교의 형태는 마치 진흙을 어떤 틀에 넣어 모양을 만들어 내는 것과 같이 설교

---

129) Long, 『증언으로서의 설교』, 189-90.

를 형성하는 모형(模型, shape)과 같은 역할을 하며, 설교 자료들을 배열하는 구조(structure)가 된다. 이렇듯 어떠한 모형에 담을 것인가와 설교의 자료들은 어떻게 배열할 것인가, 설교의 중심 명제를 어떻게 전개할 것인가를 지배하는 설교의 형태는 설교의 효과와 전달에 있어서 중요한 역할을 한다.

현대설교학의 현장에서는

1970년대 이후 형성된 현대 설교학은 설교의 새로운 패러다임을 강구하면서 전통적인 방법과는 전혀 다른 형태를 추구하게 되었다. 변화하는 시대를 사는 청중들이 전혀 다른 청취 스타일을 갖게 되었다는 사실에 착안하여 발전된 설교의 이론들은 오늘의 청중들이 어떻게 하면 말씀을 듣게 할 것인가에 주안점을 두고 발전되어 왔다. 이러한 현대 설교학의 제반 흐름을 '새로운 설교학 운동'이라고 지칭하는데, 이것은 설교의 새로운 패러다임을 모색하는 것이 가장 근본적인 관심이었다. 변화하는 시대를 사는 전혀 다른 청중들에게는 전통적인 설교가 가지는 패러다임을 가지고는 말씀의 효과성과 다이나믹을 기대하기가 어렵다는 자각과 함께 시작된 몸부림이었다. 특별히 '새로운 설교학 운동'은 변화하는 시대 속에서 과거와는 전혀 다른 오늘의 청중들에게 어떻게 말씀을 전할 것인가에 깊이 관심을 가져 왔다. 즉 어떠한 형태를 통해 전달할 것인가에 많은 관심을 쏟기 시작하면서, 자연적으로 '설교의 형태'가 중요한 이슈가 되었다.[130]

전통적인 설교가 지닌 약점을 보완하기 위해 제시된 '새로운 설교학 운동'은 새로운 설교의 패러다임을 추구한다. 이러한 설교의 새로운 패러다임은 이야기를 중심으로 하며, 어떤 논리를 통한 정보의 전

---

[130] 이러한 이슈에 대해 보다 상세한 내용을 보기 위해서는 김운용, 『설교의 새로운 패러다임』을 참조하라.

달(transmit)보다는 말씀의 경험(experience)에 강조점을 두며, 단절되는 명제의 설명보다는 처음부터 마지막 부분까지 움직임(movement)과 연속성(sequence)에 깊이 관심을 갖는다. 강의와 같이 지식과 정보 전달에 주안점을 두는 이성적 특성보다는 이야기의 특성에 더 강조점을 두고 행해진다. 여기에서는 주로 명령적인(imperative) 형식을 취하기보다는 서술적(indicative)인 형식을 취하게 되며, 논리의 전달에 효과적인 연역적인 방법보다는 귀납적인 방법에 관심을 갖는다. 논쟁적인 형식을 통하여 그것을 증명하고 확증해 보이는 실증주의(positivism)적인 방법보다는 청중들로 하여금 보게 하고, 느끼게 하며, 경험하게 하는 것에 중점을 둔다. 정보의 전달을 중심으로 한 틀을 가진 설교에 비해 새로운 패러다임이 제시하는 설교의 형태는 청중의 기억과 의식(consciousness) 속에 말씀을 보다 선명하게 각인시킬 수 있는 장점을 가진다. 이렇게 설교의 형태는 이러한 설교의 패러다임을 골격으로 하는데, 새로운 설교학운동에서 제시하는 설교의 방법론은 설교의 구조와 그 틀을 이야기 패러다임과 귀납적인 틀을 그 골격으로 한다.

설교 형태의 분류

설교 형태에 대한 일반적인 분류방법이 있지만 여기에서는 이러한 패러다임의 관점에서 설교의 형태(방법론)를 구분해 보면 다음의 세 가지로 구분해볼 수 있을 것이다. 이것은 청소년 설교에서 직접적으로 적용해 볼 수 있는 방법이기도 한다. 먼저는 전통적인 패러다임에 의한 방법을 들 수 있다. 여기에서 '전통적'이라 함은 오래되고 케케묵은 방식이거나 오늘의 시대에는 부적절한 방식이라는 의미가 아니라 기독교의 역사 가운데서 오랫동안 사용해 왔다는 의미와 설교에 대한 접근 방식, 혹은 틀을 어떻게 설정하느냐에 의해서 구분되는 방식을 의미한다. 주제설교 혹은 대지설교 형태, 강해설교 형태, 본문 설교, 그리고 분석설교의 형태가 이 범주로 분류할 수 있을 것이다.

두 번째 범주는 새로운 패러다임에 의한 방법으로 이것은 주로 1970년대 이후 형성된 현대 설교학에서 제시하고 있는 방식으로 귀납적 설교, 이야기식 설교, 현상학적 전개식 설교, 네 장면으로 구성되는 설교 등을 들 수 있다. 이것은 혁신적인 새로운 방식이라는 의미보다는 설교에 대한 접근 방식과 강조점을 어디에 두느냐에 의해 분류하는 방식이기도 하다.

세 번째 범주는 실험적인 설교 방식을 들 수 있다. 이것은 청소년 설교에서 유용하게 사용할 수 있는 방식으로 기존의 방식에 새로운 형식의 변화나 매체의 도입 등으로 특징지워지는 방식이라고 할 수 있다. 여기에는 영상설교, 드라마 중심의 설교, 인터뷰 설교, 스킷 드라마 설교, 2인 대화체 설교, 1인칭 독백체 설교, 찬송 설교 등 설교자의 창조성을 따라 다양한 방식을 따라 활용할 수 있는 방식이라고 말할 수 있다. 이것은 다양한 매체와 형식의 변화를 시도한다는 점에서 기존의 방식에 병행해서 사용하게 될 때 청소년 설교 방법론에서 유용하게 활용할 수 있을 것이다. 이것은 위에서 언급한 방식으로만 제한 할 것이 아니라 설교자가 청중들과 상황, 그리고 메시지에 따라 다양하게 개발해서 활용할 수 있는 범주라고 할 수 있을 것이다.

새로운 트렌드를 원하는 시대에

오늘의 시대는 끊임없이 새로운 트렌드를 만들어 내고, 그것을 원하는 갈망 속에서 살아간다. 그러한 갈망 속에서 낡은 유행은 사라지고 새 흐름이 그 자리를 대체하면서 소멸과 생성의 과정을 반복해 간다. 그러므로 그 시대를 읽고, 그 흐름 속에 적응하려는 사람, 혹은 기업들은 끊임없이 변화를 거듭해 간다. 어떻게 대처하고, 방법론을 강구하느냐에 따라 승자가 되기도 하고 패자가 되기도 한다.

그래서 혹자는 현대의 트렌드의 경향을 융(融), 연(連), 동(動), 감(感), 유(裕)를 들기도 한다. 이것은 젊은이들의 문화로 대표되는 청소년들의 문화의 흐름으로 살펴볼 수 있는데, 이것은 설교 방법론을 구성하는데도 고려되어야 할 요소이다. 포스트모던 시대에는 다양한 흐름들이 융합되는 경향을 가지며, 복합화와 기능의 통합의 단계를 넘어서 화학적 결합을 의미하는 퓨전(fusion)의 단계로 나아가고 있다. 이러한 흐름을 우리는 '융'의 경향으로 이해할 수 있는데, 우리 시대는 퓨전 문화로 이해할 수 있다.

또한 정보화 시대가 되면서 네트워크를 통한 세계화의 특성이 문화의 특징으로 자리 잡으면서 모든 세계가 함께 네트워킹화 되는 특성을 가지고 있다. 이것을 우리는 '연'의 특성으로 이해할 수 있는데 이처럼 현대의 문화는 속도의 문화이다.

'동'의 문화는 현대 문화와 젊은이들의 가장 특징적인 특성이 되고 있다. 디지털 시대가 되면서 움직이지 않고 고정화 되거나 정적인 흐름에 대해서는 부정적인 경향을 가지고 있는 동적인 문화이다. 현대는 느낌과 감성이 중요한 특성을 가지고 있다.

마지막으로는 '유'의 문화는 휴식과 즐김(entertainment)으로 대표되는 문화이다. 이것은 도시화와 기술화 사회에 대한 반작용으로 여유로움을 추구하는 것은 앞의 문화의 흐름이 주는 속도감과 경쟁에서 벗어나 피안의 세계를 추구하는 흐름으로도 이해할 수 있다. 이것은 차가운 시대에 대한 반작용으로 나타나며 청소년들의 문화적 추구에서도 어렵지 않게 찾아볼 수 있다.

릭 워렌은 "더 이상 효과적이지 않은 방법을 계속해서 고집하는 것은 충성스럽지 못한 종들의 특징"이라고 주장한다. 새롭게 트렌드를 만들기도 하고, 새롭게 형성된 문화의 흐름들을 즐기는 최선봉에 서 있는 오늘의 청소년들에게 복음을 전하는 청소년 설교자들은 이러한 흐름에 대해서 깊은 관심을 가지고 지속적인 새로운 방법론을 강구해야 한다. 그런 점에서 현대 설교학의 흐름뿐만 아니라 커뮤니케이션 이론, 스피치 이론, 청소년 심리와 문화에 대한 이해 등에 대한 깊은 숙고가 필요하다. 이러한 변화의 한복판에서 행해져야 하기 때문에 청소년 사역은 마치 겨울 전쟁과 같지만 다음 세대를 중요한 사역임을 명심하면서 청소년 사역자들은 말씀의 중요성과 함께 그것을 효과적으로 전하는 방법론을 지속적으로 강구해야 할 것이다.

16 장
전통적인 설교 방법의 활용

올바른 방향으로 움직이는 것만으로는
충분하지 않다.
충분히 빠르게 움직이지 않는다면
다른 차에 치일 것이다.

– 윌 로저스

　　청소년 설교 방법론을 살펴보는 과정에서 전통적인 방법에 대해서 좀 더 구체적으로 살펴보자. 흔히 '전통'이라는 말이 가지는 뉘앙스는 다소 고루하고, 케케묵은 것으로 이해하는 경향이 있지만 반드시 시대에 뒤진 어떤 것을 의미하는 것은 아니다. 오히려 전통은 오랜 역사를 가지고 형성되어 어떤 기준이 되고, 균형을 유지하게 해주는 역할을 한다. 여기에서 '전통적'(traditional)이라 함은 오랜 기간 동안 익숙하게 사용해 온 방식을 의미하는 말로 이해할 수 있을 것이다. 그것을 설교 방법론과 연결시켜 볼 때, 오랜 기간 동안 사용해 온 익숙한 것이며, 한 시대 속에서 유용하게 활용해 온 방법론으로 정의해 볼 수 있다. 이것은 서구의 설교학에서는 300년 동안 중심적으로 사용해온 방식이며, 우리 한국 교회에서도 지난 100년 동안 가장 널리 사용되어온 방식이다. 그럼에도 불구하고, 오늘날 변화하는 시대 속에서 다소의 한계(limitation)를 가질 수 있음을 인식하면서 이것을 효과적이게 하는 것은 사용하는 사람이 그것을 갈고 닦아 적절하게 사용함에 달려있다.

전통적인 패러다임의 관점에서 보면 설교는 진리의 전달과 가르침이라는 관점에서 행해져 왔다. 그러므로 여기에서 중심을 이루는 것은 진리에 대한 명확한 설명과 설득에 주안점을 두게 되며, 논리성과 명제를 중심으로 설교가 구성된다. 전개 형식은 주로 연역적인 구조를 취하면서 교육의 관점에서 어떤 사실을 논증하는 형식을 취한다. 앞서 언급한 대로 이것은 교육적 설교, 교리적 설교, 성경의 내용을 강해하는 형식의 설교, 어떤 진리를 설명하고 논증하는 형식의 설교에는 아주 유용한 형식이라고 할 수 있다. 다만 논리적이기 때문에 딱딱해질 수 있고, 흥미를 유발하기가 쉽지 않으며, 청중의 참여를 불러일으키는 것이 수월치 않다는 약점을 가질 수 있다. 이러한 약점을 명확하게 이해하면서, 적절하게 활용한다면 이것도 효과적인 도구로 활용할 수 있을 것이다. 먼저 이러한 전 이해를 가지면서 보다 구체적으로 이 장르에 속한 방법론을 살펴보자. 여기에서는 주로 주제설교, 혹은 대지설교, 강해설교, 그리고 분석설교 방법론에만 국한하여 살펴보자.

주제설교, 혹은 대지설교

이것은 오랫동안 사용되어진 방법으로 설교에서 전하려는 주제를 중심으로 하여 전개해 나가는 구조를 흔히 주제설교라고 한다. 이것은 서너 개의 하부 구조의 명제를 통해서 설명하는 구조로 고정하여 전개할 때 우리는 대지설교라고 하는데, 그러므로 이 두 방법론은 동일한 개념일 수도 있고 상이한 개념일 수도 있다. 주제설교는 성경에서 주제를 가져오기도 하고, 또는 성경 본문에 내포되어 있는 주제를 중심으로 엮어갈 수도 있다. 가령 청소년들이 기본적으로 알아야 할 성경적 내용을 심어주기 위해서 기본적인 신앙 주제를 선택할 수도 있겠고, 청소년들의 관심사가 되는 주제를 택할 수도 있겠다. 즉, 구원의 확신, 그리스도의 구속, 은혜, 십자가, 천국, 하나님의 아버지 되심, 불신 친구 전도 등과 같이 다양한 신앙 주제를 정하여 설교할 수 있겠고, 신앙인의 이성교제, 세계관, 하나님과 교제하는 삶, 신앙인의 직업관 등 청소년들의 관심사를 주제로 삼아 설교할 수도 있겠다. 주제 선정은 현장의 필요성과 관련성(relevance)을 충족시킬 수 있다는 점에서 큰 장점이 될 수 있겠고, 기독교의 기본 진리에 대한 교육적 측면을 충족시킬 수 있다는 장점도 찾을 수 있겠다.

그러나 한편으로는 설교자가 본문 중심성을 잘 견지하지 않는다면 자신이 하고 싶은 말을 한다는 생각을 갖게 하면서 설교가 하나님의 말씀의 선포라기보다는 설교자의 지식 전달이나 강연이라는 느낌을 갖게 할 수 있는 가능성이 있다는 점을 주의해야 할 것이다. 또한 주제를 설명하는 구조가 되다보니 아무래도 논리적인 구조로 치울칠 가능성이 있다.

그러나 이렇게 가능한 약점을 깊이 고려하여 이야기성(narrativity)과 성경 본문성(textuality)을 적절하게 고려한다면 하나님의 진리의 말씀을 전해야 하는 청소년 설교자에게는 유용한 도구가 될 수 있을 것이다. 여기에서 중요한 것은 이 설교 방법론의 장점이 논리성이라는 점을 명심하면서 짜임새 있는 구성으로 설교가 작성되어야 한다는 점인데, 오늘 설교에서 전하려는 주제가 정해지면 대지(point)는 언제나 그 주제를 설명하는 하부 구조를 취해야 하며, 가능하면 이야기성을 살리기 위해 이를 예증할 수 있는 예화와 함께 사용하면 효과적일 수 있겠다. 또한 본문성을 살리기 위해서는 가능하면 대지는 본문에서 나오게 하고, 그 본문에서 모든 대지를 정할 수 없으면 인접 성경 본문에서 빌려올 수도 있겠으며, 대지를 언급할 때는 주어를 삼위 하나님으로 정하고, 본문을 통하여 말씀하고 계신다는 사실을 강조하는 것이 좋겠다. 가령, 눅 15장의 탕자의 비유를 통해 "하나님의 사랑"이라는 주제로 주제설교, 혹은 대지설교를 한다면 아래와 같은 구조로 설교의 개요를 정할 수 있을 것이다.

- 주제: 하나님의 놀라운 사랑
- 대지: 1. 하나님의 사랑은 **모든 것을 주시는 사랑**이라고 <u>주님은</u> 말씀하신다.
  2. 하나님의 사랑은 **기다려주시는 사랑**이라고 <u>주님은</u> 말씀하신다.
  3. 하나님의 사랑은 **언제나 용납하시는 사랑**이라고 <u>주님은</u> 말씀하신다.

강해설교

한때 한국 교회 강단에서 유행처럼 강조되던 설교 유형이 강해설교였다. 때로 이것에 대해서 너무 지나친 강조가 주어졌던 것이 사실이지만 100년 가까이 주제 설교 혹은 대지설교에 의해서 지배받았던 시간들 속에서 많은 비본질적인 요소가 판을 치던 현장을 생각할 때 시의적절한 것이었다고 할 수 있다. 강해설교는 어떤 본문의 문맥에 맞는 역사적, 문법적, 문학적 연구를 통하여 얻어지고 전달되는 성경의 메시지를 전달하는 것이다. 본문을 통해 발견한 그것을 먼저 설교자의 삶에 적용시키고 그 다음에 그를 통하여 청중에게 적용시키는 형식의 설교를 우리는 강해설교라고 할 수 있다. 무엇보다도 강해설교는 철저하게 본문이 설교를 지배하는 형태이다.

앞서 지적한 대로 주제 설교의 형식은 자칫 설교자의 생각과 주장이 설교를 지배하고, 때로는 본문까지 지배하는 현상을 나타내고 있음을 부인하기 어렵다. 그러나 하나님의 말씀의 선포인 설교는 언제나 본문이 설교를 지배하고 본문의 중심 메시지를 전하려는 데서 출발한다. 그러므로 강해설교자는 철저하게 먼저 자신의 생각을 성경 말씀에 복종시켜야 하며, 본문을 통해 말씀하시는 하나님 앞에 귀를 기울일 수 있어야 한다. 그는 본문 연구에 소홀히 할 수 없으며, 본문이 전하려는 중심 내용이 메시지를 지배하게 해야 한다. 성경은 설교자를 향한 최상의 설교자이다. 또한 강해설교에서는 말씀이 의미하는 바를 설명해주는 것으로 끝이 나서는 안되고, 주어진 메시지를 회중들에게 적용시켜야 한다. 무엇보다 강해 설교자는 먼저 주석가로서 본문의 깊은 뜻을 찾는데 전념하여야 하며, 그렇게 발견된 메시지는 자신과 청중들에게 동일하게 적용할 수 있어야 한다.

청소년 설교자들은, 성경이 하나님의 계시로 기록된 하나님의 말씀으로 오늘의 시대를 사는 사람들에게 말씀하시는 하나님의 음성을 들을 수 있게 해 줄 뿐만 아니라, 교훈과 책망, 바르게 함과 의를 교육한다는 점에서 오늘의 사회 속에서 하나님의 자녀들로 올바로 살아가는 법을 가르쳐 주는 책임을 깨달아야 한다. 사람을 변화시키고, 구원의 진리를 깨닫게 하며, 영혼을 구원하는 것은 인간의 이야기나 경험으로가 아니라 하나님의 말씀으로 이루어진다는 사실을 명심하면서 더욱 말씀으로 들어가는 설교가 되게 하기 위해 강해설교 방법을 적극 활용할 필요가 있다. 하나님의 말씀에 대해 체계적으로 가르치며, 그들로 하여금 오늘도 말씀하시는 하나님의 음성을 듣게 한다는 점에서 강해설교는 청소년 설교에서도 유익한 하나의 방법이라고 할 수 있다.

모든 설교 준비 단계가 마찬가지이지만 강해설교를 통해서 설교하려는 설교자는 먼저 설교할 본문을 선정해야 하는데, 성경을 연속적으로 읽어가면서 강해하는 방식(lectio continua)과 성서일과를 따르는 방법이 있다. 전자는 성경을 체계적으로 읽어가면서 하나님의 말씀을 전해줄 수 있다는 장점이 있는 반면, 어느 한 책에 너무 오랜 시간을 쏟게 되면서 지루해질 수 있는 가능성과 편중될 수 있는 가능성이 있다는 약점이 있다. 후자는 교회력을 중심으로 하여 신구약의 성경 본문들이 함께 엮어져 있기 때문에 그 중에 한 본문을 택하거나 다른 본문과의 연결지어가면서 설교할 수 있는 장점이 있다. 요즘에는 책을 따라 읽어가면서 강해설교를 할때 기간이 길어진다는 점 때문에 특별 주제를 중심으로 10주 전후 정도로 연속설교 형식으로 강해설교를 진행하기도 한다. 이것은 성경이나 신앙생활의 중요 주제를 중심으로 하여 같은 책이나 다양한 부분에서 본문을 취하여 강해설교 형식으로 진행하는 방식이다.

자칫 강해설교는 설교가 길어지거나 딱딱해질 수 있는 가능성이 있다. 이것은 청소년 설교에서는 큰 장애가 될 수 있는 만큼 어떻게 극복할 수 있을 것인가를 결정해야 할 것이다. 설교자는 자신이 발견한 메시지를 그 시간에 모두 퍼주겠다는 의욕이 넘쳐 너무 길어지거나, 오래된 고대의 본문을 해설하는 강의가 되지 않도록 유의해야 한다. 특별히 청소년 설교자는 본문에 대한 명확한 분석과 전체를 개관하는 능력을 갖추고 있어야 하며, 지루하지 않고 재미있게 들을 수 있도록 하는 방안을 강구해야 할 것이다.

모든 설교 방법론이 다 그렇지만 특히 강해설교를 하려는 청소년 설교자에게는 이렇게 두 가지 임무가 주어진다. 철저한 석의 과정을 통해 오늘의 본문이 주고자 하는 핵심적인 주제가 무엇인지를 구분해 낼 수 있어야 하며, 이 본문이 언제(when) 어떤 사람(who)에 의해, 어떤 대상(whom)을 위하여 기록하였는지를 분석하면서 찾아 낼 수 있어야 하고, 또 한 가지는 이렇게 발견된 메시지를 명확하게, 그리고 지루하지 않게 전달할 수 있는 커뮤니케이션 능력을 갖추어야 한다는 점이다.

분석설교

세 번째로 전통적인 관점에서 찾아볼 수 있는 설교 방법론으로 우리는 분석설교 방법을 들 수 있겠다. 이것은 정장복 박사가 1960년대 미국의 에반스가 제시한 방법론을 체계화하고 구체화한 설교 방법론이다. 이것은 기존의 주제설교와 강해설교가 가지는 한계를 함께 극복하면서 두 가지 방식을 함께 병합한 특성을 가지기도 하며, 본문의 뜻을 명확하게 분석해서 오늘 우리에게 주시는 메시지가 무엇인지 (what)를 명확하게 발견하게 하고, 왜 그것을 필요로 하며 요구하시는지 필요성(why)에 대해 강조하면서, 실천방안(how)을 제시하고, 그리고 그렇게 했을 때 하나님께서는 어떠한 약속을 주시는지(what then) 그 결과에까지 나아가는 과학적이고 상당히 체계적인 방식이라고 할 수 있다.

본문의 중심 메시지를 발견하는 단계에서 '본문 접근과 본문 재경청', 주제를 부상하여 그것을 정의하는 단계까지를 포함하며 이 부분은 주로 강해설교와 주제설교가 가지는 특성을 취한다면, '필요성'의 단계에서는 왜 그 시대속에 필요했으며, 왜 우리 시대 속에서 필요한 것인지를 제시함으로서 메시지의 중요성을 인식하게 하는 단계를 가진다. 그리고 다음 단계인 '실천방안' 제시 단계에서는 주제설교와 같이 어떻게 실천할 수 있을 것인지를 구체적으로 제시하는 형식을 갖춘다. 그리고 필요성의 단계에서는 부정적 사례를 제시함으로 말씀대로 살려는 필요성을 갖게 한다고 하면 '실천결과' 단계에서는 긍정적 사례를 제시함으로 그러한 필요성을 강하게 갖게 하는 구조를 취한다. 이것을 단계별로 살펴보면 다음과 같다.

- **서론** : 도입의 단계로 다음 부분과 연결을 시도하거나 주제와의 연결을 시도한다.
- **본문접근 및 본문 재경청의 단계** : 여기에서 본문으로 나아가게 하는 단계로 본문의 상황, 중심 용어, 저자, 수신자 등을 중심으로 본문을 펼쳐 보이는 단계로서 서서히 주제를 드러내는 단계이다. 그리고 청중들이 이렇게 말씀하신다는 사실을 강조해 주기 위해 현대어로 본문을 다시 들려주는 단계를 취한다. 그리고 주제를 서서히 드러내는 주제 부상의 단계, 주제 정의 단계를 통해 마무리 된다.
- **필요성** : 여기에서는 주로 부정적인 사례를 통해 본문에서 말씀하시는 주제가 정말로 필요하다는 인식을 갖게 하는 단계이다.
- **실천방안** : 실천방안은 주제설교가 3-4개의 대지를 정하여 설명하는 것처럼 실천방안을 3-4개의 대지를 통해 설명하는데, 여기에서는 어떻게 살며, 순종하며, 행할 것인지, 즉 오늘의 청중들이 어떻게 살라고 하시는지에 대해서 구체적으로 제시되는 단계이다. 설교자는 각 주안점에서 선포, 해석, 적용, 예화의 순으로 구성하여 논리성과 이야기성을 함께 갖추는 것이 바람직하다.
- **실천결과** : 여기에서는 긍정적인 사례를 제시함으로서 나도 그렇게 살아야 하겠다는 결단을 갖도록 하는 수사학적인 기법을 동원한다.
- **결론** : 말씀의 결론을 맺어주는 단계이다.

이렇게 분석설교 방식은 다소 복잡하고, 논리적인 특성이 강한 설교 방식으로 평가될 수 있다. 그러나 분석 설교의 기본 골격인 what-why-how-what then 의 구조로 설교를 구성한다면 청소년 설교에서 유용하게 활용될 수 있는 방식이다.[131] 성경이 말씀하시는 메시지, 즉 중심 주제를 드러내고(what), 그리고 그것이 왜 필요한지 필요성에 대해 언급하며(why), 이제 그 주제를 따라 어떻게 살라고 하시는지 하나님의 명령과 말씀의 권면을 제시하고(how), 그렇게 살았을 때 어떤 결과가 주어졌으며, 우리에게는 어떻게 약속하시는지(what then)를 제시하는 방식으로 제시해 볼 수 있겠다. 이것은 논리적인 특성이 강하고, 전개 구조가 분명하기 때문에 청소년들에게 어떤 진리의 세계를 선명하게 제시해 줄 수 있는 가능성 있는 방법 중의 하나이다.

어떻게 하든 어려운 사역

폭설이 내린 어느 날 농촌 교회의 예배 설교를 위해 초청받아 갔던 설교자가 있었다. 가까스로 길을 찾아 갔더니 웬걸 교회에는 나이가 많은 농부 한 사람만 밖에 나와서 교회당 입구에 이르는 길을 내기 위해 눈을 쓸고 있었다. 교회당 안에는 그 농부 외에는 예배에 참석한 사람은 아무도 없었다. 그래서 오늘 예배에 참석한 사람이 아무도 없느냐고 했더니 아마도 눈길이어서 그런 것 같다고 대답했다. 그러면 안에 들어가서 간단히 기도회나 하고 집에 돌아가자고 설교자가 말했다. 그러자 그 농부는 그렇게 말했다. "목사님, 아침에 외양간에

---

[131] 여기에서 구체적인 예를 제시하지 않은 것은 정장복, 『한국교회를 위한 설교학 개론』 (서울: 예배와 설교아카데미, 2000); 정장복, 주승중 엮음, 『새천년 성경적 설교-분석설교의 실제1, 2』 (서울: 예배와 설교아카데미, 1999)등을 참조하면 더 구체적인 설명과 예들을 살펴볼 수 있기 때문이다.

나가면 소 한 마리만 남아 있어도 저는 완전하게 여물을 먹이고는 합니다." 그래서 목사님은 그 교인과 교회당으로 들어가서 찬송도 하고, 교독문도 함께 읽고 헌금 시간도 갖고, 두 번째 찬양 후에 설교자는 본문을 읽고 45분 동안 설교했다. 나오는 길에 그 나이 많은 농부는 말했다. "목사님, 외양간에 소가 한 마리만 있으면 그 소에게 모든 짐을 지우지는 않습니다."

어쩌면 청소년 사역도 이와 유사하다. 이렇게 해도 어렵고, 저렇게 해도 어렵게만 느껴질 수 있는 사역이기 때문이다. 청소년 설교자에게는 단 한사람에게라도 하나님의 말씀을 듣게 하겠다는 열정이 필요한가 하면, 그 열정만으로만 되는 것이 아니라 그것을 효과적으로 전하는 방법과 듣게 하는 방법도 강구하여야만 효과적인 말씀 사역을 감당할 수 있다. 그러므로 청소년 설교자들에게는 무한대의 창조성이 발휘되어야 한다. 그러한 노력과 염원을 가질 때 하나님께서 이미 허락하신 창조적인 생각과 아이디어들이 빛을 내기 시작할 것이다.

17 장
귀납적 설교 방법도 유용하다

설교에서
지식을 나누어 주는 것보다 더 중요한 것은
새로운 경험을 끌어내는 설교자의 능력으로
복음의 놀라움을 청중에게
익숙한 세계 속에서 새롭게 경험시키는 것이다

– 프래드 크래독

    성공적인 커뮤니케이션을 위해서는 상황이 어떠한가를 이해하는 것이 중요하고, 청자가 어떻게 듣는가에 대해서 깊은 관심을 갖지 않으면, 중요한 메시지도, 그것을 전하려는 열정도 허사가 되는 경우가 종종 있다. 지금까지 유효했던 방법이나 경험들이 갑자기 작동하지 않게 되는 경우도 있다. 급변하는 이 시대 가운데서 말씀을 전하는 설교 사역도 혁신적인 발상의 전환을 필요로 한다. 왜냐하면 설교 사역은 오늘 생명을 건져내고 하나님의 통치하심을 확대해 가는 영적 전쟁과 같기 때문이다. 설교 형태에 있어서 이러한 발상의 전환으로 나온 것 중의 하나가 귀납적 설교이다. 종래의 설교가 주로 연역적인 전개와 명제 중심의 논리적 구조에 강조를 두면서 주제를 설명하는 구조와 화자(話者) 중심의 특성을 가졌다면, 귀납적 설교는 귀납적 전개와 움직임과 경험에 강조점을 두면서 주로 청자(聽者) 중심의 특성을 가진다. 이것이 새롭게 고안된 방법은 아니지만 현대 설교학에서는 이것에 특별히 깊은 관심을 가지고 진행되어 왔다.

1960년대 이후 인간의 두뇌에 대한 연구가 활성화되면서 밝혀진 내용인데, 인간의 두뇌는 어떤 정보를 받아들이는데 전혀 다른 두 부분으로 되어있음을 발견해 냈다. 즉 좌뇌는 어떤 주제나 그림을 구성하는 요소들로 나누고 그것을 분석함을 통해서 이해하며, 주어진 정보를 분류하고 이름을 붙이며 세분하여 정리하는 구실을 한다. 이해하기 위해서 모든 것을 좌뇌가 세부적으로 분석한다면 우뇌는 어떤 입력되는 내용을 보다 포괄적으로 이해하며 조각들을 함께 조립하고, 연결 지으며, 제시되는 내용들을 종합하면서 그에 대해 이해를 갖게 된다. 어떤 것이 효과적이고 우월한 방법인지를 판단하는 것이 무리이겠으나 일반적으로 어떤 사실을 가르치거나 교리나 신학적인 내용을 전달하는 데에는 좌뇌적인 방법이 효과적이겠고, 무엇을 경험하게 하여 감격하게 하고 그들의 삶에 영향을 끼치기 위해서는 우뇌적인 방법이 효과적일 것이다.[132]

그러나 설교가 어떤 교리적인 사실을 가르치기 위한 목적도 있지만 가장 궁극적인 목적이 단순히 교리의 전달이 아니라 청중들의 삶의 변화(transformation)와 결단과 심령의 부흥(revival)을 지향해야 한다고 볼 때 두 방법론을 병행해야겠지만 이러한 설교의 목적을 위해서는 우뇌적인 방법이 더 선호되어야 할 것이다. 하나님은 인간의 마음을 "토론장"으로가 아니라 상상력과 이미지로 채워지는 "화랑"

---

[132] 보다 자세한 내용을 위해서는 Ralph L. Lewis and Gregg Lewis, *Learning to Preach Like Jesus* (Wheaton: Crossway Books, 1989), 4장; Jim Somerville, "Preaching to the Right Brain," John Sykes, "Preaching to the Left Brain," *Preaching*, vol. 10, no. 4 (January-February, 1995): 36-39, 40-43 등을 참조하라.

(畵廊)으로 만드셨기 때문이다.[133]

설교를 일종의 전달 행위라고 볼 때 유능한 설교자일수록 청중들이 어떻게 정보를 받는가, 어떻게 메시지가 전달되는가에 깊이 관심을 기울이게 된다. 즉 '어떻게'(how)에 해당되는 설교의 방법론과 청중들이 어떻게 메시지를 받는가에 대해 잘 알아야 한다. 청중들이 말씀 속에 몰입(involvement)해 들어올 수 있게 하는 중요한 요인 가운데 하나는 청중들의 듣는 방법을 아는 것이다. 이러한 부분을 가장 효과적으로 감지하셨던 분이 예수님이었다. 그분은 사람들의 필요를 아셨으며, 그들이 어떻게 듣는가에 대해서 잘 아셨다. 그러므로 예수님의 설교는 청중들의 주의를 사로잡았을 뿐만 아니라 가슴에 지워지지 않는 메시지를 안고 집으로 돌아가게 했다. 예수님은 하나님의 사랑을 전하시기 위해서 신학적인 교리로 설명하지 않으시고, 잃은 양의 비유를 통해 말씀하신다. 목축에 대해 잘 알고 있는 청중들은 잃은 양을 찾아 헤매는 목자의 심정을 온 가슴으로 느끼며 말씀을 들을 수 있었다. 예수님이 주로 귀납적으로 설교하신 이유는 사람이 어떻게 듣는지에 대해서 잘 아셨기 때문이다. 청중들이 어떻게 듣는가가 고려되는 청중 중심의 설교(listener-centered preaching)는 오늘의 시대 속에서의 설교 사역에서 깊이 고려되어야 할 요소이다.

청중을 고려한 설교

연역법과 귀납법은 헬라의 수사학에서 널리 사용되던 대표적인 방법론이었다. 전자는 보편적인 사실을 먼저 제시한 후 그것을 분석하고 설명해 나가면서 개별적으로 적용하는 형태라면, 후자는 개별적이고 특별한 사실로부터 시작하여 보편적인 사실로 나아가는 방법

---

133) Warren W. Wiersbe, *Preaching and Teaching with Imagination: The Quest for Biblical Ministry* (Grand Rapids: Baker Books, 1994), 1-3장 참조.

이다. 연역법이 어떤 개념을 분석하여 전달하는데 효과적이라면, 귀납법은 청중들의 관심과 참여를 기대할 수 있는 강화(講話) 방식이다. 전자가 주로 좌뇌적인 특성을 따라 전개되는 방식이라면, 후자는 주로 우뇌적인 특성에 가까운 방식이라고 할 수 있다.

이러한 귀납법의 특성을 설교에 도입하여 신학화한 사람은 1970년대 이후 현대 설교학의 이론과 실제에 있어서 지대한 영향을 끼쳤던 에모리대학의 설교학 교수였던 프레드 크래독(Fred B. Craddock)이었다. 그의 기념비적인 책, 『권위 없는 자처럼』[134]이 출판되면서 설교의 새로운 패러다임이 제시되고 대중화된다. 하나의 커뮤니케이션의 형태로서 귀납적 설교는 전통적인 연역적 형태의 설교에 대한 도전으로 등장한다. 연역적인 설교 방법론은 계몽주의와 구텐베르크의 금속활자 발명의 영향을 받아 형성된 문자시대 커뮤니케이션의 특징을 그대로 담고 있는 설교 형태로 기독교의 설교에서 300년이 넘게 맹위를 떨쳐온 설교의 형태였다. 연역적 설교는 보편적이고 명제적인 결론, 즉 설교의 주제나 중심사상이 먼저 제시된 다음에 그것을 몇 개의 대지 혹은 하위 주제들로 나누어서 설명하고 예증하면서 권면하는, 그리고 그것들을 청중들의 삶의 상황에 적용하는 방법이다. 이것은 체계적이고 논리적이기 때문에 어떤 주제나 교리에 대해서 명료하게 가르칠 수 있다는 장점을 가진다.

반면 귀납적 설교 방법론은 전통적인 연역적 방법과는 달리 인간의 특별한 경험으로부터 시작하여 복음의 깜짝 놀랄만한 결론을 향하여 지속적으로 나아가는 움직임을 갖는다. 다시 말해 '아하!'의 순

---

[134] Fred B. Craddock, *As One without Authority*, 김운용 역, 『권위 없는 자처럼: 귀납적 설교의 원리와 실제』 (서울: 예배와 설교 아카데미, 2003). 나중에 크래독의 다른 대표적인 저서인 *Overhearing the Gospel* (Nashville: Abingdon Press, 1978)을 통해서 귀납적 설교의 커뮤니케이션의 측면과 비지시적인 측면이 집중적으로 설명된다.

간(aha-point)을 향하여 발전되어 가는 형태로 각 부분들은 결론을 향하여 집약적으로 세워져 나가는 작은 단편들 혹은 움직임들로 구성된다. 강의나 강연이 주로 연역적인 형태를 취한다면 대부분의 영화나 드라마는 귀납적인 형태를 취한다. 그러므로 여기에서는 중요한 것은 설교에 있어서 독특한 움직임(movement) 혹은 전개를 가진다. 무엇보다도 귀납적인 설교는 청중들을 중요하게 생각하는데, 그들이 자신의 생각을 하고 자신의 느낌을 느끼며, 그리고 자신이 결론을 도출할 수 있으며 자신의 결단을 내릴 수 있도록 격려하는 기본적인 틀을 가진다. 그렇게 하여 청중들 자신이 메시지의 소유권을 갖도록 하여 하나님의 말씀을 찾아가는데 있어 피동적인 위치에서 보다 적극적인 자세를 갖도록 한다는 점에서 그 독특성을 가진다.[135]

전개 형태로서의 귀납적 설교

여기에서 우리는 먼저 귀납적 설교에 있어서 설교의 전개형태의 측면에 대해서 논의해 볼 것이다. 설교도 그렇고 성경의 본문도 말씀하려는 중심 개념(idea)을 가진다. 이것을 설교의 주제라고 한다. 어느 본문에서는 여러 가지 주제가 나타날 수도 있으나 가능하면 하나의 주제를 선정하는 것이 논리의 전개에 있어서나 메시지의 선명성에 있어서 도움이 될 것이다. 이 설교의 주제를 전개하는 데에는 근본적으로는 연역적인 방법과 귀납적인 방법이 있다. 이것은 설교자가 결정해야 할 것이지만 설교의 목적, 본문, 혹은 청중들을 고려하여 결정해야 할 것이다. 귀납적 설교가 가지는 전개 형태에는 몇 가지 특징을 가진다.[136]

첫째로 귀납적 설교의 전개는 언제나 개인적이고 특별한 인간의

---

135) 크래독의 귀납적 설교에 대한 보다 자세한 설교 신학적 고찰을 위해서는 김운용, 『설교의 새로운 패러다임』; 『새롭게 설교하기』 (서울: WPA, 2005) 등을 참조하라.

경험으로부터 출발한다. 연역적인 움직임이 보편적인 진리로부터 시작해서 특별한 적용이나 경험으로 이동하는 것이라면, 귀납적인 방법은 그 반대로 움직인다. 말하자면 즉 주제의 전개나 강화의 전개는 언제나 모래시계의 각기 다른 부분과 같은 두 삼각형의 형태를 취하는데, 하나는 결론을 향하여 집약적으로 움직이는 귀납적인 전개이며, 또 다른 하나는 그 결론이 먼저 제시되고 설명하면서 그것을 적용하는 연역적인 방식으로 움직인다. 귀납적인 전개는 청중들이 삶의 자리에서부터 출발한다는 점에서, 그리고 결론을 향한 움직임을 따라 진행되어 간다는 점에서 청중들로 하여금 몰입(involvement)과 참여(participation)가 가능하게 해준다. 흔히 청중들은 그들의 삶의 경험들이 나누어지게 되면 숙였던 고개를 들게 되어 있다.

둘째로 귀납적 설교의 가장 중심적인 이미지는 설교자와 청중들이 함께 말씀을 찾아가는 여행(homiletical journey)으로 설명될 수 있다. 연역적인 전개 형태는 결론이 제시되고, 설교가 나아갈 방향이 제시되면서 설교가 시작되기 때문에 말씀을 함께 찾아가는 여정의 특성이 배제된다. 결론이 먼저 제시되고 그것을 설명해 가는 형태를 취한다면 청중들은 수동적인 위치에 놓이게 되며, 그들의 적극적인 참여를 고려할 수 없기 때문에 지루함을 야기할 수밖에 없다. 가령 영화를 관람하는데 오늘 영화의 주인공은 마지막에 가서 죽게 될 것이며, 그의 죽음을 통해서 우리가 받게 될 결론은 이것이라고 제시하고 영화가 시작된다면 흥미는 상실되고, 기대감이 없이 영화를 보게 되기 때문에 지루하고, 감동도 사라질 수밖에 없을 것이다. 이런 점에서 볼 때 귀납법은 청중들의 적극적인 참여를 기대할 수 있으며, 그들이 함께 참여하여 결론에 이르게 되기 때문에 청중들이 설교자

---

136) 이 부분은 김운용, 『설교의 새로운 패러다임』, 5장을 중심으로 정리한 것이다.

와 함께 설교의 움직임을 따라 설교학적인 여행을 가졌다면 거기에 찾게 된 것은 진한 감동으로 남을 것이고 확실히 그들 자신의 결론이 될 것이다.

셋째로 귀납적 설교의 전개 방식은 긴밀한 연관성을 가지고 발전되기 때문에 설교 한편이 완전한 통일성(unity)과 움직임(movement)을 중요한 요소로 간주한다. 덩어리로 제시하는 공간적인 틀은 고정되고 정체되어 있기 때문에 어떤 기대감을 갖게 하지 못한다. 그러나 귀납적 설교는 시작부터 결론, 특히 '아하! 지점'을 향하여 집약적으로 움직여 나간다. 이야기와 경험, 혹은 성경의 이야기 등이 함께 엮어지면서 이야기와 같이 움직임을 가지고 진행해 간다. 그러므로 귀납적 설교를 설명하는 가장 중요한 이미지는 '여행'(trip)이다. 이렇게 귀납적 설교는 여러 요소들의 배열과 움직임을 통해 나아가는데 이것의 성패는 설교의 구성에 있어서 통일성에 달려 있다.[137] 단일 개념을 따라 움직임을 통해 전개되어 갈 수 있도록 짜임새 있게 구성되어 있느냐가 중요하다. 단일 개념은 메시지를 보다 선명하게 하고, 힘이 있게 하며, 효과적으로 만드는 요소가 된다. 또한 설교 내용의 앞뒤가 통일성 있게 잘 조직되는 것은 설교의 진행과 움직임에 있어서도 결정적인 요소가 된다. 그러므로 설교의 통일성을 설교의 한 목표로 지향하게 하며, 설교가 전하려고 하는 메시지로 집중되게 하는 효과를 갖게 한다.

생명력 있는 말씀을 위해

어느 날 신문에 나이 드신 아버지를 일금 10만원에 판다는 광고가 나왔다. 많은 사람들은 그 광고를 보면서 혀를 차며 말했다. "세상이

---

137) 이 주제에 대한 보다 자세한 설명을 위해서는 Craddock, 『권위 없는 자처럼』, 5장을 참조하라.

참 말세로구만…" 이 광고를 보고 한 부부가 새벽같이 달려갔다. 넓은 정원에서 꽃밭에 물을 주다가 할아버지가 그 부부를 맞이하였다.

"어떻게 오셨습니까?"

"아버지를 판다는 광고를 보고 왔는데요."

"그렇군요. 내가 잘 아는 할아버지인데 그 할아버지 몸이 좋지 않아요. 그런 할아버지를 왜 사려고 하세요?"

젊은 부부는 모두가 어릴 때 부모를 여의고 고아처럼 살다 결혼했기 때문에 부모 없는 설움이 늘 가슴에 남아 있었다는 것이다. 편찮으시지 않거나 어렵지 않은 집이라면 누가 아버지를 팔겠다고 광고를 내겠느냐고 비록 넉넉하게 살아가고 있지는 않지만 어려운 가운데서도 아기자기하게 살아가고 있는 우리 부부에게도 아버지를 모실 수 있는 기회가 왔다 싶어서 달려왔다고 하였다.

이들 부부를 물끄러미 바라보던 할아버지가 고개를 끄덕이며 돈을 달라고 하였다. 젊은 부부는 정성스럽게 가지런이 담은 흰 봉투 하나를 할아버지에게 내어놓았다. 할아버지는 돈 봉투를 받아들고 나서 그 할아버지도 정리할 것이 있어서 그러니 일주일 후에 다시 이곳에 찾아 오라고 하였다. 일주일 후 젊은 부부는 다시금 그 집을 찾았다. 기다리고 있던 할아버지가 반갑게 맞이하였다.

"어서 오시게. 나의 아들과 며느리!"

자리에 앉으면서 그 할아버지는 말했다.

"사실 내가 너희에게 팔렸으니 응당 내가 너희들을 따라가야 하겠지만 너희가 이 집으로 식구를 데려 오너라."

그 이야기를 듣고 깜짝 놀라면서 젊은 부부는 자기들과 함께 가셔야 한다고 고집을 했다.

"저희에게 아버지로 팔렸으면 저희를 따라 가셔야지요. 비록 저희들은 넉넉하게 살지는 않지만 그곳에는 사랑이 있답니다."

이 가슴 포근하게 하는 이야기처럼 귀납적 설교는 지속적인 움직임을 통해 마지막 결론에 이르게 하는 방법이다. 그 마지막에 이르렀을 때 가슴 뭉클해짐이 느껴지게 되는 것은 움직임을 통해 그 결론에 이르렀기 때문이다. 귀납적 설교는 하나님의 말씀이 보다 생생하게 전달되고, 생명력 있는 말씀이 되게 하기 위해 결론적인 내용을 향해 치밀한 구성을 통해 움직임과 전개 과정을 가진다.

이처럼 귀납적 설교는 변화하는 시대를 사는 청중들로 하여금 하나님의 말씀을 듣게 하려는 시도로부터 나온 하나의 방법론이다. 현대 설교학에 중요한 틀을 제시하면서 중요한 공헌을 했고, 지금도 계속하고 있는 크래독의 이론들은 많은 것들을 시사해 준다. 청중을 정확히 알았던 예수님은 당시로서는 혁신적이면서도 적절한 방법을 따라 메시지를 전하셨다. 주님의 충성스런 종들이라면 효과적이지 않은 방법을 고집하지 않을 것이다. 청중들이 어떻게 잘 들을 수 있을 것인가, 그래서 오늘도 말씀의 역사가 계속해 일어나게 할 것인가는 충성스런 설교자들의 지속적인 관심사여야 한다. 귀납적 설교는 청중을 새롭게 발견하면서 그들이 듣도록 돕는 하나의 설교 방법론이다.[138]

---

[138] 귀납적 설교 방법론과 설교문 실례를 보다 구체적으로 살펴보기 위해서는 김운용, 『설교의 새로운 패러다임』; 『새롭게 설교하기』 등을 참조하라.

18 장
이야기는 청소년 설교의 강력한 도구

사람들은 그들이 듣고 말하는 이야기들,
그들이 보고 연출하는 드라마들,
더 나아가 자기들이 의식하지도 못하는 사이에
이미 흡수되고 있는 그 사회와 문화의 신성한 이야기들,
바로 이러한 것들에 의해
삶의 가장 깊숙이 내면적 경험을 형성한다.

– 스티븐 크라이테스(Steven Crites)[139]

이야기: 마음을 열어주는 열쇠

내가 십대였을 때의 일이다. 어느 날 나는 아버지와 함께 서커스 구경을 가기 위해 매표소 앞에 줄을 서 있었다. 표를 산 사람들이 차례로 서커스장 안으로 들어가고, 마침내 매표소와 우리 사이에는 한 가족만이 남았다. 그 가족은 무척 인상적이었다. 열두 살 이하의 아이들이 무려 여덟 명이나 되는 대식구였다. 그들은 부자같아 보이지는 않았다. 하지만 그들이 입고 있는 옷은 비싸진 않아도 깨끗했고, 아이들의 행동에는 기품이 있었다. 아이

---

[139] Stephen Crites, "The Narrative Quality of Experience," *Journal of American Academy of Religion* (1971): 304.

들은 둘씩 짝을 지어 부모 뒤에 손을 잡고 서 있었다. 아이들은 그날 밤 구경하게 될 어릿광대와 코끼리, 그리고 온갖 곡예들에 대해 흥분한 목소리로 이야기를 나누었다. 그들이 전에는 한 번도 서커스를 구경한 적이 없다는 것을 알 수 있었다. 그날 밤은 그들의 어린 시절에 결코 잊지 못할 추억이 될 것이 틀림없었다.

아이들의 아버지와 어머니는 자랑스러운 얼굴로 맨 앞줄에 서 있었다. 아내는 남편의 손을 잡고 자랑스럽게 남편을 쳐다보았다. 그 표정은 그렇게 말하는 듯했다. "당신은 정말 멋진 가장이예요." 남편도 미소를 보내며 아내를 바라보았다. 그의 시선은 이렇게 말하고 있었다. "당신 역시 훌륭한 여인이요."

이 때 매표소의 여직원이 남자에게 몇 장의 표를 원하느냐고 물었다. 남자는 목소리에 힘을 주어 자랑하듯이 말했다. "우리 온 가족이 서커스 구경을 할 수 있도록 어린이 표 여덟 장과 어른 표 두 장을 주시오." 여직원이 입장료를 말했다. 그 순간 아이들의 어머니는 잡고 있던 남편의 손을 놓고 고개를 떨어뜨렸다. 남자의 입술이 가늘게 떨렸다. 남자는 매표소 창구에 몸을 숙이고 다시 물었다. "방금 얼마라고 했소?" 매표소 여직원이 다시 금액을 말했다. 남자는 그만큼의 돈을 가지고 있지 않은 게 분명했다. 그러나 이제 와서 어떻게 아이들에게 그 사실을 말할 것인가. 한껏 기대에 부푼 아이들에게 이제 와서 서커스 구경할 돈이 모자란다고 말할 순 없는 일이었다.

이 때였다. 상황을 지켜보고 있던 나의 아버지가 말없이 주머니에 손을 넣더니 20달러짜리 지폐를 꺼내 바닥에 떨어뜨렸다. 그런 다음 아버지는 몸을 굽혀 그것을 다시 주워 들더니 앞에 서 있는 남자의 어깨를 두드리며 말했다. "여보시오, 선생. 방금 당신의 주머니에서 이것이 떨어졌소."

남자는 무슨 영문인지 금방 알아차렸다. 그는 결코 남의 적선을 요구하지 않았지만 절망적이고 당혹스런 그 상황에서 아버지가 내밀어 준 도움의 손길은 실로 큰 의미를 가진 것이었다. 남자는 아버지의 눈을 똑바로 쳐다

보더니 아버지의 손을 잡았다. 그리고 20달러 지폐를 꼭 움켜잡으며 떨리는 목소리로 말했다. "고맙습니다. 선생님. 이것이 나와 내 가족에게 정말로 큰 선물이 될 것입니다." 남자의 눈에서 눈물이 글썽거렸다. 그들은 곧 표를 사 갖고 서커스장 안으로 들어갔다. 나와 아버지는 차를 타고 집을 돌아와야 했다. 그 당시 우리 집 역시 크게 부자가 아니었기 때문이다. 우리는 그날 밤 서커스 구경을 못했지만 마음은 결코 허전하지 않았다.[140]

뭔가 잔잔한 여운을 남기면서 가슴을 뭉클하게 하는 이야기이다. 이웃의 어려움을 헤아리면서 그들을 도와주라는 교훈을 담고 있는 이 이야기는 아무런 지시를 하고 있지 않지만 마음을 열어 좀 넉넉한 사람으로 살고 싶다는 생각을 갖게 하는 힘을 가진다. 어떤 논리와 명제를 전하지 않지만 가슴을 열게 하고, 그 사실을 공감하게 하면서, 스스로 결단할 수 있게 해주는 것, 이것이 이야기가 가지는 힘이다. 그래서 스티븐 크라이테스는 "사람들은 그들이 듣고 말하는 이야기들에 의해 삶의 가장 깊숙이 내면적 경험을 형성한다"고 주장한다.[141] 그래서 사람들은 누구나 이야기를 좋아하며, 이야기에 묻혀서 살아간다. 이야기를 나누면서 시간과 공간을 초월하는 사건들을 경험하게 되며, 그 이야기를 통해서 개인적인 간격과 시간적 간격을 좁혀 나간다. 이야기는 다른 이야기를 낳고, 이야기를 나누면서 사람들은 함께 연결되어가며, 인간적인 결속을 다져나간다.

인간 삶과 이야기

이렇게 이야기는 "실천적 힘"을 가지고 있으며, "사람을 형성하고

---

140) Jack Canfield 외, *Chicken Soup for the Surviving Soul*, 『마음을 열어주는 101가지 이야기1』 (서울: 이레, 2001).
141) Crites, "The Narrative Quality of Experience,": 304.

사람을 움직이는 일종의 힘"을 가지고 있기 때문에,142) 사람들은 이 야기 듣기를 좋아하고, 이야기를 통해서 들려질 때 귀를 기울이고, 마음을 연다. 인간의 삶은 크고 작은 자신의 경험을 통해 자신의 이 야기를 형성하기도 하고, 그것을 들려주며, 또한 그것을 새롭게 구성 하는 여정이다. 이렇게 인간은 이야기에 의해서 형성되는 존재이다. 이렇게 인간 의식은 이야기 형태로 구성되어 있고, 기억과 회상이라 는 이야기 구조에 의해서 존재하기 때문에 이야기는 인간 삶에 있어 서 폭넓게 작용한다. 이것은 개인과 그리고 공동체의 정체성을 규정 해 줄 뿐만 아니라 하나로 묶어주고 통합하는 기능을 한다.

또한 이야기는 추상적인 개념들을 구체화시키며, 인간 삶이 갖는 의미들과 깊은 연결을 지어준다. 이야기에는 뛰어난 수용성과 전달 력이 있으며, 기억하는데도 뛰어난 장점을 가진다. 이야기는 청중들 로 하여금 말씀을 가장 잘 이해하도록 도와주며, 사람들의 감성적인 부분을 고양시켜 주면서 오래 기억하도록 해주며, 사람들의 흥미와 관심을 유발시키기 때문이다. 이야기는 외면 세계뿐만 아니라 내면 세계를 묘사하고 본뜨는 모사(模寫) 기능을 가지며,143) 이야기를 통 해서 그들의 의식 속에 새로운 세계를 형성해 간다. 이야기가 반복해 서 들려짐으로 그들은 이야기에 의해서 새롭게 그들의 세계를 만들 어 낸다. 이들은 이야기를 나누면서 전통을 만들어 가고, 이야기를 보존하면서 전통을 새롭게 형성해 가기도 하고, 변형해간다.

쟌 도미닉 크로산은 "물고기가 물에서 사는 것과 같이 사람은 이 야기 속에서 살아간다"고 했다.144) 이런 점에서 인간들의 삶은 이야

---

142) 안석모, 『이야기 목회, 이미지 영성』 (서울: 도서출판 목회상담, 2001), 131.
143) Erich Auerbach, *Mimesis: The Representation of Reality in Western Literature* (Princeton: Princeton University Press, 2003).
144) John Dominic Crossan, *The Dark Interval: Towards a Theology of Story* (Sonoma: Polebridge Press, 1988), 31.

기로 채워져 왔고, 이야기에 의해서 아름답게 채색되어져 왔다. 사람들은 이야기하기를 좋아하며, 그들의 이야기를 나누면서 살아간다. 그러므로 이야기가 시작될 때 사람들은 귀를 기울이며, 무엇이 일어날 것인가 기대하게 된다. 이야기는 사람들로 하여금 단순하게 이야기가 전달해 주는 사실 이상의 무엇인가에 대한 기대감을 갖게 한다. 효과적인 이야기는 그것이 끝난 다음에 말하는 사람의 마지막 단어들로 끝나는 것이 아니라 듣는 사람의 가슴 속에서 새로운 싹이 움터오게 하는 어떤 씨앗을 남기기 마련이다. 이야기는 듣는 사람을 그 장소와 사건 속으로 함께 끌고 들어가서 그것들을 함께 경험하게 한다. 이러한 것을 이야기가 가지는 동일시(identification)의 특성이라고 할 수 있다.

이렇게 이야기는 세계를 형성하고 변혁하는 힘을 갖는데, 기본적으로 개인의 세계관과 생활 방식에 있어서 그것들을 형성하고 변혁하는 기능을 수행한다. 이야기는 보다 넓은 자아 인식과 사회 인식을 갖도록 할뿐만 아니라 상상력을 자극하여 상상을 불러일으킨다. 또한 쉽게 전달되지 않는 실재들을 볼 수 있게 하며, 문화적 가치들과 행동 양식들이 이야기를 통해 형성되고 변혁된다. 이렇게 이야기는 우리가 살고 있는 "세계에 대해 신선한 묘사들, 즉 새로운 관점들이나 새로운 전망들을 소개하면서 새로움"을 더해준다. 이렇게 인간의 삶은 이야기로 채워진 어떤 결정체이다.

성경, 설교, 그리고 이야기

이렇게 이야기는 어떠한 사실을 전달하기 위해 사용하는 하나의 방법이나 테크닉 이상의 것이다. 왜냐하면 이야기는 인간 의사소통의 중요한 양식이며, 문화의 전달 통로이고, 잠재적으로 심오하고 원대한 방법이기 때문이다. 사람들은 의사소통을 위해 아주 먼 옛날부터 오늘날까지 이야기를 사용해 왔다. 사람들은 이야기하기를 좋아하며, 그들의 이야기를 나누면서 살아간다. 그러므로 이야기가 시작되면 사람들은 귀를 기울이며, 기대감을 갖게 된다. 그래서 성경은 사람들에게 하나님의 메시지를 전하는 가장 중요한 도구로 이야기를 사용해 왔다. 또한 복음의 선포는 언제나 이야기의 형태를 취하였다. 이러한 점에서 기독교의 설교는 본질적으로 이야기의 형태를 가졌다.[145] 그래서 H. 리챠드 니버는 이야기는 하나님과 세상(world)을 드러내는 도구라고 주장하면서, 하나님께서는 이야기를 통해 하나님 당신을 선명하게 노출시키고 계시하신다고 주장한다.[146]

이러한 특성 때문에 성경은 메시지를 드러내는데 있어서 가장 중심 되는 매개체로 이야기를 삼았으며, 예수님도 주로 이야기를 통해 말씀하셨다. 실로 이야기는 복음을 전달하시는 예수님의 방식이었다. 그는 개념이나 조직적인 논리를 통해서 어떤 진리의 말씀을 전하려고 하시기보다는 이야기를 즐겨 사용하셨다. 이것은 단지 이야기의 효과성(effectiveness)이나 탁월성 때문만은 아니었으며, 청중들의 관심을 끌기 위해서도 아니었다. 이야기는 삶을 변화시키는 힘을 가지고 있기 때문이며, 복음의 본질적인 특성 때문이었다. 가난한 과부의 억울한 탄원이 여지없이 무시하고 왜곡되게 판결하고 있는 불의한 재판관에 대한 이야기를 들으면서 청중들은 끊임없이 문을 두들기고 있는 현장에 서게 되며, 불의로 가득 찬 아픔과 고난이 있는 삶의 현장에 동참하게 된다.

또한 초대교회의 설교자들이었던 제자들은 이야기를 통해 그들의 교인들을 예수님이 친히 거니셨던 현장으로 초대한다. 설교자들의

---

145) 위의 책, 56-57.
146) H. Richard Niebuhr, *The Meaning of Revelation* (New York: Macmillan Publishing Co., 1941), 2, 3장 참조.

말씀을 따라 그들은 갈보리 십자가의 현장에 서게 되며, 부활의 아침 손을 내미시며 평안을 외치시던 그 현장에 함께 서게 된다. 실패한 디베랴 바닷가에서 친히 조반을 준비하고 계시는 그분 앞에 함께 설 수 있게 되는 것은 이야기를 통해서이다. 그래서 에이모스 윌더(Amos Wilder)는 "복음의 바로 핵심적인 본질은 이야기의 형태로 우리에게 다가온다"고 주장한다.147) 예수님이 이야기를 즐겨 사용하신 것은 청중들의 관심만을 끌기 위해서가 아니라 복음의 본질적인 특성 때문에 그리하셨다는 것이다. 그러므로 복음의 메시지를 삼단논법이나 지적인 논증, 혹은 정의로 바꾸어서 전한다면 복음 그 자체의 본질적인 특성을 변형시키는 것이 된다.

구약의 대부분도 이야기로 되어 있다. 하나님께서 이스라엘을 어떻게 다스리시며, 이스라엘이 어떻게 그 다스림 가운데서 살아가는가에 대한 이야기로 가득 차 있다. 이스라엘 공동체는 시대를 넘어서서 역사하시는 하나님의 현존과 역사를 이러한 이야기 속에서 경험한다. 기억하고(remembering), 이야기하면서(telling) 이스라엘 백성들은 그 사건들은 새롭게 경험하게 된다. 하나님께서는 이스라엘의 이야기(storytelling event)를 통해 현존하신다. 그러므로 이야기를 나누는 것을 통해 하나님의 백성들의 공동체는 형성되고,148) 거룩한 이야기들을 되뇌면서(retelling) 과거의 사건을 기억하고, 미래의 사건을 기대하게 된다.

왜 성경은 복음의 기쁜 소식을 전하기 위해 이야기를 사용하고 있는가? 복음은 이야기의 특성을 가지기 때문이며, 우리의 신앙생활 역

---

147) Amos N. Wilder, *Early Christian Rhetoric: The Language of the Gospel* (Cambridge: Harvard University Press, 1974), 71.

148) Thomas E. Boomershine, *Story Journey: An Invitation to the Gospel as Storytelling* (Nashville: Abingdon Press, 1988), 21.

시 이야기의 특성을 가지기 때문일 것이다. 성경이 그러하듯이 우리의 개인의 신앙 여정도 주님이 세례 받으시고, 공생애의 삶을 사시며, 죽음으로, 그리고 부활로 옮겨가는 것과 같은 이야기의 특성(narrative quality)을 가진다. 사람들은 이야기 안에서 자신을 인식할 수 있고, 설교의 다른 수단을 통해서 일어나지 않은 것도 이야기를 통해서 변화된 자신의 모습을 그려볼 수 있다.

이야기(narrative)는 하나님과 세상을 드러내는 도구였으며 사람들도 이야기를 통해서 자신을 노출하고, 다른 사람들을 받아들이게 된다. 하나님께서도 이야기를 그리스도 안에서 자신을 선명하게 노출시키고 계시하시는 장(場)으로 삼으셨다.149) 이렇게 복음의 본질적인 특성은 이야기의 형태를 통해서 전달된다. 그래서 부머샤인은 복음은 본래 "이야기로 말하는 전통(storytelling tradition)"이었다고 주장한다.150) 그러므로 설교자는 이러한 성경이 가진 특성을 바로 이해한다면 이야기에 대한 관심을 던져버릴 수 없을 것이다. 이 점에 대하여 이연길은 다음과 같이 주장한다.

> 성경은 우리에게 윤리적인 지침을 주거나 신앙생활을 잘하도록 안내하라고 하거나, 교의적인 명제들을 제공해 주려 하기보다 오히려 하나님의 역사하심과 우리를 위한 그분의 사랑을 보여주고 증언하는 책이다. 즉 우리를 향한 하나님의 이야기책이다. 성경을 통하여 하나님을 깊이 이해하고 하나님과 교통하는 사람은 하나님과의 관계를 전달하는데, 이야기로 전달하는 것 밖에는 다른 방법이 없을 것이다.151)

---

149) 이야기와 계시의 상관성에 대해서는 Niebuhr, *The Meaning of Revelation,* 특히 2, 3장; George W. Stroup, *The Promise of Narrative Theology: Recovering the Gospel in the Church* (Atlanta: John Knox Press, 1981)을 참조하라.
150) Boomershine, Story Journey, 18.
151) 이연길, 『이야기 설교학』 (서울: 쿰란, 2003), 59.

복음을 전하는데 있어서 이야기를 사용한 다른 이유는 이야기가 본질적으로 경험의 언어이기 때문이다. 이야기를 하고, 듣는 것은 우리의 삶의 경험과 같은 구조를 가진다. 경험은 본질적으로 이야기의 특성을 가진다. 우리 삶은 이야기와 같이 하나의 에피소드 뒤에 다른 에피소드들로 이어지면서 채워진다. 우리가 서로를 알아 가는 방식의 하나도 우리의 이야기들을 말함으로서이다. 이렇게 이야기가 말해질 때 공동체는 형성되게 되며 서로가 서로를 깊이 알아가게 되면서 깊은 관계를 형성하게 된다. 이러한 점에서 복음의 선포인 기독교의 설교도 원칙적으로 이야기의 특성(narrative quality)을 가질 수밖에 없다. 삶이 이야기라면 인간 삶이 신앙으로 채워지기 위해서는 이야기는 가장 중요한 표현 수단이 될 수밖에 없다. 그런 점에서 신앙이란 삶이며, 신앙은 곧 이야기여야 한다. 내가 살고 있는 이야기, 우리가 살아온 이야기, 앞으로 내가 걸어가야 할 이야기들이 들려질 뿐이다.[152]

이야기, 설교, 현대 설교학

그러나 성경의 메시지를 증거하는 기독교의 설교는 계몽주의 이후 인간의 이성에 우위를 두는 영향을 받아 전반적인 지적 구조가 합리성을 근간으로 한 토대 위에 세워진다. 자연히 기독교의 설교 역시 그 시대 사람들에게 하나님의 말씀을 들려주기 위해 논증과 명제 중심의 설교의 형태를 가질 수밖에 없었다. 이러한 경향은 300여 년 동안이나 기독교의 설교가 그러한 틀에 사로잡혀 있게 되면서 이야기의 일식(日蝕) 현상을 경험하게 된다. 그러나 1970년대 이후 현대 설교학에서 이야기의 특성을 회복하려는 시도들은 새로운 도전과 흐름

---

152) 위의 책, 30-31.

으로 와 닿고 있다. 이야기를 중심으로 한 설교 방법은 하나의 방법론으로 자리를 잡아갈 뿐만 아니라 설교의 새로운 패러다임으로 자리를 잡아가고 있다. 이야기를 통한 설교 방법이 여러 설교 방법들 중에서 가장 효과적이기 때문이라거나, 단지 가장 감화력을 주는 방법이기 때문에라기보다는 최소한 설교의 임무를 충실히 이행하는 방법이 되기 때문이다.

이렇게 오늘의 시대에 하나님의 말씀의 명확한 전달이라는 측면에 깊이 관심을 가져 온 현대 설교학은 설교에 있어서 이야기의 사용의 중요성을 새롭게 발견하였다. 복음의 선포로서의 설교는 이야기로 되어 있으며, 성경이 하나님의 메시지를 전하는 가장 중요한 도구로서 이야기를 사용하고 있음을 새롭게 인식했기 때문이다. 현대설교학에서 설교에 있어 이야기의 중요성을 고려하도록 논의의 방향성을 제시해 준 사람은 그래디 데이비스(H. Grady Davis)였다. 그는 칼 바르트 이후 신정통주의 설교학에서 강조해 온 설교의 내용에 대한 강조로부터 이제 설교의 형식으로 설교학의 핵심적인 관심을 이동시킨 역할을 한다.

> 설교자들은 종종 복음서의 대부분이 등장인물, 장소, 사건, 그리고 대화 등으로 되어 있는 이야기라는 사실을 잊어버리는 것 같다. 복음서는 어떤 일반적인 사상을 언어적으로 주해하고 설명해주는 주석서가 아니다. 그럼에도 불구하고 오늘 설교의 9/10 정도는 언어적 주해나 논쟁으로 채워지고 있다. 사실 복음서에는 주해는 고작 1/10도 안 된다. 복음의 중심 내용은 주로 구연되는 이야기의 형태로 전해지고 있다.[153]

이러한 데이비스의 주장은 1960년대와 70년대 북미의 설교학계

---

153) Davis, *Design for Preaching*, 157.

에서 이야기와 설교와의 상호관계성에 대해 본격적으로 탐구하도록 촉발하였으며, 논리 중심의 논증적이고 명제 중심적인 설교 형태-계몽주의 영향과 함께 형성되어 지난 300년 동안 중심적으로 사용되던 설교의 틀인-로부터 설교의 새로운 형태를 찾아가기 시작한다. 이러한 변화의 흐름에 크게 공헌한 사람은 찰스 라이스(Charles Rice)와 프레드 크래독이었다.[154] 그들은 이야기와 설교에 대한 상호 연관성에 대한 연구를 불러 일으켰으며, 현대 커뮤니케이션의 발달, 문학 비평과 같은 새로운 성서연구방법론, 언어신학 이론(linguistic theory), 그리고 이야기 신학(narrative theology)과 같은 주변의 연구들이 이러한 흐름의 토대로 작용한다.

1980년대에 이르러서는 이러한 이야기를 중심으로 한 설교의 패러다임은 북미의 설교학계에서는 가장 영향력 있고, 대중적인 흐름으로 정착하게 되었다. 물론 많은 저자들에 의해 수많은 저작들이 쏟아져 나오는데, 이야기와 설교에 대한 그들의 이해와 주장들은 각기 다르다고 할 만큼 다양한 형태와 관점들이 제시되지만 설교에 있어서 이야기의 중요성을 함께 인식해 간다는 점에서는 공통적이다. 새로운 설교의 형태의 중심에는 이야기를 통한, 이야기와 같이, 이야기에 의한 설교의 형태를 개발하게 되었다. 이러한 설교의 형태는 획기적인 발전을 거듭해 왔는데, 이러한 모든 설교 형태의 가장 기본적인 골격은 언제나 이야기에 있었다.

이제 설교를 "이야기를 말하는 것"(story-telling), 혹은 "이야기 나눔(shared story)"으로 이해하게 되었다. 이야기를 통한 설교의 틀

---

[154] 라이스와 크래독은 다음의 책들을 발간하여 이러한 탐구의 여정을 시작하게 했다. Charles Rice, *Interpretation and Imagination: The Preacher and Contemporary Literature* (Philadelphia: Fortress Press, 1970); Craddock, 『권위 없는 자처럼』 등을 참조하라.

은 어느 한 가지라기보다는 커다란 우산과 같이 다양한 형태를 포괄하는 형태로 발전되어 간다. 일반적으로 이야기를 중심으로 한 설교는 현대 설교학에서는 두 가지 관점으로 나누어지는데, 설교에서 실제로 하나의 이야기, 혹은 몇 개를 이야기를 말하는 것으로 이해하는 주장과, 이야기와 같은 형태, 혹은 이야기의 형식을 따라서 설교를 구성할 것을 주장하는 관점으로 구분할 수 있다.

전체적으로 이러한 설교의 틀이 제시되면서 가져온 긍정적인 공헌이 있다. 먼저 교회로 하여금 이야기에 관심을 유도하면서 결국은 성경에 관심을 갖도록 했다. 설교자는 대체적으로 설교에서 특정 주제나 명제를 해설하고 논증하는 설교를 거부하고 성경본문 자체의 중요성을 인식하면서, 본문의 특성을 따라 이야기 형식을 취하게 되었다. 둘째로는 설교의 형태를 더욱 풍성하게 해 주었는데, 성경 본문의 형식을 중요하게 인식하게 되면서 다양한 설교 형식들을 추구하게 되었다. 셋째로는 성경이 어떤 영적 실체를 이론적으로 논증하려 하거나 설명하려고 하기보다는 그것을 서술하려는 특성(indicative character)을 가지고 있음을 새롭게 이해하게 되었다. 넷째로는 설교에 있어서 지성뿐만 아니라 이제는 감성까지도 염두에 두어야 한다는 점이 부각되면서 설교의 전반적인 특성이 새롭게 재편성되었다는 점이다. 논리적 논증 중심의 설교는 이제 지배적인 방법이 되지 못하게 되었다. 다섯째로는 설교의 언어에 내포된 시적이고 은유적인 측면이 부각되면서 설교에서의 상상력의 역할이 새롭게 강조되게 되었다.155)

이와 같이 이야기는 설교에 있어서 아주 중요한 수단(vehicle)일

---

155) Charles L. Campbell, *Preaching Jesus: New Directions for Homiletics in Hans Frei's Postliberal Theology* (Grand Rapids: Eerdmans, 1997). [이 책은 『프리칭 예수』라는 제목으로 번역되었다].

뿐만 아니라, 복음의 본질적인 특성은 그것이 이야기의 형태를 통해서 전달된다는 점을 고려해 볼 때 이야기는 기독교 설교의 본질적인 구조를 이룬다. 성경과 사도들에게서 찾게 되는 설교의 원형은 논리의 틀이 아니라 이야기의 틀을 통해서 전해져 왔음을 고려할 때, 기독교의 설교는 필연적으로 이야기의 특성(narrative quality)을 가져야 한다. 이러한 점 때문에 1970년대 이후 현대 설교학에서 설교에 있어 이야기의 특성을 회복하려는 시도들을 전개하고 있음은 고무적인 사실이다. 오늘의 설교에서 이야기의 특성을 회복하는 것은 중요한 일이라고 할 수 있는데, 왜냐하면 그것이 예수님의 설교를 계속하는 것이 되며, 설교를 보다 효과적으로 감당할 수 있기 때문이다.

이렇게 이야기에 대한 중요성을 인식하면서 - 이것은 어떤 점에서 기독교 설교의 기초에 대한 재발견이었다 - 논리와 명제 중심의 설교, 성경을 설명하는 해설식 설교, 설교의 개념을 전달하는 논증식 설교에서 이야기와 같이 흐름과 전개가 있는 설교의 틀을 발전시켰다. 특히 이야기를 중심으로 한 설교(preaching-as-storytelling)는 논리적이고 명제 중심적인 전통적인 설교가 가지고 있는 한계를 극복하기 위한 대안으로 등장한다. 전통적인 설교는 교리를 중심으로 엮어지며, 명제를 중심으로 한 대지로 구분하여, 논리적이고 논증적인 설교의 형태를 가진다. 그 동안 설교는 주로 성경의 내용을 강해하고 설명해 주는 형태(an exposition of Scripture)를 취하게 되었으며, 설교의 가장 두드러진 형태로 자리 잡게 되었다.

설교는 논리를 통해 성경의 교훈과 교리를 가르치고(teaching), 성경의 내용을 전수해 주는(transmitting) 형태를 취하게 된다. 이러한 흐름 속에서 설교에서는 이야기의 특성(narration)은 사라지고, 논리적인 사고(reflection)가 설교의 기본적인 구조를 형성하게 되었다. 여기에서 이야기는 어떤 명제를 설명하고 예증하기 위한 예화(illustration)의 차원에 머무르게 된다.

그러나 시대적인 상황과 함께 맞물려 1970년대 이후 현대 설교학은 설교의 새로운 형태를 찾아가기 시작했다. 수백 년 동안 계속되어 온 틀을 깨고 새롭게 제시된 설교 방법론을 가리켜 혹자는 "설교의 코페르니쿠스적인 혁명"이라고 평가한다. 새로운 설교의 형태의 중심에는 이야기를 통한, 이야기와 같이, 이야기에 의한 설교의 형태를 개발하게 되었다. 이러한 설교의 형태는 지난 30여 년 동안 다양한 형태로 발전되어 왔다. 혹자는 그것을 귀납적 설교(inductive preaching)라고 명명하기도 했고, 혹자는 이야기 설교(story sermon)라고 부르기도 하고, 혹자는 이야기식 설교(narrative preaching), 현상학적 전개식 설교(phenomenological move preaching)라고 부르기도 했다. 또한 최근에 이르러서는 보다 에피소드로 엮어 가는 대화체 설교(episodial conversation preaching)라고 이름을 붙이기도 했으며, 이러한 방법론들의 한계를 보완하면서 포스트리버럴(postliberal preaching)이라고도 이름 붙이기도 하고, '네 장면으로 이어지는 설교'(four pages of the sermon)라고 한다.[156] 이러한 설교의 형태는 강조점의 차이가 있을뿐 기본적인 골격은 같은 형태를 가진다. 그래서 기본적인 패러다임은 같은 형태를 취하는데, 이야기의 특성을 따른 다는 것, 귀납적 구조를 취한다는것, 발전과 전개 구조를 따라 전하려는 메시지의 결론을 향하여 집약적인 움직임을 갖는다는 것을 특징으로 한다.

---

156) 이러한 방법론에 대한 주창자들은 순서적으로 프래드 크래독(Fred B. Craddock), 찰스 라이스(Charles Rice), 유진 라우리(Eugene Lowry), 데이빗 버트릭(David Buttrick), 그리고 루시 로오즈(Lucy Rose), 찰스 캠벨(Charles Campbell) 등이다. 이에 대한 보다 자세한 내용을 위해서는 김운용, 『설교의 새로운 패러다임』, 3장을 참조하라.

이야기가 가지는 특성

이러한 전체적인 흐름이 가지는 특성을 이해하기 위해 우리는 먼저 이야기가 가지는 공통적인 특성을 살펴 볼 필요가 있다. 새로운 설교의 경향은 이러한 이야기의 특성을 깊이 반영하고 있기 때문이다. 그러므로 이러한 특성을 잘 이해할 때 우리가 논의하려고 하는 이야기식 설교에 대한 보다 폭넓은 이해를 가질 수 있게 될 것이다. 이야기에는 그 이야기가 무엇에 대한 것인 지와 관련한 '내용'(content)이 있고, 그 이야기가 어떤 내용을 전달하는 형식(form)이 있다. 서사비평(narrative criticism)에 대한 그의 책에서 막 포웰(Mark A. Powell)은 이야기(narrative)에는 그 이야기의 내용으로서의 '스토리'(story)와 그 이야기가 어떻게 말해지느냐에 대한 수사학적인 관점을 말하는 '담론'(discourse)으로 구분한다.[157] 여기에서는 주로 후자, 즉 이야기가 어떤 형식을 따라서 말해지는가와 관계된 몇 가지 내용만 이야기를 중심으로 한 설교와 관련하여 살펴보자.[158]

첫 번째 이야기는 '관점'(point of view)을 가진다. 관점은 이야기 전체를 일정한 방향으로 이끌어 가는 역할을 한다. 이것은 이야기를

---

[157] Mark A. Powell, *What Is Narrative Criticism?* (Minneapolis: Fortress Press, 1990), 23. (이 책은 한국 장로교 출판사에서 『서사비평이라 무엇인가?』라는 제목으로 번역되었다). 포웰은 이러한 구분을 짓는데 있어서 세이모어 채트만(Seymour Chatman)을 따르고 있다. Seymour Chatman, *Story and Discourse: Narrative Structure in Fiction and Film* (Ithaca and London: Cornell University Press, 1978)을 참조하라. 물론 이러한 구분에 대해서는 학자들에 따라서 의견이 다소 다를 수 있다. 이야기 신학(narrative theology)을 주창하는 학자들 사이에도 narrative와 story라는 말을 동의어로 사용하는 사람이 있는가 하면 혹자들은 narrative를 story의 상위 개념으로 생각하는 사람들도 있다. 포웰의 경우에는 후자에 속한다고 할 수 있겠다. 유진 라우리는 이 두 개념을 이해할 때, 전자를 이야기의 형식(form)으로, 후자를 이야기의 내용(content)으로 이해한다. Lowry, *How to Preach a Parable*, 25-26을 보라.

[158] 이에 대한 보다 세부적인 요소들과 그 내용들에 대해서는 Unyong Kim, "A Study of Narrative Preaching as a New Preaching Style" (Th.M. Thesis, Columbia Theological Seminary, 1994), 20-30쪽을 참조하라.

이끌어가기 위해서 세운 규범이나 가치관이다. 이것은 "판단 기준" (standards of judgement)이 되며, 이것에 의해서 이야기의 사건, 등장인물, 그리고 이야기의 배경(setting)이 평가된다.159) 성경의 저자들은 언제나 모든 이야기의 관점을 하나님의 관점에 고정시키고 있음을 볼 수 있다. 이야기의 세계에서 하나님의 평가 관점이 분명하게 드러나고 그것이 규범으로 받아들여지는 것은 성경 저자들의 강력한 수사학적인 장치이다.160) 이야기의 관점을 설교와 연결시켜 볼 때, 관점을 바로 이해하는 것은 본문을 해석하는 데나 설교의 진행 방향을 결정하는데 있어서 중요한 요소이다. 이것은 설교의 주제를 잡는 것과도 깊이 연관되어 있다. 설교자가 성경 본문의 저자와 원저자이신 삼위 하나님의 관점, 혹은 의도를 정확하게 이해하는 것이 설교의 내용을 결정짓는 중요한 요소가 된다. 또한 이것은 설교의 진행 방향을 설정하고 장면을 전개해 가는데 필요한 요소이다.

두 번째 이야기는 '플랏'(plot)을 가진다. 플랏은 이야기가 담고 있는 사건의 전개와 짜임새이며, 얽힘새이다. "이야기가 진행되면서 점차 밝혀지기 시작하는 사건과 사건 사이의 관계와 관련성, 그 인과관계"161) 등을 의미하는 것으로 모든 이야기는 플랏을 가진다. 그래서 혹자는 플랏은 이야기의 몸체(body)와 같다고 했다.162) 이것은 사건의 순서적이고 조직적인 배열을 결정짓는데, 상호 연관된 사건들의 의미 있는 연결고리이다. 이것은 이야기의 구조(structure)를 규정해 주는 원칙이며, 청중들의 관심을 불러일으키고, 감정적인 이입이 가능하게 해주는 방향으로 사건을 조직해 가도록 도와준다. 이야

---

159) Powell, *What is Narrative Criticism?*, 24.
160) 위의 책, 25.
161) 안석모, 『이야기 목회, 이미지 영성』, 174.
162) Shimon Bar-Efrat, *Narrative Art in the Bible* (Sheffield: Almond Press, 1989), 93.

기는 시작이 있고, 중간이 있으며, 끝이 있는 흐름 속에서 전개되어 간다. 이 흐름 혹은 움직임을 지배하는 것이 플랏이다.

여기에서 플랏은 단순한 흐름이 아니라 긴장 상태, 혹은 문제 상황으로부터 그것의 해결(resolution)로 향해 움직인다. 유진 라우리는 플랏을 정의하기를 "불평형 상태(disequilibrium)로부터 해결 상황(resolution)으로 움직여 가는 이야기의 지속적인 긴장감(suspense)"이라고 했다.163) 이러한 움직임 가운데 중요한 것은 언제나 극적인 반전(reversal)을 필요로 한다. 예수님의 비유를 연구하는 가운데 쟌 도미닉 크로산(John Dominic Crossan)은 이것을 "반전의 과격성"(radicality of reversal)이라고 했다. 단순한 전환이 아니라 "완전히 뒤집어 놓는 반전"(polar reversal)이라고 했다. 즉 북극이 남극이 되고, 남극이 북극이 되는 것과 같이 될 때를 그는 극적인 반전이 일어난 것으로 표현한다.164)

설교에 있어서 플랏의 개념을 가장 잘 정리한 사람은 유진 라우리이다. 그는 설교를 "이야기와 같은 예술 형태"(narrative art form)로 이해하면서 "시간 안에서 일어나는 사건"(event-in-time)이라고 정의한다.165) 이 말은 모든 설교는 연속성과 움직임을 가지고 결론을 향해 점점 진행되어 가는, 즉 플랏을 가져야 한다는 의미이다. 설교는 어떤 주제의 해설을 담은 덩어리들로 구성되어 있는 것이 아니라 하나의 흐름이며 진행 과정(process)이다. 시작과 마침이 있는 시간 속에서 흐름이며, 그 흐름 속에서 일어나는 사건이다. 이것은 마치

---

163) Eugene Lowry, *Doing Time in the Pulpit: The Relationship between Narrative and Preaching* (Nashville: Abingdon Press, 1985), 52.
164) John Dominic Crossan, *In Parable: The Challenge of the Historical Jesus* (New York: Harper, 1973).
165) Eugene Lowry, *The Homiletical Plot: The Sermon as Narrative Art Form,* expanded version (Atlanta: John Knox Press, 2004), 6.

한편의 드라마가 가지는 특성을 생각하면 될 것이다.

세 번째 이야기가 가지는 특징은 '움직임'(movement)이다. 이야기는 정지되어 있는 정물화(still life painting)와 같은 것이 아니다. 커다란 폭풍우 가운데 외롭게 서있는 어느 시골 외딴집의 정경을 아무리 생생하고 섬세하게 묘사한다고 해서 그것이 이야기라고 할 수 없다. 왜냐하면 이야기는 그 안에서 무엇인가가 일어나는 것이기 때문이다. 그래서 토마스 롱은 이야기의 특성을 "이야기 안에 있는 골격은 얼어서 정지되어 있는 것이 아니라 시간의 흐름을 따라서 움직이는 동작"이 있으며, "결론으로 이끄는 연결된 사건들의 사슬" (chain)로 설명한다.[166]

이야기는 발단이 있고, 전개가 있으며, 결말을 가지고 있는 사건들의 시리즈이다. '발단'이 어떤 행동으로 나타나야 하는 상황을 서술하는 것이라면, '전개'는 이 필요를 어떻게 행동으로 옮기고 있는지에 대한 서술이다. '결말'은 전개에서 제시된 행동이 어떠한 결과로 나타나는가를 보여주는 것으로 발단에서 제시된 필요의 상황을 해결하여 주는 단계이다. 그러므로 결말은 청중들이 "아 그렇게 끝나는구나"라고 말하도록 만드는데, 발단에서 제기된 필요가 어떻게 충족되는가를 보여주는 단계이다. 이처럼 이야기는 시간의 흐름만을 서술하는 것이 아니라 시간을 조직적으로 정리하여 주는 방법이다. 일관성이 없는 사건의 단순한 나열이 아니라 논리적이고 의미가 있도록 그 사건에 의미를 부여하는 사건의 배열이다.[167] "옛날 옛적에…"로 시작되는 이야기는 여러 가지 에피소드들을 엮어가면서 클라이맥스에 이르면서 끝나게 된다. 이야기란 이렇게 움직임을 갖는

---

[166] Thomas G. Long, *Preaching and the Literary Forms of the Bible* (Philadelphia: Fortress Press, 1989), 134.
[167] 위의 책, 135-136.

다. 이 사건에서 저 사건으로 지속적으로 진행해 가는 시간 속에서 이루어진다. 그래서 이야기는 언제나 질서 있게 움직여 가는 연속 장면(ordered sequence)으로 연결된다. 이야기뿐만 아니라 모든 인간의 대화도 이러한 연속된 장면을 가진다.

설교에서 이러한 움직임이라는 이야기의 특성을 받아들이는 것은 새로운 시도임에 틀림이 없다. 기본적으로 개념을 설명하고 논증하는 형식의 전통적인 설교가 정지된 화면처럼 메시지를 전하는 것이라면 이야기의 특성을 따라 움직임을 만들어 가는 설교는 정지된 화면이 아니라 움직임을 통해 발전해 가는 화면을 따라 설교하는 것이라고 할 수 있겠다. 결론적인 내용은 전략적으로 연기되면서 설교는 연결되는 줄거리(sequence)를 통해 계속적으로 진행되어가다 마지막 부분에서 "아하!"의 탄성이 터져 나올 수 있는 만드는 설교 구성을 꾀한다는 점이다. 이러한 점을 라우리는 "결론의 전략적인 연기"(strategic delay)라고 주장한다.[168] 이것은 기본적으로 귀납적인 구성을 통해 움직임을 만들어 간다.[169] 이러한 움직임의 최종적인 목적은 "설교학적인 여행"을 청중들과 함께 해 가면서 말씀을 경험(experience)하도록 하는데 초점을 맞춘다.

이와 같이 이야기는 하나님의 진리의 세계를 드러내고, 진리의 말씀을 전하는 설교에 있어서 새로운 가능성을 열어주는 중요한 자원이다. 수세기에 걸쳐 이야기는 교회와 하나님의 백성들을 생성(formation)하고 그들에게 하나님의 말씀을 선포하는 일(proclamation)

---

[168] Eugene L. Lowry, *The Sermon: Dancing the Edge of Mystery* (Nashville: Abingdon Press, 1997), p. 24.
[169] 설교의 귀납적인 구성에 대해서는 Craddock, 『권위없는 자처럼』; 김운용, 『설교의 새로운 패러다임』을 참조하라. 이야기 설교와 귀납적인 구성을 접목시킨 논문으로서는 Lucy Rose, "The Parameters of Narrative Preaching," in *Journeys toward Narrative Preaching*, 23-41을 참조하라.

을 위해 하나님의 백성들의 공동체에서 가장 중심이 되는 요소가 되어왔음170)을 감안할 때 이야기를 통한 설교의 형태는 설교의 새로운 가능성을 여는 것일 뿐만 아니라 전통의 설교 방식과는 전혀 다른 새로운 하나의 장을 여는 것이라고 평가할 수 있을 것이다. 이러한 이야기의 특성을 잘 이해할 수 있을때 이야기를 통한 설교의 틀을 이해하는데 도움이 될 것이다.

이야기의 틀거리를 통한 설교

이야기는 사람들의 의식 속에 자신의 정체성을 형성하게 해주는 힘을 가지고 있으며, 의미와 삶의 변형을 경험할 수 있게 한다. 이야기를 말하는 것은 우리 안에 잠재되어 있는 신비한 능력과 같은 요소이다. 이제 설교자들이 그 신비한 능력을 발굴하는 것과 그것을 활용하는 일이 중요한 과제로 등장한다. 인간의 사고 작용이 두 가지 요소에 의해서 결정된다는 사실은 이미 심리학자들에 의해 밝혀진 바이다. 칼 융은 논리적 특성을 바탕으로 하는 직접적 사고(directed thinking)와 이미지와 상징을 바탕으로 하는 간접적 사고(indirected thinking)에 의해서 인간 사고가 결정된다는 점을 밝힌바 있다.171) 전자가 언제나 옳고 그름에 주안점을 두면서 논증의 구조를 통해 어떤 결론에 도달하게 되는데, 형식적이고 경험적인 절차를 통해 증명하여 옳음을 설득하려는 구조를 취한다. 반면 후자는 이야기의 특성을 가지는 것으로 옳음을 증명하는 형식이 아니라 "정말 같음"(verisimilitude)에 주안점을 두고 행해진다. 그러므로 전자는 언제나 추상적이고, 보편적으로 받아들이는 진리를 거론한다. 그러나

---

170) Richard L. Eslinger, *Narrative and Imagination: Preaching the Worlds That Shape Us* (Minneapolis: Fortress, 1995), 29-30.
171) Carl Jung, *Symbols of Transformation* (Princeton: Bollingen Series, 1956).

후자는 구체적인 경험으로부터 시작하여 그 어떤 결론으로 나아가는 구조를 취하는데, 공감과 참여, 경험을 그 근거로 삼는다.172) 이야기의 틀을 따라 설교한다는 것은 전자에 충실하기보다는 후자에 충실히 하는 구조이다.

그렇다면 이야기의 틀거리로 설교를 구성하는 방식은 어떠한 것이 있을까? 이야기는 여러 방법으로 전개될 수 있는데, 이것을 설교자는 먼저 결정해야 한다. 이야기로 설교하는 설교자는 이야기의 내레이터와 같은데, 어떻게 전개할 것인지, 어떤 무드를 조성할 것인지, 시선 방향을 어디로 향하게 할 것인지를 결정해야 한다. 마치 카메라의 앵글을 어떻게 설정하느냐에 따라 어떤 영화가 찍어질 것인가가 결정되는 것처럼 청중들의 관점과 시야의 각도를 결정하는 역할을 한다. 여기에서 우리는 이야기로 이어지는 설교를 형태론적인 관점에서 몇 가지 형식을 제시할 수 있을 것이다.

첫째는 플랏 형식을 따라 설교를 구성하는 방식(plot method)이다. 이것은 주로 유진 라우리가 5단계 혹은 4단계로 제시한 내용으로 모순점을 제기하고, 그것을 심화하면서 평형상태를 깨뜨림으로부터 극적인 반전을 시도하면서 문제 해결 방식으로 나아가는 플랏을 통해 구성되는 설교의 형식이다. 이 형식은 언제나 갈등 구조가 먼저 제기되고, 이것을 해결하는 방식으로 나아가는 특성을 가지는데, 유진 라우리가 제시한 방법이다. 이것은 어떤 점에서는 문제 해결식의 양상을 띈다. 중요한 것은 어떠한 모순점이 제시되느냐와 그것이 어떻게 심화되느냐가 중요한 요소로 작용하게 되며, 그것이 해결되는 반전의 과정을 따라 복음을 경험하게 하는 특징을 가진다. 이러한 반전이 극적으로 주어지게 되며, 대단원의 끝으로 이끌어가는 과정으로 설교를

---

172) Jerome Bruner, *Actual Minds, Possible Worlds* (Cambridge: Harvard University Press, 1986), 11.

끝맺게 된다.

사람들로 하여금 주의를 흩트려 놓지 않고 설교에 귀를 기울이게 하는 비결은 무엇일까? 가장 기본적인 요소가 있다면 그것은 호기심과 기대감이다. 설교가 어떻게 결론이 날까라는 호기심이 없다면 청중들의 주의는 흩어지게 될 것이다. 호기심은 청중들이 주의를 기울일 수 있도록 도와줄 뿐만 아니라 기대감을 갖게 한다. 기대와 긴장감을 가진다면 청중들은 그것에 대해 흥미를 갖게 된다. 긴장감을 통해 호기심과 기대감을 갖게 된다면 의자에 등을 기댄 채 늘어져 있던 몸을 곧추 세우게 될 것이며, 잡념에 사로잡혀 있던 눈은 반짝이게 될 것이다. 이야기로 구성되는 설교는 청중들로 하여금 긴장감을 갖게 하면서 호기심을 갖도록 해준다는 장점을 가진다. 해결되어야 할 문제가 제시되고, 그것이 심화되는 동안 그것이 어떻게 해결 될 것인가에 대해 기대감을 가지고 그들은 귀를 기울이게 된다. 그러므로 설교는 어떤 긴장감(tension)으로부터 시작되어, 그것을 해결해 가는 구조를 취하게 될 것이다.

마이클 로그니스는 어린 두 자녀를 남겨두고 세상을 떠난 어느 젊은 어머니의 장례식에서 행한 설교의 예를 들고 있는데, 그 본문은 시 121편이었다. "…나의 도움이 어디서 올꼬. 나의 도움이 천지를 지으신 여호와에게서로다. 여호와께서 너로 실족치 않게 하시며 너를 지키시는 자가 졸지 아니하시리로다…" 그는 이 본문을 가지고 일반적으로 하나님의 인도하심과 지키심에 대해서 논리적으로 설명하려고 하지 않고 그렇게 모순점을 제기함으로 긴장감을 갖게 하는 구성을 취한다.

    오늘 고인이 되신 이 젊은 어머니의 이 땅에서 마지막 시간들을 생각할 때, 그리고 우리의 이 슬픔을 생각할 때 우리는 도저히 여기에

묻을 수가 없습니다. 주님 당신은 주무시고 계셨습니까? 그녀가 그 고통스러운 항암치료를 받고 있을 때 당신의 그늘은 어디에 있었으며, 이제 죽음이 우리를 갈라놓아 엄마와 아내가 없는 현실에 직면해 있는 바로 지금 여기에 당신의 그늘은 도대체 어디에 있다는 말입니까? 주님, 당신은 주무시고 계셨습니까?[173]

흔히 설교자들이 위로하려고 하고, 몇 마디 교리적인 말로 천국의 소망을 이야기하려고 할 때 청중들은 늘 익숙한 메시지에 대해서 별로 관심을 기울이지 않을 것이다. 그러나 아픔과 고통, 슬픔과 분노를 전혀 감추지 않고 큰소리로 항변하듯이 외칠 때, 그 설교자의 입에서 도대체 어떤 내용이 전개될 것인지에 대해 깊은 기대감을 가지고 말씀을 경청하게 될 것이다.

이렇게 설교가 모순점을 제시하면서 시작된다는 것은 호기심을 끌어내고 기대감을 갖게 한다는 장점이 있으나 거창하게 시작한 후에 그에 대한 해답이 적절하게 제시되지 못한다면 오히려 의혹과 혼동만 일으키게 될 것이다. 중요한 것은 반전을 통해 복음을 경험하게 하는 것이다. 여기에서 모순점을 제기하고, 심화시키면서 불평형을 만들면서 설교를 시작하는 이유도 복음을 더 구체적으로 경험할 수 있도록 하기 위함이다. 딜레마에 깊이 빠져 있던 사람은 그것이 반전될 때 '아하!'를 더 크게 외치게 된다. 이것은 마치 공을 강하게 내리칠수록 강하게 튀어 오르는 것과 같은 원리이다. 그러므로 '모호함'을 적절하게 제시하는 것은 설교 구성에 있어서 가장 필수적인 요소이다.

둘째는 리텔링의 형식을 따라 설교를 구성하는 방식(retelling method)이다. 이것은 본문의 구성이나 설교자의 의도에 따라 스토

---

173) Rogness, *Preaching to a TV Generation*, 5장.

리를 중심으로 구성해가는 방식으로, 반드시 모순점을 제기하고 그것을 해결해가는 방식을 취하지 않아도 된다는 점에서 설교 구성이 좀더 자유스러울 수가 있다. 이것은 설교자가 창의성을 발휘할 수 있는 기회가 되기도 하지만 한편으로는 '아하 포인트'를 향한 치밀한 구성을 해야 한다는 부담을 가질 수 있다. 이 때 설교자는 기승전결의 구조를 따르거나 문학적인 기교를 사용하여 문단을 만들어 설교를 전개할 수 있다. 또한 성경 본문 자체가 가지고 있는 전개 과정을 그대로 따라가면서 설교할 수 있을 것이다. 이것은 플랏 방식에 비해서 보다 평이한 방식이며, 본문의 구성이나 설교자의 구상이 중요한 요인으로 작용하는 방식이다.

이야기를 따라 설교할 때

이야기를 통한 설교에 대해서 다소의 오해와 혼란이 전혀 없지 않다. 설교에는 본문성(textuality)과 구두성(orality)이 중요한 요인으로 작용하는데, 그동안 한국 교회 강단에서는 상대적으로 본문성이 많이 약했던 것이 사실이다. 특별히 부흥회와 같은 집회 설교에서는 본문은 단지 성경 봉독한 것으로 끝나고, 주제 중심의 설교가 주종을 이루면서 다양한 예화와 체험들로 가득 채워진 설교가 진행되었던 것이 사실이다. 마치 설교는 감동이 있는 예화의 진열장과 같이 변질되면서 설교의 중요성까지 침해하는 결과를 낳기도 했다. 이러한 부흥사들의 영향으로 강단에서 행해지는 주일 공동 예배의 설교에도 이러한 현상들이 전혀 없었던 것이 아니다. 그래서 이러한 경향과 이야기를 통한 설교와 혼동을 가지고 있는 경우도 본다. 분명한 것은 재미있는 이런 저런 이야기나 예화, 자신의 경험담을 나열하는 것이 이야기 설교는 아니라는 점이다. 예화 중심의 설교와는 전적으로 다른 이유는 이야기 중심의 설교는 논리성을 탈피하여 설교에 있어서 이야기의 중요한 특성들을 되살리는 설교이기 때문이다.

또한 이야기를 중심으로 한 설교의 새로운 패러다임의 추구 흐름의 한 양상은 본문의 중심 메시지를 한편의 이야기에 담아 설교를 전하는 스타일이 있는데, 이러한 형태를 그대로 소개하기도 하고, 혹은 이러한 경향을 취할 때 오는 한국 교회 현장과의 괴리감 때문에 선입견을 가지고 보는 경향도 있다. 필자도 석사과정 때 북미 설교학의 새로운 경향들을 연구하면서 지도교수가 평가하라고 던져준 책을 읽으면서 거기에 제시된 설교문을 읽으면서 그러한 당혹감을 감출 수가 없었다. 왜냐하면 한편의 이야기를 통해 본문의 중심 메시지를 잘 표현하고 있기는 했지만, 그곳에는 본문에 대해서도 크게 언급하지 않고 기존의 설교 형태와는 너무 다른 생소한 형태 때문이었다. 그 지도교수는 그러한 설교 형식에 있어서 아주 탁월한 분이었기 때문에 조심스럽게, 문화적, 상황적 차이를 들면서 그것이 가지는 문제점들을 제시한 적이 있었다. 기독교 메시지만 담으면 한편의 단편 소설도, 영화도 모두 설교가 될 수 있는 것이냐는 반문과 함께 설교의 중심 자료와 내용은 성경 본문이 되어야 한다는 반론을 제시하였다. 새로운 경향에 대해서 열린 태도를 가진 미국 교회의 경우에는 그것을 아주 뛰어난 것으로 판단할지 모르지만 다소 보수 성향이 강한 한국 교회 상황에서는 이것은 당연히 문제가 될 수밖에 없음을 지적했던 기억이 난다. 너무 문학적 기교에만 사로잡힌다든지, 미사여구만 나열하면서 언어의 유희에 빠지지 않도록 해야 한다는 것은 이야기의 구조를 통해 설교하려는 설교자들이 유념해야 할 사실이다.

모든 설교자들은 나단의 전통에 서 있다. 나단뿐만 아니라 예언자들, 그리고 예수님과 성경의 기자(記者)의 전통에 서 있다. 그들은 모두 이야기라는 아주 독특한 표현 양식을 통해 생각하고, 말씀을 전하였다.[174] 만약 나단이 논리적으로 설명하면서 그것은 율법에 위배되고, 윤리적으로 파렴치한 행동이라면서 논증하고 지적하는 방식을 따라 그의 죄를 지적하고 드러낼 수 있었을 것이다. 만약 그러한 논리적인 방식을 따라 설명하려고 했다면 그렇게 놀라운 결과를 얻지 못했을지도 모른다. 충신 우리야도 사지(死地)로 몰아넣었던 절대 권력자는 그의 비리를 알고 있는 그 사람도 넉넉히 독살했을 수도 있었다. 그러나 그는 이야기로 시작한다. "어느 동네에 두 사람이 살고 있었습니다. 한 사람은 많은 재산과 가축을 가진 부자였고, 한 사람은 근근이 끼니를 이어가는 가난한 사람이었습니다…" 그렇게 설교가 이야기로 진행되는 동안 그 설교를 듣던 청중은 이야기에 깊이 몰입하게 되고, 동일시를 경험하게 되면서 설교의 중심 메시지가 드러나게 될 때 그는 말씀 앞에 무릎을 꿇게 된다. 이것은 이야기가 가지는 효용성이면서도 파워라고 할 수 있다.

　이야기는 사람들의 마음을 끌어 이야기 속으로 인도해 가며, 그 세계 속에 동참하게 하고, 그 자리에 있게 함으로 그 이야기의 세계를 경험하게 하는 장점을 가지고 있다. 그리고 그 이후에 나오게 될 '그 무엇'과 '더 있음'을 향해 나아가도록 한다. 그러므로 사람들은 이야기가 시작될 때 마음을 나누게 되며, 그것에 참여하게 되고, 그 인물과 동일시 경험을 갖게 된다. 또한 오랫동안 기억할 수 있게 해 준다는 점에서나 주의를 집중하게 한다는 점에서, 그리고 사람들의 마음을 움직인다는 점에서 설교에 있어서 이야기의 활용은 중요한 이슈로 등장하게 된다. 이렇게 이야기가 탁월함을 가졌기에 예수님도 이야기를 즐겨 사용하였다면 우리 설교 가운데 어떻게 이야기가 살아나게 할 것인가?

---

174) William Bausch, *Storytelling-Imagination and Faith* (Mystic: Twenty-Third Publication, 1984), 11-12.

다시 새롭게 시작하는 곳

이야기를 중요한 요소로 고려하게 된 것은 단지 현대 설교학에서만 일어난 변화의 흐름이 아니라 성서신학을 포함하여 다양한 영역에서 일어난 변화에 기인한 것이었다. 어찌됐든 이러한 흐름들은 설교를 논리나 명제의 제시로 이해하기 보다는 이야기의 특성을 따라 이해하게 했다는 공헌을 하고 있음을 부인할 수 없다. 변화하는 시대 속에서 하나님의 말씀을 효과적으로 듣게 하기 위한 현대 설교학자들의 고민과 노력은 성경과 예수님에게서 메시지 전달방식으로서 이야기를 발견하였고, 그러한 설교의 원형을 복구하려고 노력하였다. 이러한 노력은 가장 중요한 사람들이면서, 가장 하나님의 말씀을 들려주기에 어려운 자리에 서 있는 청소년들에게 어떻게 하나님의 말씀을 듣게 할 것인가를 고민하는 청소년 설교자들에게도 좋은 교훈을 제시해 준다. 가장 깊은 고민은 하나님을 떠나 있고, 복음의 궤도를 벗어나 도무지 창조의 하나님, 구원의 예수 그리스도, 탄식하시며 중보하시는 성령님의 목소리를 듣지 못할 자리로 나아가고 있는 오늘의 세대에게 어떻게 하나님의 말씀을 듣게 할 것인가 하는 고민은 계속되어야 한다. 이러한 설교자들이 있는 곳에 하나님께서는 언제나 말씀의 종말의 때처럼 느껴지는 바로 "그 마지막(the end) 자리로 하여금 언제나 우리가 새롭게 시작하는 자리"가 되게 하신다.[175]

한 가정의 이야기

얼마 전 낚시를 갔다가 저수지의 얼음이 깨지면서 불의의 사고로 8년 3개월의 짧은 삶을 살다가 세상을 떠난 아이를 추모하는 글을 엮은 부모님으로부터 책 한권을 선물로 받았다. 『내가 행복한 10가지

---

[175] 이것은 엘리엇(T. S. Eliot)의 시, *Four Quarters*에 나오는 구절이다. Lischer, *The End of Words*, viii쪽에서 재인용.

이유: 구름아이 조운강 추모집』이란 제목을 가진 책을 받아 들고 그 슬픈 이야기에 온전히 빠져들 수밖에 없었다.

　오늘은 운강이가 친구 동욱이와 아빠와 함께 낚시를 가는 날입니다. 운강이는 오래전부터 이 날을 기다려왔습니다. 겨울방학이 되면서 운강이는 가족과 함께 얼음낚시를 가기를 원했습니다. 지난 겨울 강원도 인제에서의 빙어 낚시 경험이 있는 녀석은 이번에는 붕어 낚시를 가자고 했습니다. 열흘 전 휴일에는 강화도로 얼음낚시를 가려다 얼음이 꽁꽁 얼지 않아 운강이와 둘이서 과천의 실내 낚시를 갔습니다. 내가 잠시 화장실에 다녀왔을 때 운강이는 붕어를 낚고 있었습니다. 옆자리 아저씨의 도움을 받기는 했지만 손맛도 느끼며 신이 났습니다. 그 뒤로도 열심히 찌를 응시하던 운강이가 먼저 낚싯대를 낚아채 아빠와 같이 손맛을 즐겼습니다.… 하지만 친구와 같이 와 신이 난 운강이는 지난 번 잡았던 붕어 이야기 등 동욱이와 재잘거리느라고 찌올림도 못 보고 번번이 고기를 놓칩니다. 점심으로 준비해 온 김밥을 아이들과 나눠먹고 자리를 옮겨가며 세 대의 낚싯대에 떡밥을 달아줍니다. 아빠마저 붕어를 잡아선지 지루해진 운강이가 동욱이에게 말합니다. "동욱아 너 화장실 가지 않을래?" "아빠, 동욱이하고 30분만 놀다 올게요."
　얼마쯤 지났을까. 밖에서 웅성거리는 소리가 나더니 실내 낚시터 입구에 있던 사람들이 뛰어나갑니다. 나도 반사적으로 나서며 아이들에 무슨 일이 일어나지 않았나 불안감이 밀려옵니다. 50여 미터 떨어진 저수지 중간쯤에서 동욱이가 목만 겨우 내놓고 두 손으로 얼음을 붙잡은 채 살려달라고 소리치고 있습니다. 둑 위의 4~5명의 아이들이 겁이 났는지 언덕 위로 도망갑니다. 그 가운데 운강이가 보이지 않습니다. "동욱아! 운강이는 어디있어?" 동욱이가 운강이를 부릅니다. 순간 아빠는 운강이를 부르며 조끼를 벗어던지고 저수지로 내려섭니다. 주변 사람들이 들어가지 못하게 붙잡습니다. 누군가 노끈을 가져와 혁대에 매어줍니다. 살금살금 얼음 위를 걸어갑니다. "더 이상은 안돼요. 끈이 짧아요." 그 순간 동욱이 뒤 깨진 얼음 사이로 운강이의 자주색 잠바가 보입니다. "운강아!" 아빠는 붙잡힌 노끈을 뿌리치며 얼음 위를 걸어갑니다. 순간 얼음이 깨지며 아빠는 물 속으로 빨려들고 운강이를 향해 나아갑니다. 운강이의 옷을 잡아 힘껏 얼음 위로 올립니다. 아빠는 그 힘에 밀려 얼음 물속으로 곤두박질칩니다. 차가운 얼음물이 목구멍을 타고 뱃속으로 넘어갑니다. 얼음은 더 넓은 범위로 깨지며 운강이가 보이지 않습니다. 힘이 부칩니다. '여기서 나도 죽는구나' 는 생각이 스칠 때 3~4미터 떨어져 물위로 솟아있는 쇠파이프가 눈이 들어옵니다. 쇠파이프를 향해 필사적으로 나아가 붙잡습니다. 얼음 파편들 사이로 운강이는 보이지 않습니다. '이젠 틀렸구나' 하는 생각에 운강이를 부르며 울부짖습니다. "내 아들 운강아! 어디 있니, 운강아!"

사람들이 저수지를 가로질러 전깃줄을 이어줍니다. 얼음을 붙들고 있던 동욱이가 살려달라고 애원합니다. 그래 동욱이부터 살려야 해. 전깃줄을 잡고 동욱이에게 다가갑니다. 동욱이를 얼음 위로 들어 올립니다.… 다시 얼음 파편을 헤치며 운강이를 찾아봅니다. 절망이 밀려옵니다. '이제 늦었구나' 하는 생각에 슬픔과 분노가 밀려옵니다. 그리곤 하늘을 향해 울부짖습니다. "운강이를 살려주세요."

얼마나 지났을까. 얼음물 속에서 아무것도 할 수 없었던 무기력한 아빠는 119 구조대원들에게 이끌려 저수지에서 나왔습니다. 그리고 한참이 지나 운강이는 늘어진 모습으로 차가운 얼음물 속, 어둠을 벗어날 수 있었습니다.… 운강이는 하늘로 떠났습니다.… 엄마 아빠, 가족과 친구들의 간절한 기도와 애원을 뒤로하고 운강이는 편안한

얼굴로 8년 3개월의 생을 접고 그렇게 하늘나라로 떠났습니다.[176)]

　구름아이 운강이의 글들과 부모들의 안타까움과 슬픔을 담은 책은 쉽게 손에서 내려놓을 수가 없었다. 그리고 그 이야기는 가슴 깊이에 아련한 슬픔으로 다가올 뿐만 아니라 짧은 생을 산 아이가 어쩌면 그렇게 많은 말을 할 수가 있을까? 그렇게 맑은 영혼을 가진 아이가 외치는 메시지는 선명하게 각인되어 왔다. 우리 집의 둘째가 운강이와 같은 나이이고, 또 같은 부모의 심정을 공유하고 있기 때문이기도 하지만 그것은 이야기가 가진 강한 힘 때문일 것이다.
　설교에서 이야기의 요소들을 적절하게 활용하는 법을 설교자들이 터득하게 된다면 그의 설교는 영혼을 움직이는 놀라운 요소들이 될 것이다. "예수님은 신학자는 아니셨다. 그분은 이야기로 말씀을 전해 주시는 하나님이셨다."라고 한 막달레인 르엥글(Madeleine L'Engle)의 말을 깊이 숙고해 볼 필요가 있다.

---

176) 조용철 엮음, 『내가 행복한 10가지 이유: 구름아이 조운강 추모집』 (서울: 리스컴, 2005), 4-7.

19장
설교에 움직임과
전개 구조를 만들어 보라!

> 종종 창조주께서는 우리가 원치 않는 곳으로 이끌어 가신다.
> 전에는 우리가 보지 못한 것들을 보여주시면서
> 우리가 늘 즐겨 사용하던 상투적인 수단을 깨뜨리신다.
>
> – 엘리자베스 오코너(Elizabeth O'Connor)

요즘엔 개집도 그렇게 안 만든다

1990년대 초 미국 유학을 가서 석사과정을 밟고 있던 때 잠시 사역했던 교회 집사님 댁은 개를 여러 마리 키웠는데 아끼는 애완견 한 마리가 세상을 떠났단다. 그런데 보통개 한 마리 죽은 정도로 끝나는 것이 온 식구들이 애도의 분위기로 가득 차 있는 것을 보았다. 가족처럼 지내던 강아지니 그럴 수도 있었으리라. 그런데 대학 3학년인 아들은 그 슬픔이 커서 사흘 동안을 밥을 먹지 않았다고 하고, 성대하게 장례식을 치렀는데 그 장례비용만 800불이 넘게 들었다고 했다. 가난한 유학생 시절, 우리 네 식구가 한 달은 버틸 수 있는 거금이니 당연히 이해가 안 될 수밖에 없었다.

요즘 국내에서도 이런 현상들은 어렵지 않게 찾아볼 수 있다. "개 팔자가 상팔자"라는 옛말이 무색할 정도로 견공(犬公)들이 대접을 톡톡하게 받는다. 개 리조트는 말할 것도 없고, 결혼식장도 있다니 너무한다는 생각이 들었다. 최근에는 애완견을 위한 휴대폰도 나왔단다. 애완견 보조제품 전문사인 페츠모빌리티(PetsMobility)라는 회사는 애완견을 위한 전용휴대폰인 '페츠셀(PetsCell)'을 출시했다고 한다. 그동안 애완견 분실을 막기 위해 GPS를 이용한 제품이 있었지만 개를 위한 전용 휴대폰은 이번이 처음이라고 한다. 이 휴대폰은 애완견을 위해 특별히 만들어진 것으로, 개목걸이처럼 목에 착용한다. 이 제품은 휴대폰처럼 전화번호를 가지고 있어 주인이 전화를 걸어 애완견에게 명령을 내릴 수 있다고 한다. 즉 자신이 소중하게 생각하는 애완견이 사라졌을 때 돌아오라고 명령을 내릴 수 있도록 설계된 제품이다. 또한 'Call Owner'라는 빨간 버튼을 누르면 주인 잃은 애완견을 발견한 사람이 주인에게 직접 전화를 걸 수도 있단다. 400불을 호가한다고 하지만 애완견 현상금으로 10만 불도 아까워하지 않는 선진국에서 이 제품은 인기리에 판매되고 있다는 것이다.

요즘에는 이렇게 "개 팔자"가 좋아졌지만 과거에는 개집을 지을 때 동네 여기저기에서 주어온 판자조각을 연결하여 만들었다. 얼기설기 이것저것을 연결하여 완성 하였다. 지붕에 댄 널판지와 옆에 댄 판지가 다르다. 이것이 소위 말하는 전형적인 개집이다. 그러나 요즘에는 개집도 그렇게 안 만든다.

설교에도 이런 형식이 있을 수 있다. 전통적으로 설교자들은 설교의 개요(outline)를 만들어 그것을 중심으로 자료들을 결합하는 구조를 취하였다. 이것은 보통 설교자들에게 아주 익숙한 방법으로, 설교 준비를 위한 메모판을 보면서 '이 자료를 어디에다 갖다 놓으면 될까?' 혹은 '이 예화는 어느 부분을 잘 돋보이게 할 수 있을까?' 등의 질문 과정을 갖는다. 그리고 그것들을 합하여 한편의 설교를 구성한다. 이렇게 결합된 설교는 마치 초보 목수가 이것저것을 얼기설기 엮어서 꺽쇠로 연결시켜 놓은 것과 같다. 그래서 그래디 데이비스(H. Grady Davis)는 이러한 형태의 설교를 가리켜 "개집 설교"라고 언급했다. 마치 설교도 정해진 전체 개요를 따라 이것저것을 맞추어서 덩어리로 제시하는 결합구조(assemblage structure)를 갖기 때문에 붙여진 이름이다. 이러한 구조는 의미있는 관련 조각으로 구성되어 있는가에 대해서는 별로 관심을 두지 않고, 또한 청중들이 어떻게 듣느냐에 대해서는 별로 상관하지 않는다. 다만 이러한 결합구조를 따라 정해진 설교의 주제를 논리적으로 설명해주고 이해시키려는데 그 목적을 둔다.

이러한 구조는 설교를 하나의 덩어리, 혹은 물체로 이해한다. 그래서 설교 형성 작업은 전형적으로 구성 요소들인 덩어리를 조직하는 것으로 이루어졌다. 그래서 여기에서 가장 적합한 이미지는 "건축"의 이미지이다. 설교자의 도면에 따라 여러 가지 요소들을 결합시키면서 한편의 설교라는 건물을 완성해 간다. 그러므로 시간을 따라서 발전해 가는 개념이 아니라 공간 속에 구성 요소들을 결합하면서 세워가는 공간적인 관점이 강하다. 이러한 설교의 약점은 어떤 정보를 받고, 어떤 논제에 대한 지식을 공급 받는 데에는 효과적일지 모르지만 진리의 말씀을 '경험하는'(experience) 데에는 취약점을 갖는다.

현상학적 전개식설교

그러한 점에서 현대 설교학자들은 설교에 있어서 진리의 말씀을 경험하게 하는데 있어서 중요한 개념 중의 하나로 '움직임'(movement)을 중요한 관점으로 고려하기 시작한다. 시작이 있고 중반부가 있으며, 종결부를 향해 움직여 가는 설교의 형태를 고려한다. 그래서 이러한 관심과 함께 '이야기'를 설교의 중요한 매체로 고려하게 되었다. 왜냐하면 이야기가 바로 그러한 구조로 행해지기 때문이다. 이러한 설교의 구조에 대해서는 앞장에서 설명한 바가 있으며, 여기에서는 제 3의 방법인 '현상학적 전개식 설교'에 대해 알아보자.

이것은 밴더빌드 대학교 신학부의 설교학 교수로 수 년 동안 봉직하다가 최근에 은퇴한 데이빗 버트릭(David Buttrick)이 주장한 설교 방법론이다. 그의 설교 이론이 국내에는 널리 소개되지 않은 상황이어서 아직 생소하게 느껴지는 방법이고, 그의 설교학은 상당히 광범위하고 난해한 이론적인 바탕을 가지고 있다고 평가되고 있지만, 그의 기본적인 주장을 이해하고, 그 구조와 형식을 이해한다면 한국교회 강단에서 상당히 설득력 있는 설교 방법론 중의 하나로 활용될 수 있을 것이다.

버트릭의 관심은 변화하는 시대 속에서 설교의 능력의 회복에 초점이 맞추어져 있다. 그의 설교학 연구에 있어서 중요한 관심사는 어떻게 하면 청중들에게 듣게 할 것인가에 있었다. 청중들로 하여금 듣도록 돕는다는 것이 그의 설교 방법론이 추구하는 중심 내용이었다. 그의 설교 이론은 전통적인 설교 이론들에 대한 불만으로부터 시작된다. 그에 의하면 전통적인 설교는 논리적인 틀에 의해서 지배받기 때문에 너무 정적이라고 비판한다. 계몽주의 이후 논리적인 덫에 걸려 벗어날 줄 모르는 전통적인 설교 형태는 그 구조에 있어서 생명력 있고 생동감 있는 하나님의 말씀을 굳어버린 화석이나 고목으로 만들고 있다는 것이다.

이러한 버트릭의 주장은 단순한 설교 방법론의 갱신일 뿐만 아니라 변화하는 시대 속에서 설교의 본래적인 힘을 회복하려는 노력으로 나타났다. 그는 어떻게 하면 변화시키는 힘이 있는 설교(transformative power of preaching)로 행할 수 있을 것인가를 고심하는데, 그에게 있어서 설교학의 목적은 이 세상 속에 천지창조 때와 같이 창조주 하나님을 다시 한 번 선명하게 선포하며(naming), 믿음의 차원을 형성하며(forming), 인간의 삶의 상황에 대해 하나님의 말씀을 전하며, 강력한 종말론적인 비전을 수립하며, 그리고 예수님께서 하나님 나라로 호칭하셨던 하나님의 새로운 질서를 분명하고도 효과적으로 선포하도록 돕는데 있다.

버트릭에게 있어서 설교는 사람들의 의식(consciousness) 속에 하나님의 세계를 다시 형성케 하며, 그들의 정체성을 새롭게 해주어 그들의 의식 속에 믿음의 세계를 세워줄 수 있는, 사람을 새롭게 변화시키는 힘(transforming power)이다. 이것은 설교가 구속하시고 해방하시려는 하나님의 근본적인 목적을 위해 존재함을 의미한다. 설교의 변화시키는 힘은 이 세상에 새롭게 이름을 부여하고 해방시킴으로서 사람들의 의식 속에 하나님의 말씀을 심는 작업이다. 그러므로 설교는 언제나 구속하시고 새롭게 하시려는 하나님의 목적을 지향하며, 하나님의 통치하시는 영역으로서의 하나님 나라를 지향한다. 설교는 "하나님의 구속의 목적을 위해 사용될 때만 하나님의 말씀"일 수 있다. 그러므로 설교는 복음의 복된 소식의 선포이다. 그렇게 함으로서 하나님을 통해서 허락하시는 새로운 존재가 될 수 있도록 사람들을 얽매임으로부터 해방하는 말씀이 된다. 또한 설교는 성령의 인도하심을 따라 하나님의 구속의 목적을 위해 사용될 때 하나님의 말씀이 될 수 있다. 설교는 우리의 이야기로부터 시작하여 성경의 거대한 이야기 안에 그것을 세움으로서 사람들의 정체성을 새롭게 하여 하나님의 창조의 아침으로 되돌아가도록 돕는 작업이다. 그러므로 세상에 이름을 부여하는 재창조의 작업이며, 오늘의 청중들에게 믿음의 세계를 새롭게 세우는 작업이다.

특히 버트릭은 설교의 현상(phenomenon)에 대해 그의 전 관심을 기울여왔다. 특별히 그는 설교가 어떻게 들려지며, 설교의 사건(event)에서 무엇이 일어나는지에 대한 현상학적인 고찰을 계속했으며, 이러한 점을 고려하여 설교의 방법론이 형성되어야 한다고 주장한다. 설교를 통해 청중들의 마음의 건반을 누를 때 "무엇이 일어나는가"에 주안점을 두면서, 설교 형태와 청취과정 사이에 존재하는 심리학적인 관계성을 염두에 두고 설교 과정 속에서 청중들의 의식 속에 무엇이 일어나는가와 관련하여 설교가 구성되어야 한다고 주장한다. 즉 설교의 구성과 언어가 인간의 의식 속에 말씀을 형성하는 방식에 깊은 관심을 기울인 방법이다. "설교자의 의식 속에, 그리고 그 말씀을 듣는 청중들의 의식 속에 무엇이, 어떻게 일어나는가"에 관심을 기울인다. 여기에서 중요한 개념은 "의식"과 "언어"이다.

버트릭에게 있어서 설교 방법론을 진수(進水)시키고, 목적지를 향해 나아가도록 도와주는 것이 있다면 그것은 "의식"이다. 그것은 단순히 세상 속에 있는 어떤 실체를 수동적으로 인식하는 것을 의미하지 않는다. 오히려 의도적인 행동(intentional act)을 통해서 우리들이 갖게 되는 인식은 단일의 경험, 살아있는 경험, 형성된 의식으로 이끌리게 되는 것을 말한다. 버트릭에게 있어서 의식이라 함은 생생한 경험(lived experience)과 관계된 말인데, 단순한 생각이나 아이디어의 착상이 아니라 다양한 세상으로부터 세계를 형성해 가는 것을 의미한다. 그것은 단순히 몇 가지 사실을 인식하는 것을 말하는 것이 아니라 "삶의 목적을 제시하시는 분에 의해서 형성되는 종합적인 통일성(synthetic unity)"이다. 그러므로 의식은 단순하게 지나가는 마음의 생각이나 일시적인 기분(fancy)을 의미하는 것이 아니며, 오히려 우리 경험하는 세계를 세우는 "계획된 행동"(the act of intentionality)이다.

또한 버트릭에게 있어서 중요한 요소는 설교의 언어이다. 설교자는 본질적으로 언어를 활용한다. 그 언어를 통해 설교자는 사람들의 의식 안에 새로운 믿음의 세계를 형성하며 그들의 정체성을 변형시킨다. 언어는 설교의 중요한 구성요소인 '움직임'(moves)의 모듈(module)을 형성하며, 설교의 가장 기본 요소가 된다. 설교의 언어는 궁극적으로 존재의 언어이며, 무엇인가를 드러내는 노출의 언어이다. 이처럼 설교의 언어는 상징과 메타포를 통해 의미가 드러나게 되는 의식의 장(場)과 깊은 관련을 가지고 있다. 그러므로 적절한 언어를 통해 말씀이 전달될 때 기억을 환기시키는(evocation) 언어이며, 무엇인가를 끌어내는(invocation) 언어이다. 이런 점에서 설교의 언어는 교묘한 특성을 가지는데, 수사학적인 전략과 긴밀한 연관을 갖고서 행해진다. 이런 점에서 버트릭은 설교의 언어를 신학적인 명확성과 함께 사용되는 "함축적인 언어"(connotative language)라고 주장한다. 그러므로 설교의 언어는 하나의 '예술'(art)이라기보다는 '기교'(craft)이며, "깊은 숙고를 통해 이룩되는 기교"(considered craft)라고 할 수 있다.

움직임과 전개를 통한 설교

이러한 전이해를 가지고 구체적인 방법론에 대해 고찰해 보자. 먼저 "현상학적"이라는 말을 사용하는 것은 앞서 설명한대로 무엇인가가 일어나는 것을 고려하여 작성하는 설교 방법이라는 의미이며, "전개식"이라는 함은 움직임을 통해 발전되어가면서 아하 포인트에 이르게 하는 특징 때문에 붙여진 이름이다. 버트릭은 지난 300여 년 가까이 서구의 설교학계를 지배해왔던 논리중심의 설교학(rational homiletics)에 대한 비판으로부터 그의 설교학의 논의를 출발한다. 오늘의 시대를 사는 설교자들의 임무는 복음의 말씀을 전하는 것뿐만 아니라, 태동되고 있는 새로운 인간 의식 속에 어떻게 하나님의 말씀을 전할 것인가에 대한 새로운 방법론을 모색해야 한다는 것이다. 특별히 그는 오늘의 시대적인 특징들과 신학적인 논의들을 검토하면서 설교는 정적인 장(場)으로서가 아니라 가상과 사건의 움직임이 있는 동적인 것이 되어야 한다고 주장한다. 즉 설교는 정물 사진으로가 아니라 활동사진(motion-picture)과 같이 되어야 한다. 전하려고 하는 진리에 대한 서술들이 에피소드들로 연결되어 이야기와 같이 움직임이 있고, 하나의 관념에서 다른 관념으로 움직여 가면서 생생한 대화를 나누는 방식을 따라 메시지를 전달되어야 한다. 왜냐하면 성경 본문도 그러한 형태를 따르고 있기 때문이고, 사람들도 이러한 움직임을 통해서 대화하고, 정보를 나누기 때문이다.

전통적인 설교는 성경본문을 대할 때, 정적인 장으로 보았으며, 설교자가 정한 명제를 증명하기 위한 자료로 사용되어지는 방식을 사용한다. 전통적인 설교 형태가 갖는 이러한 해석학적 특성을 버트릭은 '추출식 해석학'(hermeneutics of distillation)이라고 지칭한다. 이러한 방식은 진리를 정적인 것으로 만들었으며, 광활하고도 신비한 하나님의 진리의 말씀을 단순한 명제를 위한 진술이나 어떤 명제를 설명해주는 보조자료 정도로 전락시킨다. 또한 본문을 유기체로 보다는 정지된 정물화(still-picture) 정도로 전락시키는 잘못을 저지르게 된다. 그러나 하나님의 말씀은 정물화가 아니라 오늘도 살아있는 역동적인 말씀이기에 설교자는 성경을 설교 자료나 어떤 주제를 설명하고 유추하는 보조자료 정도로 여기는 잘못에서 벗어나야 한다.

여기에서 강조되는 것은 움직임(movement)이다. 진리는 움직임 속에서 전달된다. 그러므로 설교가 어떤 말씀이나 이미지, 사건들을 동적인 방식으로 전개해 간다면 우리는 역동적인 하나님의 말씀과 함께 진리 안으로 여행을 떠나게 될 것이다. 그러므로 설교는 한 개념에서 다른 개념으로 이동해 가는 언어의 움직임이다.[177]

버트릭에 의하면 인간의 마음은 카메라와 같이 작동하는데, 좋은 설교의 형태는 이러한 특성을 고려한다. 어떤 장면이 전개될 때마다 카메라가 필름에 그것을 형상으로 담듯이 청중들은 장면으로 전개되는 움직임을 통해 그들의 의식 속에 말씀의 상(像)을 담는다. 이런 점에서 설교자는 사진작가와 같이 되어야 한다. 흔히 사진작가는 어떤 물체를 필름에 담으려고 할 때, 배경을 고려하고, 보다 넓은 정경을 담을 것인지, 근거리에서 찍을 것인지를 결정하게 된다. 즉 구조를 결정하고, 보는 각도를 선택하여, 셔터를 눌러 그 정경을 필름에 담게 된다. 그리고 그것이 담아졌다면 또 다른 정경을 담기 위해 비슷한 작업을 하게 된다. 이와 비슷하게 설교자들도 일련의 장면을 만들어 청중들로 하여금 보게 하고 느끼게 하고, 이해하게 함으로서 그것을 청중들의 의식(consciousness) 속에 인식되고 받아들일 수 있도록 해야 한다.

여기서 설교가 이루어야 할 목표는 청중들이 그들의 마음의 필름(의식) 속에 말씀의 이미지가 심어지도록 하는 것이다. 여기서 설교자는 필연적으로 언어의 모듈을 고려하게 된다. 마치 피아노의 D코드 건반을 누르면 D화음이 나오듯이 청중의 "생생한 경험"을 위해 각 장면 혹은 움직임에서 어떤 언어의 코드(모듈)를 사용할 것인가가 깊이 숙고되어야 하는 기교이다. 첫 움직임에서 D코드를, 두 번째에서 A코드를, 그 다음에서는 G코드를 생성하여 아름다운 화음을 이루는 한 곡의 웅장한 음악을 만들어가듯이, 설교도 움직임을 통해서 말

---

[177] 이러한 버트릭의 주장을 살펴보기 위해서는 David Buttrick, *A Captive Voice: The Liberation of Preaching*, 김운용 역, 『시대를 앞서가는 설교』 (서울: 요단출판사, 2002)를 참조하라.

씀의 웅장한 음악을 만들어 가는 작업이다.

이 설교 방법론에 있어서 움직임은 '관광 가이드'의 메타포를 통해서 보다 선명하게 설명할 수 있다.[178] 어떤 새로운 곳을 관광하면서 사람들은 가이드의 설명을 들으면서 그 앞에 펼쳐져 있는 광경을 의식 속에 담게 될 것이다. 그리고 그곳의 관광을 마쳤을 때 그들의 의식 속에는 파노라마처럼 광경을 통해 분명한 영상을 담게 될 것이다. 가이드를 따라 관광을 계속해 가는 관광객들의 의식 속에는 보고 듣고 느끼는 오감을 통해 분명한 영상으로 기억하게 된다. 관광을 마치게 되었을 때 그것은 마치 파노라마처럼 자리 잡게 될 것이다.

물론 여기에서는 여타 설교 형태와 마찬가지로 청중들의 참여를 절대적으로 필요로 한다. 물론 이것은 '움직임'(move)이 구성되는 원리를 설명하기 위한 것이며, 카메라의 작동 원리와 같이 인간의 의식이 작동한다는 사실을 설명하기 위해 관광 가이드 메타포를 통해 설명해 본 것이다. 이것을 설교에 그대로 적용하기는 아무래도 무리가 있겠으며, 설교의 구성(plot)의 관점에서는 여러 장면을 되는대로 펼쳐 놓는 것이 아니라 '아하 포인트'를 향해 여러 에피소드가 결합되면서 집약적으로 발전되고 전개되어 나간다.

이렇게 설교의 전개를 지배하는 것을 버트릭은 '움직임'(move)이라고 명명한다. 설교는 개별적인 개념이나 요소들로 구성되는데, 이러한 요소들을 순서에 따라 설명해 가기 위해서 배열된 언어의 모듈을 '움직임'이라고 부른다. 전통적인 설교가 대지를 만들어서 어떤 명제에 대한 논증의 형태로 설교가 구성되었다고 한다면, 전개식 설교는 언어의 움직임 속에서 만들어지는 장면의 '전개'(moves)에 의해 진행된다. 이러한 움직임은 전하려고 하는 메시지를 청중들이 구

---

178) 김운용, 『새롭게 설교하기』, 17장 참조.

체적으로 인지하고 이해할 수 있도록 하기 위해 일련의 언어의 모듈을 통해 이루어지며, 그 메시지의 결론을 향하여 서로 연결성을 가지고 진행해 간다. 그러므로 청중들 앞에 장면들이 펼쳐치고 그것을 보게 하고, 느끼게 하고, 이해하도록 설명하는 구조를 따라서 전개해 나가게 된다. 이러한 의미에서 우리는 버트릭의 설교 방법론을 '전개식'이라고 부른다.

전개식 설교 방법은 청중들이 어떻게 듣느냐에 관심을 기울이는 방법이기 때문에 일반적으로 4~6개 정도의 "움직임"을 가질 수 있다. 하나의 움직임은 청중들이 무엇에 집중하는 시간을 고려하여 각 움직임들을 4~5분 정도의 시간을 할애할 것을 요청한다. 버트릭에 의하면 각 '움직임'은 '여는 말'(opening statement), '전개'(development), '닫는 말'(closure) 등으로 구성된다. "여는 말"은 지금 무엇에 관한 것인지 움직임의 중심개념을 언급해 주는 섹션이며 여기에서는 그 움직임이 가지는 관점(point-of-concern)이 선명히 제시되어야 한다. '전개' 부분은 그 움직임의 중심 개념을 상세하게 설명하는 부분으로 가장 중심 부분이다. 명료화나 예증, 혹은 반대 개념을 제시하면서 진행될 수도 있다. '닫는 말'은 마지막 문장에서 중심 개념에 대한 움직임이 완성되었음을 알리면서 다음 움직임을 준비하는 단계이다. 이 때 청중들의 의식의 카메라는 셔터가 닫히고, 필름은 다음의 움직임을 위해서 준비 상태로 들어가게 될 것이다. 이것을 버트릭은 움직임을 어떻게 구성할 것인가를 소개하기 위해 다소 기계적으로 설명하고 있으나 설교의 실제에서는 융통성을 가지고 행해지는 것이 좋겠다. 설교의 가장 중요한 요소인 '움직임'(move)을 어떻게 구상하고 설계할 것인가는 설교자가 배워야 할 가장 중요한 기술이다. 모든 움직임들은 정교하게 디자인되어야 한다. 여기서 중요한 것은 설교의 언어를 어떻게 활용할 것인가와 어떻게 적절한 움직임을 만들어 설교를 구성하느냐(structure)가 중요한 관건이라고 할 수 있다.

    이와 같이 움직임과 전개를 통한 설교 방법인 버트릭의 방법론은 우리가 설교할 때, 청중들의 의식 속에서 일어날 수 있는 것, 또 일어나야 하는 것에 대해서 깊은 관심을 갖도록 해주는 특성을 가진다. 설교자로 하여금 언어가 가지는 힘과 무엇인가가 일어나도록 만들어주는 설교의 형태에 대해서 깊이 관심을 갖도록 해준다. 다소 기계적이라는 평가를 받지만 다만 그 원리를 따르면서도 나름대로의 융통성을 찾아 설교를 구성해 간다면 한국교회 강단에 상당히 설득력 있는 방법으로 활용될 수 있을 것이다.

20 장

실험적 설교 형태:
실험 정신은 청소년 설교의 유용한 도구

> 제게 말해 주세요.
> 그럼 저는 쉽게 잊어버리게 될 거예요.
> 제게 보여 주세요.
> 그럼 저는 오래 기억하게 될 거예요.
> 제가 참여할 수 있게 해주세요.
> 그럼 저는 이해할 수 있게 될 거예요.
>
> – 중국 격언

방법은 달라질 수 있다

알렉산더 대왕은 어려서 부터 남달리 총명함이 있었다고 한다. 어느 날 뜰이 몹시 소란스러웠는데, 새로 산 명마(名馬)를 다루려고 안간힘을 쓰면서 생기는 소란이었다. 말을 잘 다루는 하인들도 말을 한 번도 제대로 타보지 못할 정도로 사납게 굴었다. 말이 점점 사나워져서 어찌하지 못하고 있는데 어린 알렉산더가 앞으로 나오더니 말머리를 돌리면서 다정스럽게 말을 어루만졌다. 그러자 그토록 사납던 말은 언제 그랬느냐는 듯이 순해졌다. 모여 있던 사람들이 모두 감탄

했다. 아버지가 그것을 보고 어떻게 사나운 말을 그렇게 잘 다룰 수 있는지 비결을 물었다. 알렉산더는 대답했다. "아주 간단한 일이지요. 말이 제 그림자를 보고 놀라서 생긴 일이라 말머리를 태양을 향하게 해서 자신의 그림자를 못 보게 했습니다." 사람들은 모두 그의 영특함에 놀랐다.

어떻게 다루고, 어떻게 접근하느냐에 따라서 사나운 말도 순한 말이 된다. 청소년 설교는 참 어려운 영역에 속한다. 앞선 글에서 살펴보았지만 청소년들이 처한 사회적, 문화적, 심리적 상황은 마치 야생마를 다루는 것과 같이 그들에게 하나님의 말씀을 전한다는 것 자체가 어렵고 힘들게 할 수 있다. 그러나 어떻게 접근하고 대처하느냐에 따라 달라질 수 있다. 방법론의 관점에서 말한다면 틀에 박힌 형태보다는 다양한 방식이 요구된다고 할 수 있겠다.

청소년 설교가 되었든, 아동 설교가 되었든, 아니면 장년 설교가 되었든지 설교의 근본적 목적은 예수 그리스도의 복음의 증거를 통해 말씀을 심어 변화된 삶을 살도록 한다는 점에서 동일하지만 설교의 대상에 따라 얼마든지 그 방법론은 달라질 수 밖에 없다. 마치 신데렐라의 유리 구두처럼 발에 맞아 신기만 하면 무조건 왕자비가 되게 하는 그런 설교 형태는 없다. 그런 점에서 청소년 설교자는 하나의 설교 형태를 고집하기보다는 각종 상황을 고려하여 설교 형태를 결정하는 것이 좋으며, 할 수만 있다면 다양한 형태의 설교 형식을 사용할 수 있어야 한다. 여기에서 요구되는 것은 설교의 패턴과 형태에 있어서 실험정신이다.

실험적 설교에서 고려할 원칙

청소년 설교 방법론과 관련하여 설교자가 실험 정신을 발휘하여 설교한다고 할 때 고려되어야 할 사항이 있다. 먼저는 누가 자신의 청중인가에 대한 인식이 필요하다. 설교학에서 언급하는 대부분의 설교는 장년 청중을 염두에 두고 행해지지만 청소년 설교는 새로운 청중을 염두에 두고 행해진다. 꼭 청소년 설교가 아니더라도 이제 전혀 새로운 청중들이 태동되고 있음은 이미 인정하는 바이다. 그들의 의식, 문화, 가치관, 세계관, 메시지 받는 방식이 전혀 다르다는 점에서 그들은 새로운 청중이다. 장년층 청중들은 무난하게 수용하는 성격으로 기다려 줄 수 있는 세대이다. 그러나 새로운 청중(new majority)들은 메시지를 받는 방법에 있어서 자기의 취향에 맞지 않으면 귀를 닫아버리는 특성을 가진다. 소위 "커뮤니케이션의 슬리퍼 효과"[179]가 더 강하게 작용하는 특성을 가진다. 그러므로 새로운 청중은 어떻게 듣는가와 관련하여 다양한 방식이 병행되어야 할 것이다. 새로운 청중들인 청소년들은 더 빠른 전송 비율로 정보를 받아들이는데 익숙하다. 그들은 설교의 진행속도에 따라 집중하기도 하고 그렇지 않기도 한다. 그들에게는 시간이 중요하게 여겨진다. 일반적으로 젊은 세대는 15분이 지나면 지루하다고 생각한다. 그러므로 어떤 장면의 변화를 통한 구성과 적절한 시간의 안배가 중요한 요소로 자리 잡게 된다.

또한 어떤 언어가 사용되는가와 말하는 사람의 태도가 중요하게 작용한다. 예컨대 권위적인 언어, 이성적 언어, 추상적 언어, 신학적 언어에 대해 크게 마음을 주지 않는다. 제일 좋은 언어는 보게 하고 듣게 하는 시청각 언어(audio-visual)를 사용하는 것이 좋다. 복잡한 논리나 교리적인 설명보다는 진솔한 경험과 이야기를 청중들은 좋아한다. 이야기는 모든 세대에 거부당하지 않는다. 경험에서 나오

---

[179] 커뮤니케이션의 슬리퍼 효과란 내가 좋아하는 사람이 전하는 메시지는 무조건 받아들이지만 그렇지 못한 사람은 아예 이야기를 들으려하지 않은 현상을 의미하는 용어이다.

는 이야기는 신학적, 철학적 명제가 파고 들어가지 못하는 곳까지도 스며들게 된다. 대화식, 문답식, 드라마식, 이야기식, 영상 등으로 다가가는 것은 오늘의 청소년 청중들에게는 유용한 방식이 될 수 있다. 뿐만 아니라 어떻게 하면 청중들의 공감을 불러일으키는 화법(話法)을 사용할 수 있을 것인가도 중요해진다. 청소년들이 당하는 아픔과 고민, 어려움을 진심에서 느끼면서 마음 깊이에서 우러나오는 말은 사람들을 움직인다. 얄팍한 지혜를 따라 나온 감성과 동정, 그리고 일종의 종교적 연기나 속임수는 거부한다. 청소년들에게는 서로 연결되어 있고, 마음이 통함을 느끼는 관계가 중요해 진다. 이러한 점에서 말하는 사람의 태도는 수용자 측에서는 하나의 필터와 같이 작용한다. 정보를 전달하는 매개체는 언제나 그 정보를 받아들이는 신뢰도에 영향을 미치기 마련이다. 이러한 점들을 고려하여 청소년 설교에 대해 실험적인 접근 방법을 위한 몇 가지 원칙을 고려해 볼 수 있다.

첫째, 설교의 중심은 언제나 언어의 매체가 되어야 한다. 설교는 말씀의 커뮤니케이션이다. 어떤 점에서는 너무 자극적 영상을 사용했을 경우에는 오히려 뇌리에 남은 잔영 때문에 설교 전달이 어려워지는 경향이 있다. 모든 매체의 활용은 언제나 보조 도구임을 기억하면서 언어 커뮤니케이션을 중심으로 설교를 구성하는 것이 좋다. 주님은 천국에서 영상을 보내지 않으셨고, 직접 당신이 말씀으로 이 땅에 내려오셨음은 세상에 들려지는 언어(말씀)가 되시기 위해서였다. 근본적으로 설교는 언어의 사건이다.

둘째, 보다 효과적인 언어 커뮤니케이션을 위해 시각적 매체와 멀티미디어를 적극 활용하라는 점이다. 마치 자동차를 타고 가면 먼 거리도 빨리 갈 수 있고, 손으로 땅을 파는 것보다도 삽이나 호미 같은 도구를 사용하면 훨씬 쉽게 땅을 팔 수 있는 것과 같은 원리이다. 여기에서 설교자가 염두에 두어야 할 것은 이것들은 어디까지나 설교를 위한 '도구'이며 '매체'라는 사실을 기억할 필요가 있다. 이러한 매체를 준비하는 데에는 시간이 많이 소요되는 것이 사실인데, 만약 설교를 준비하는 7시간 중에 6시간 30분은 이러한 매체를 준비하는 데 사용하고, 불과 성경 본문을 연구하고 설교를 준비하는 데에는 30분만을 사용한다면 문제가 될 수밖에 없을 것이다.

셋째, 청소년 설교에서는 참여의 기법을 적극 활용하라는 점이다. 참여(participation)는 청소년들의 관심을 불러일으킬 뿐만 아니라 어떤 메시지에 이르게 하는데 놀라운 효과를 가진다. 질문과 토론의 기재 등을 적극 활용하는 것도 한 방식이 될 수 있을 것이며, 설교에서 피드백을 적절하게 읽으면서 전달의 전반을 새롭게 수정해가는 것도 한 방식이 될 수 있을 것이다. 앞서 새로운 패러다임에 대한 설교 형태를 소개하면서 언급하였듯이 이야기식이나 귀납적 방식은 이러한 참여를 불러일으키는데 효과적이다.

넷째, 논리보다는 이야기로 전달하라는 점이다. 어떤 사실을 논리로 전했을 때 그것은 명쾌하게 느껴지지만 오래 남지 못하는 약점이 있다. 반면 이야기를 통해 적절한 참여와 동일시를 경험했다면 그 이야기는 청중들의 뇌리에 오래 남게 해 주는 장점이 있다. 이야기는 인간 삶의 중요한 도구일 뿐만 아니라 삶의 변형(transformation)을 경험하게 하는 유용한 도구이다.

다섯째, 다른 모든 방식의 설교가 그렇지만 청소년 설교자들은 설교 가운데 대화체를 사용하여야 한다는 점이다. 마치 앞에 앉아 있는 한 사람에게 설교하듯이 대화적인 정신을 가지고 전달하여야 한다. 독백체나 문어체보다는 직접 일대일 커뮤니케이션을 하듯이 대화체를 사용하여야 한다.

여섯째, 연역법보다는 귀납법을 사용하라는 점이다. 연역법은 어떤 사실을 논증하고, 정보를 전달하는데 유용한 방식이다. 그러나 설교는 단순한 정보의 전달로 끝나지 않는다. 귀납법은 청중들로 하여금 기대감을 갖게 할 수 있으며, 문제 제시와 반전을 통한 실마리를 제시하여 해소해 가는(tension-and-release) 기법을 적절하게 활용할 수 있을 때 청소년 청중들의 관심을 끌어 모을 수 있을 것이다.

일곱째, 청중들과의 바른 관계를 유지하여야 한다는 점이다. 청소년 설교자는 무엇을 말하는가도 중요하지만 강단 아래에서 청중들과의 관계(speaker-listener relationship)가 바로 세워지지 않았다면 설교의 효과를 기대하기가 어렵다. 청소년들이 설교자를 진정으로 신뢰할 수 있을 때 그들은 그 설교를 듣게 되기 때문이다. 그러므로 청소년 설교자는 설교하기 전 그들과의 긴밀한 관계 형성이 중요한 요소가 된다.

여덟째, 설교 가운데서 음악(찬양)의 중요성을 간과하지 말라는 점이다. 모든 사람들이 그렇지만 청소년들에게 음악은 중요한 위치를 차지한다. 청소년 뉴욕의 민간조사 기관인 브레인 웨브스 그룹이 41개국의 15-18세의 남녀, 2만 5천명의 의식을 조사한 결과 "전 세계 십대 81%가 음악을 즐겨 듣는 것"으로 발표하였다. 반드시 청소년 세대뿐만 아니라 인간의 삶은 음악과 떨어져서는 생각할 수 없는 특징을 가진다. 음악은 사람들의 마음을 열어주고 연결해 주는 역할을 한다. 그래서 음식점에도, 대화를 나누는 장소에도, 운동 장소에도, 심지어는 환자를 치료하는 곳이나 스트레스 해소에도 음악이 사용된다. 설교에서 적절히 찬양을 활용할 수 있게 되면 청소년들을 말씀 앞으로 성큼 다가올 수 있게 될 것이다.

아홉째, 예배의 구조를 새롭게 하라는 점이다. 청중의 관점에서 보면 지극히 수동적이고 전통적인 예배에 젖어 있는 구조보다는 예배가 다이내믹하고, 자유로우면서도 참여가 있는 예배를 기획하고 구성할 필요가 있다. 모든 예배가 다 그러해야 하겠지만 특히 청소년 예배는 예배의 역동성에 주안점을 두고 구성되어야 한다.

열 번째, 청소년 설교에서는 다양한 방법을 사용하여야 한다는 점이다. 청소년 설교자는 실험 정신, 창조 정신을 늘 새롭게 하는 사람이다. 어려울수록 더 고도의 판매 전략을 세우는 것과 같이 청소년 세대에게 복음의 말씀을 증거하는 방식도 다양한 방식과 매체가 강구되어야 한다. 여기에서 요구되는 것은 창조성과 실험 정신이다.

이러한 원칙을 따라 다양하면서도 창조적인 실험적 설교를 구상하고 설교에 도입할 때 유념해야 할 것은 청소년 설교는 그 방법론도 중요하지만 하나님의 말씀의 깊이를 드러내고 복음의 깊이를 드러내어 청소년들이 복음을 만나게 해야 한다는 점을 깊이 유념해야 한다. 마치 밥그릇이 밥을 대신 할 수 없음 같이 좋은 방법론은 언제나 좋은 내용을 전달하기 위한 도구임을 잊지 않아야 할 것이다.

'미스터 홀랜드'에게서 배우는 지혜

리차드 드레이퓨스가 주연한 『홀랜드 오퍼스』(Mr. Holland's Opus)라는 영화를 보면 작곡가인 홀랜드가 생활비를 벌기 위해 임시로 한 고교의 음악교사가 되어 첫 번째 수업을 하는 장면이 나온다. 무관심한 학생들을 바라보면서 그는 어쩔 수 없어 그런 아이들에게 음악을 가르쳐야 하는 자신을 한심해 한다. 그러한 자세로 교육에 임한 그의 수업은 무척이나 딱딱하고 경직된 표정과 자세로 시작된다. 그는 그가 가지고 있는 음악 지식을 그저 일방적으로 가르치려는 모습으로 가득 차 있다. 그러다 보니 학생들 역시 강의에 대해 전혀 관심이 없고, 무응답으로 일관된다. 커뮤니케이션에 있어 중요한 쌍방향적인 소통은 전혀 이루어지지 않는다. 그는 실패하고 있었다. 그 원인을 찾는다면 그것은 철저히 가르치는 그의 태도와 방법론에 있었다. 교사를 잠시 하는 것으로, 자신과는 적성이 안 맞는 직업으로 생각했던 그의 생각에서부터 그런 경직된 커뮤니케이션이 나오고 있었다. 물론 그는 적절한 교육 방법을 강구하지 않고, 일방적인 지식 전달 방식으로 만족한다.

그러한 그가 어떤 사건을 통해서 전환점을 맞게 된다. 랭이란 소심한 한 여학생에게 보충 수업을 하면서였다. 처음에는 워낙 클라리넷 연주를 못해서 교정을 해주기 위해 시작한 것인데, 보충 수업을 진행하

〈그림 9〉 홀랜드의 수업 광경

면서 랭이 왜 클라리넷을 하려고 하는지에 대해 알게 된다. 공부를 잘하고 좋은 대학에 다니는 형제나 성공한 부모에 비해 자기는 재능이 없다는 것이 상처였다. 그래서 클라리넷을 잘 하고 싶었는데 그것마저 뜻대로 되지 않은 것에 자신감을 잃고 크게 상심한 상태였다. 그러한 학생을 진정으로 이해하고 용기를 주면서 홀랜드는 평소와는 다른 수업 방식을 따라 가르친다. 일방적으로 가르치는 입장이 아닌 그녀의 아픔을 이해하고, 연주를 할 수 있는 새로운 방법을 알려주면서 자신감과 용기를 심어준다. "랭, 너는 충분히 잘 할 수 있는데 너는 스스로를 믿지 않고 신뢰하지 않아서 그런 거야." 인간적인 깊은 공감을 가지고 그녀에게는 주었던 충고는 큰 용기가 되었고, 자신감을 잃고 소심한 성격이 된 랭은 연주에 자신감을 얻게 되었다. 그는 나중에 주지사가 되었다.

또한 이와 비슷한 시기에 홀랜드는 학생들에게도 전혀 다른 방법으로 접근을 하게 되는데, 그것은 학생들이 어떤 음악을 좋아하는가

에 대한 깊은 이해로부터 나온 것이었다. 일방적으로 클래식에 대한 강의만 하던 이전의 수업 방식을 버리고, 학생들이 좋아하는 록큰롤을 연주하면서 록큰롤과 클래식의 차이를 스스로 발견할 수 있게 하는 독특한 수업 방식을 사용한다. 어떻게 고교 음악실에서 록큰롤을 가르쳐질 수 있느냐며 보수적인 교장과 교감은 크게 반발하면서 질책하지만 오히려 그의 신념은 그럴수록 분명해진다. 그로 인해 밴드부도 신설하게 되고, 도무지 박자 관념이 없는 아이에게 북을 가르치는 장면 역시 독특한 교육 방식으로 가능해졌다. 학생들에게 음악에 대한 관심을 불러일으키게 되고, 그 때부터 학생들은 비로소 홀랜드의 강의를 듣고 서로의 쌍방향적 커뮤니케이션이 이루어지게 된다. 그러한 그에게 있어 커뮤니케이션의 전환점은 청중들(학생들)에 대한 이해와 눈높이 교육에서 비롯되었다. 그의 교육 방식을 창의적이고 실험적이었다.

한편 학교에서는 이렇게 성공적인 교사로 자리를 잡아가고 있을 때 가족과의 관계에서 그렇지 못하여 심각한 커뮤니케이션의 걸림돌을 경험하게 된다. 이러한 장애물은 그의 아들이

〈그림 10〉 수업광경

청각을 상실하고 전혀 듣지 못하고 말하지 못하게 되는 청각장애인이 되면서 발생한다. 자신의 재능을 물려받아 훌륭한 음악가가 되길 바랐던 아들에 대한 기대가 무너지면서 아내와도 대화의 장벽이 생기게 되며, 청각장애인 아들과는 전혀 의사소통을 할 수 없는 상태가 된다. 아내는 학교 일에만 온 신경을 쏟을 뿐 가정에는 전혀 그렇지 않는다고 불만을 토로하고 자신의 말을 전혀 들으려고 하지 않는다고 불평한다. 그러나 홀랜드는 자신의 입장만을 항변하고 나가버린다. 수화는 아들과 대화할 수 있는 유일한 방법인데 그는 수화를 배우려는 마음을 가져 본 적이 없었다. 결국 홀랜드는 언제나 자신의 언어로만 말했고 아들이 보내는 수화는 전혀 이해할 수 없었다.

그가 좋아했던 존 레논이 죽었을 때 아들은 소리를 듣지 못하기 때문에 당연히 레논을 알지 못할 것이라고 단정하면서 그 부분에 대해서는 무시하듯이 간단한 수화로 말했을 때, 아들은 발끈하면서 아빠에게 대든다. 나중에 아내가 달려와 통역해 주는 내용은 그것이었다. "나도 존 레논을 알고 있어요. 나도 존 레논이 누구인지, 비틀즈가 누구인지 다 알아요. 음악이 어떤 것인지 알구요, 그들의 음악도 알고 있다구요. 그리고 아빠의 직업이 무엇인지도 잘 알고 있어요. 아빠는 음악을 가르치는 선생님이지요. 그리고 아빠는 바로 나의 아빠라는 사실도 알아요. 그런데 언제 나에게 음악을 가르친 적이 있나요? 아빠는 남은 잘 가르치려고 했는지 모르지만 언제 나에게 음악을 가르치려고 생각이나 해 보셨나요?" 아들이 수화로 말하는 내용을 아내의 통역을 통해 들으면서 그가 얼마나 잘못된 커뮤니케이터였던가를 깨닫게 된다.

그러한 사건을 통해 홀랜드가 가족과의 관계, 특히 아들과의 관계에서의 커뮤니케이션의 장애물을 극복하는 장면은 매우 감동적이다. 아들은 듣지 못하기 때문에 음악을 모른다고 단정했던 그의 생각이 바뀐 것은 아들과의 말다툼이 있던 다음 날, 우연히 유리창 너머로 아들이 차를 정비하는 모습을 보게 되면서였다. 아들 콜이 깔때기가 달린 호스를 통해 차의 엔진 소리를 들으면서 차를 수리하는 모습을 보면서 자신이 얼마나 아들에 대해서 단편적인 생각을 가지고 있었는지 깨닫게 된다. 그래서 그는 바로 청각장애인을 교육하는 특수학교에 찾아간다. 그리고 청각장애인들에게 어떻게 음악을 가르칠 수 있는지와 그들의 음악감상 방법을 배운다. 오랫동안 준비한 연주회를 열고 청각장애 학생들도 초청하여 그들도 그가 연주하는 음악을 감상할 수 있도록 빛의 파장을 통해 음악을 표현하는 기법을 도입한다. 물론 그 자리에는 청각장애인 아들도 초청 받아 제일 앞 자리에 앉아 있다.

기대대로 청각장애 학생들에게 열렬한 환호를 받게 되고, 아들을 위해 작곡한 곡은 자신이 직접 부른다. 아들과의 대화를 거의 포기한 그가 수화를 배워 아들에게 보내는 노래를 직접 부르는데 그동안 못했던 말을 전하려는 듯 혼신의 힘을 다해 노래한다. "아름답고 아름다운 내 사랑하는 아들…"(beautiful, beautiful, beautiful, beautiful, beautiful my son). 목이 멘 목소리로 부르는 아빠의 진실한 노래를 통하여 그동안 막혔던 아들과의 커뮤니케이션의 모든 걸림돌들이 완전히 사라지는 것을 볼 수 있었다.

위대한 교향곡을 작곡하겠다는 젊은 날의 포부와 음악에 대한 깊은 열정은 생계를 위해 잠시 시작한 음악 교사직에 묻혀 버리지만 30년 동안 그는 학생들에게 헌신과 열정을 쏟아 음악을 가르쳐 왔다. 비록 젊은 시절의 꿈처럼 위대한 교향곡을 만들지는 못했지만, 늘 새롭게 제자들에게 음악의 세계를 가르치려고 했던 홀랜드의 삶은 교향곡만큼이나 아름다운 것이었다. 이렇게 평생을 바친 홀랜드는 학교 재정의 부족으로 교사를 줄여야 하는 상황에서 음악과목을 없애기로 결정되어 결국 교사직을 그만 두고 퇴임을 해야 했다. 남은 것이 아무 것도 없다고 생각하며 쓸쓸하게 짐을 꾸리기 위해 학교에 나온 그는 전혀 예상치 못했던 자리가 준비된 것을 발견하게 된다. 지난 30년 동안 그에게 음악을 배웠던 수많은 제자들이 준비한 고별 콘서트였다. 강당을 가득 매운 그의 제자들이 열화와 같은 박수로 그를 맞이하는데, 주지사가 된 랭은 그런 의미 있는 연설을 남긴다. "선생님은 젊은 날 한 때 부와 명성을 안겨줄 심포니를 작곡하려 했습니다. 그러나 선생님은 부자도 되지 못했고 그렇다고 세상 사람들이 다 알아줄 명성을 얻은 것도 아닙니다. 단지 선생님은 여기에서만 유명합니다. 따라서 실패했다고 생각할 수도 있습니다. 그러나 부와 명성을 초월한 성공을 하셨습니다. 주위를 보세요. 선생님께 영향을 받은 제자들입니다. 선생님 덕분에 훌륭히 성장했지요. 여기에 선생님의 손이 닿지 않은 삶은 하나도 없으며 우리는 모두 선생님의 교향곡입니다. 우리가 선생님이 작곡하신 작품의 음표입니다. 우리 모두는 선생님의 작품(opus)입니다."

이 영화는 청소년 설교자들이 어떠한 커뮤니케이터가 되어야 할지에 대해서 참 많은 것을 말해 준다. 효과적인 복음의 커뮤니케이션을 위해서 청소년 설교자는 무엇보다도 다양한 방식을 필요로 하며, 파격적이면서도 창조적인 방식을 따라 메시지를 전해야 함을 강하게 제시해 준다.

실험적 설교 유형

앞서 언급한대로 실험적인 설교 형태는 '실험적'이라는 말이 가지는 의미만큼이나 다양하게 발전시킬 수 있는 장르이다. 이것은 설교자가 설교를 준비하면서 그 전달 방식을 창조적으로 창안한다면 아주 다양한 방식을 활용할 수 있기 때문이다. 이렇게 다양하게 발전시킬 수 있는 실험적 설교 방식을 몇 가지 범주로 나누어본다면 대략 청중의 '참여를 통한 방법,' '대화 형태를 도입하는 방법,' '시청각 자료를 활용한 방법' 등으로 구분해 볼 수 있을 것이다. 설교에서는 단지 언어라는 매체와 설교자 혼자서 말하고 청중은 듣는다는 전통적인 설교 형식에서 벗어나 다양한 형식과 매체, 설교 진행에 참여하는 사람에 따른 분류라고 할 수 있겠다.

먼저 **참여를 통한 방법**에는 청중들을 설교에 참여시키는 방법이다. 이것은 설교자는 말하고 청중들은 듣는 수동적인 존재라는 기본적인 틀을 떠나서 설교의 한 부분을 청중인 청소년들이 담당하여 그들이 꾸며가도록 장(場)을 만드는 것이다. 예컨데 스킷 드라마 설교, 역할극 설교, 인터뷰 설교, 춤과 무언극과 함께 하는 설교, 기타 청중들의 참여와 활동을 포함시킬 수 있는 방법 등을 들 수 있겠다. 이것은 미리 설교 주제와 관련하여 설교의 특정부분을 준비케 하여 그것을 설교에 활용하게 하는 방식이다.

두 번째로는 '대화 형태를 도입하는 방법'이다. 설교자는 말하고 청중들은 듣는 형식, 독백하듯이 설교자 혼자서 말하는 형식을 벗어나 그 말하는 주체의 폭을 넓히는 방식이다. 가령, 청중들과 대화를 나누면서 설교 해가는 대화식 전개라든지, 2인 설교 방식, 질문법을 활용하여 청중들이 적극 설교에 참여하는 방식 등을 활용하는 방식이라고 할 수 있겠다. 예수님은 대부분 대화를 통해 가르치셨다. 묻고 대답하고, 말씀하시려는 내용 가운데 그들을 끌어 들이면서 말씀을 전하시는 방식을 택하셨다. 가령, 그 좋은 예로 니고데모에게 하신 설교나 사마리아 여인에게 하셨던 말씀 가운데서 우리는 그러한 형식을 발견하게 된다. 일방적인 선포의 형식보다는 학생들과 주고받는 대화의 방식이 보다 효과적인 것은 그들이 참여할 수 있는 공간이 마련되기 때문이다. 소크라테스의 대화법은 널리 알려진 방법인데 해답을 바로 주기보다는 질문법을 통해 스스로 답을 찾아갈 수 있도록 하는 방식을 취하였다. 이것은 마치 산모가 아이 낳는 것은 대신할 수 있는 것이 아니라 그가 아이를 낳을 수 있도록 돕는 조산소의 산파와 같은 역할을 하는 것이라는 점에서 '문답식 산파술'이라고 말한다.

설교에서도 이러한 질문법의 기법을 활용할 수 있을 것이다. 또한 어떤 이슈를 제시하여 청소년들에게 잠깐 어떤 주제에 대해 토의 하도록 하는 방법도 그 하나이다. 물론 그것을 발표할 수 있는 시간을 갖게 할 수도 있겠지만 혹 그렇지 않는다 하더라도 그 자체만으로도 효과가 있을 수 있다. 물론 주제에 대해서 긍정과 부정으로 나누어지는 문제에서는 토의 자체만으로도 그 주제나 내용 가운데 청소년들을 이미 끌어들인 것이 되기 때문이다.

세 번째는 시청각 자료를 활용하는 방식을 들 수 있다. 오늘의 청소년 세대는 시청각(audiovisual) 세대이다. 그들은 디지털 문화, 영상문화의 시대를 살고 있기 때문에 말로 전하는 청각적 요소만으로 전하기보다는 청각과 시각이 함께 동원될 때 훨씬 효과적으로 메시지를 받는다. 실물을 통해서 그것을 눈으로 볼 수 있을 때 쉽게 이해하고 잘 받아들이는 특성을 가진다. 그래서 설교 가운데서도 언어의 매체만 사용할 것이 아니라 언어 이외에 다양한 매체를 활용하는 방식이 여기에 해당된다고 하겠다. 여기에는 실물과 같은 어떤 재료들을 활용하거나 그림, 플래시, 파워포인트, 영화, 슬라이드와 같은 다양한 영상 매체 등을 활용하여 설교하는 방식이다. 가령, "예수님의 손과 발은 못에 찔리시고 십자가에 달리셨습니다."라고 말로만 전하는 것보다는 1973년 A. W. 탐슨(A. W. Thomson)이 고증과 역사 기록을 토대로 하여 예수님 당시의 사형수들이 십자가에 처형될 때 받으셨던 실물의 못을 보여주면서 그 사실을 전하는 것이 훨씬 효과적일 것임에 틀림없다.

또한 컴퓨터 프로그램이 요즘에는 다양하게 활용되면서 영상편집 기술들이 발달하여 사진과 영상 자료들을 슬라이드로 편집하여 파워포인트나 미디어 플레어 등으로 제시할 수도 있고, 플래시를 활용할 수도 있을 것이다. 오늘의 청소년들은 TV와 컴퓨터로 대표되는 다양한 영상 매체에 길들여진 세대이기 때문에 시청각 자료를 적절하게 활용하는 실험적 설교는 그 효과성에 있어서 뛰어난 방식이라고 할 수 있겠다.

그러나 시청각 자료가 가지는 강력한 매력과 흡인력 때문에 말씀보다는 그 영상에만 깊이 마음을 빼앗길 수 있는 문제점이 또한 있음을 간과하지 않아야 한다. 그러므로 청소년 설교자들은 시청각 자료를 활용할 때 다음 몇 가지 문제를 깊이 고려할 필요가 있다.

첫째는 시청각 자료는 효과적이기는 하지만 그것을 제작 및 자료 준비에 시간이 많이 소요된다는 점이다. 설교자가 혼자서 그 모든 것을 다 준비해야 한다면 시간적인 제약뿐만 아니라 설교 준비에서 문제가 생길 수 있다. 여기에서 필요한 것은 설교 자료 개발을 위한 도우미 활용이다.

둘째는 주객이 전도되지 않게 해야 한다는 점이다. 설교자는 하나님의 말씀을 전하는 사람이며, 다른 것들은 보조 자료일 뿐이다. 그러나 종종 범하는 잘못이지만 영상 자료를 준비하기 위해서 5시간을 소비하고 말씀을 묵상하고 연구하는 데는 30분 정도로 배정한다면 그것은 주객이 전도되는 잘못을 범하고 있음에 틀림없다.

셋째는 영상 자료를 계속 사용하게 되면 더욱 강력한 자료를 사용해야 한다는 문제점이 야기된다. 본래 영상 자료가 가지는 강력한 잔영 현상 때문에 이런 시각 자료가 사용되었을 때 그 다음 설교를 이어나가는데 문제가 생길 수 있음을 설교자는 유념하면서 자료를 활용하고, 그 다음 이어지는 부분을 어떻게 전달할 것인가까지 염두에 두어야 한다.

참여를 통한 방법: 스킷 드라마 설교

먼저 참여를 통한 방법을 살펴보자. 앞서 언급한 대로 이것은 설교에 청중인 청소년들을 적극 참여시킬 수 있는 방법을 고려한 실험적 설교 방식이다. 여기에서는 스킷 드라마 설교를 먼저 살펴보도록 하자. 드라마는 어떤 사실을 보고, 듣고, 느끼게 하고, 동참하게 하며, 그것이 담고 있는 메시지를 단지 지적으로 이해하지 않고 가슴으로 경험할 수 있게 한다는 점에서 중요한 장르이다. 그런 점에서 설교에서 드라마를 활용한다는 것은 하나님의 메시지를 느끼게 해주는 놀라운 방법이 아닐 수 없다. 특별히 청소년들에게 전할 개념적인 진리가 드라마와 같은 장르를 통하여 전달되게 되면 그들로 하여금 설교에서 전하려고 하는 어떤 개념을 보게 하고 느낄 수 있게 하며, 전달하려고 하는 메시지 속으로 들어올 수 있게 한다는 효과를 기대할 수 있다.

스킷 드라마(skit drama)는 어떤 주제를 전하는 내용, 혹은 생각할 수 있게 하는 내용, 그리고 주제 전개를 위한 문제 제기를 위해 제시하는 내용 등 꼭 완결된 내용보다는 3-5분 정도의 분량 정도의 짧은 극으로 표현하는 작은 드라마이다. 비교적 짧은 시간에 상연되며, 희곡이 가지는 일정한 기승전결의 구성 형식에 구애받지 않고 전하려는 주제를 중심으로 동기부여나 문제 제기 등을 전달하는 것을 목적으로 한다. 이것은 흔히 촌극이라는 용어와도 혼용되어 사용하는데, 처음에는 짧은 풍자극 정도로 인식되었다. 그것은 '스킷'(skit)이라는 말이 '가벼운 풍자'라는 의미를 지닌데서 붙여진 이름이다. 그러나 반드시 '풍자'라는 관점을 가져야 한다거나 그러한 역할을 해야만 한다고 주장하는 것은 너무 편협한 이해라고 할 수 있다. 반드시 그렇게 제한하기보다는 예배와 설교에서 활용할 수 있는 간단한 극 정도로 이해하는 것이 좋겠다.

스킷 드라마는 간략한 대사와 동작, 간단한 무대 장치와 소품, 음악 등으로 전하려는 주제를 입체화된 방식으로 제시하기 때문에 예배와 설교를 위한 유용한 보조 도구가 될 수 있다. 현대적 예배를 드리는 교회에서는 스킷 드라마는 예배를 위한 중요한 장르로 활용되고 있고, 이것을 아예 예배나 설교를 위해 활용되는 드라마의 장르로 분류하기도 한다.

  종종 수련회에서 간단한 주제만 주고서 학생들에게 간단히 준비하여 발표하게 하면 기상천외한 발상과 내용, 그리고 뛰어난 연기력 등을 통해 폭소를 자아내기도 하고 감동을 주기도 하는 것을 경험하고는 한다. 사실 일방적인 주입식 교육 풍토에 익숙해 있지만 청소년들에게는 무한한 가능성과 잠재성, 창조성을 가지고 있음을 입증하는 경우이다. 공부로 인해서 시간에 많이 쫓기는 청소년들이지만 그렇게 시간을 많이 들이지 않고서도 조금만 지도를 해 준다면 설교를 위한 좋은 장(場)을 마련할 뿐만 아니라 그들도 함께 하나님의 말씀을 증거하는 일에 동참한다는 기쁨을 누릴 수 있을 것이다. 스킷 드라마를 청소년 설교에 활용하려고 할 때 간단한 대본과 내용을 미리 주어 준비하게 하고, 그 드라마에서 표현해야 할 중심 주제에 대한 분명한 이해를 가지고 중심적인 내용을 이해하고 즉흥성을 적극 활용할 수 있도록 도울 수 있을 것이다. 드라마의 내용이 문제 제기를 하는 내용이라면 가능하면 설교의 첫 부분에서, 어떤 메시지를 전하는 것이라면 중간이나 끝 부분에 설교의 한 장면으로서 활용하는 기법을 사용하는 것이 바람직하겠다.

  다소 비중이 있고, 길이와 무대 장치 등에 있어 무게가 있는 드라마의 경우도 특별 예배의 경우에 사용 가능할 수 있겠지만 청소년 예배의 설교에서 사용하기에는 스킷 드라마가 시간적으로나 그 준비 면에서 활용성이 높다고 할 수 있다. 어떤 드라마이든지 간에 단순히 말로 표현하는 것보다는 다루려는 주제를 입체화된 형태를 취하는 드라마로 활용하는 것은 그 전달효과가 더 크기 때문에 단순히 귀로 듣기만 하던 설교를 보고 듣는 설교로 만들 수 있고, 메시지를 형상화하여 전할 수 있다는 장점이 있다.

  그렇다면 스킷 드라마 설교는 어떻게 작성할 수 있을까? 스킷 드라마는 비교적 간단한 몇 장면으로 구성되고, 등장인물과 소품, 무대장치도 아주 간단하다는 데 그 특징을 가진다. 이러한 간편성 때문에 다른 준비는 크게 문제가 되지 않지만 대본을 마련하는 것이 언제나 큰 과제가 된다. 시중에는 스킷 드라마 대본을 묶은 작품집도 있어서 180) 그것을 적절하게 활용하는 것도 한 방법이겠고, 가장 좋은 방법은 대본을 설교의 내용이나 주제에 맞추어서 직접 준비하는 것이다. 어떤 주제와 방향성을 제시해주고 청소년들이 직접 극을 구성하게 함으로써 그들의 창의성을 발휘하도록 하는 기회를 제공할 수도 있겠다.

대본을 준비할 때 유념해야 할 사항으로 몇 가지를 들 수 있다. 가능하면 그 소재가 청소년 회중들의 삶과 너무 동떨어진 문제보다는 그들의 삶의 이야기와 경험들을 담은 것이 좋겠다. 가령, 성적에 대한 고민, 이성에 대한 고민 등과 관련되면 좋지만 청소년들과 연관이 없는 주제를 다룰 경우 당연히 그 효과가 떨어질 것이다. 크리스천 사업가가 술을 마셔야 할지 아닐지에 대한 고민을 주제로 한다면 그것은 크게 관심을 끌지 못할 것이다. 이러한 연관성은 그들로 하여금 극에 공감대를 갖게 하고, 참여도를 높일 수 있게 해줄 것이다. 이것은 현장성이고, 문화 표현을 담고 있어야 한다는 점으로도 설명할 수 있다.

두 번째로는 설교에서 그 드라마를 어떻게 활용할 것인가를 깊이 생각하라는 점이다. 단순히 재미로 극을 사용해서도 안 되고, 끼워

---

180) 조현식, 『스킷 드라마』, 개정판 (서울: 예영 커뮤니케이션, 2000); 하정완, 『드라마 천국 : 열린 예배를 위한 스킷 드라마』 (서울: 낮은 울타리, 2001); 김성태, 『열린 예배를 위한 스킷 드라마: 극단 `예꿈`이 만든 두 번째 창작 희곡집』 (서울: 예찬사, 1999) 등을 참조할 수 있겠다. 그 외에도 인터넷 홈페이지나 블로그 등에서 좋은 자료들을 얻을 수 있을 것이다. 예컨대, "열린 사역 연구소"(www.ivydream.com)의 자료실도 활용할 수 있는 여러 자료들을 제공해 준다.

넣기 식도 안 될 것이다. 이것은 철저하게 설교의 내용과 부합되는 것이어야 한다. 스킷 드라마는 설교의 한 부분으로서의 설교의 내용 전개와 구성과 관련하여 드라마의 내용과 배치가 적절하게 주어져야 한다. 그런 점에서 내용이 너무 선정적이거나 아무리 좋은 내용이라도 사용하는 언어가 교회, 혹은 설교에서 활용하기 어려운 것들은 자제할 수 있어야 한다.

세 번째는 구성이나 내용, 등장인물을 너무 복잡하게 하지 말라는 것이다. 이것은 간단한 극인만큼 드라마의 플랏이나 인물이 너무 복잡하게 되면 우선 시간적으로도 준비하는데 어려울 수 있기 때문에 등장인물도 그렇게 많지 않은 것이 좋고, 플랏도 간단한 것이 좋다.

넷째는 마음에 전하는 감동과 재미를 잃지 않아야 한다. 드라마는 가슴으로 그 메시지를 느끼게 하는데 효과적이다. '마음에서 마음으로'(heart to heart) 전하는 것이 드라마의 특성인 만큼 마음의 영역에 파고드는 감동을 잃지 않아야 한다. 드라마는 이야기가 가지는 특성에다가 보고 듣게 한다는 장점이 있는 장르이다. 이야기는 오래 기억하게 해줄 뿐만 아니라 청중의 참여와 경험을 불러일으키는 특성을 가지는데 이러한 특성을 지닌 드라마는 보고 듣게 하며 느끼게 하는 차원에서 중요한 특성을 가진다.

다섯째로 스킷 드라마는 언제나 말씀으로 들어가게 하고, 나아가게 하는 가교 역할을 해야 한다는 점이다. 물론 예배 전체에서 활용하게 되면 설교와 분리되어서 예배의 한 순서로 활용할 수 있겠지만 이것이 설교와 접목되어 스킷 드라마 설교가 될 때는 드라마 자체로 만족할 것이 아니라 반드시 말씀과 접촉점을 마련해 주거나 그 말씀을 더욱 심화시키는 역할을 하도록 활용해야 한다는 점이다. 이것은 드라마가 가지는 강력한 흡인력 때문에 주객이 전도되어 오히려 그 다음 말씀의 내용은 딱딱하고 흥미 없는 것으로 인식되게 해서는 안 되고 설교를 위한 보조 도구라는 사실을 염두에 두어야 한다는 말이다.

마지막으로 스킷 드라마는 설교에서 다루려고 하는 어떤 이슈와 관련하여 문제 제기를 하는데 적극 활용하는 것도 하나의 방법이라고 할 수 있다. 가령, 기독 학생들은 학교에서 모든 친구들이 한 사람을 집단 따돌림(왕따) 시키고 있을 때 그러한 상황에서 어떠한 자세를 가져야 하는지와 관련된 설교를 할 때 그런 따돌림을 당하는 학생의 아픔을 적절하게 묘사할 수 있고, 집단 행동에 참여하지 않음으로 인해서 발생하는 현상들을 묘사해 줌으로 설교의 도입이나 논의의 자료를 제공하는 방식을 취할 수 있을 것이다. 이것은 사회 현상이나, 청소년들의 삶의 현장에서 만나게 되는 이슈, 어떤 부조리한 사실이나 중요한 사안에 대한 문제 제기를 스킷 드라마를 통해 제시함으로 설교자가 직접 언급하는 것보다는 드라마를 통해 제시하는 방식을 취할 수 있을 것이다.

스킷 드라마 대본

다음 드라마 대본은 몇 년 전, 장신대 대학부 "청소년 설교론" 강의에서 조별 발표에서 '스킷 드라마 설교'를 맡았던 조에서 활용했던 대본이다. 이것은 아들을 주신 하나님의 사랑에 대해 설교하려고 할 때 서론 부분이나 결론 부분에서 모두 활용이 가능한 대본이다. 간단한 소품이나 음향 효과를 가미한다면 더욱 실감나게 메시지를 전달할 수 있을 것이다. 이것은 교회의 형편이나 예배나 설교의 특성에 따라서 각색하여 활용할 수 있는 하나의 샘플이라고 할 수 있겠다.

- 제목 : 그 사랑에 빚진 자 되어
- 준비물 및 소품 : 무덤 사진 혹은 무덤 모양, 음향 (찬양, 버스 소리, 브레이크 밟는 소리 등), 카메라 등.

• 등장인물 : 할아버지, 할머니, 신 기자, 어린이1, 2, 남자1, 여자 1.

1막

(배경 음악이 흐른다. 아이들의 웃음소리가 들려오는 평화로운 분위기. 할아버지와 할머니가 등장하고 신 기자가 멀리서 다가온다).

모 두 들 안녕하세요? (가볍게 포옹하며) 건강하셨죠? (할아버지와 할머니, 무덤에서 잠시 기도한다).

할아버지 모두들 잘 지내셨죠?

남   자 멀리서 오시느라 수고가 많으셨어요. (한 아이가 앞으로 뛰어가고, 그 아이를 붙잡으려고 하며) 미진아!

아 이 들 안녕하세요.

할아버지 그래 그래. 너도 일 년 새에 많이 컸구나!

할 머 니 너무나 예쁜 애들이야.

할아버지 애들 크는 거 보면 정말 우린 늙는 것도 아니야.

남   자 두 분 다 아직 젊으신데요, 뭘.

여   자 그럼요.

할아버지 아 참, 소개하지 지난번 얘기했던 내 막내딸 친구, 신문 기자 아가씨.

신 기 자 안녕하세요. 대한일보 신 기자예요.

모 두 들 안녕하세요.

신 기 자 오늘 이 추도예배를 취재하기 위해 아버님께 부탁드려 이렇게 왔습니다.

모 두 들 잘 오셨어요.

신 기 자 아버님께서 대략 말씀해 주셨지만 그날의 사고와 10년 동안 계속 되어 온 이 추도예배에 대해 알고 싶습니다.

할아버지 여러분들이 말씀해 주셔요.

남　　자　(앞을 보며) 바로 10년 전 오늘. 그날도 오늘처럼 아주 무더운 날이었습니다.

2막

남　　자　그 날이 마침 장날이어서 마을버스 안엔 많은 사람들이 탔었어요.

할 머 니　아이들도 있었고요.

여　　자　15인승 마을버스가 꽉 차, 통로에 서있는 사람만 해도 여럿이었죠.

남　　자　구암리 버스 정류장에서 몇 사람을 더 태우고 읍내로 가는 고개 내리막길로 버스가 막 들어섰을 때였어요. 갑자기 버스 안에서 '팍' 하는 소리가 들리더니 순간 버스가 휘청하는 거예요.

여　　자　나중에 알고 보니 브레이크 파열이었어요.

남　　자　그 내리막고개가 좀 가파릅니까? 버스가 비탈 아래로 미친 듯 내달리기 시작했지요. (오른쪽을 보면서) 길 오른편은 뾰족한 바위산이고, (왼쪽을 보면서) 왼쪽은 바로 시퍼런 강물과 맞닿은 절벽이었지요. 도저히 어떻게 멈출 수가 없는 상황이었어요. 가속도가 붙어 점점 더 빨라졌지요.

할아버지　이제 죽는구나 했어요.

여　　자　너무 무서웠어요. 비명을 지르고 울부짖고 버스는 순식간에 혼란에 빠졌어요.

남　　자　저 앞에서 마주 오는 차 한 대와 스치듯 아슬아슬하게 피했습니다. 그 버스 기사는 그런 급박한 상황에서도 매우 침착했던 것 같아요. 그런데, 그런데 모퉁이를 돌자 저기 저 앞으로 한 아이가 막 길을 건너가고 있었습니다. 그런데 다행히 다 건넜구나 싶었던 그 아이가 신발 한 짝이 벗겨져 길 한복판에 떨여　자　어지자 그걸 주우러 다시 되돌아가는 거였어요.
여　자　한쪽발로 애써 깡충거리며 뛰어가는 것을 저도 봤어요.
남　자　버스는 여전히 그 아이 쪽을 향해 미친 소 마냥 내달릴 뿐이었지요. 도저히 멈출 수도 피할 수도 없는 상황이었어요. 운전석 옆 자리에 앉아있던 저도 "아이에요!"라고 소리쳤지만 만약 그 아이를 피한다면 버스는 어쩔 수 없이 낭떠러지 아래 강물로 떨어질 수밖에 없는 상황이었지요.
여　자　저 아이를 피해야 할텐데… 순간 끝이구나 하는 생각이 들었어요.
남　자　저도 그런 생각이 들었지요. 그런데 버스는 낭떠러지 아래로 굴러 떨어지는 것이 아니라 신발 한 짝을 막 주어들고 몸을 일으켜 달려오던 버스를 놀랜 눈으로 바라보던 그 아이를… 그 아이를 그만 치고 말았어요. (잠깐의 적막이 흐른 뒤) 그리고 잠시 후 다시 오르막길로 접어든 버스가 가까스로 멈춰 섰습니다.
모 두 들　휴…
남　자　사람들의 비명이 멈추고 대신 터져 나오던 한숨도 잦아들던 일순간 버스엔 무거운 정적이 감돌았습니다. '살았구나' 하는 안도감이었죠. 그러나 그것도 잠시 누군가 울먹이는 목소리로 "아이가 죽었어요!"하고 외쳤고 모두들 멍하게 굳어버린 버스기사를 앞세워 그곳으로 달려갔습니다. 피로 얼룩진 아이는 이미 숨져있었습니다. 그리고 억누를 수 없었던 슬픔과 분노에 휩싸였던 우리는 그 버스기사를 향해 외쳤습니다.
여　자　말도 안돼요! 왜 이 아기가 죽어야 해요?
할아버지　어떻게 이럴 수가 있어요?
할 머 니　왜 버스를 멈추지 못한 거예요?
할아버지　바로 당신, 당신이 이 아이를 죽였어!
　　　　　(잠깐 정막이 흐르고)
남　자　만약 그 아이를 피했으면 우리는 어떻게 되었을까요? 그랬다면 우리 모두 그 사실을 마음속으로 알고 있었지만 누구도 그것을 입으로 꺼낼 수 없었어요. 그렇기 때문에 우리 대신 그 아이가 죽었다는 마음 깊은 곳에서부터 오는 죄책감으로 분노가 더 거세었는지도 모릅니다.

할아버지 살인자!
할 머 니 왜 죽였어요?
여　　자 당신이 죽였어요!
할아버지 당신은 살인자예요!
할 머 니 당신이 이 아이를 죽였어!
남　　자 그때 누군가가 울음을 터뜨리며 외쳤습니다.
여　　자 아니, 이 아이는, 이 아이는 바로 저 사람의 아들이에요. (소리 내어 운다)
남　　자 우리는 멍하니 할 말을 잃었지요. 아이가 바로 버스기사의 아들이었던 거지요. 그는 천천히 몸을 굽혀 무릎을 꿇어 아들을 안았습니다. 그리고 그의 어깨가 조용히 떨리는 것이 보였습니다. 그렇게 오랫동안 숨이 막힐 듯한 시간이 흘렀습니다.

3막

신 기자 그럼 그 마을 버스 기사는 그 아이가 자기 아들인 줄 알았다는 건가요? 여러분들을 구하기 위해 자기 아들을 희생했단 거예요?
남　　자 그렇습니다.
여　　자 그때 전 지금 저기 뛰어 놀고 있는 미연이를 갖고 있었어요. 그때 그 아이가 제 대신 죽지 않았더라면 지금 저기 있는 미연이도 없었겠지요. 아이를 낳고 또 키워가며 점점 생각하지만 그때 그 아이가 우리 대신 죽지 않았다면… 내가 과연 그때 그 사람이었다면, 어떻게 했을까? 내가 과연 내 자식의 생

	명을 전혀 모르는 사람들의 생명과 바꿀 수 있을까? 아무리 생각해도 저는 그럴 수 있을 거라는 생각이 안 들더라고요.
신 기자	누구에게라도 어려운 거겠지요.
여 자	하지만 그는 그렇게 했어요. 분명히 자기의 목숨보다도 더 귀한 생명일 텐데. 그걸 희생해 우리에게 준 거예요
남 자	그때 전 부임한지 얼마 안 된 햇병아리 선생이었었지요. 언제라도 내던지고픈 사직서 한 장을 늘 마음에 품고 살았었지요. 가르치는 것으로서의 선생이 아니라 직업인으로서의 선생이었습니다. 더 좋은 직장을 위해 뛰쳐나갈 욕구로 가득 찼었지요. 자연히 그 모든 욕구에 대한 불만이 아이들에게로 돌아갔고, 어떤 것도 용납하지 않는 그런 메마른 선생이었습니다. (여자 2와 손을 잡으며) 그러나 그 날 이후 전 제가 그 아이를 대신하여 살아가는 것이라는 사실과 또 그들 부자에 대한 사랑에 빚진 자라는 것을 깨닫게 되었습니다. 그렇습니다. 전 생명을 대가로 한 사랑에 빚진 자였습니다. 그리고 제가 그 빚을 갚을 수 있는 유일한 길은 오로지 저의 생명과 받았던 그 사랑을 나눠주는 것이었습니다.
할아버지	그래요. 그 사고로 말미암아 우리의 인생은 바뀌었습니다. 여기 계신 젊은 분들도, 또 나 같은 늙은이조차도 그 죽음의 순간에서 다시 새롭게 태어날 수 있었습니다. 나만을 위해서가 아니라 이제는 남을 위해서, 생명을 살리는 일을 위해서 살아야 한다는 것을 안 것이지요.
신 기자	그래서 아버님께서 은퇴하시고도 순회 무료 진료를 다시 시작하신 거군요
할아버지	하하하. 이 늙은이한테 평생 하던 그것 말고 또 뭐가 있겠소? (무덤으로 걸어가면서. "나 같은 죄인 살리신" 음악이 흐른다)
할아버지	나도 언젠가 이 아이처럼 이렇게 잠들겠지만 세상 사람들 그 누군가에게라도 사랑 한 점은 되돌려 주고 싶다오.
여 자	아이 저 앉읍시다. 앉아요. 2부는 먹으면서 맛있게 먹으면서 해요

모 두 들   그래요
신 기 자   저 앉기 전에 사진 한 장 찍어도 될까요?
할아버지   좋지요.
여   자   준아, 미연아 이리와.
신 기 자   자, 하나, 둘, 셋, 찰칵!

5부
청소년 설교와 커뮤니케이션

매일 아침 아프리카에선 가젤이 눈을 뜬다.
그는 사자보다 더 빨리 달리지 않으면
죽으리라는 것을 안다.
매일 아침 사자 또한 눈을 뜬다.
그 사자는 가장 느리게 달리는 가젤보다
빨리 달리지 않으면 굶어 죽으리라는 것을 안다.
당신이 사자이건 가젤이건 상관없이
아침에 눈을 뜨면 당신은 질주해야 한다.

- 보스턴 컨설팅 보고서 중에서

21 장
청소년 설교와 매체의 활용

세상 사람들의 절반은
나머지 사람들의 기쁨을 이해하지 못한다.

- 제인 오스틴

인간 삶의 확장으로서의 매체

역사를 통해서 볼 때 인간의 문명의 역사는 매체 활용의 역사였고, 그 역사를 장식해 온 인간은 계속해서 매체를 사용해왔다. 인간의 한계를 극복하기 위하여 인간은 도구를 발견했다. 보통 개는 시속 40km, 치타 80km, 송골매 200km 속도로 달린다고 한다. 그러나 사람은 불과 시속 20km 속도로 달릴 수 있다. 만물의 영장이라고 하면서도 태어나서 가장 오랜 시간 엄마의 돌봄을 받아야 하며, 가장 더디게 성장하고, 또한 많은 한계를 가지고 있는 존재이다. 지진이나 화산 폭발이 일어나기 전, 동물들은 이것을 감지하고 피신을 하는데 인간은 그것이 덮치기까지 전혀 감지하지 못하는 둔함이 있다.

이러한 한계를 극복하기 위하여 인간은 도구와 매체를 사용하였다. 그래서 마샬 맥루한이 지적한 대로 매체는 인간의 삶을 확장시키는 역할을 한다. 걸어 다니던 인간은 더 빨리 가기 위해 탈 것을 이용하게 되는데, 수레나 자전거, 자동차를 개발하여 타기 시작했다. 바다를 항해하고, 창공을 날 수 있기 위해 배나 비행기를 발명하게 된다. 이러한 매체를 발명하고 사용하면서 인간의 삶의 영역이 넓어진다. 매체의 활용은 인간 삶의 확장뿐만 아니라 변화를 초래하였다.

인간 역사를 살펴보면 이러한 매체 활용에도 발전 단계가 있다. 기록 저장이라는 관점에서 살펴보면 가장 초보적인 시기는 원시적인 도구를 사용하던 시대로, 이 때는 기록이나 저장이 불가능하거나 초보적인 단계였다. 그 다음으로 기록, 저장, 전달을 가능케 한 활자 미디어 시대로 금속활자의 발명과 함께 세계의 문화는 거대한 변화를 경험한다. 세 번째 시기는 거리와 시간 개념을 단축시킨 전파 미디어 시대로 전화, 라디오 등의 매체가 활용되던 시기이다. 네 번째 시기로는 화상 전달이 가능하게 한 비디오 미디어 시대를 들 수 있다. 이 때 주종을 이루던 매체는 텔레비전을 들 수 있다. 현대에 들어서 기존 미디어를 복합적으로 활용하는 뉴 미디어 시대, 혹은 멀티미디어 시대가 되었다. 이 때 주종을 이루는 매체는 컴퓨터와 인터넷을 들 수 있을 것이다. AC의 세계와 BC의 세계를 After Computer와 Before Computer 시대로 해석할 만큼 컴퓨터의 발명은 "역사상 가장 중요한 사건은 아니더라도 기술사에서 있어서 가장 중요한 사건"이라고 평가할 만큼 중요한 사건이 되었다.[181] 한때는 인쇄술의 발명과 함께 활자를 통해 책이 대량 생산되었던 매체의 활용은 인간 삶에 미치는 영향과 변화가 커서 AB(After Book)와 BB(Before Book)의 시대로 나누어지던 때가 있었다. 이렇게 매체는 문화와 역사뿐만 아니라 사람의 사고까지 바꾸는 역할을 한다.

---

[181] Leonard Sweet, *Carpe Manana*, 김영래 역, 『미래 크리스천』 (서울: 좋은 씨앗, 2005), 46.

청소년 설교와 커뮤니케이션을 논하려고 할 때 먼저 매체를 살펴보는 것은 그 때문이다. 오늘날 청소년들이 가장 영향을 많이 받는 매체 중의 하나를 든다면 컴퓨터를 들 수 있을 것이다. 컴퓨터는 "다른 기술 혁명을 유도하는 기술 혁명을 이끌어 냈기 때문"이고, 컴퓨터 혁명이라고 말하는 이유가 그것과 만나는 모든 분야에서 변혁을 창조하기 때문이다.[182] 1945년 처음 시작된 컴퓨터는 무게만 30만 톤이었고 18,000개의 진공 튜브를 가지고 있었고, 그 규모는 540평방미터에 달했다. 그로부터 60년이 갓 지난 오늘 필자 앞에 놓여 있는 노트북은 1.4kg을 넘지 않고 그 성능은 골리앗과 같았던 그 초기의 컴퓨터와는 비교도 할 수 없을 만큼 향상되었다.

그러나 컴퓨터의 이러한 발달은 단순히 그 자체의 발달만으로 평가할 수 있는 것이 아니고 앞서 언급한 것처럼 다른 기술 혁명을 불러일으켰다는 점에서 그 영향력을 평가할 수 있다. 이러한 발전에 있어서 최고의 작품은 단연 인터넷을 들 수 있겠다. 인터넷을 통해서 일어난 인간 삶의 변화는 기술 혁명 중에서 가장 으뜸에 해당한다. 월드와이드웹(www)의 사회가 출현하면서 인간 삶의 제 영역의 변화를 가져왔고, "새로운 세계를 이끄는 힘"으로 작용하고 있다. 인터넷 시대가 열린 것은 불과 10년이 조금 넘었지만[183] 그 영향력은 가히 예측을 불허할 정도로 막대해 지고 있다.

---

182) 위의 책, 47.
183) 인터넷이 처음 시작했던 것은 1960년대 후반에 미 국방성에서 군사 목적으로 시작되었지만 이것이 일반화 된 것은 1990년대였다. 1994년 4월 일반인들이 쉽게 접근할 수 있도록 하려는 목적으로 넷스케이프가 설립되면서 인터넷 시대가 시작된 것으로 평가되고 있다. 1996년에는 약 10만개 정도의 사이트에 불과했지만 그로부터 10년이 지난 이후 사이트는 수천만 개에 이르게 되었고, 매년 4조 이상의 이메일이 배달되고 있다. 월드와이드웹은 지상의 모든 것을 연결시키는 새로운 사회적 공간을 창출해 내면서 전 세계적인 의식(global consciousness)을 만들어내면서 새로운 문화, 사회적 특징을 창출해 내고 있다.

단적으로 말해, 매체가 가지는 이러한 강력한 영향력 때문에 청소년 설교자들은 매체를 연구할 필요가 있다. 또한 청소년들은 이러한 매체에 의해 가장 깊은 영향을 받고 있는 세대이기 때문에 더욱 그렇다. 그런 점에서 우리는 매체에 대한 기존의 이론들을 먼저 살펴보는 것이 좋겠다.

매체론을 통해서 본 매체 이해

1) 맥루한의 매체론

매체를 이해하기 위해 우리는 먼저 마샬 맥루한의 매체론에 대해서 살펴 볼 필요가 있다. 캐나다 토론토 대학에서 영문학자로 시작하여 미디어 이론가 및 문화비평가로 변신하여 전자 미디어와 관련하여 예언적 내용들을 제시한 학자인 맥루한은 미디어를 메시지, 마사지, 인간의 확장이라는 개념으로 설명하면서 미디어의 발전과 인간 존재의 관계를 심도 있게 파헤쳤다. 그래서 그는 "금세기 최고의 미디어 이론가"라는 찬사에서부터 "바보상자(TV)"의 도사라는 비판을 받기도 한다.

맥루한은 무엇보다도 매체를 "인간 능력의 확장"이라고 이해한다. 여기에서 확장이라 함은 인간은 매체를 활용함으로써 자신의 한계(limitation)을 넘어 자신을 확장하려는 경향을 가진다는 의미이다. 가령, 책은 눈의 확장이고, 자동차 바퀴는 다리의 확장이며, 옷은 피부의 확장이고, 전자회로는 중추신경 계통의 확장이다. 이렇게 사람은 감각기관의 확장을 위해서 매체를 사용하는데, 이 때 모든 매체는 그 메시지와 상관없이 우리가 세상을 인식하는 방식에 영향을 준다. 맥루한은 "매체가 곧 메시지"라는 명제를 여기에서 도출해 낸다. 결국 그에 따르면 매체가 다르면 메시지도 달라질 수 있고 어떤 매체가 사용되느냐에 따라 메시지의 수용자가 그 세계를 인식하는 방식도 달라진다.

이러한 관점을 따라 매체를 이해하면서 맥루한은 인간 세계에서 사용되는 주요 매체를 그것이 전달하는 정보의 정세도와 수용자의 참여도에 따라 쿨(cool) 매체와 핫(hot) 매체로 구분한다. 전자는 후자보다 정세도가 낮고, 그 때문에 수용자의 참여도는 더 높다고 분석한다. 수용도가 높을수록 수용자들은 더 많은 상상력을 가지고 그 메시지 전달과정에 참여하게 된다. 그에 분류에 따르면 신문과 영화, 라디오는 핫 매체이지만 텔레비전이나 전화, 만화 등은 쿨 매체이다.

맥루한은 이러한 매체를 중심으로 인류 문명을 분석하고 구분하는데, 그에 따르면 원시 시대에 사람들은 오감이 적절하게 균형을 유지하면서 조화를 이루고 있었지만 기술혁신으로 인간 감각은 더 확장되는 효과를 갖게 되면서 균형은 무너지게 되었다고 이해한다. 인쇄술의 발달과 함께 시각적으로 고도로 추상화된 문자 중심의 문화로 인해 사람들의 감각 균형은 무너지게 되었고, 사람들은 시각 중심의 문화를 누리게 된다. 그러나 전신의 발명과 함께 열리기 시작한 전자매체시대는 텔레비전의 발명과 함께 일반화 되면서 감각의 균형을 복구시킬 것으로 내다봤다. 선형적 논리에 매몰되었던 인쇄시대의 시각 중심의 문화에서 감각의 균형을 회복하면서 본래의 인간의 모습을 되찾게 될 것으로 보았다.

맥루한은 그의 책, 『구텐베르크 은하계』와 『미디어 이해』[184] 등과 같은 저서에서 일찍이 전자 기술이 세계를 하나의 지구촌이 되게 하며, 인쇄시대의 선형적 세계에서 해방시킬 것으로 예언하게 된다. 물

---

184) Marshall McLuhan, *Understanding Media: The Extensions of Man*, 박정규 역, 『미디어의 이해: 인간의 확장』 (서울: 커뮤니케이션북스, 2002); *Gutenberg Galaxy*, 임상원 역, 『구텐베르크 은하계』 (서울: 커뮤니케이션북스, 2001).

론 그의 이러한 주장들에 대해서 비판이 없는 것은 아니다. 가장 커다란 비판 가운데 하나는 그의 주장들은 "논리적 설명이 부족하고 통찰력과 직관에 의존"하는 경향이 있다는 것이다. 그러나 그는 설명하려고 하지 않고 탐구할 뿐이라고 주장한다. 오히려 그의 비판자들에게 선형적 사고방식을 따라 이해하려고 하지 말고, 그것을 "온 몸으로 받아들일 것"을 요구한다.

2) 이니스의 매체론

매체 연구에 있어서 중요한 한 사람을 더 든다면 캐나다의 경제학자이자 역사학자였던 해롤드 이니스(Harold Innis)를 들 수 있다. 그는 경제사에 대한 관심에서부터 매체를 깊이 연구하게 되는데, 어느 사회의 조직에 있어서 변화를 불러일으키는 근본적인 원인이 무엇인가를 탐구하면서 그의 매체론을 발전시킨다. 그의 대표적인 저서인 *The Bias of Communication*(커뮤니케이션의 심리적 경향)[185]에서 한 사회와 문화를 형성하는데 있어서 가장 결정적인 것은 커뮤니케이션에 사용되는 매체가 그 사회와 문화의 조직과 성격에 결정적인 영향을 미치는 것으로 이해한다. 매체는 인간의 의식과 지식을 전달하는 것이며, 매체의 변화는 결국 그 시대의 인간적 결합과 사회 구조를 변화시킬 수 있다고 이해한다.

한편 이니스는 매체를 두 가지로 구분하여 설명해 주는데, "시간의 구속을 받는 매체"(time biased media)와 "공간의 구속을 받는 매체"(space biased media)가 그것이다. 전자는 양피지, 점토, 돌과 같이 내구성이 있고 시간적으로 오래 지속이 가능하지만 공간적으로는 확산이 쉽지 않은 매체에 해당하며, 후자는 종이와 파피루스와 같

---

185) Herold A. Innis, *The Bias of Communication* (Toronto: Toronto University Press, 1951, reprinted 1999).

이 가볍고 내구성이 적은 매체이다. 전자는 지식 자체가 지구성이 있고, 영원불멸하고 변화에 종속되지 않는 지식의 특성을 가진다. 그러므로 그러한 사회는 전통적이고 보수적인 특성이 강할 수밖에 없다. 한편 후자는 종이와 같이 가볍고 공간적으로 확산이 쉬운 특성을 가진다. 상대적으로 스피드와 정확성이 보장되기 때문에 널리 확산은 가능하지만 오래 지속되지는 못한다. 이러한 매체가 지배하는 사회나 문화는 정보 이동이 원활하여 큰 나라를 이루게 하고, 그것이 추구하는 이상을 실현하는데 효과적이다.

그는 하나의 사회와 문화가 제대로 유지되기 위해서는 시간이나 공간의 매체에 편중됨이 없이 중립을 유지할 수 있어야 한다고 주장하는데, 어느 문명이 발달하게 되면 그것을 형성하는 매체는 어느 한곳으로 치우치게 되는 편중성이 심화되게 되며, 그렇게 되면 결국 문명은 쇠퇴하게 된다고 이해한다. 그는 시간과 공간의 편향성과 관련하여 구술문화와 문자문화의 대립에 대해 그리스, 로마 문화를 통해 설명한다. 구술문화는 시간적 매체의 특성을 가졌고, 문자문화는 공간적 매체의 특성을 가진다. 전자는 한번 말을 하면 그것이 사라지는 것이 아니라 공동체의 기억 속에 계속 남아서 항상성을 가지는 반면 널리 확산되지는 못한다. 반면 후자의 경우는 내구성이 있는 매체가 아니기 때문에 시간성은 약하지만 공간적으로는 확산되는 측면이 있다.

그렇다면 설교와 같이 커뮤니케이션에 있어서 중요한 매체인 언어는 이니스에게는 어떻게 분류될 수 있을까? 언어는 가까운 거리에만 전달될 수 있고, 내용을 보관하기 어렵고 전달 속도가 느리기 때문에 구속적 매체에 해당한다. 이러한 매체가 지배하는 사회는 주로 과거에 주안점이 주어지며, 전통과 기존의 지식, 가치를 보존하려는 특성을 가진다. 반면 문자를 주요 매체로 사용하는 사회는 공간 구속적 매체의 특징을 띠게 되는데, 정치 권력과 제도의 발전을 촉진하는 경향을 가진다고 이해한다.

이니스의 이러한 매체의 이해는 맥루한에게도 깊은 영향을 끼쳤는데, 커뮤니케이션에 있어서 매체는 단순히 인간의 사고나 생각, 정보 등을 전달하는 단순한 매체로 이해하기 보다는 인간의 정신을 구조화하고 그것을 바탕으로 하여 생성되는 그 사회의 문화의 성격을 좌우한다고 이해한다. 다시 말해 매체의 관점에 따라서 문화를 이해하려는 시도를 한 것이다.

멀티미디어 시대와 설교

이렇게 어떠한 매체에 의해서 규정되어 온 문화가 오늘날에 들어와서는 다양한 매체의 특성을 도입하게 되었다. 다양한 매체가 동시적으로 사용된다는 점에서 멀티미디어, 혹은 매스미디어라는 용어를 사용하는데, 이것은 "다양한 많은 사람들에게 신속하고 효과적으로 메시지를 전달하는 조직화된 수단"이 강구되는 것을 의미하는 개념이다. 이것은 여가 활용의 도구로서 뿐만이 아니라 유용한 정보 제공과 습득, 그리고 커뮤니케이션과 교육의 수단으로 크게 발전하고 있다. 이렇게 현대 사회와 문화는 멀티미디어에 의해서 표현되고 주도되는 경향성을 가진다. 기능적인 측면에서 살펴볼 때 이것이 사용되는 방식만큼이나 장르도 다양하다.

먼저는 멀티미디어는 문화적 재생산과 문화 공간으로서 기능하게 된다. 특별히 우리 사회의 대중문화로 대표되는 문화적 장르는 매스미디어에 의해 매개되는 특성을 가진다. 대중문화는 자생적이며, 주체적인 특성도 있지만 매체를 활용하는 사람들에 의해서 조정되는 특성을 가진다. 멀티미디어에 의해 형성되는 문화 공간은 동질성과 획일성의 특성을 가지면서 사회적, 문화적 격차를 해소해 줄 뿐만 아니라 결속을 갖게 하는 특성을 갖게 된다. 이러한 기능성 때문에 사람들은 그것을 당연한 매체로 받아들이게 되고, 그것을 통해 새로운 문화를 형성하게 된다.

우리 사회도 정보화 사회로 진입하게 되면서 새로운 미디어의 등장과 함께 커뮤니케이션의 새로운 국면을 열어가고 있다. 여기에서는 커뮤니케이션의 새로운 차원을 열어가게 되는데, 멀티미디어 시대가 되면서 "상호 작용성, 탈대중화 및 개별화, 비동시성, 그리고 다양성과 선택성의 확대" 등이 중시되는 특성을 갖게 된다. 이러한 특징은 기존의 커뮤니케이션의 기틀을 바꾸어 놓았는데, 기존의 커뮤니케이션의 특징이 송신자 중심이었다면 멀티미디어 시대에서는 철저히 수신자 중심의 커뮤니케이션으로 전환되었다. 과거에 수용자는 단순히 수동적 객체였으나 멀티미디어 시대에서는 능동적 주체로 탈바꿈하게 된다.

이러한 매체를 중심으로 한 문화 환경의 변화는 하나님의 메시지를 전해야 하는 설교에 있어서도 많은 변화도 도전을 가져오고 있는 실정이다. 매체가 마치 메시지와 같이 작용하는 현대 문화 속에서 커뮤니케이션을 생각하는 설교자들은 당연이 매체에 대한 연구와 함께 적절한 활용을 필요로 한다. 교회는 각 시대마다에서 적절한 커뮤니케이션의 수단(매체)을 강구하였으며, 그것을 통해 하나님의 말씀이 그 시대 속에 효과적으로 들려지게 하는 일에 깊은 관심을 가져왔다. 현대교회는 사람들의 의식과 문화 환경이 바뀌고 있는 멀티미디어 환경에서 다양한 매체를 통해 어떻게 예배하고, 설교하고 가르칠 것인지에 대한 적절한 대처를 필요로 한다.

청소년 설교와 매체

청소년은 이러한 멀티미디어의 문화 속에서 살아가면서 그 영향을 가장 깊이 받으면서 살아가는 존재들이라는 점에서 최고의 활용자라고 할 수 있다. 그러므로 청소년 설교자들은 청소년들이 미디어의 숲 속에서 살아가고 있다는 사실 때문에 미디어와 그것이 주도해 가고 있는 현대 문화에 대한 이해를 필요로 한다. 청소년들에게 하나님의 말씀을 전하려는 설교자들은 미디어를 못 잡으면 설교를 포기해야 할지도 모른다는 절박감을 가지고 미디어에 대한 전문가가 되어야 한다. 그것은 문자를 중심 매체로 사용하는 세대와 영상을 중심 매체로 사용하는 세대의 가치관은 전적으로 다르기 때문이다.

청소년들의 매체 사용에 대한 측면을 보면, 먼저 청소년들은 다양한 매체에 둘러싸여 살고 있다는 점이다. 그들은 컴퓨터, 휴대폰, MP3, 디지털 카메라, 게임기, 텔레비전 등과 같은 수많은 매체에 들러 쌓여 살아간다. 또한 그것이 만들어 놓은 숲 속에 서 있는데, 인터넷, 채팅, 싸이, 게임, 휴대폰 문자 보내고 받기 등의 밀림 속에서 거닐고 있다. 그래서 청소년들에게 가장 큰 벌은 컴퓨터나 휴대폰을 중지시키는 것이라고 하지 않던가? 문제는 이러한 청소년들이 누리고 있는 매체에 대해 더 많이 아는 연장자가 없는 시대라는 것 때문에 세대 간의 위기가 닥쳐오고 있다.

둘째로 오늘의 청소년은 흔히 표현되는 말로 "N세대"라는 사실이다. Net Generation이라는 의미를 가진 이 말은 컴퓨터와 네트워크로 상징되는 정보통신 기술의 혜택을 받으면서 자라난 세대를 의미한다. 흔히 약간의 차이는 있지만 N세대를 결정짓는 매체는 인터넷과 온라인 통신망이며, 1977년 이후 출생자들을 의미하는 개념이다. 이들은 자기 문화를 인터넷과 온라인 통신망에 담았고, 그로 인해 축적한 정보와 지식이 N세대 문화의 틀을 형성하고 있다. 우리나라는 인터넷 사용에 있어 전세계에서 가장 선두에 서있는 그룹이 되었다. 이제 컴퓨터는 그들의 친구이며, 인터넷은 그들의 삶의 공간이자 세계이다. 그들은 속도감을 즐기며, 가상공간에서 살아가는 특성을 지닌다. 새로운 세계의 특징을 그래서 레너드 스윗은 "이제 월드와이드 웹(www) 세상이다"라고 규정한다.186) 이제 수동화 시대에서 디지털 시대로 급속하게 전환이 이루어지고 있고, 이제 새로운 세대는 그 세계 속에서 살아가는 시민들이다.

세 번째로 매체와 관련해 볼 때 청소년은 시청각(audio-visual) 세대라는 점을 들 수 있다. 어떤 정보를 주고받을 때 과거에는 그저 듣는 것으로 만족하였으나 오늘의 청소년들은 보고 들어야 만족하는 세대이다. 청소년들은 보고 들어야 만족하는 세대이다. 그래서 삐에르 바뱅도 전자정보시대를 사는 청소년들의 특징을 역시 시청각 세대로 규정하고 있다.

이러한 특징을 고려해 볼 때 청소년 설교에서 매체의 적절한 활용은 중요한 과제로 남게 된다. 청소년 설교는 무엇보다도 그들의 언어로, 그들이 익숙한 방식으로 설교하려고 해야 한다. 모든 설교에 해당되는 말이지만 특히 청소년 설교에서 중요한 사항은 흥미(interesting)와 연관성(relevant)가 중요하다. 그러므로 청소년들에게는 특별히 매체가 메시지가 될 수 있음을 기억하여 매체를 적극적으로 활용할 필요가 있다. 어떠한 매체가 사용되느냐가 청소년 설교의 성패를 좌우한다. 또한 설교자 자신이 매체가 될 수 있음을 기억해야 한다. 그래서 청소년 설교에서는 특별히 관계(relationship)가 중요하다. 그러므로 설교자 자신이 매체가 될 수 있음을 고려한다면 설교자의 삶, 관계, 비언어적인 요소가 커뮤니케이션에 있어서 중요한 요소로 작용한다는 사실을 알아야 한다.

또한 매체와 관련하여 청소년 설교자는 다양한 방법을 사용할 수

---

186) Sweet, 『미래 크리스천』, 65.

있어야 한다. 질문법을 잘 활용하는 것도 그 한 방법이다. 질문법은 가장 오래된 교수법이며, 특히 청소년들을 설교에 참여시킬 수 있는 효과적인 방법이다. 질문법을 사용하게 되면 학생들의 주의를 끌 수 있을 뿐만 아니라 그 주제에 대해 집중하게 되므로 집중력 향상에도 도움이 된다. 또한 더불어 질문을 받으면 학생들은 대답을 하기 위해 그 질문에 대해서 깊이 생각하게 되며, 이를 표현하게 되기 때문에 이러한 과정을 통해 진리가 각인되게 해 준다. 여기에서 설교자는 단답형으로 답변할 수 있는 질문보다는 단순 명료하면서도 사고를 자극할 수 있는 그런 질문을 개발할 필요가 있다.

　마지막으로 효과적인 청소년 설교를 위해서 시청각 자료를 적절하게 사용하라는 점이다. 청소년들은 대중매체뿐만 아니라 다양한 매체에 노출되어 있고, 그것을 실제 활용하면서 살아간다. 음악이 그들의 삶이며, 영상은 그들의 삶의 표현이 되고 있다. 파워포인트, 비디오 자료, 음악 자료, 그림 자료 등은 청소년 설교를 위한 유용한 매체가 될 수 있다. 단순히 말로 하는 것보다는 이러한 시청각 자료는 그들이 보다 효과적으로 듣게 하는데 유용한 자료들이다. 이것은 직접 제작할 수도 있고, 제작된 것을 대여하거나 구하여 사용할 수도 있을 것이다.

　영상 자료 같은 경우에는 청소년 세대가 영상세대임을 감안할 때 아주 효과적인 자료 중의 하나이다. 그러나 그것이 단순히 자료를 위한 자료가 되어서는 안된다. 설교 시간을 때우듯이 그렇게 활용되는 자료는 문제가 될 수 있다. 전체 설교 흐름과 적절하게 연결되어 사용되어야 하며, 그것을 준비할 때 철저히 준비되어야 하고, 적절히 작동이 이루어져야지 그렇지 않으면 오히려 역효과를 낼 수 있다는 사실을 염두에 두어야 한다. 청소년들은 듣는 것보다 보는 것을 더 선호하는 시청각 세대(audio-visual generation)라는 사실을 잊지 말고, 그 특성을 설교에서 적절히 살릴 수 있어야 한다.

그렇게 중요한지 몰랐다

미국의 한 청각 장애 소녀가 아빠의 보호에서 벗어나 학교에서 자신을 위해 통역해 주는 여인의 보호 아래 있게 해달라고 법원에 청원했다. 그녀의 엄마는 오래 전에 집을 나가버렸기 때문에 매우 힘든 시간을 보내고 있었다. 아빠는 딸을 키우기 위해서 집에 있었지만 딸이 열 여섯살이 되도록 수화를 한 동작도 배우지 않았다. 그 소녀는 울면서 수화로 그렇게 말했다. "나와 이야기하기 원하는 누군가와 있고 싶어요." 판사는 그녀의 아빠를 불러서 물었다. "도대체 왜 그런 노력조차 하지 않았습니까?" 그녀의 아빠는 말했다. "그렇게 중요한 줄 몰랐습니다. 내가 주목하기를 바란다면 아이는 그저 뭘 두드리거나 소리를 지르거나 뭔가를 집어 던지면 되었거든요."[187]

청소년 세대에게 복음을 들려주어 그들을 변화시키기 위해 사용한 유일한 방법이 강대상을 더 세게 두드리거나 목소리를 더 높이는 것이라고 생각하면서 설교사역을 감당할 수도 있다. 하지만 그것만을 활용하고 있다면 그 영혼들을 사랑하는 마음이 약한 것이고, 진정으로 다가가려는 마음이 부족한 설교자이다. 청소년에 대한 교회와 앞 세대의 냉담함은 더 이상 계속되어서는 안 된다. 또 자기 방식으로 생각해서도 안 된다. 어떻게 그들에게 다가갈 수 있을 것인지에 대한 깊은 연구를 필요로 한다. 그들에게 하나님의 말씀으로 효과적으로 들려주기 위한 방안과 도구는 계속해서 개발되어야 한다. 마치 초대교회가 오순절 후에 새 언어로 복음 전하는 법을 배웠던 것처럼, 오늘의 교회도 새로운 세대들에게 복음을 효과적으로 전달할 수 있

---

187) Ron Luce, *Turning the Hearts of the Fathers*, 김만형 역, 『심장으로 가르치는 청소년 리더가 되라』 (서울: 예수전도단, 2004), 81.

는 새로운 방식들을 강구하여야 한다.

너무 익숙하여 단조롭고 흥미를 잃게 만드는 방식 대신에 창조적이고 새로운 방식과 매체를 활용할 수 있을 때 오늘도 복음을 생생하게 들려주는 청소년 설교자가 될 수 있을 것이다. 창조주 하나님이 우리의 모델이 되어야 한다. 그분은 모든 것을 새롭게 창조하셨고, 새로운 날과 사건들을 우리들에게 생생하게 선물로 허락해 주신다.

1999년 12월 31일자 미국의 시사 주관지 『타임』(Time)은 금세기 최고의 인물로 아인슈타인을 선정했다. 『피플』(People)은 그를 지난 한 세기동안 가장 흥미로운 인물이라고 했다. 1955년, 그는 복부동맥 파열로 사망했다. 76세였다. 그의 시신을 부검한 프린스턴대학의 병리학교수인 토마스 하비 박사는 부검 후 아인슈타인의 뇌를 차에 실었다. 그는 아인슈타인이 화장되기 전 그의 가족들의 허락을 받아 뇌를 머리에서 제거해 과학적 연구를 할 목적으로 보관했다. 하비는 무게 2.7파운드가 되는 아인슈타인의 뇌를 포름알데히드가 들어있는 두 개의 돌 항아리에 보관했다. 하비와 연구진은 이 뇌를 가지고 할 수 있는 실험은 다 했다.

이 뇌가 가진 특별한 점은 무엇이었을까? 지난 한 세기 동안 가장 위대한 천재의 뇌는 모든 면에서 다른 사람의 것과 차이가 없었다. 크기나 무게에 있어서도 별다른 특이점을 찾지 못했다. 오히려 보통 사람의 뇌보다도 조금 가벼웠다. 아인슈타인은 단지 자기의 뇌를 잘 사용했을 뿐이다. 1996년 하비는 그의 노년에 아인슈타인의 뇌를 두 개의 타파웨어 용기에 담아 자동차 트렁크에 싣고 뇌의 구조와 기능에 대한 비교연구에 있어서 선두를 달리는 캐나다 온타리오 주에 있는 맥매스터 대학으로 가져갔다. 그곳에서 연구진들은 새로운 장비와 방법을 통해 아인슈타인의 뇌에 대한 정밀한 연구를 시행했다.

발표된 바로는 해부학적 측면에서 그의 뇌는 다른 사람의 뇌보다

무게가 더 나가지 않았다. 한가지 사실을 제외하고는 모두 동일했다. 그것은 그의 뇌의 하부 두정엽이 넓으며 더 둥글다는 사실이었다. 아인슈타인의 뇌는 일반 사람의 두정엽보다 15% 정도가 더 넓었다. 의학자들에 의하면 하부 두정엽은 "시각, 체감각, 청각 자극을 연결시켜주는 이차적 연결 부위인데, 시공간적 인지, 수학적 사고, 운동의 이미지는 이 영역에서 크게 의존한다"고 한다. 아인슈타인의 뛰어난 통찰력은 "직관적으로 떠올린 시각 이미지들로부터 와서 수학적 언어로 변환"되곤 했다는 분석이다. 그의 상대성 이론은 단지 수학적으로 만들어 낸 것이 아니라 광선을 타고 우주 공간을 비행하면 어떻게 될까 하는 상상력에서부터 나왔다는 것이다.[188]

이 이야기를 들으면서 우리는 두 가지 사실을 발견하게 된다. 그의 천재성은 뇌의 구조가 아니라 그의 끝없는 노력에서 나왔고, 그의 가진 능력을 활용한데서 나왔다는 사실이다. 하나님께서 만들어 주신 뇌의 능력을 1%도 사용하지 못하고 간다고 하지 않는가? 그는 다른 사람보다 더 깊이 숙고하고, 그가 이루려고 하는 일에 전념하였기 때문에 이 모든 것이 가능해졌다는 말이다. 또한 그의 뇌의 특장점이기도 했지만 그는 끊임없이 상상력을 활용했다는 것이다. 직관으로 떠올린 이미지들을 계속해서 만들어 갈 수 있었던 능력이 인류 최고의 발명들을 가능하게 만들었다.

결국 청소년 설교를 평범하지 않고 비범하게 하는 하나의 비결은 나의 청중들이 하나님의 말씀을 쉽게 이해하고 받아들일 수 있도록 도와줄 매체와 자료의 활용에 있다고 할 수 있다. 하나님의 말씀에 대한 정열, 그것을 들려주어야 하겠다는 정열은 적절한 매체를 찾게 만든다. 아무 것도 없는 교실에서 천장에 올라가려는 열정이 있는 사

---

[188] Leonard Sweet, *Carpe Manna*, 김영래 역, 『미래 크리스천』 (서울: 좋은 씨앗, 2006), 114-17.

람은 책상을 끌어모으기도 하고, 사다리를 고안하게 만든다. 청소년 설교에서 매체의 활용은 결국 말씀을 효과적으로 전해 주려는 열정과 상상력의 산물이다.

22 장
설교의 전달과 커뮤니케이션

마이크로소프트사는 혁신을 계속해야 한다.
왜냐하면 언제나 우리는
사멸의 위기로부터
단지 2년 정도 떨어져 있기 때문이다.

- 빌 게이츠

마음의 문을 여는 작업

뉴욕 브롱스 흑인 동네에 사는 자말 월러스는 뛰어난 문학적 재능을 지닌 열여섯 흑인 소년이다. 갑작스럽게 세상을 떠난 아버지로 인해 그의 삶은 어두워졌고, 그저 책을 읽고 글을 쓰는 기쁨과 동네 친구들과 어울려 농구를 즐기는 평범한 학생이었다. 그 동네에는 세상과 단절한 채 은둔자로 살아가는 이상한 사람이 있었다. 베일에 싸여있는 이 이상한 남자의 집이 궁금해진 친

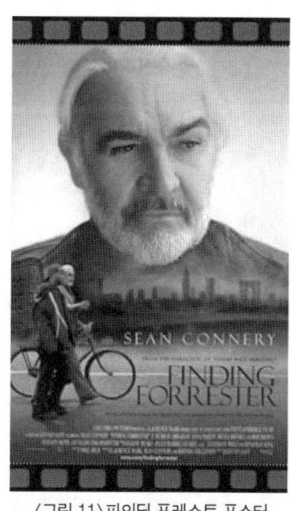

〈그림 11〉파인딩 포레스트 포스터

구들과 자말은 담력 내기로 어느 날 그가 집을 비운 사이에 몰래 들어가는데 성공하여 이것저것을 살펴보다가, 다시 돌아온 주인을 대면하면서 침입자에 대한 증오의 빛을 보내며 고함을 치는 그의 기세에 놀라 급히 도망 나오느라 가방을 그곳에 두고 나온다.

다음 날 두고 온 가방을 찾기 위해 그 집에 방문한 자말은 자신의 잘못을 사과하고 가방을 받아가지고 나온다. 가방에 담긴 습작 노트에 각 페이지마다 평가와 조언, 격려의 내용들이 가득 채워져 있는 것을 발견하게 된다. 그의 글에 대해 써놓은 수준 높은 평가에 감격하여 자말은 다시 그의 집을 찾게 되고, 은둔자로 살아가는 노 작가와의 만남이 시작된다. 학업 성적은 두각을 나타내지 못했지만 남다른 문학적 재능을 가지고 있었고, 뛰어난 농구실력을 가진 평범한 청소년, 자말은 체육 특기생으로 명문학교에 스카우트 된다. 그는 작문 시간에 자기 동네의 그 이상한 남자가 풀리쳐 상까지 받은 위대한 작가라는 사실을 알게 된다. 40여 년 전 책 한 권을 출판한 이후 세상과 등진 상태에서 살아가고 있는 포레스트가 위대한 지성이라는 사실을 알아차린 자말은 그의 존재를 세상에 알리지 않겠다는 약속 하에 스승과 제자로서 시간을 갖게 된다. 포레스트는 순수한 자말을 통해 세상을 향해 닫혔던 자신의 마음을 조금씩 열기 시작했고, 자말은 그를 통해 문학적 재능을 훈련받게 된다.

자말이 겨우 농구 하나 잘해서 이 명문학교에 오게 되었다는 편견을 가지고 있는 작문 지도 교사는 그가 제출한 작문이 16살 소년의 글이라고는 도저히 믿어지지 않은 글 솜씨에 표절 시비를 걸게 된다. 자말이 젊은 날의 윌리엄 포레스트의 글을 표절했고 주장한다. 그가 작문한 글의 제목만 포레스트가 달아 준 것이었고, 그 내용은 온전히 자말의 작품이었지만 그것을 알면서도 그는 표절시비를 걸었다. 이로 인해 자말은 학교에서 퇴학을 당할 상황에 놓이게 되었다. 그가 포레스트에게서 지도를 받고 있다는 말을 한마디만 하면 되지만 이런 어려움에 처했으면서도 자말은 비밀을 지키겠다고 한 그의 약속을 철저하게 지킨다. 그런 자말의 우정에 포레스터는 직접 학교를 찾아 자말이 표절을 한 것이 아니라는 사실을 증언하게 된다. 40년 동안이나 계속해 왔던 은둔 생활을 끝낸 것이다.

세상을 떠나면서 자말에게 남긴 편지에서 포레스트는 그렇게 인상적인 말을 남긴다. "자말, 한때 나는 꿈꾸는 것을 포기했었다. 실패가 두려웠다. 심지어는 성공조차 두려웠다. 네가 꿈을 버리지 않는 아이라는 것을 알았을 때 나 또한 다시 꿈을 꿀 수 있게 되었다. 계절은 바뀐다. 인생의 겨울이 와서야 삶을 알게 되었구나. 네가 없었더라면 영영 몰랐을 것을… 사랑하는 자말에게, 윌리암 포레스터."

영화, 『파인딩 포레스트』(Finding Forest)의 줄거리이다. 인격과 인격이 만나 마음을 나누는 아름다운 만남을 통해 내면의 상처가 치유되고 회복되어가는 모습이 선명하게 그려지고 있다. 닫혔던 마음이 열리게 하였던 힘은 무엇일까? 진정으로 나를 이해해 주는 그 사람으로 인해, 꿈을 꾸는 그 사람으로 인해 마음이 전달되었기 때문이 아닐까?

어떤 의미에서 설교는 말씀으로 마음의 문을 여는 작업이요, 치유와 회복을 이루는 작업이다. 그것은 진실한 마음이 전달되고, 마음과 마음의 만남이 이루어졌을 때 진정한 설교의 목표는 성취되게 된다. 그러므로 설교 사역에 있어서 가장 중요한 것은 마음의 나눔이요, 전달이다. 전달되지 않는 설교는 어떤 의미에서는 설교라고 할 수 없고, 설교가 하나님의 말씀이 될 수 있는 것은 전달되었을 때 가능해진다. 여기에서 설교자는 설교의 커뮤니케이션 차원을 깊이 고려할 수 있어야 한다.

공유 경험을 통해

　메시지는 전달되어야 하고, 그것이 마음에 닿아 수용되어야 한다. 그런 점에서 설교에 있어서 설교 준비와 작성의 차원도 중요하지만 이 모든 것을 이룬 후에 설교자가 반드시 고려해야 할 차원은 전달의 차원이다. 적당한 매체를 통해서 적절한 분량의 메시지가 청중들에게 전달되어, 이해되고 온전히 수용되었을 때 우리는 커뮤니케이션이 이루어졌다고 말한다. 커뮤니케이션은 어떤 정보, 혹은 메시지가 전달되어 경험이 공유되었을 때 이루어진다. 이러한 과정에는 여러 가지 요소들이 복합적으로 작용한다. 예를 들면, 저녁 늦은 시간, 출출해서 생활관에 사는 학생이 휴대폰을 누른다.

　"아, 거기 치킨집이지요?"
　"예 그렇습니다."
　"여기는 장신대 엘림관 513호인데요. 치킨 두 마리만 갖다 주세요."
　"예, 알겠습니다. 주문해 주셔서 감사합니다."

　여기에서 전달하는 채널, 혹은 매체는 여러 가지가 있을 것이다. 직접 찾아가는 방법도 있고, 컴퓨터 홈페이지 게시판에 글을 남겨서 될 수도 있고, 전보를 보내서도 가능할 것이다. 아무튼 어떤 채널, 혹은 매체를 통해서 메시지가 전달되었고, 저쪽에서 그것을 이해하고, 수용함으로써 우리는 온전한 커뮤니케이션이 이루어졌다고 말한다. 주문한 사람과 음식점 종업원 사이에 공유하는 경험이 있기 때문이며, 배달해야 할 장소에 대한 인지도와 '치킨 두 마리'라는 개념에 대해서도 전이해를 통해 명확한 공감대가 형성되었기 때문에 커뮤니케이션이 가능해 진다.

　이렇게 커뮤니케이션은 상호 이해와 공감대, 공유된 경험이 형성되었을 때 가능해지는 일이다. 그리고 그것은 피드백으로 나타난다. 전달된 메시지에 대한 반응을 보이고, 거기에 어떤 실행이 일어났을 때를 커뮤니케이션의 완성이 이루어졌다고 말한다. 함께 할 수 있는 공감대가 형성되어 있는가, 효과적인 매체가 강구되고 있는가? 화자(話者)인 설교자는 자신의 의도된 메시지를 효과적으로 전할 방책이 준비되어 있는가? 청자가 그의 의도된 메시지를 받아들여 반응하는 것을 그는 읽을 수 있는가?

흔히 설교 전달 과정에 흥미를 잃어가는 과정을 알아볼 수 있는 패턴이 있다. 청중들은 의자 뒤로 비스듬히 기대앉는 자세를 취함으로 귀를 막기 시작한다. 흥미가 소멸해 가는 그 다음 단계는 아무렇게나 손발을 두고 눈을 다른 곳으로 돌리게 된다. 설교자를 보는 것이 지루해짐에 따라 이제 그들은 방을 둘러보거나 다른 사람들을 쳐다보기 시작하고, 그들의 예배하는 모습을 구경한다. 의무감으로 그 자리에 앉아있기는 하지만 그들의 마음은 벌써 상상의 날개를 펴고 그들의 세계를 배회하게 된다. 성인들에 비해 아무래도 집중도가 더 낮은 청소년들의 경우에는 이러한 현상이 더 빠르게, 더 확실하게 나타날 수 있다. 어른들은 체면 때문에 듣는 척이라도 하지만 그것을 크게 고려하지 않는 청소년의 경우에는 그것이 더 적나라하게 나타난다. 이 때 아이들은 휴대폰을 꺼내서 문자를 보내거나 게임을 하기도 하고, 쪽지를 돌리기도 하며 옆에 앉아있는 친구 옆구리를 찔러 동조자를 만들게 된다. 그렇다. 청소년 설교에서 메시지가 전달되는 경우는 청중을 향해 다가설 수 있을 때이고 공감대가 형성될 때이다.

전달되는 설교를 꿈꾸면서

아프리카에서 방송 선교를 하고 있는 한 선교사가 선교 보고를 하면서, 자신이 지금 죽어 가는 200만의 아프리카 사람들에게 복음을 전하고 있다고 말하는 것을 들은 적이 있다. 아마 그가 선교하는 나라에서 그가 염두에 두고 있는 가상 청취자들이 그 정도의 숫자로 예상했던 모양이다. 커뮤니케이션의 관점에서 그의 말이 옳다고 생각하는가? 그의 말을 사실로 받아들이기 위해서 우선 200만의 사람들이 라디오를 가지고 있다고 전제해야 하고, 그들이 다 라디오를 켜고 방송을 들었다고 전제해야 한다. 그렇다하더라도 우선 일차적인 커뮤니케이션 차원만 말하는 것이지 더 깊은 차원에서는 긍정하기가 어렵다. 그의 말이 사실이기 위해서 모두 라디오를 켰고, 그의 메시지를 듣고 이해했으며, 그것을 수용하였다고 전제했을 때에야 가능한 말이다. 이것이 전제되지 않는다면 커뮤니케이션의 관점에서 볼 때 그것은 부정확한 말이 된다.

그냥 설교를 했다고 해서 모두가 전달된 설교는 아니다. 흔히 커뮤니케이션 이론에서는 메시지가 전달되는 데에는 세 단계가 있다고 주장한다. 전달의 단계, 이해의 단계, 수용의 단계가 그것이다. 메시지는 전달되어야 하고, 전달된 메시지는 이해되어야 하며, 그것이 구체적으로 수용되어야만 비로소 커뮤니케이션이 완성되었다고 본다.

그 메시지의 중요성을 아는 설교자일수록 그 메시지의 전달, 커뮤니케이션에 대해 깊이 고려하게 될 것이다. 종종 설교자들은 이사야의 말씀을 즐겨 인용한다: "내 입에서 나가는 말도 헛되이 내게로 돌아오지 아니하고 나의 뜻을 이루며 나의 명하여 보낸 일에 형통하리라"(사 55:11). 그러나 엄밀히 말해서 이 구절은 설교자의 설교를 의미하는 말이라기보다는 하나님이 친히 주셨던 이스라엘을 향한 구속의 약속에 관한 말씀이었다. 물론 설교의 능력을 과소평가 하려는 것이 아니고, 하나님의 말씀의 능력을 믿기 때문에 설교자의 부주의한 커뮤니케이션은 어떤 형태로든 정당화 될 수 없다는 말이다. 커뮤니케이션은 화자와 청자 간의 이해를 도모하는 것이 그 요체이며, 메시지가 적절한 매체를 통해 전달될 때 청중에게 이해(수용)되는 과정을 말한다. 그렇다면 당연히 설교자는 커뮤니케이션 원리와 과정, 전략,

매체, 방해 요소 등이 무엇인가를 알아야 한다.

경제성장과 함께 국내에도 광고 산업은 커뮤니케이션 유통의 중요한 장으로 자리 매김을 해가고 있다. 어떤 점에서 보면 광고는 최첨단에 서 있는 커뮤니케이션 현장이라고 할 수 있다. 마치 광고는 전쟁터와 같다고들 하는데, 영적 전쟁을 감당하는 설교자들에게는 중요한 원리와 교훈들을 제시해 준다. 광고업계는 치열한 시장경쟁 체제 속에서 새로운 상품을 소비자에게 알리기 위해 고심한다. 소비자들에게 자기 상품의 이미지를 각인시키고, 상품에 대한 정보를 수용하여 그들의 돈지갑이 열리게 할 것인가에 온 관심을 쏟는다.

전파 매체를 통한 TV광고의 경우, 불과 10여초의 광고를 제작하기 위해 수십 명의 사람들이 오랜 기간 동안 고심하면서 모든 지혜를 다 짜낸다. 그렇게 준비가 된 광고라고 하더라도 처음 3~5초 안에 소비자의 눈길을 잡아 두지 못하면 다 소용이 없는 일이 된다. 잡지나 신문에 실리는 광고의 경우는 더욱 치열하다. 눈길을 사로잡을 수 있는 카피가 중요하다. 사람들은 0.2초 사이에 그 광고를 읽을 것인가, 덮어버릴 것인가를 판단하기 때문이다. 이 상품이 마치 최고의 것인 양 그들은 그 일에 최선을 다한다. 상품의 판매를 위해 그들은 소비자를 연구하며, 판매 전략을 치밀하게 짠다. 그들의 취향과 선호도, 관심사, 심리적 경향, 듣는 방식 등을 연구한다. 그리고 상품을 가장 효과적으로 설명할 수 있는 이미지를 강구한다. 그래서 흔히 광고업계를 비즈니스 전쟁터로 묘사한다. 그들의 이익과 관련되어 있기 때문이다.

그렇다면 하나님의 말씀의 중요성을 아는 우리 설교자들은 어떠한가? 치열한 영적 전쟁과 같은 전쟁터에서 어떻게 말씀을 전하고 있으며, 전달되는 설교를 위해서 무엇을 고려하고 있는가? 현대 사회의 변화의 특징은 매체의 변화와 함께 시작되었고, 과거와는 전혀 다른 커뮤니케이션 환경이 되었다. 비즈니스 전쟁에서 광고인들은 그들의 상품을 어필하기 위해 변화하는 환경과 소비자들에 대해 밤을 새워 연구하고 궁리한다. 생명과 직결된 복음을 증거하는 영적 전쟁터에서 우리는 이렇게 치열하게 준비하고, 고심하는가? 설교가 전달되기까지는 하나님의 말씀일 수 없다는 사실을 기억하면서 전달되는 설교를 꿈꾸어야 할 것이다.

커뮤니케이션에 대한 이해

커뮤니케이션을 어떻게 규정할 수 있을까? 커뮤니케이션은 "기호나 신호를 통해 메시지를 전달하는 과정"이며, 둘 이상의 상호관계를 통해 이루어진다. 여기에서 기호나 신호 등을 이용해 구성한 메시지를 통해 "의미를 전달하거나 공유하는 상호작용"이라고 할 수 있다. 우선 요청과 응답이라는 상호 작용을 통해서 이루어지는데, 커뮤니케이션을 구성하는 요소가 있다. 먼저는 커뮤니케이션의 과정의 참여자가 있어야 하는데 일정한 정보를 보내는 사람을 우리는 '송신자'라고 하고, 그것을 받아들이고, 이해하는 사람을 '수신자'라고 한다. 그러므로 효과적인 커뮤니케이션에는 언제나 커뮤니케이션 과정의 '참여자'가 있어야 한다. 그러나 이 참여자는 일방적으로 보내고, 수동적으로 받아들이기만 하는 존재가 아니라 상호작용을 통해서 이루어진다. 이 참여자는 상호 주고 받을 수 있는 '메시지'(정보)를 필요로 한다. 이것은 특정 사실, 지식, 정보 등으로 구성되는데, 송신자를 통해서 메시지가 전달될 때 수신자는 그것을 받아들이면서 이해, 분석, 축적의 과정을 거친다.

이제 이러한 메시지는 '신호'라는 매개에 담겨서 전달되게 되는데, 이것은 우리의 감각에 의해 감지될 수 있고, 상호 인식이 가능한 신호 체계를 갖춘다. 이것은 커뮤니케이션에 참여하는 송신자와 수신자가 그 메시지를 전달하려고 할 때 상호 공유가 가능한 신호를 적절하게 활용하게 되면서 전달과 수용의 차원을 갖게 된다. 이것은 '매체'를 활용하게 되는데, 이것은 단순히 신호를 전달하는 물리적 수단으로 정리될 수 있다. 이것은 영상에 담기기도 하고, 소리로 표현되기도 하는데, 이 매체가 적절하게 활용될 때 설득력이 높아지게 된다.

그러므로 청소년 설교자들은 앞서 살펴 본대로 매체를 적절하게 활용할 수 있어야 한다. 매체에는 목소리, 얼굴, 표정, 몸짓 등의 자연적인 언어로 구성되어 있는 표현적인 매체(presentational media)가 있다. 이것은 한 장소에서 사용 가능한 시공간의 제약을 받는다는 특징이 있다. 또한 서적류, 그림, 사진, 편지, 실내장식, 마당 꾸미기 등과 같이 구상적 매체(representational media)도 있다. 이것은 아주 다양하게 활용할 수 있는 매체인데, 누군가 문화적, 혹은 심미적 관습에 의해 창조해 낸 것들이다. 구상적인 매체를 통해서는 표현적인 매체를 통해 표현되는 메시지를 저장할 수 있다는 이점이 있다. 이 때 굳이 수신자와 송신자가 함께 있어야 할 필요는 없다. 결과적으로 구상적인 매체는 표현적인 매체가 시간적, 공간적 한계를 갖는 것과는 달리 이러한 한계를 벗어날 수 있다는 장점이 있다.

또한 기계적인 매체(mechanical media)가 있는데, 전화, 라디오, TV, 컴퓨터 통신, 비디오 등이 그것이다. 기계적 매체는 구상적인 매체와 표현적인 매체를 전달하는 전달 매개로서의 역할을 수행하는데, 기술적인 요인이 개입되어 있다는 점을 특징으로 한다. 시공간의 제약에 대해 훨씬 자유스럽지만 반대로 기술적인 환경에 의해 새로운 제약을 갖게 된다. 멀티미디어 매체가 여기에 속한다.[189] 이렇게

---

[189] 전기정·황현택, 『열린 시대 닫힌 커뮤니케이션』 (서울: 삼성경제연구소, 1997), 136-37.

청소년 설교자는 활용 가능한 다양한 매체 활용에 대해 관심을 가질 필요가 있다.

청중과 설교자

해돈 로빈슨(Haddon W. Robinson)은 그가 십대였을 때, 그의 일기에 당시 유명 설교자였던 해리 아이론사이드(Harry Ironside)목사의 설교를 들은 소감을 이렇게 썼다. "그는 1시간을 설교했다. 그러나 마치 그 설교는 20분 밖에 지나지 않은 것처럼 느껴졌다. 어떤 설교자는 20분 설교하는데 1시간이 지난 것처럼 길게 느껴지고, 어떤 사람은 1시간을 설교를 했는데 왜 20분 설교한 것처럼 느껴지는 것일까? 무엇이 그런 차이를 만들어 내는 걸까?" 그는 이 질문에 대한 해답을 찾으려고 평생을 보냈다고 했다.[190] 무엇이 차이를 만드는가? 커뮤니케이션의 차원에서 우리는 그것은 설교자의 커뮤니케이션 능력 때문이라고 답할 수밖에 없다.

커뮤니케이션 차원에서 청소년 설교자로서 내가 고려해야 할 것은 무엇인가? 먼저는 설교자는 청중들은 내가 좋아하는 유형인가를 묻는다는 사실을 염두에 두어야 한다. 청중들은 설교자의 주제를 먼저 묻지 않는다. 오히려 내가 좋아하는 유형인가를 먼저 묻는다. 그에게 아무리 대단한 보물단지와 같은 메시지를 갖고 있다고 할지라도 자기가 좋아하는 유형이 아닐 때는 귀를 닫아 버리는 습성을 가지고 있다. 캘빈 밀러는 "구태의연한 옛 방식들과 의사소통 기술에 억지로 이끌려 가는 것은 교회 밖에 없을 것"[191]이라고 말하지만 사실

---

190) Scott M. Gibson, ed., *Making a Difference in Preaching* (Grand Rapids: Baker Books, 1999), 11.
191) Calvin Miller, *The Empowered Communicator* (Nashville: Broadman & Holman Publishers, 1994), 21.

예배 가운데 나아와 앉아 있는 사람들이라고 해서 안심할 수는 없다. 설교 중에 그들의 생각의 나래는 한계가 없는 영역으로 펼쳐질 것이기 때문이다. 반면 커뮤니케이션이 전달되는 경우에는 설교자가 청중들을 향하여 한 걸음 나아가며, 청중들도 친밀감을 느끼면서 다가올 때 가능해진다. 반대로 설교자도 청중들에게 대해 별로 관심이 없고, 고려도 하지 않을 뿐만 아니라 청중들도 역시 설교자에게서 관심이 멀어지게 되면 그 메시지는 전달되지 않는다. 그러므로 청소년 설교자들에게 있어서 중요한 것은 청소년들에 대한 관심과 그들의 아픔과 문제, 고민들에 대해 한걸음 다가갈 수 있는 공감대의 형성이 중요하다. 그러므로 청소년 설교에서는 도입도 중요해 진다. 귀를 닫아 버릴 것인가, 아니면 귀를 기울인 것인가의 결정은 그의 설교의 주제가 무엇인가, 내용이 옳은가 그른가에 의해서 결정되지 않기 때문이다.

　두 번째로 청소년 설교자들은 청중들이 언제나 묻는 것은 '이 설교자가 우리를 좋아하는가?' 라를 사실을 염두에 두어야 한다. 진정으로 그는 우리를 사랑하고 믿어주는 설교자인가를 묻는다. 아무리 자기 마음에 드는 타입이라 할지라도 만약 설교자가 우리를 좋아하지 않는다고 생각하면 그는 귀를 닫아 버릴 것이다. 설교자가 학생들을 사랑하고 있다는 확신을 가질 수 있을 때 메시지는 효과적으로 전달된다. 여기에서 설교자의 인격, 삶, 진실된 모습, 평소에 친밀한 관계가 중요한 요소로 작용하게 된다. '칭찬은 고래도 춤추게 한다'는 말도 있듯이 칭찬은 분명히 효과가 있지만 그렇다고 입에 바른 칭찬은 아부로 들릴 수 있다. 오히려 사랑으로 던지는 꾸중이 효과가 있을 수도 있다.

　세 번째로 청소년 설교자는 청중들이 재미있게 말하는 것을 좋아한다는 사실을 기억해야 한다. 진리를 재미있게 말할 수 있는 것이 중요하다. 모든 설교자들이 진리를 말한다. 그러나 전달되는 설교를 하는 설교자는 그것을 재미있게 말할 줄 아는 능력을 가진 사람이다. 긴 시간 동안 실컷 지루하게 만들면서 설교하는 설교자도 있지만, 전달되는 청소년 설교자는 진리를 재미있게 말하는 사람이다. 한 교회를 50년 가까이 출석하는 동안 20명으로부터 설교를 들었던 한 교인은 가장 기억나는 사람은 진리를 재미있게 말씀하는 목사님이 가장 기억에 남았고, 진정으로 함께하고 싶었던 목사님이었다고 고백한다.[192] 물론 설교가 재미만 있어서는 안된다. 물론 설교는 진리의 말씀인 성경에 굳게 서있어야 하고, 영감있는 메시지여야 하는 것은 더 중요하지만 그렇게 준비된 것도 흥미를 불러일으킬 수 있게 전달되지 않으면 소용이 없다는 말이다.

네 번째 청소년 설교자에게는 진리와 생명에 대한 열정이 있어야 한다. 설교자는 열정이 없다면 그 사역을 온전히 감당할 수 없다. 왜냐하면 말씀 사역은 열정으로 이루어지는 것이기 때문이다. 설교 전달에 있어서 가장 중요한 것은 "설교자의 불타는 마음"이다. 이것은 뛰어난 화술보다, 화려하고 준수한 외모보다, 어떤 설교의 형식보다 더 중요한 요소이다. 사실 설교는 열정의 산물이다. 왜냐하면 설교를 설교되게 하는 것은 말씀의 열정이기 때문이다. 물론 설교 자체가 열정의 대상이나 산물이라는 의미가 아니라 설교자에게 필요한 열정은 하나님에 대한 열정, 그분이 위임하신 말씀에 대한 열정, 그분이 독생자를 주실 만큼 사랑하신 영혼에 대한 열정이 있어야 말씀 사역이 세워질 수 있다는 말이다. 오늘 효과적인 말씀의 전달을 위해 청소년 설교자들에게 가장 필요한 것은 "세상을 향한 하나님의 열정에 사로잡히는 것이며, 본문을 통해 들려주시려는 성령님의 열정에 사로잡

---

[192] 위의 책, 134.

히는 것"이다.193)

무엇을, 어떻게 전할 것인가?

시인 김승희 님의 시 가운데, "한국식 죽음"이라는 제목의 사색하게 하는 시가 있다. 흔히 신문의 궂긴 소식에서 대하는 내용을 소재로 하고 있는데, 마치 핵심을 놓치고 살아가는 우리의 한 단면을 보게 한다. 시 전문을 읽어보자.

"김금동 씨(서울지방검찰청 검사장), 김금수 씨(서울 초대병원 병원장), 김금남 씨(새한일보 정치부 차장) 부친상, 방영수 씨(오성물산 상무이사) 빙부상-김금연 씨(세화여대 가정과 교수)… 지상옥 씨(삼성 대학 정치과 교수) 빙부상, 이제이슨 씨(재미, 사업) 빙부상=7일 하오 3시 10분 신촌 세브란스 병원서 발인 상오 9시, 364-8572 장지 선산… 그런데 누가 죽었다고?"

설교자는 하나님의 말씀을 이 시대 속에 들려주도록 부름 받아 세움 받은 존재이기에 언제나 '어떻게 하면 자신이 전달하려는 내용을 선명하게 전할 수 있을 것인가?'가 그의 마음을 사로잡는 것이 되어야 한다. 물론 설교를 종합예술이라고 할 때 어느 한 요소에 의해서 결정되는 것은 아니다. 설교는 여러 단계의 과정을 통해서 이루어진다. 먼저 설교자는 하나님의 말씀인 성경으로부터 분명히 들을 수 있어야 한다. 그날의 본문을 깊이 연구하여 그것을 통해 말씀하시는 하나님의 음성을 듣는 것은 그 무엇보다도 우선되어야 할 단계이다. 마치 깊은 샘물을 길어 올리는 것과 같은 해석의 과정을 통해 설교자는 하나님이 말씀하시기를 원하시는 바를 들을 수 있어야 한다.

---

193) 김운용, 『새롭게 설교하기』, 385-86.

그리고 그렇게 발견한 메시지를 어떤 설교 형태를 따라 작성할 것인가를 결정해야 한다. 그렇게 해서 완성된 설교는 이제 전달의 차원을 생각하게 한다. 어느 설교에서나 전달은 중요하지만 특히 청소년 설교에서는 전달의 차원이 중요한 요소로 대두되는 것은 여러 가지 요인들이 그들로 하여금 듣지 못하게 하거나, 다른 소리를 더 크게 들을 수 있는 여건 속에 그들이 서 있기 때문이다.

커뮤니케이션의 단계

이러한 점에서 청소년 설교자는 커뮤니케이션 단계와 원리에 대해서 숙지할 필요가 있다. 설교자가 말하면 바로 그것이 청중들에게 저절로 전달되는 것인가? 커뮤니케이션도 그냥 이루어지는 것이 아니라 단계를 따라 이루어진다. 먼저 커뮤니케이션의 단계에 대해서 살펴보자.[194]

먼저는 '전달'(transmission)의 단계를 들 수 있다. 이것은 커뮤니케이션 과정에서 가장 기본적인 단계로 화자가 전하려는 메시지를 청자를 향해 내놓는 단계를 말한다. 설교에서 보면 설교자가 그 메시지를 청중에게 전하는 단계이다. 흔히 이 단계를 가진 후에 설교를 했다고 할 수 있으나 이것은 설교 커뮤니케이션 단계에서 가장 필수적이면서도 기본 단계이다. 이것은 다른 많은 요소들이 함께 고려되어야만 커뮤니케이션이 가능해지는 단계이다. 설교의 메시지가 전달되고 있을 때 청중들이 다른 생각을 하게 되면 그 메시지를 듣고 있다고 하더라도 그들에게 메시지는 전혀 전달되지 않고 있는 것이 된다.

두 번째 단계는 청중이 메시지를 들었을 때 일어나는 단계로 '접촉'(contact)의 단계이다. 이것은 화자를 통해서 발생된 메시지가 청

---

[194] 보다 상세한 내용을 위해서는 김운용, 『새롭게 설교하기』, 19장 참조.

자에게 그것이 전해져서 의식 기관에 접촉이 일어나는 단계이다. 이 단계가 발생하기 위해서 청자는 귀를 기울여야 하며, 그것이 감각 기관에 전달됨으로 발생하는 단계이다. 이것은 마음에와 닿는 단계를 의미하여 이 단계를 거치지 않는다면 커뮤니케이션은 성립되지 않는다. 메시지가 접촉되었을 때에야 비로소 그들은 그것을 듣게 된다. 그저 고개를 들고 있다고 해서 말씀을 듣고 있는 것이 아니라 그 메시지가 접촉되었을 때, 즉 그들에게 메시지가 닿았을 때 그들은 듣고 있는 셈이다. 그르므로 여기에서 접촉의 단계는 딴 곳에 마음을 빼앗긴 상태에서 피상적으로 듣고 있는 상태를 의미하지 않는다.

세 번째는 '피드백'(feedback)의 단계이다. 듣는 사람이 처음으로 화자에게 주어진 메시지에 대해 반응을 보이는 단계로, 이 단계를 통해 비로소 청자와 화자는 비로소 의사소통이 이루어지게 된다. 이 단계를 통해서 청자와 화자는 비로소 메시지를 함께 공유하게 되며, 화자는 청자가 보내는 반응을 적절하게 읽음으로 그 다음 단계로 나아갈 수 있게 해 준다. 설교의 측면에서 보면 설교자는 청중들이 보내는 피드백을 적절하게 읽고 그에 대해 효율적으로 대처할 수 있어야 한다.

네 번째 단계는 '이해'(comprehension)의 단계이다. 이것은 설교자가 전한 메시지가 의미하는 바를 청중들이 잘 수용하였을 때 이루어지는 단계이다. 이 단계는 청중들이 전해지는 메시지를 해독하여 그것을 자기의 메시지의 완전히 수용한 단계를 의미하는데, 가끔 청중들은 이해하지 못한 채 교회당을 나갈 수도 있고, 전혀 다르게 이해할 수도 있다. 그러므로 설교자는 이 단계가 효과적으로 이루어질 수 있기 위하여 청중들이 어떻게 듣는가를 고려해야 하며, 그들의 인지 능력을 고려하여 이해할 수 있는 말로 전하여야 한다. 때로는 피드백의 단계를 가지게 되면서 바로 이 단계가 동시적으로 주어지기도 한다.

다섯 번째는 '수용'(acceptance)의 단계이다. 주어진 메시지는 분명하게 이해되었을 때 청중은 그것을 수용하게 된다. 그러나 이해가 반드시 수용으로 나아가지는 않는다. 이해되었다 할지라도 그것을 거부해 버릴 가능성은 있기 때문이다. 그것을 완전히 이해했다면 청중들은 세 가지 입장 가운데 취사선택하게 된다. 즉 그것을 받아들일 것인가, 아니며 거부해 버릴까, 아니면 긍정은 하되 무시해 버릴 것인가를 결정하게 된다. 설교자가 메시지를 전했으나 청중들의 마음속에서 어떤 선택을 했을까를 즉각적으로 알아차리기 어렵다는 점에서 커뮤니케이션은 어려움으로 다가온다. 거부했을 경우 그 여부와 이유를 명확히 알지 못하기 때문에 다음 행동을 취하거나 그것에 적절하게 대처하지 못한 상태로 커뮤니케이션(설교)을 종결할 수도 있다. 그것을 수용할 것인지, 거부할 것인지에 대한 것은 상당히 복잡한 과정과 심리적인 요소를 따라 결정된다.[195] 뿐만 아니라 자신의 여건, 삶의 배경, 습관, 사회적 관습, 관심사, 가치관 등에 의해서 영향을 받는다.

여섯 번째는 '내면화'(internalization)의 단계이다. 주어진 메시지를 받아 수용의 단계를 거친 다음에 그것을 자신의 것으로 굳히는 것이 이 단계이다. 여기에 이르게 되면 청중들은 복음을 구체적으로 경험하게 되며, 이것이 가능해졌을 때 커뮤니케이션의 마지막 단계로 나아갈 수 있게 된다. 수용의 단계가 일어났다 하더라도 그것은 피상적으로 고개를 끄덕이는 정도와 잠시 마음의 감동으로 남을 수

---

[195] 이러한 설교의 심리학적 차원에 대해서는 Thomas Hywel Hughes, *The Psychology of Preaching and Pastoral Work* (New York: Macmillan, 1941); Clement Welsh, *Preaching in a New Key: Studies in the Psychology of Thinking and Listening*, (Philadelphia, United Church Press, 1974); Edgar Newman Jackson, *A Psychology for Preaching* (Great Neck: Channel Press, 1961) 등을 참조하라.

있는 단계로 그칠 수 있다. 메시지가 마음에 와 닿았을 때도 그는 자신의 삶의 여건과 가치, 그가 속한 집단의 사회적 규범을 따라 저울질하여 그것을 구체적으로 받아들일 것인가, 아니면 거부해 버릴까, 아니면 무시해 버릴까를 결정짓게 된다. 이러한 단계를 따라서 그는 바로 전에 받았던 메시지를 자기 자신을 위한 것으로 내면화해 가는 과정을 거치는데, 이것은 전 단계인 수용의 단계가 온전히 이루어졌을 때 이룩되는 단계이다.

마지막 단계는 '행동'(action)의 단계이다. 이것은 커뮤니케이션의 최종적인 목표이며, 완성의 단계이다. 구체적으로 그 메시지를 따라서 사는 것이며, 삶의 자세와 가치관의 변형으로 이어지는 단계이다. 그러므로 행동하는 단계까지 나아가지 못한다면 커뮤니케이션은 완성되지 못한 불완전한 것이 된다. 이런 점에서 설교자는 설교를 통해 구체적인 삶의 변형에까지 이를 수 있도록 커뮤니케이션의 목표를 분명히 정하고, 메시지를 전할 수 있어야 한다. 이것은 예수님의 말씀을 듣고 삭개오가 말씀을 내면화하면서, 구체적 실천을 통해 삶의 변형으로까지 나아갔던 경우에서 우리는 이러한 행동의 단계를 발견하게 된다. 예수님의 말씀을 듣고 배와 그물을 버려두고 주님을 따랐던 제자들도 이러한 단계에까지 이른 커뮤니케이션의 완성의 모습을 읽을 수 있다.

이러한 커뮤니케이션의 단계는 동시에 일어나기도 하고 순차적으로 일어나기도 하지만 중요한 것은 설교자가 이러한 단계들을 인식하고, 복음을 전달하는 과정을 심사숙고하여 준비해야 한다는 사실이다. 설교자는 그가 전하려는 메시지가 이러한 커뮤니케이션이 단계들을 따라 온전히 전달될 수 있게 하는 데에 깊은 관심을 기울여야 하며, 단순한 전달이나 접촉의 단계로 만족할 것이 아니라 커뮤니케이션의 더 깊은 단계로 나아가는 방식을 강구해야 한다. 결국 커뮤니케이션의 완성의 단계인 삶의 변형으로까지 나아가도록 커뮤니케이션의 과정에 대해 민감해야 한다.

커뮤니케이션의 원리

어느 날 한 나라의 국왕이 자신의 이가 모조리 빠지는 꿈을 꾸었다. 그래서 해몽가들을 불러서 꿈을 해석하게 하였다. 국왕의 꿈 이야기를 듣고는 한 해몽가가 이렇게 풀이했다. "전하, 아뢰옵기 황송하오니 이것은 흉조이옵니다. 전하의 가족들이 한분씩 전하보다 먼저 세상을 뜰 징조이옵니다." 국왕은 크게 노하여 그를 감옥에 가두어 버렸다. 이 때 다른 해몽가가 앞으로 나섰다. "전하, 정말 좋은 징조입니다. 전하께서 가족들 가운데 가장 오래 사신다는 뜻입니다." 국왕은 크게 기뻐하여 이 해몽가에게 상금을 내렸다. 이 광경을 지켜보았던 대신들은 그에게 말했다. "당신이 말한 것은 앞서 감옥에 간 해몽가의 풀이와 같은 뜻인데, 그런데 어떻게 대우가 이렇게 다를 수 있습니까?" 그러자 상금을 받은 해몽가가 말했다. "맞습니다. 폐하가 꾸신 꿈에 대한 해몽은 그와 내가 다르지 않습니다. 문제는 무엇을 말하느냐가 아니라 어떻게 말하느냐에 달려있을 뿐이지요."

그냥 말만 하면 되는 것이 아니라 말하는 데에도 반드시 고려되어야 할 원리가 있다. 커뮤니케이션은 바로 이 "어떻게 말하느냐"에 대해 깊은 관심을 갖게 한다. 앞서 언급한 커뮤니케이션의 단계를 따라 메시지의 전달 과정이 완성된다고 볼 때, 그 과정에서 성공하기 위해 반드시 설교자가 유념해야 할 커뮤니케이션의 원리들을 정리하면 다음과 같다.

첫째는 반복의 원리(principle of redundancy)이다. 효과적인 커뮤니케이션을 위해 설교자는 그가 전하려고 하는 정보 혹은 메시지를 반복적으로 들려줄 필요가 있다. 이것은 메시지를 되풀이해서 재

강조 시킴으로서 그것을 보다 분명하게 하고 선명하게 전달되게 하는 원리이다. 주요 개념의 반복, 어려운 개념의 재진술, 이해가 부족하거나 잘못된 것으로 피드백 되는 개념의 반복적인 설명, 실례나 동의어, 비유, 주기적인 요약 등을 사용하여 메시지를 보다 선명하게 해 줄 수 있다.

두 번째는 피드백의 원리(principle of feedback)이다. 메시지를 전달하려는 사람은 청중들의 피드백을 읽을 수 있어야 하고, 그 다음 단계를 진행할 때 그것을 적절하게 활용할 수 있어야 한다. 피드백은 커뮤니케이션의 과정을 통제하는데 있어서 본질적인 요소로 작용하게 되며, 전달 과정을 직선적인 체계에서 벗어나 연속적이고, 순환적이며, 상호 작용적인 차원으로 승화할 수 있도록 도와준다.

셋째는 적절한 정보량의 원리(principle of retroactive inhibition)이다. 한 번의 설교에서 지나치게 많은 정보를 제공하게 되면 그것을 받아들이는 청중은 모두 놓치게 된다. 지나치게 많은 정보는 정보 전체에 효과가 떨어지게 하며, 수용자가 소화할 수 있는 한계를 넘어 서게 되면 무관심이나 도피 등을 유발하여, 역효과를 가져올 수 있다. 특히 청소년 설교에서는 지나치게 많은 정보를 제공하게 되면 모든 것을 놓치게 만들 수 있는 가능성이 있다. 그래서 현대 설교학에서는 하나의 주제를 따라 설교가 집약적인 움직임을 통해 그 결론적인 내용(aha-point)에 이를 수 있도록 권장한다. 그것은 예배를 디자인할 때도 마찬가지이다. 하나의 주제를 따라서 일관된 흐름을 가지면서 찬양, 기도, 설교, 파송의 모든 순서들이 하나의 주제에 집중할 수 있을 때 보다 효과적이게 한다.

네 번째는 슬리퍼 효과(principle of sleeper)의 원리이다. 본래 슬리퍼 효과란 "인간이 정보 내용자체를 잊는 것보다 정보원을 빨리 망각하는 경향을 지칭하는 것"인데, "시간이 경과함에 따라 신뢰성이 높은 송신자로부터의 커뮤니케이션 효과는 감소하는 반면에 신뢰성이 낮은 송신자로부터의 커뮤니케이션 효과가 증가하는 현상"을 의미하는 것이다. 오래 친숙하거나 친밀감이 형성되어 있는 경우에는 시간이 가면서 메시지의 설득력이 떨어지는 원리를 설명하는 것이다. 그러나 설교의 관점에서 보면 사람들은 믿을 수 있는 정보원을 통한 커뮤니케이션을 쉽게 받아들이는 경향이 있으며, 친숙해 진다는 것은 편하지만 상대적으로 메시지에 대한 관심도를 떨어지게 한다는 점에 착안한 원리이다. 여기에서 설교자의 진실성과 성실성이 중요해 진다. 그래서 필립 브룩스는 "설교는 설교자의 인격(personality)을 통해 전달되는 커뮤니케이션"이라고 규정하지 않았던가? 특히 청소년 설교자의 경우에는 학생들과의 좋은 관계 형성이 커뮤니케이션 완성에 있어서 중요한 요소로 작용하게 된다는 사실을 깊이 명심해야 한다. 가령, 자기가 마음에 들고, 존경이 되는 선생님의 과목은 좋은 성적을 얻지만 싫어하는 선생님의 과목은 별로 성적이 좋지 않은 것을 보게 되는데, 청소년들은 바로 이 원리에 깊이 적용된다는 사실을 보여주는 단적인 예이다.

　다섯번째로는 선택적 인지의 원리(principle of selective perception)이다. 인간은 자신이 관심을 가지고 있는 것, 혹은 직접 눈으로 본 것을 자신의 것으로 인지해서 조직화하려는 경향에 착안한 원리이다. 즉 인간은 그가 본 새로운 것을 이미 그가 알고 있는 개념과 사고의 틀 속에 맞추어 인식하고 지각한다. 자신의 경험의 틀에 맞추어 외부에서 들어오는 자극이나 정보를 수용한다. 일종의 선입견이 새로운 정보를 취함에 있어 여과지 역할을 한다. 그러므로 청중들의 삶의 자리, 기존 지식과 관심사에 대해서 관심을 두어야 필요가 있다. 청소년 설교자는 청소년들의 삶의 현장과 문제, 아픔과 고민 등에 깊은 관심을 기울일 필요가 있다. 그러한 부분에 대해 관심이 없는 설교자의 말은 다 옳더라도 그것을 효과적으로 받아들이지 않게 되기 때문이다.

여섯 번째로는 구성의 원리(principle of structure)를 들 수 있다. 메시지의 순서나 구성 문제에 있어서 중요한 것은 전달 내용의 각 부분이 전달자의 생각과 표현을 명확하게 반영하고 있는가이다. 올바른 구성과 구조를 가지는 메시지가 정확히 전달될 수 있다. 앞서 언급한 내용이지만 설교자가 전하려는 메시지를 어떻게 구성하고, 배열하여 전할 것인가는 설교의 형태론과 연관된 것인데, 청소년들이 즐겨듣는 방식에 대해 설교자는 깊은 관심을 기울일 수 있어야 한다.

일곱 번째는 강조의 원리(principle of emphasis)이다. 청소년들은 모든 내용을 다 듣는 것이 아니라 자신이 관심이 있거나 연관된 내용에 대해 귀를 기울이게 된다. 또한 모든 내용이 아니라 특별히 중요한 내용을 주제로 잡고 그것은 강조하여 말하는 원리를 숙지할 필요가 있다. 메시지의 내용 중 가장 필수적이고 중요한 면을 중점적으로 강조해야 한다. 메시지의 목표가 잡다한 이야기와 뒤섞여 애매해지거나 흐려지지 않도록 해야 하며, 강조할 때 목소리를 높이거나 음색을 달리하는 것과 같은 커뮤니케이션의 전달 기법을 적극적으로 활용할 필요가 있다.

여덟 번째는 미디어의 원리(principle of media power)이다. 커뮤니케이션을 수행하기 위해서는 우리가 사용할 수 있는 미디어의 종류, 그리고 각 미디어가 할 수 있는 일과 할 수 없는 일에 대한 각 미디어의 특징을 분명하게 알고 있어야 한다. 왜냐하면 매체에 따라 그 특성이 다양하기 때문이다. 청소년들의 경우에는 영상세대이며, 시청각 세대임을 감안할 때 적절한 미디어의 활용은 커뮤니케이션 효과를 증대해 준다.

아홉 번째는 적합성의 원리(principle of relevance)이다. 듣는 사람의 상황을 파악하고 그들에게 적합한 메시지로 들려질 때, 그 메시지는 전달의 효과를 기대할 수 있다. 자신과의 연관성이 약할 때 청소년들은 귀를 닫게 된다. 전하려는 성경의 메시지를 어떻게 그들의 삶의 현장과 연결시켜 전달할 수 있을 것인가는 중요한 요소로 작용하게 된다. 그들은 그 메시지가 옳으냐, 그렇지 않는가에 따라 수용 여부를 결정짓는 것이 아니라 그것의 연관성의 원리에 따라 결정짓는다.

마지막으로는 비교와 대조의 원리(principle of comparison and contrast)를 들 수 있다. 이것은 새로운 개념을 과거의 개념과 연관시키고, 알려지지 않는 것을 알려진 것과 연관시켜 전달하는 방식으로 청소년 설교에 있어서 중요한 원리로 작용하게 된다. 이것이 예수님의 비유 설교에서 가장 탁월하게 사용하신 것으로 예수님은 비유, 직유, 은유, 비교 등을 아주 탁월하게 사용하셨다. 이것은 청중들로 하여금 단순히 청각적 차원에 머물지 않게 하고, 시각적 차원까지 자극하기 때문에 보다 효과적인 메시지로 와 닿게 한다.

이러한 커뮤니케이션의 원리들은 우리의 설교의 언어들이 단지 일리 있는 말로 끝나서는 안되고 "감동을 주는 말"이 되어야 하기 때문에 적절히 고려해야 한다. 가히 혁명과 같은 정보화와 커뮤니케이션의 발달은 우리 메시지 전달에 있어서도 단지 눈과 귀로만으로 부족하다는 사실을 알려준다. 냄새를 맡는 기관과 맛보는 기관, 그리고 접촉하는 기관도 필요하다. 진리는 단지 눈과 귀, 그리고 손만을 위한 것이 아니라 온 몸으로 들려지고, 말하는 것이 되어야 하기 때문이다. 축배를 들 때 샴페인 잔이 부딪히는 소리가 들리게 된다. 그러나 그 소리가 없이 축배를 드는 경험은 단지 시각, 미각, 촉각, 후각만 활용했을 뿐이다. 그러나 잔이 부딪히는 소리는 오감을 만적시키는 요소가 되어 감동으로 다가오게 된다. 진리에 대한 느낌을 갖게 하기 위해 마지막으로 필요한 것은 "잔을 부딪치는 소리"이다.196) 오늘 나의 청중들 속에도 이런 말씀과 영혼이 부딪히는 소리가 날 수 있도록 하기 위해 설교자가 마땅히 고려해야 할 커뮤니케이션의 원리가 있다. 설교자들이여! 말씀의 영광을 위해 마땅히 그것들을 연구함이 옳지 않겠는가?

절실히 원하는 것은

아름다운 이야기들로 우리에게 잔잔한 감동을 주었던 켄 블랜차드(Ken Blanchard)는 "말하지 않은 좋은 생각은 좋은 생각이 아니다"라고 했다. 여기에 한 마디를 덧붙인다면 설교는 단순히 말하는 것으로 만족할 것이 아니라 전달되는 차원까지 고려해야 한다. 왜냐하면 설교는 단순히 말만 하는 행동이 아니라 커뮤니케이션을 통해서 하나님의 말씀이 우리의 삶 속에 살아있는 말씀으로 전하는 행위이기 때문이다. 그러므로 말을 어떻게 잘 할 것이며, 그 메시지를 듣도록 어떻게 설득할 수 있을 것인지가 중요한 요소로 작용하게 된다. 상대방을 설득할 수 있는 기술은 가히 돈으로 환산할 수 없는 가치를 가진다. 적절하게 준비되고 전달되는 커뮤니케이션은 삶을 즐겁게 하기도 하고, 불행의 늪에 빠진 사람을 희망의 세계로 끌어올리는 중요한 역할을 하기도 한다. 오늘날 청소년들은 이렇게 커뮤니케이션된 설교를 필요로 한다. 전달되는 설교, "물이 바다 덮음 같이" 청소년들의 가슴 속에 하나님의 영광과 말씀이 온전히 이루어지는 설교의 영광이 설교자들의 온 가슴을 사로잡을 수 있을 때 다음 세대를 세우는 청소년 사역이 힘있게 진행될 것이다. 한 작가의 외침은 아름다운 청소년 설교를 꿈꾸는 설교자들에게 메아리처럼 들려온다. "절

---

196) Sweet, 『미래 크리스천』, 145-57.

실히 원하는 것은 이루어지게 되어 있습니다. 여러분의 마음 안에 영순위는 반드시 이루어집니다. 아직도 못 이뤄진 것은 영순위가 안 되었기 때문입니다."197)

---

197) 게이트, 『깨달음의 연금술: 나를 통하여 이르는 자유』 (서울: 유란시아, 2005).

23장
청소년 설교와 언어 커뮤니케이션

훌륭한 것만으로는 충분하지 않습니다.
글을 가지고 노십시오.
그것을 뒤집고 무슨 일이 일어나는지 살펴보십시오.
강세를 없애십시오.
시제를 바꾸고 운율을 느슨하게 해보십시오.
단어들을 뒤흔들어 보십시오.
- 쉬나프 퓨, 문예창작과 학생들에게 준 시인의 조언.

미국의 심리학자 랭거 교수는 그의 조교를 통해 그런 실험을 시켰다고 한다. 도서관에서 복사하기 위해 줄을 서서 기다리는 사람들에게 나아가 "죄송합니다만 제가 지금 5장을 복사해야 하는데 먼저 하면 안 될까요?"라고 부탁해 보라고 했다. 그 사람들 가운데 60% 정도가 그의 부탁을 듣고 허락했다. 그런데 다음에는 그렇게 말을 바꾸어서 다음과 같이 부탁하도록 했다. "죄송합니다만 제가 지금 5장을 복사해야 하는데 먼저 안 될까요? 왜냐하면 지금 제게 굉장히 다급한 사정이 생겼거든요." 그런데 그러한 요청에 대해 승낙률이 무려 94%로 높아졌다고 한다. 여기에서 달라진 것은 "왜냐하면…"으로 시작되는 한 문장을 더 추가했을 뿐인데 그 결과는 완전히 달랐다. '왜냐하면'이라는 단어가 가지는 설득의 힘 때문으로 설명한다. "5장"이라는 분량이 그렇게 많지 않았기 때문에 주어진 결과라고도 볼 수 있을 것 같아서 랭거 교수는 또 다른 실험을 하였다. 조교를 시켜 또 다시 부탁을 하게 했는데, 5장이 아니라 20장으로 높여서 처음과 같이 말하게 했다. 그랬더니 예상한대로 승낙률은 25%로 낮아졌다. 그러나 앞의 경우와 같이 "왜냐하면…"이라는 문장을 넣어서 요청을 했을 때는 승낙률이 2배에 가까운 42%로 높아지더라는 것이다.[198]

어떤 특정 언어에는 이렇게 특별한 설득력이 있다고 한다. 수십만의 단어 중에서 특별히 어떤 단어가 사용되면 사람들은 거기에 관심을 기울이거나 마음을 동하게 하는 단어가 있다는 것이다. "상대를 효과적으로 설득하는 마법의 단어"가 있는데, "우리, 결과, 돈, 보장한다, 쉬운, 건강, 새로운, 안전한, 무료, 방법, 지금, 절약이 된다, 기쁨, 사랑, 증명된, 이익을 주는" 등과 같은 단어가 그것이다. 실제로 이것은 안전한 방법이라든지, 아주 절약이 된다든지, 혹은 굉장한 이익을 가져다준다든지, 증명된 방법이라든지, 이것은 무료라든지 하는 표현이 사용되면 사람들은 관심을 보일뿐만 아니라 설득의 효과가 아주 높아진다는 말이다.[199]

물론 이것은 주로 마케팅을 전문적으로 연구하는 사람들이 내놓은 결과이기는 하지만 그럼에도 불구하고 커뮤니케이션에 있어서 언어의 중요성은 널리 인식되어 온 바이다. 어떤 언어가 사용되느냐에 따라서 그 결과는 완전히 달라질 수 있다. 어떤 언어는 사람의 마음을 움직이기도 하는가 하면 어떤 언어는 사람의 마음을 닫아 버리게도 한다. 그러므로 설득력 있는 설교자는 언어 커뮤니케이션뿐만 아

---

[198] 이현우, 『한국인에게 가장 잘 통하는 설득전략 24』 (서울: 더난 출판, 2006), 5-6.
[199] 위의 책, 6.

니라 언어 사용에 대해 깊이 고려하는 설교자이다. 설교자는 기본적으로 언어에 대한 이해와 어떻게 언어 커뮤니케이션을 감당할 수 있을 것인지에 대한 이해를 필요로 한다.

인간의 삶 언어

언어는 하나님께서 인간에게 허락하신 선물 중에서 가장 소중한 것이다. 우리는 언어를 통해서 살아간다. 언어가 없었던 종족은 없었으며, 인간 생활의 가장 중심적인 요소가 되어왔다. 언어는 마음을 표현하고 의사소통을 위한 가장 본질적으로 완전한 수단이었다. 언어는 우리를 감싸고 있으며, 삶에 의미를 가져다주기도 하고, 삶을 가능하게 만들어 주는 중요한 요소이다. 그러므로 언어가 없이는 의사소통이 불가능해지며, 인간의 삶이 세워질 수가 없게 된다. 바벨탑 축조를 흩어놓기 위해서 하나님께서는 천둥이나 번개, 지진의 방법을 사용하시지 않으셨다. 사람들의 언어만 흩어 놓으시면 모든 것이 흩어지게 되어 있고, 허물어질 수밖에 없음을 아셨기에, 하나님은 인간의 언어를 먼저 흩어 놓으셨다. 그들의 언어가 흩어져 버렸을 때 그들의 공동체가 허물어지는 것은 보게 된다.[200]

설교는 언어로 이루어지는 사건이다. 그러므로 언어는 단순하게 설교(자)의 생각을 담아 전달하는 것 이상이다. 언어는 사람들로 하여금 "존재의 실체(reality)에 이르도록 도와주며, 사람들의 세계를 형성하도록 도와주고, 질서 있게 만들어주는 역할"을 한다.[201] 적절하게 사용된 언어가 인지기관과 영성을 터치할 때 말씀과 하나님의 세계에 대한 경험(experience)이 일어나게 되며 존재의 실재를 경험

---

200) 김운용, 『설교의 새로운 패러다임』, 8장 참조.
201) Elizabeth Achtemeier, *Creative Preaching: Finding the Words* (Nashville: Abingdon Press, 1980), 22-23.

하게 된다. 보지 못하고 듣지 못하고 말하지 못하던 3중고를 겪고 있었던 헬렌 켈러가 그녀의 가정교사, 설리반을 통해 '물'(water)이라는 단어를 처음 배우면서 새로운 세계가 활짝 열린 경험을 하게 되었다고 고백한다:

> 갑자기 나는 오랫동안 잊혔던 어떤 것이 희미한 의식 너머에서 느껴지기 시작했다. 그것은 생각(thought)이 돌아오는 스릴감 같은 것이었다. 언어의 신비를 선명히 느낄 수 있게 되었다. "w-a-t-e-r"라는 것은 내 손에서 흘러넘치는 어떤 시원한 것이라는 것을 인식하게 되었다. 그 살아있는 언어가 나의 영혼을 일깨워 주었으며, 빛과 희망, 기쁨을 가져다주었다. 내 영혼은 처음으로 어두움의 세계에서 해방되는 것을 느낄 수 있었다. 여전히 장벽은 남아있었다. 그러나 내가 존재의 실재를 느끼게 되면서 그러한 것들은 차차 사라지게 되었다.[202]

언어가 인지되지 않았을 때는 '세계'는 거기에 존재하지 않았으며, 그 자신의 실재도 경험하지 못하게 된다. 언어를 통해서 그는 새로운 세계를 경험하게 되며, 자신의 실재를 규정하게 되면서 기쁨과 희망을 갖게 되었다. "태초에 말씀이 계시니라." 하나님께서 말씀하시기 전까지는 아무 것도 존재하지 않은 혼돈의 세계였으나 하나님의 말씀(언어)과 함께 실체가 없던 것이 실체화되어진다. 그러므로 오늘 설교 사역을 계속함에 있어서 어떤 언어가 사용되느냐 하는 것은 결과를 좌우하는 중요한 요소가 된다.

설교는 언어라는 매체를 통해서 이루어진다. 다른 비언어적인 요소의 영향력도 배제할 수 없지만 설교 사역에 있어서 언어는 가장 중심적인 요소이다. 하나님의 말씀은 언어의 형태를 통해서 전달되어

---

[202] Helen Keller, *The Story of My Life* (Garden City, NY: Doublesday & Company, 1954), 36.

지며, 언어는 인간의 의식 속에 무엇인가를 일어나도록 하는 가장 직접적인 동인이 되기 때문이다. 언어는 인간의 의식 속에 중대한 세계를 형성하도록 만들며, 언어를 통해서 보이는 세계와 보이지 않는 세계가 우리의 의식 속에 구현되어 간다. 이와 같이 언어는 설교자가 하나님의 말씀을 전하는 단순한 수단이 아니라, 청중들의 의식 속에 하나님의 말씀을 영상으로 맺히게 하여 말씀이 제시하는 '세계'를 창조해 가도록 돕는 중요한 요소이다. 그러므로 설교에 있어서 어떤 언어가 사용되느냐하는 것은 실로 중요한 요소가 아닐 수 없다.

설교자는 언어의 연금술사가 되어야

데이빗 버트릭은 언어의 측면에서 볼 때, 설교는 예술(art)이라기보다는 숙련된 기교에 의해서 형성되어가는 '공예'(craft)로 이해할 수 있다고 주장한다.[203] 설교에서 사용되는 언어는 그냥 사용되는 것이 아니라 정교하게 다듬어져야 하고, 준비되어진 공예 작품(considered craft)과 같이 사용되어야 한다는 의미이다. 그런 점에서 설교자는 언어 선택에 있어서 유용성과 효과성을 함께 고려하여 사용할 수 있어야 한다. 마치 조각가가 돌덩이를 하나의 분명한 실체로 만들어가듯이 일상의(ordinary) 언어를 통해 초월적인(extraordinary) 말씀과 세계를 드러내는 언어의 조각가가 되어야 한다. 언어는 어떠한 일들을 행하는 기능적인 특성을 가지고 있기 때문에 설교자는 마치 언어의 연금술사와 같이 되어야 한다. 해리 로빈슨은 정교하게 다듬어진 언어와 그렇지 못한 언어의 특징을 다음과 같이 말한다:

> 열대 지방의 일출 광경과 같이 빛이 나는 밝은 언어가 있는가 하면, 빈혈증에 걸린 핏기 없는 여인과 같이 매력이 없는 단조로운 언어

---

203) David Buttrick, *Homiletic: Move and Structure* (Philadelphia: Fortress, 1989), 193.

도 있다. 프로권투 선수가 펀치를 날리는 것과 같은 힘 있는 언어가 있는가 하면 한번 달여 먹은 녹차봉지로 끓인 차만큼이나 무미건조한 언어도 있다. 사람들을 편안하게 해주는 베개와 같은 말들도 있지만 불편하게 만드는 딱딱한 차가운 강철과 같은 말들도 있다. 어떤 언어들은 청중들을 하나님의 궁정으로 인도하는 것이 있으나 어떤 말들은 하나님의 궁정은커녕 빈민굴로 가게 하는 것도 있다. 우리는 언어들에 의해서 살며, 언어들에 의해서 사랑하며, 언어로 기도하며, 그리고 언어 때문에 죽기도 한다.[204]

이런 점에서 설교에 어떤 언어가 사용되어지느냐는 아주 중요하며, 그것은 설교의 결과를 결정짓는 중요한 요소가 된다. 그러므로 설교의 언어는 조직되어야 하고, 공교하게 준비되어야 한다.

여기에서 언어의 메커니즘을 잘 활용한 예를 들어보자. 주유소에서 기름을 넣기 위해 주차해 있는 동안 어떤 제품을 홍보하거나 판매하기 위해 다가오는 사람들을 종종 대하게 된다. 윈도우 브러시를 사라든지, 엔진 첨가제를 사라든지 하면서 다가오는 사람들은 그 제품의 우수성을 설명하면서 그것을 사도록 권유한다. 그런데 전혀 다른 방식으로 다가오는 사람이 있었다.

"차가 참 깨끗하네요. 뽑으신 지 얼마 안 된 모양입니다."

"아니요. 벌써 4년이 넘었을 걸요."

"그래요? 선생님은 차를 참 깨끗하게 관리하시는군요."

"아, 네… 그렇지요 뭐."

"그런데 차를 관리하시는데 참 필요한 새로운 제품 하나 사용해 보시지 않겠어요? 엔진 청정제인데요. 이걸 주유 때 함께 사용하면 엔진이 깨끗이 청소되어 자동차 수명이 훨씬 오래갑니다."

---

[204] Haddon W. Robinson, *Biblical Preaching: The Development and Delivery of Expository Messages* (Grand Rapids: Baker Book House, 1980), 176-177.

지금 물건을 파는 사람은 자신의 마케팅을 위해 뛰어난 언어 메커니즘의 하나인 이미지의 기법을 잘 활용하고 있다. 먼저 차를 잘 관리하는 사람이라는 이미지를 형성하도록 도와준 다음에, 차의 겉모양뿐만 아니라 속 내용까지 깨끗하게 관리하기 위해서 새로운 엔진 청정제를 필히 사용해야 한다는 메시지를 담고 있었다. 이러한 경우 사람들은 그의 말을 거절하기가 쉽지 않다. 왜냐하면 제의를 거절하는 것은 자신에 부여된 이미지를 거부하는 것이기 때문이다. 이것은 마케팅 전문가들이 즐겨 사용하는 설득 기법 중의 하나이다.[205]

설교는 단순한 논리의 전달도 아니며 말의 유희도 아니다. 마케팅과는 달리 설교는 사람의 변화를 목표로 한다. 물건을 팔아 이득을 얻기 위한 마케팅에서도 그렇다면 영혼을 얻으려는 설교에서는 당연히 언어의 메커니즘을 적절히 고려할 수 있어야 할 것이다. 우리는 설교의 중심적인 힘의 하나인 언어의 구조와 특징, 배열에 대해서 관심을 기울여야 한다. 복음의 말씀은 인간의 언어를 통해서 전달되어진다. 또한 복음의 커뮤니케이션은 언어의 메커니즘을 그 핵심으로 한다. 그러므로 오늘의 시대에 '어떻게' 하나님의 말씀을 전달할 것인가에 깊은 관심을 가지고 있다면 오늘의 청중들이 어떻게 듣는가를 깊이 고려해야만 한다.

1970년대 이래 형성된 현대 설교학에서는 설교의 형태뿐만 아니라 설교의 언어에 대해 새로운 이해를 주축으로 한다. 여기에서는 언어의 기능과 형태를 중요한 요소로 여긴다. 전통적인 설교 이론들은 교리나 명제를 전달하는 명확한 언어(clarity) 사용에 대해서 관심을 기울여 왔다면, 현대 설교학은 참여(engagement)의 언어를 중요시한다. 전자가 논리적 합리성을 가진 언어의 메커니즘을 선호했다면

---

[205] 이현우, 『한국인에게 가장 잘 통하는 설득전략 24』, 72-73.

후자에서는 플랏의 언어로의 전환을 꾀한다.206) 사실 계몽주의의 영향을 받은 서구 신학은 명확한 논리와 명제를 통해서 메시지가 가장 잘 전달된다고 생각해 왔다. 그러나 인간의 정신세계는 화랑과 같음을 외면해 왔음을 발견하게 되면서 현대 신학에서는 이야기와 같은 언어구조를 통한 신학함에 깊은 관심을 갖게 되었다.207) 이러한 신학적인 흐름에 깊이 관심을 가져온 현대 설교학도 새로운 언어체계와 커뮤니케이션 이론과 연계하여 새로운 설교학의 흐름을 형성하게 된다.208)

이러한 흐름들은 명제적이고 논쟁적이며, 명령적인 산문(prose) 언어 스타일에서 이야기, 메타포, 상상력, 이미지 등이 중심을 이루는 시적 언어로의 전환을 이루게 된다. 여기서 시적인 언어라 함은 흔히 문학에서 말하는 운율이나 리듬, 박자를 맞추는 정형화된 시나 정형화되지는 않았더라도 시적인 형식을 갖춘 형식을 말하는 것이 아니라 설교에 있어서 움직임이 있는 언어를 의미하는 말로 사용하였다. 단순한 정보의 전달이 아니고, 조직화되고, 이성과 합리성의 흐름을 뛰어넘어 생동감이 넘치는 살아있는 언어를 의미하는 말이다.

언어가 가지는 힘

월남전이 거의 끝나갈 무렵, 미국 캘리포니아에 있는 브라운 씨의

---

206) 루시 로오즈(Lucy A. Rose)는 언어사용에 있어서 전통적인 설교이론과 현대 설교이론들을 비교 분석하면서 잘 정리해 주고 있다. Lucy A. Rose, *Sharing the Word: Preaching in the Roundtable Church* (Louisville: Westminster John Knox Press, 1997), 2-3장을 참조하라.
207) Stanley Hauerwas and L. Gregory Jones, eds., *Why Narrative?: Readings in Narrative Theology* (Grand Rapids: Eerdmans Publishing Co., 1989)를 보라.
208) 이러한 흐름에 대해서는 Richard L. Eslinger, *A New Hearing: Living Options in Homiletic Method* (Nashville: Abingdon Press, 1987); 김운용, 『설교의 새로운 패러다임』 등을 보라.

집에 월남전에 참전했던 아들이 귀국하여 전화를 걸어왔다. 사지에서 돌아온 아들의 목소리를 들은 어머니의 기쁨은 이루 말할 수 없었다. 어머니는 눈물을 글썽이면서 반복하여 그렇게 말했다.

"살아 돌아와서 너무 고맙다. 우리가 너를 얼마나 애타게 기다렸는지 모른다. 어서 집으로 달려오렴."

그런 어머니의 말을 들은 아들이 그렇게 말했다.

"그런데 어머니, 문제가 하나 있어요. 지금 제 옆에는 전투에서 생사를 함께 했던 전우가 한 명 있는데 그는 고아이고, 돌아갈 집이 없어요. 게다가 그는 전투에서 팔 하나와 눈 한쪽을 잃었어요. 어머니, 그 친구는 누군가의 도움이 필요해요. 그 친구와 우리 함께 살 수 있을까요?"

"애야, 네 마음은 안다. 며칠 정도는 가능하겠지. 아니 몇 달도 가능할 수 있을 거다. 그러나 일생동안 그럴 순 없지 않겠니. 네 마음은 십분 이해할 수 있지만 세상에 그런 장애를 안고 사는 사람을 어떻게 언제까지 계속 데리고 살 수 있겠니? 그건 괴롭고 무거운 일이란다. 형벌인 셈이지. 그러니 그 친구는 데려오지 않는 것이 좋겠구나."

아들 브라운은 무겁게 전화를 끊었고 며칠간 아무런 소식도 없었다. 얼마 후 어머니 앞으로 급전이 한통 날아왔다. 어느 호텔 옥상에서 아들 브라운이 투신자살했으니 와서 시신을 인수해 가라는 내용이었다. 도저히 믿을 수 없던 어머니는 아들의 주검 앞에서 오열하고 말았다. 그 아들은 눈과 팔이 없는 상태였다. 전쟁에서 눈과 팔을 잃은 자신을 부모와 가족마저도 평생의 짐으로 여길 것이라는 사실을 확인한 브라운은 실망감을 이기지 못하고 자살한 것이다.

또 다른 이야기도 있다. 발명가이자 과학자였던 에디슨은 어렸을 때 산만하고 주의력 결핍으로 학교생활에 잘 적응하지 못하여 불과 3개월을 다니다가 중퇴할 수밖에 없었다고 한다. 그러한 에디슨을 집에서 공부시키면서 그의 엄마는 끊임없이 아들을 격려했다고 한다. "에디슨, 너는 큰 사람이 될거다!" 비록 학교에서는 적응하지 못하는 문제아요, 저능아로 낙인이 찍혔지만 그러한 엄마의 격려를 받으면서 에디슨은 세계적인 발명가가 될 수 있었다.

언어가 가지는 힘을 느끼게 해주는 이야기이다. 따뜻한 사랑과 격려가 있는 말은 삶을 아름답게 변화시키는 위대한 힘을 가지고 있다. 그래서 사람들을 이끌었던 위대한 지도자들은 이러한 말의 위력을 아는 사람들이었고, 그것을 적절히 활용할 줄 아는 사람들이었다. 말에는 이렇게 사람을 세우고 새롭게 하는 창조성도 있지만 파멸로 떨어지게 하는 파괴성도 있다. 말은 우리를 행복하게 하기도 하지만 깊은 상처를 안겨 주어 평생 아픔 속에서 살게 하기도 한다. 사람을 살리는 말도 있지만, 죽이는 말도 있다. 언어는 사랑의 힘이 되어 용기를 갖게 하는 순기능도 있지만 찌르는 칼과 같이 무기가 되어 계속적으로 상처를 주는 폭력으로 다가오게 되는 역기능도 있다. 이런 점에서 설교자는 언어의 연금술사, 혹은 공예가처럼 설 수 있어야 한다. 언어의 특성을 알고, 적절히 활용할 줄 알아야 하며 그 기능을 이해할 수 있어야 한다.

그래서 이해인 시인은 이러한 언어의 기능을 이해하면서 "나를 키우는 말"이라고 표현한다. 그의 시, 전문을 한번 읽어보자.

행복하다고 말하는 동안은
나도 정말 행복한 사람이 되어
마음에 맑은 샘이 흐르고

고맙다고 말하는 동안은
고마운 마음 새로이 솟아올라

내 마음도 더욱 순해지고

아름답다고 말하는 동안은
나도 잠시 아름다운 사람이 되어
마음 한 자락 환해지고

좋은 말이 나를 키우는 걸
나는 말하면서 다시 알지.

어떤 점에서 설교는 말에 의해서 세워지고, 말에 의해 보다 강력한 힘을 나타내게 된다. 적절하게 활용된 언어는 좋은 설교를 키운다. 어떤 언어가 사용되느냐에 따라 풍성한 세계를 보게 하고 느끼게 하는 설교가 될 수도 있고, 빈약한 정보만 전달해 주는 설교가 될 수 있다. 그러므로 무엇보다 설교의 언어는 말씀의 세계를 구체화하는 언어가 되어야 한다. 성육신의 비밀과 힘은 바로 이러한 말씀의 구체화에 있다. 말씀이신 그리스도께서 스스로 육신을 입고 사람들 가운데 성육신하심으로 진리의 구체화가 이루어진 것이다(요 1:14). 이렇게 구체화된 말씀(embodied word)은 사람들 가운데 거하게 되며, 삶을 어루만지고 터치하게 된다. 이런 점에서 성육화된 말씀은 설교를 키우고 성도들을 키우는 말씀이 된다.

하나님의 말씀은 인간의 언어라는 메커니즘을 통해서 전달되고 수용된다는 점에서 특별히 청소년 설교에서는 적극적인 검토가 이루어져야 한다. 설교는 그냥 되는대로 말을 토해 놓는 것이 아니라 적극적으로 검토하여 마치 도공이 도자기를 빚는 것과 같은 마음으로 언어가 사용되어야 하기 때문이다. 인간은 말을 통해서 자신의 감정과 의견을 전달하고 전달받는다.

그림언어를 활용하라

그렇다면 이러한 관점을 고려하여 청소년 설교에서 사용할 수 있는 언어의 메카니즘은 어떤 것이 있을까? 물론 이것은 반드시 청소년 설교에만 해당되지 않고 모든 설교에 적용할 수 있는 것이지만 현대 설교학의 흐름에서 제시하고 있는 내용을 중심으로 그 몇 가지만 정리해 보면 다음과 같이 정리할 수 있겠다.

첫째, 그림(이미지) 언어를 사용하라는 것이다. 그림언어라 함은 단순한 설명을 통해 지적인 정보를 제공해 주는 언어라기보다는 보게 하고, 느끼게 하는 언어를 의미한다. 또한 그것을 이미지화하여 보여주는 언어를 의미한다. 이것은 메타포적인 기법까지 포함하는 것으로 논리적 정보 제공 언어보다는 서술적(indicative) 언어에 관심을 가진다. 예수님께서도 이런 그림 언어를 자주 활용하셨으며, 위대한 연설가들도 이런 언어를 즐겨 사용하였다. 예수님은 생명의 근원이 되신다는 사실을 전하시기 위해 '포도나무'의 메타포를 사용하셨고, 지키시고 보호하시는 인도자가 되신다는 사실을 논리적으로 설명하는 정보 언어보다는 '목자'의 이미지를 통해 말씀하셨다.

이러한 언어를 탁월하게 활용한 현대 설교자 가운데 한 사람을 들라면 마틴 루터 킹 목사를 들 수 있을 것이다. 특히 그는 미국의 수도 워싱턴의 링컨 기념센터 앞에 모인 30만의 군중들에게 함께 인권을 위해서 일어나 투쟁해야 한다고 그 당위성과 필요성을 논리적으로 설명하고 설득하려고 하지 않았다. 오히려 그는 그림언어와 상상력이 풍부한 언어를 통해 보게하고, 느낄수 있는 말씀을 전하였을 때 그들은 함께 일어나 워싱턴 행진을 하게 된다. 뛰어난 설교의 결과로서 주어진 당연한 것이었다.

나에게는 꿈이 있습니다. 그 어느 날인가 조지아의 붉은 언덕 위에서 전에 노예의 아들들과 전에 노예 주인들의 아들들이 함께 식탁에 앉아 형제애를 나누게 될 것이라는 꿈이 있습니다. 나에게는 꿈이 있습니다. 이글거리는 불의와 억압으로 인해 오늘도 고통의 땀을 흘리게 하는 미시시피 주가 자유와 정의의 오아시스와 같은 주가 될 것이라는 꿈이 있습니다. 나에게는 꿈이 있습니다. 내 사랑하는 네 아이들이 그들의 피부 색깔로서가 아니라 그들의 가진 인격이 어떠한가에 따라 사람을 평가하게 되는 나라에서 살게 되는 꿈입니다. 오늘 나에게는 꿈이 있습니다.…[209]

풍부한 상상력을 바탕으로 묘사되는 킹이 사용한 언어는 청중들로 하여금 조지아의 붉은 언덕을 펼쳐 보여주는 언어이며, 멀지 않은 장래에 이루어지게 될 일을 친히 내다 볼 수 있게 하는 뛰어난 그림 언어를 사용하고 있다. 이렇게 그림언어는 오감을 통해 보게 하고 느끼게 하는 특성을 가진다.

언어는 보여주는 매체가 되어야 함을 주장하면서, 커뮤니케이션 학자인 삐에르 바뱅(Pierre Babin)은 "보여주는 언어 매체야말로 현대 사회의 문화에서 가장 적절한 새로운 언어"이라고 주장한다.[210] 개념(concept)을 통해서 전하기보다는 그림을 그리듯이 보여주는 언어(audiovisual)를 통해서 말씀을 증거 할 때, 가장 확실하게 메시지가 전달되는 시대가 될 것이다. 즉 다가오는 세대는 그림언어(pic-

---

[209] 영어 원문을 통해서 설교 언어의 특징을 살펴보라. "I have a dream, that one day on the red hills of Georgia the sons of former slaves and the sons of former slave owners will be able to sit down together at the table of brotherhood. I have a dream, that one day even the state of Mississippi, a state sweltering with the heat of injustice, sweltering with the heat of oppression, will be transformed into an oasis of freedom and justice. I have a dream, that my four little children will one day live in a nation where they will not be judged by the color of their skin but by the content of their character. I have a dream today!..."

[210] Pierre Babin, *The New Era in Religious Communication* (Minneapolis: Fortress Press, 1991), 11.

ture language)로 말씀을 전하게 가장 확실하게 메시지가 전달될 것이라는 말이다. 청소년 청중들을 터치하고 감동을 주기 위해서는 설교자는 강의실에서 던져지는 것과 같은 추상적인 언어, 논증적이고 이성적(rational)인 언어보다는 상상력이 풍부한 그림 언어를 사용해야 한다. 왜냐하면 "인간의 마음은 토론장이 아니라 화랑"(畵廊; not a debating hall, but a picture gallery)이기 때문에 이러한 언어를 통해서 가장 효과적으로 말씀이 전달되어진다.[211] 그래서 서양에 "진정으로 위대한 스승은 당신이 진리를 볼 수 있도록 당신의 귀를 눈으로 바꾸어 놓는 사람이다"라는 격언이 있다. 좋은 설교자는 "말씀을 듣는 청중들의 귀가 눈이 되게 해서 그들로 하여금 진리의 말씀을 볼 수 있게 해주는" 사람이다.[212] 즉 설교자가 하나님의 말씀을 증거 할 때, 청중들이 그 설교를 통해서 귀로 들을 뿐만 아니라 눈으로 볼 수 있게 하는 설교자가 가장 훌륭하다는 말이다.

이야기 언어를 활용하라

두 번째로는 이야기 중심의 언어의 사용을 적극 고려하라는 점이다. 청소년 시기는 논리적인 설명을 통해 합리적으로 설명될 때 메시지를 적절하게 받아들이기도 하지만 감성적인 이야기 언어는 청소년들의 관심을 끌어 모으는 데는 훨씬 효과적인 도구가 된다. 사실 이야기는 사람들의 관심을 끌어 모으며, 무엇인가를 기대하게 한다는 점에서 설교에 있어서 소중한 자산이다. 남녀노소 할 것 없이 이야기를 좋아하는 이유는 인간의 삶은 이야기로 채워져 있고, 이야기에 의

---

211) Warren W. Wiersbe, *Preaching and Teaching with Imagination: The Quest for Biblical Preaching* (Grand Rapids: Baker Books, 1994), 24. 이 책은 설교에 있어서 상상력과 그림 언어사용의 중요성을 아주 잘 언급해 주고 있는 책 가운데 하나이다.
212) 위의 책, 308.

해서 아름답게 채색되어있기 때문이다. 사람들은 무척 이야기하기를 좋아하며, 그들의 이야기를 나누면서 살아간다. 실로 사람들은 마치 이야기에 "중독되어 있는 존재"들처럼, 삶의 내용들을 이야기로 표현하고 채워간다. 슬픔과 기쁨, 아픔과 환희, 희망과 절망을 사람들은 이야기에 실어 올리며, 그 이야기를 나누면서 그러한 감정들을 치유, 승화시키며, 확대하기도 한다. 그래서 이야기가 시작되면 사람들은 귀를 기울인다. 그리고 이야기 속에 몰입되며, 함께 웃고 울고, 공감하게 된다. 이야기가 시작되면 화자(話者)와 청자(聽者)가 서로에게 깊이 주의를 기울이게 된다. 그러므로 그들 사이에 있는 간격은 좁혀지고 이야기의 사건이나 내용을 함께 경험(experience)하게 된다.

이야기는 어느 특정 지역이나 어떤 연령층에만 국한되어 있지 않다. 이야기는 시대와 계층, 연령과 종족을 뛰어넘어 가장 메시지 전달의 보편적인 형태로 작용한다. 이야기가 문화적으로 가장 보편적인 커뮤니케이션 도구가 되는 것은 이야기는 사람들로 하여금 세계를 인식하게 해주고, 새로운 경험이 가능하게 해주는 기본적이고 강력한 커뮤니케이션의 형태이기 때문이다. 사람들은 이야기를 통해 형성된 공동체 속에서 태어나 그곳에서 자라나며, 이야기를 통해 살아가고, 또한 이야기 공동체의 일원이 되어 이야기를 나누는 사람(storyteller)이 된다.

예를 들어보자. 하나님의 놀라운 사랑을 전하려는 설교자가 그것을 평이한 산문체의 언어로 전달하지 않고 다음의 이야기와 함께 메시지를 전달하게 되면 그 메시지는 훨씬 더 강력해질 것이다. 이 이야기와 함께 그렇게 설교의 한 섹션을 구성해 볼 수도 있겠다.

어린 아들이 오랫동안 감기에 걸려 계속해서 콧물이 흐릅니다. 휴지로 코밑을 자주 닦아내어서 아이의 연한 살이 벌겋게 헐었습니다. 이제는 엄마가 휴지만 들고 오기만 하면 이 아이는 놀래서 자지러지게 울고는 했습니다. 그래도 엄마가 아이를 붙잡고 흐르는 코를 닦아내려고 하면 몸뚱이가 엄마 손에 붙들려 빼지 못하면서도 고개를 이리 저리 돌리면서 피하려고 했습니다. 이것을 지켜본 아빠는 안타까워서 견딜 수가 없었습니다. 그래서 얼른 아이를 낚아채듯 엄마 품에서 아이를 빼내 안았습니다. 그리고 달래기 위해 아이를 안고 이리 저리 돌아다녔습니다. 아이가 진정할 즈음 아빠는 아이의 귀밑에 입을 가져다 대었습니다. 그리고 아이의 볼로부터 아이의 입술 있는 부분으로 서서히 뽀뽀를 하며 움직이기 시작했습니다. 그리고 아빠는 부드러운 혀로 아이의 콧물을 살살 핥아냅니다. 그랬더니 아이는 방긋방긋 웃으면서 가만히 있었습니다.

얼마 전 어느 방송국의 전파를 타고 흘러나온 이 이야기를 들으면서 저의 얼굴에는 미소가 번졌습니다. 그리고 가슴에 뜨거운 무엇이 목 줄기를 타고 올라오는 것을 느꼈습니다. 나도 그런 사랑을 지금 받고 있기 때문입니다. 나도 그런 사랑 가운데서 살고 있기 때문입니다. 말로는 다 표현할 수 없는 아버지의 사랑! 나의 작은 신음에도 응답하시는 하나님 아버지의 사랑! 그 사랑이 온 가슴에 밀려왔습니다.

그것을 다 표현할 수 없어서 404장 찬송가 작가는 "하늘을 두루마기 삼고 바다를 먹물 삼아도" 다 기록할 수 없고, 말로는 다 표현할 수 없는 사랑이라고 했습니다. 구약의 시인들은 그 사랑을 인간의 언어로 어찌 표현할 수 없어서 "헤세드"라고 했습니다. 우리말 성경은 그것은 '영원한 사랑'(steadfast love), '인자'(仁慈) 등으로 표현해 보지만 그 단어의 깊은 의미가 다 전달되지는 못합니다. 인간의 언어는 다 표현할 수 없는 헤세드의 사랑으로 우리를 사랑하시는 하나님! 그 놀라운 사랑에 감격 하면서 시편 36편의 시인은 고통이 서린 삶의 정황 속에서도 "복락의 강수"(the river of delight)가 흘러넘친다고 고백합니다. 이렇게 놀라운 사랑으로 하나님께서 사랑하시니 여러분은 하나님 앞에서 소중한 사람들입니다. 하나님께서 여러분을 독생자와 맞바꾸실 만큼 그렇게도 소중한 사람들입니다….

여기에서 중심을 이루는 것은 이야기의 언어이다. 하나님의 사랑에 대한 논리적인 해설도 아니며, 신학적 논증도 아니다. 이야기를 통하여 그것을 보게 하고, 느끼게 하면서 그것을 하나님의 사랑과 연결시키고, 우리가 받고 있는 사랑에 대해 증언하는 형식을 취한다. 성경은 하나님의 백성들에게 하늘의 메시지를 전하면서 가장 널리 이야기를 그 도구로 사용한다. 구약의 대부분은 하나님께서 이스라엘을 어떻게 다스리시며, 이스라엘이 어떻게 그 다스림 가운데서 살아가는가에 대한 이야기로 되어 있다. 이스라엘 공동체는 시대를 넘어서서 역사하시는 하나님의 현존과 역사를 이러한 이야기 속에서 경험하였다. 하나님이 그들에게 행하신 일들을 이야기하면서(telling the story), 그것을 새롭게 기억하게 되고(remembering), 그 사건들은 오늘 여기에서 새롭게 경험하게 되었다. 이야기를 나누면서 하나님의 백성들의 공동체는 형성되고, 거룩한 이야기들을 되뇌면서(re-telling) 과거의 사건을 기억하고, 미래의 사건을 기대하게 된다. 이런 점에서 이야기 언어를 설교 가운데 적절하게 엮어가는 것은 하나님의 세계를 생생하게 각인시키고, 보게 하는데 큰 도움이 되는 생생한 자원이 된다.

이야기의 언어는 긴장감을 만들면서 시작된다. 문제점이 되는 것이나 도무지 상식적으로 받아들이기 어려운 사실들이 먼저 제시되면서 긴장감을 형성한다. 유진 라우리는 이것을 불평형 상태를 만들어 의구심을 갖게 하는 단계로 설명한다. 영화나 드라마, 소설 속에 이러한 긴장감이 없다면 컴컴하고 좁은 그 자리에서 두 시간을 꼼짝 앉아있을 수 있겠는가? 그러나 스토리에는 긴장감이 담겨 있기 때문에 누가 강요하거나 시킨 것도 아닌데 자기 돈을 내고 앉아있는 것이 아니겠는가?

캘빈 밀러가 설교자에게 권면을 담아 보낸 편지를 읽어보자.

"…당신의 설교에는 뭐랄까 치명적인 어떤 것이 들어가야 할 것 같아요. 바로 긴장감이라고 할 수 있겠네요.

제가 경험한 어느 날을 예로 들어보겠습니다. 강도와 폭력에 대한 방송 보도가 있었습니다. 그것이 너무나 지루했기 때문에 저는 텔레비전을 끄고 잠자리에 들었습니다. 얼마 후 자정 무렵에 저는 창문을 깨는 오싹한 소리에 잠이 깨었습니다. 안뜰로 이어지는 유리창으로 들여다보니 크고 털이 무성한 손이 깨진 창문으로 들어와 잠긴 빗장을 돌렸고, 문은 삐걱 소리를 내며 열렸습니다. 침입자의 덩치 큰 체구가 성큼 방 한가운데로 들어서는 순간, 목 뒷덜미에서는 털이 곤두서는 듯 했습니다. 저는 옷을 넣어두는 서랍에 있는 호신용 가스총을 들고 낡은 옷장 뒤로 조용히 몸을 숨겼습니다. 저는 그 친구가 다가오기를 기다렸습니다. 몸을 웅크렸습니다. 떨리는 집게 손가락은 방아쇠에 올려놓았습니다. 제가 숨어있는 곳을 지날 때 저는 일어서서 그를 향해 방아쇠를 당겼습니다. '슉…' 소리가 났습니다. 위협적인 침입자의 사악한 얼굴로 가스가 발사되었습니다. 맹렬한 안개가 어둠 속에서 피어올랐습니다. 저를 죽이려던 그 지기 바닥에 쓰러졌습니다. 저는 불을 켰습니다. 그 사람은 에이먼 부인이었습니다. 저는 제가 한 일에 대해 가책을 전혀 느끼지 않습니다. 그녀는 초인종을 사용해야 했고, 그날 더 일찍 와야 했습니다. 아무튼 그 끔찍한 순간에 그녀는 제 주의를 집중시켰습니다. 제 온 몸의 신경들은 비명을 지르기 직전이었습니다.

저는 왜 당신의 설교가 이처럼 저를 숨죽이는 상태로 끌어들일 수 없는지 도무지 이해가 가지 않습니다. 제가 공포에 떨면서 온 신경이 곤두섰던 그 순간처럼 당신의 설교에 빠져들 수 있다면 저는 당신의 설교를 들을 것을 약속드리겠습니다. 그 순간 저는 다른 어떤 것도 할 수 없을 것입니다. – 당신의 청중으로부터."[213]

---

[213] Miller, 『청중을 사로잡는 설교자』, 141-42.

은유 언어를 사용하라

또한 우리는 은유 언어(metaphorical language)에 대해 고려할 필요가 있다. 은유(메타포)는 우리들에게 그렇게 익숙하지 않은 개념이기도 하고, 우리의 일상의 삶 가운데 자주 인식하지 못하고 살아가기도 하지만 이것은 아주 유용하게 활용되는 것이다. 또한 우리 삶에서 아주 널리 공유하고 살아가는 언어의 유형이다. 그래서 언어학자인 죠지 레이코프(George Lakoff)와 막 존슨(Mark Johnson)은 그들의 책에서 "우리가 생각하는 방식이나 우리가 경험하는 것, 그리고 우리가 매일 행하는 것은 언제나 메타포와 관련되어 있다"고 주장한다.

은유 언어는 상상력과 시적 특성을 함께 포괄하는 용어이다. 이것이 인간 커뮤니케이션에서 중요해지는 이유는 우리의 일상적인 인식구조는 본질적으로 은유적인 특성을 가지기 때문이다. 우리는 은유를 통해 우리의 의식 세계를 세워나간다. 은유는 우리의 생각과 행동에서뿐만 아니라 언어에서도, 그리고 매일의 삶 속에서 아주 두드러진 것이다. 그러므로 은유의 상실은 바로 언어의 상실로 이어진다. 은유를 통하여 둘을 하나로 연결시켜 놓고 보면 그 전까지는 보이지 않던 의미가 새롭게 발견되어진다. 즉, 예수님께서 이 땅에 오셨을 때 사람들은 예수님의 존재에 대해서 반신반의했다. 오히려 불신의 사람들이 더 많았다. 제자들도 온전한 믿음 가운데 서 있었던 것은 아니었다. 그때 주님은 자신의 정체성을 밝히시는 데에 은유의 방법을 사용하시는 것을 알 수 있다. "나는 선한 목자라!" 그렇다고 예수님이 양을 치는 목자는 아니시다. 그러나 예수님이 우리에게 어떠한 분이신지 장황하게 설명하지 않아도 그 은유를 통해서 제자들과 당시의 청중들은 선명히 깨닫게 된다. "너희는 세상의 빛"이라고 하실 때도 마찬가지로 은유는 '제자'들과 '빛' 사이에 새로운 의미 관계를 생성해 준다.

이와 같이 성경은 메타포 언어인 은유와 직유, 비유, 상상력 등으로 가득 차 있다. 생생한 은유의 언어는 그것을 듣는 사람으로 하여금 생생하게 보이게 하며, 느끼게 해준다. 또한 청중들의 상상을 자극해 준다. 그래서 데이빗 버트릭(David Buttrick)은 "설교는 피할 수 없이 메타포에 의해서 형성되는 작품"이라고 했다. 신학적인 의미를 효과적으로 전달하기 위해서는 생활에서 끌어온 이미지 혹은 메타포를 통해서 형성되어야 한다고 주장한다. 왜냐하면 은유는 청중들의 상상력을 자극하는 힘이 있기 때문이다. 그러므로 적절하게 사용된 은유는 청중들의 귀를 열어 듣게 할 뿐만 아니라 보도록 만들어 준다. 은유 언어를 통해서 그들은 진리를 "볼 수 있게" 된다.

설교의 소중한 도구

이렇게 주님은 하나님 나라의 비밀을 말씀하실 때 이야기와 은유 언어를 사용하셨다. 그러한 언어를 적절하게 사용하심으로 청중들의 귀가 눈이 되어 보게 하고, 느끼게 하면서 메시지를 받을 수 있도록 청중들을 배려하셨다. 주님은 교리를 이야기나 메타포 언어, 시적인 언어 등을 통해 전달하셨지만 혹 우리는 그렇게 전하신 설교 내용을 다시 교리적으로 분석해서 설교하는 실수를 하고 있지는 않은가? 설교자들은 새로운 설교 언어 패턴에 대해서도 깊이 연구할 필요가 있으며, 가장 중요한 도구 중의 하나인 언어의 메커니즘을 이해하고 그것을 잘 갈고 닦아야 한다. 설교 언어의 갱신이 필요한 것은 적절한 언어 활용이 설교의 능력을 증대시키기 때문이다.

듣는 사람에게 변화를 일으키는 것이 설교의 목적이므로, 설교자는 효과적인 복음 전달을 위한 방법을 강구하여야 한다. 사람의 내면은 감동받고 이해되어지는 일이 생기지 않는 한 절대 변하지 않는다.

설교자는 청중들의 마음과 상상에 그가 보여주고자 하는 영광과 아름다움을 힘껏 전달할 수 있는 양식을 창조해내야 한다. 월터 브루그만은 그 동안 복음의 진리가 설교자들에 의해 단조롭게 되고(flattened), 사소한 것으로 되고(trivialized), 그리고 공허한 내용이 되어버렸음을 지적하면서 설교의 갱신을 위해서 극적(dramatic), 예술적(artistic)이며 사람들을 대화에 참여시키는 언어, 즉 시적(poetic)인 언어를 사용해야 한다고 주장한다. 설교자가 산문체의 언어에 얽매이지 않고 시적인 언어로 설교를 행할 수 있을 때, 공중의 권세 잡은 자는 그의 영역은 잃어버리게 되고 진정한 통치자에게 그 영토는 돌아갈 수 있을 것이라고 주장한다.

오늘날 가장 중요한 사역의 하나인 청소년 사역에서도 하나님의 왕되심이 선포되고, 청소년들의 마음이 하나님께로 향하게 되는 놀라운 역사를 기대해 본다. 나희덕 시인은 "산속에서"라는 제목의 시에서 "먼 곳의 불빛은 계속 걸어갈 수 있게" 해준다고 노래한다. 시인은 길을 잃고 터덜거리며 걸어간 길 끝에서 멀리서 밝혀져 오는 불빛의 따뜻함은 그것을 잃어본 사람만이 알 수 있다고 말한다. "먼 곳의 불빛은/ 나그네를 쉬게 하는 것이 아니라/ 계속 걸어갈 수 있게 해준다는 것을." 그것은 "길을 잃어본 사람만이 알 수 있다"고 한 시인의 노래를 가슴에 새기면서 새로운 길을 찾아가는 길목에서 청소년 설교자들이 계속해서 그 길을 걷게 되는 영광이 있게 되기를 바라는 마음이다.

24장
청소년 설교와 비언어 커뮤니케이션

누가 바람을 보았을까?
아무도 본 이 없지만은
나뭇잎 가만히 흔들릴 때
바람은 거기를 지나간다.
그 누가 바람을 보았을까?
아무도 본 이는 없지만은
나뭇잎 머리를 숙일 때
바람은 거기를 지나간다.

— 크리스타 로제티

또 하나의 커뮤니케이션 코드

사람이 상호 커뮤니케이션하는 데에는 실로 다양한 매체들이 사용되는데, 예를 들면 말, 글, 소리(음악), 숫자, 동작, 그림, 꾸밈새, 접촉, 공간, 시간, 냄새, 시각 효과(빛과 색깔) 등 여러가지 기호 체계가 사용된다. 이 가운데서도 언어는 인간 경험에서 가장 널리 사용되는 상징 체계이다. 설교는 언어라는 매체를 중심적으로 사용하여 메시지를 전달하는 커뮤니케이션이다. 그러나 단순히 언어로만 설교가 전달된다고 믿는 설교자가 있다면 그는 커뮤니케이션의 다양성을 잘 이해하지 못한 설교자이다. 왜냐하면 설교 커뮤니케이션에는 다양한 과정과 매체를 통해 이루어지기 때문이고, 성공적인 설교 전달을 위해서 고려되어야 할 내용은 언어 외에도 아주 많이 있기 때문이다. 언어 커뮤니케이션이 너무 중요하기 때문에 다른 요소에 대해서 외면할 수도 있지만 설교는 단지 말로만 되는 사역은 아니다.[214] 설교는 언어 외에도 여러 가지 요소에 의해서 영향을 받고, 여러 가지 기호체계를 이용했을 때 그 효과가 증대되기 때문이다. 화자인 설교자와 관련된 요소들에 의해서도 영향을 받으며 환경이나 외적인 요소 등에 의해서도 지배받는다. 그러므로 설교자는 효과적인 커뮤니케이션을 위해 이러한 요소를 적절히 활용할 수 있어야 할 뿐만 아니라 저해되는 요소는 고쳐나갈 수 있어야 한다.

우리가 다른 사람에게 의사소통을 하려고 할 때 반드시 두 가지 다른 코드를 따라 수행하여야 한다. 앞서 살펴본대로 첫 번째 요소는 언어적 코드(verbal code)이다. 여기에서 가장 기본적인 요소는 언어이다. 여기에서는 적절한 문법과 구문론을 고려해야 할 것이며, 어떻게 그 언어를 구사할 것인지를 포함한다. 두 번째 코드는 비언어적 코드(nonverbal code)이다. 이것은 첫 번째 것보다 상대적으로 그 중요성을 간과하는 경우가 많이 있지만 커뮤니케이션에서 결코 간과될 수 없는 중요한 요소이다. 이러한 중요성에도 불구하고 이것은 언어적 코드처럼 어떤 정해진 요소에 의해서 지배받지는 않는다. 그러나 이것은 커뮤니케이션 과정에서 중요한 요소로 역할을 하고 있음을 부인할 수 없다.[215]

---

[214] 이러한 사실을 보다 구체적으로 살펴보기 위해서는 김운용, 『설교의 새로운 패러다임』(서울: 장신대 출판부, 2004), 서론, 15-21쪽을 참조하라.
[215] Duane Litfin, *A Handbook for Christians Public Speaking*, 2nd ed. (Grand Rapids: Baker Book House, 2004), 312-13.

커뮤니케이션 과정에 있어서 이 두 가지 요소의 우열을 가린다는 것은 적당치 않지만 그럼에도 불구하고 그 비중에서 보면 후자가 상당히 지배적이다. 그래서 혹자는 의사소통에서 언어가 차지하는 역할은 단지 7%에 차지하며, 비언어적인 요소와 여타의 요소들이 93%를 차지한다는 통계를 제시하기도 한다.[216] 또한 두 사람이 의사소통을 할 때 말을 통해 의미가 전달되는 경우는 35% 이하이고, 나머지 65% 이상은 비언어적 형태에 의해 전달된다는 연구 결과도 있다.[217] 인간은 한 가지 코드를 통해서만 지배받는 것이 아니라 모든 감각을 활용하는 다감각적 존재이기 때문이다. 이런 의미에서 설교자는 자신이 의도한 것보다 더 많은 양의 의미가 비언어적 요소를 통해서 전달될 수 있다는 사실을 간과하지 말아야 한다.

흔히 우리가 알고 있는 상당수의 비언어는 어린 시절 가족들과 주변인들로부터 습득하게 되는 것으로, 가족, 학교, 사회 등의 집단과 조직 속에서 특수한 비언어 요소를 배우게 된다. 이것은 우리가 자라난 문화사회적 환경 속에서 생성되는 요소이다. 그러므로 문화가 다르면 비언어 커뮤니케이션이 다를 수밖에 없다.[218] 가령 대화할 때 눈을 바로 쳐다보는 것이 미국인들에게는 예의인 반면 한국인들에게는 똑바로 쳐다보는 것은 자칫 오해를 불러일으킬 수 있다. 또한 엄지나 검지를 이용하여 만드는 동그라미는 미국에서는 OK를 의미할 때 사용되지만 프랑스나 벨기에서는 0점짜리 인간, 아주 형편없는 사람이라는 의미로 사용된다. 그리스나 터키에서는 성적인 유혹을 나타내는 모욕적인 의미로 사용되며, 이탈리아 남부에서는 이것이 욕

---

216) A. Mehrabian, *Silent Messages* (Belmont: Wadsworth, 1971), 44.
217) R. L. Birdwhistell, *Kinesics and Context: Essays on Body Motion Communication* (Philadelphia: University of Pennsylvania Press, 1970), 158.
218) 김영임, 『스피치 커뮤니케이션』 (서울: 나남 출판, 2001), 167.

으로 사용되기도 한다.[219] 이렇게 설교 커뮤니케이션에 참여하는 사람들이 각 문화가 지니는 비언어 커뮤니케이션과 관련된 관행을 고려하지 않게 되면 역효과를 가져오거나 심리적 불안이나 오해를 불러일으킬 수 있다.

비언어 커뮤니케이션의 분류

설교에 있어서 비언어 커뮤니케이션이라 함은 커뮤니케이션 과정에서 설교자와 회중이 하나님의 말씀을 매개로 하여 신앙을 공유하도록 하는 언어 이외의 모든 상징적 매체라고 할 수 있다. 여기에는 여러 가지 형태가 있는데 이것을 유형에 따라 분류해 보면 표정, 눈, 움직임, 제스처, 목소리 등 행동과 관련된 기호가 있고, 의복, 소지품, 화장 등과 같이 인공적 환경과 관련된 기호가 있으며, 시간과 공간에 의해서 결정되는 상황적 기호, 커뮤니케이션에서 사용하는 매체 내부에서 메시지를 선택하고, 배치하는데 있어 꾸미는 방법이나 구성 등을 통해서 나타나는 매개적 기호가 있다.[220] 이것을 설교에 있어서 매체와 그것이 전달하는 경로에 따라 분류하면 다음과 같다.

첫째는 목소리와 관련한 비언어이다. 목소리는 사실 준언어로 구분되기도 하는데, 과정상 언어와 관련되어 있으면서도 언어에 직접 포함되지는 않는다. 그래서 이것을 유사 언어라고 부르기도 한다. 소리의 높낮이, 높이의 변화, 속도, 크기, 음질, 발음 등이 여기에 속한다. 사람의 목소리는 미묘한 인간의 감정을 담아 전달하기 때문에 메시지를 전달하는데 도움이 되기도 하지만 저해하는 요소로 작용할 수도 있다. 그래서 설교자는 가능한 한 맑은 목소리를 보존하려고 해야 하며 다양한 음질을 활용할 수 있도록 훈련해야 한다.

---

219) 강길호 외, 『커뮤니케이션과 인간』 (서울: 한나래, 1999), 134.
220) 최종수, 『매스 커뮤니케이션 이론』 (서울: 전예원, 1984), 220-28.

둘째는 신체 동작과 관련된 비언어이다. 이것은 비언어 커뮤니케이션의 핵심적인 요소라고 할 수 있는데, 신체 언어는 언어 메시지를 보충, 혹은 강화한다는 의미에서 '제 2의 언어'라고도 지칭된다. 신체 도구는 여러 가지 감정과 태도를 전달하는 도구로 작용하며, 그것을 강화해 주는 역할을 하게 된다. 여기에는 주로 얼굴 표정, 손, 머리, 다리나 몸통 등의 사용을 들 수 있는데, 이것은 주로 설교에서 제스처와 설교 자세, 외모와 깊이 연결된다. 특히 제스처는 문화적 배경과 세대에 따라 다소 다를 수 있지만 적절한 제스처 활용은 효과적 커뮤니케이션에 있어서 필수적인 요소라고 할 수 있다. 모자람도 문제가 되지만 제스처는 지나침도 문제가 될 수 있다. 또한 설교자에게는 설교하는 몸자세가 중요한 요소로 작용하게 된다. 어느 한쪽으로 치우친 상태에서 한다든지, 바르지 못한 몸자세를 하게 된다면 문제가 될 수 있다. 또한 이것은 상황과 환경에 따라서도 달라져야 한다. 가령 장례식과 같은 엄숙한 분위기에서는 정중한 자세가 요구되는가 하면 취업을 위한 인터뷰에서는 신중하면서도 진지해야 할 것이다. 이것은 설교의 대상과 자리에 따라서도 달라질 수 있는데, 즉, 장년을 위한 설교 자리와 어린이를 위한 설교 자리에 따라서 달라질 수밖에 없다.

셋째는 사물과 관련된 비언어가 있다. 복장, 외모 치장과 관련된 의상과 장신구의 요소가 여기에 속하는데, 복장은 그 사람의 신분(직업)과 위치를 가늠하게 하는 요소로 작용하기도 한다. 어떤 복장을 하느냐에 따라 그 전하는 의미도 달라진다. 제복, 정장, 헐렁한 점퍼 차림은 그 이미지가 서로 다를 수밖에 없고 그 성격을 드러내기도 한다. 의상 혹은 장신구와 성격의 관계를 밝히고 있는 흥미 있는 연구도 있다. 심플하게 입는 사람은 자기 통제력이 강한 외향적 성격의 소유자인 반면, 화려한 의상이나 장신구를 좋아하는 사람은 사교적이고 비지성적인 경향이 강한 것으로 나타났다. 남과 비슷하게 유행에 따라 차려입기를 좋아하는 사람은 비교적 자제력이 있고, 순종적이고, 상황에 적응력이 높은 성격의 소유자로 구분된다. 어두운 옷을 입는 사람에 비해 밝은 옷을 입은 사람은 세련된 사람, 자유분방한 사람, 매력 있는 사람으로 생각하는 경향이 있다.[221] 이렇게 의상은 상대방에게 대한 인상을 좌우하는 중요한 요소로 작용하게 된다. 이런 점에서 볼 때 청소년 설교자는 너무 화려하거나 이상한 복장, 지나친 화장 등은 메시지 전달에 영향을 끼치게 될 것이며, 너무 초라하거나 유행에 뒤떨어진 복장도 문제가 될 수 있을 것이다.

넷째는 시공간과 관련된 비언어 요소가 있다. 이것은 시간, 공간, 건물 구조상의 특징과 관련된 요소로 시간은 메시지를 전달하거나 수용하는 것을 통제하는 기능을 한다. 즉, 대림절에 전하는 성탄의 복음은 효과가 있으며, 사순절에 전해지는 십자가 메시지는 훨씬 효과가 있다. 공간적 요소는 공간을 어떻게 활용하느냐와 관련된 요소로 커뮤니케이션이 이루어지는 공간이 어떠한 지와도 깊은 관련이 있다. 이것은 공간의 적절한 배치, 장식, 예배 공간의 배치, 좌석의 편안함의 여부와도 관련이 있다. 그래서 윈스턴 처칠은 "사람은 공간을 만들고 그 공간을 사람을 형성한다"고 했다.

비언어 커뮤니케이션의 기능

비언어적 요소는 언어와 연계하여 중요한 의미를 만들기도 하고, 메시지를 적절하게 전달되게 하는데 중요한 요소로 작용한다. 비언어적 요소가 갖는 기능이 있는데 이것은 일반적으로 언어와 연계되어 활용된다는 특징이 있고, 그 나름대로의 기능은 대략적으로 언어

---

221) 김영임, 『스피치 커뮤니케이션』, 175.

메시지를 보완, 규제, 대체, 강조하는 기능 등을 가진다. 이것을 좀 더 구체적으로 살펴보자.[222]

먼저, 비언어 요소는 '보완 기능'을 가진다. 우리가 어떤 메시지를 전달 때 무표정하게 말을 한다든지, 미이라처럼 입으로만 말하는 경우는 거의 없다. 예를 들어 고맙다는 말을 할 때는 고개를 숙이게 되고, 목소리의 어조도 고마운 마음이 담긴 어조를 갖게 된다. 그러나 화가 났을 때는 음성도 약간 높아질 것이며, 강한 어조가 될 것이고, 눈을 치켜뜨거나 주먹을 쥐고 흔드는 제스처나 손가락질을 하는 제스처를 취하게 될 것이다. 여기에서 사용되는 표정, 어조, 눈짓, 제스처 등은 전달하려는 언어 메시지를 보완하는 기능을 하게 된다.

둘째, 비언어 요소는 '규제 기능'을 가진다. 강의 시간이 지났는데도 여전히 강의를 계속하고 있다면 이 때 학생들의 반응은 여러 가지로 나타날 수 있다. 펼쳤던 책과 노트를 소리 나게 덮는가 하면, 시계를 본다든지, 지루한 표정을 짓는다든지 할 것이다. 이러한 학생들의 반응을 읽는 교수는 강의 시간이 지났다는 것을 눈치 채고 강의를 중단하게 될 것이다. 이렇게 학생들이 여기에서 사용하는 비언어적인 요소가 규제하는 기능을 하고 있음을 알 수 있다. 설교자는 이러한 비언어의 규제기능을 적절히 읽을 수도 있어야 할 것이고, 활용할 수도 있어야 할 것이다.

셋째, 비언어 요소가 갖는 기능으로는 '대체 기능'을 들 수 있다. 어떤 경우에는 장황한 말보다는 눈짓 하나, 조그만 손동작 하나가 더 효과적으로 메시지를 전달하기도 한다. 학생들이 저마다 큰소리로 떠들고 있는 시끄러운 교실에서 교수가 조용히 하라고 같이 큰 소리를 내는 것보다는 오히려 침묵하며 가장 떠드는 학생을 향해 냉정한

---

[222] 이것은 위의 책, 165-67쪽을 요약, 정리한 내용이다.

시선을 내보낸다면 그 방법이 더 효과적일 때도 있다. 이렇게 비언어는 언어를 대신해 주는 대체 기능을 가진다.

넷째는 비언어적 요소는 언어를 '강조하는 기능'을 가진다. 대체로 중요한 부분을 말할 때 목소리의 어조나 강도가 높아지고, 요구 사항이 있을 때는 낮아진다. 야단칠 때는 자세를 빳빳하게 세우고 똑바로 바라보면서 말하게 되고, 잘못을 사죄할 때는 두 어깨가 처진 상태와 다소 고개를 숙인 상태가 될 것이다. 이렇게 비언어적인 요소는 언어 메시지를 강조하는 기능을 하게 된다.

이러한 기능을 적절하게 이해하고 활용할 수 있다면 커뮤니케이션 효과를 배가시킬 수 있을 것이며, 단지 언어만을 사용했을 때보다 더 많은 의미를 전달할 수 있을 것이다. 회중들은 설교자가 취하는 비언어적 요소에 의해 설교자에 대한 인상을 형성하게 되고, 그러한 인상을 바탕으로 관계를 형성하며, 이것은 메시지 수용에 깊이 작용하게 된다.

설교와 비언어 커뮤니케이션

청중들에게 메시지가 효과적으로 전달하기 위해서는 설교자의 모습이 어떻게 보이고, 어떻게 들리느냐 하는 것은 아주 중요한 요소이다. 언어적인 요소도 중요하지만 얼굴 표정이나 자세, 제스처 등이 어떻게 활용되느냐에 따라 그 효과는 증대되기도 하고, 반감되기도 한다는 점에서 설교자는 비언어 커뮤니케이션의 순기능이 적절히 발휘될 수 있도록 이러한 커뮤니케이션 코드를 명확히 이해할 수 있어야 한다. 설교에 있어서 고려해야 할 비언어 커뮤니케이션에 대한 사항과 지침들을 살펴보자.

첫째, 설교에 있어서 언어적 커뮤니케이션과 비언어적 커뮤니케이션은 일치되어야 한다. 언어적인 흐름은 느린데 비언어적인 흐름은 빠른 경우 수용하는 과정에서 혼동이 생긴다. 언어로는 사랑의 메시지를 전하는데, 얼굴 표정은 아무런 감정이 없거나 화난 표정이라면 그 말은 전달되지 않을 것이다. 반대로 심각한 메시지를 전하면서 이를 드러내고 웃는 모습이 연출된다면 불일치로 인해 문제가 될 수밖에 없다. 손을 흔드는 제스처를 통해 메시지를 강조하면서도 그는 원고에서 눈을 떼지 못하고 있다면 그 진정성과 강조점이 전달되지 않게 될 것이다.

둘째, 설교자는 비언어적인 차원과 관련하여 자신의 습관에 대해서 명확한 분석과 조정을 필요로 한다. 비언어적 커뮤니케이션은 더 효과적이게 할 수 있는 장점도 있지만 역반응을 일으킬 경우에는 그 반대의 결과가 나올 수도 있기 때문이다. 그러므로 설교자는 분명한 자각과 커뮤니케이션 원리에 적합한 행동과 습관을 갖기 위해서 지속적인 훈련과 자기 개발을 필요로 한다. 오랜 기간 자기도 모르게 몸에 굳어진 어색한 습관은 직접 비디오를 촬영하여 분석적으로 점검하여 수정해 나갈 필요가 있다. 설교와 관련하여 비언어적 커뮤니케이션의 적절한 활용과 개발을 위한 지침은 아래와 같이 정리할 수 있다.

1) 목소리의 적절한 활용

설교자에게 있어서 목소리는 참으로 중요한 요소로 작용하게 된다. 과거에는 부흥사 흉내를 내면서 탁한 목소리로 "할렐루야!"를 외치는 것이 인상적으로 느껴져서인지 많은 젊은 설교자들이 흉내를 내곤 했던 것이 기억난다. 설교자가 좋은 목소리를 개발하고 간직하는 것은 아주 중요한 요소가 아닐 수 없다. 음성은 호흡과 발성, 공명과 발음과 같은 요소들을 통해 개발될 수 있다. 복식호흡(횡격막 호흡)을 통해 맑고 여유 있는 목소리를 개발할 필요가 있다. 또한 음의 고저, 완급, 강약이 있는 보다 넓은 소리와 역동성을 가진 소리를 통한 전달이 될 수 있도록 발성 훈련을 지속적으로 할 필요가 있다.

2) 제스처의 적절한 활용

설교를 할 때 변화 있는 목소리의 활용뿐만 아니라 적절한 제스처를 활용할 수 있어야 한다. 제스처는 전하는 메시지의 의미를 명확하게 해주거나, 내용을 강조해 주기도 하면서 더욱 강력하고 호소력 있게 전할 수 있게 한다. 무엇보다도 설교 제스처는 인위적으로 꾸밈이 있는 제스처나 말에 따라 그것을 손짓으로 표현하려는 율동식 제스처가 되어서는 안 된다. 또한 너무 지나치게 과장되거나 어색한 제스처는 오히려 비효과적이 될 수 있다. 너무 많이 사용하거나 습관적으로 동일한 제스처가 습관적으로 사용되는 것도 문제가 된다. 제스처는 무엇보다도 자연스럽게 활용할 수 있어야 한다. 말의 일부라고 느껴질 만큼 자연스럽게 사용될 수 있도록 설교자의 연습을 필요로 한다. 작은 제스처와 대담한 제스처를 병행해서 사용하되, 메시지와 함께 가는 일치된 제스처로 활용할 수 있어야 한다. 또한 다양한 제스처를 활용할 수 있어야 하는데 주로 설교에서는 손으로 하는 제스처가 지배적인 점을 감안하여 다양한 각도로 움직이는 제스처를 활용할 필요가 있다. 손바닥과 바닥의 각도, 천장과의 각도를 적절하게 유지하는 것이 좋은데, 70도 각도를 주기도 하고 바로 바닥을 향하기도 한다.

3) 신체의 움직임과 몸자세

신체의 움직임은 의사전달의 수단으로 커뮤니케이션의 중요한 부분을 차지한다. 이것은 설교자의 심리 상태와 커뮤니케이션 과정의 분위기를 결정짓는 요소이기 때문에 아주 중요한 요소로 작용한다. 한쪽으로 치우쳐 있거나 몸이 어느 방향으로 기울어져 있는 자세는 불안감을 자아내기도 하고 안정감이 없게 만들기도 한다. 너무 경직되어 있거나 꼿꼿한 자세는 설교자 자신도 불편하지만 청중들에게 편안함을 주지 못하고 불안감을 가져올 수 있다. 바른 자세를 유지하면서도 편안하고 안정된 자세를 취하는 것이 좋다. 기본적으로 설교자는 두 발을 자연스럽게 어깨 넓이로 하고 체중을 양 발에 균등하게 실은 상태에서 허리와 어깨를 곧게 펴고 머리를 똑바로 든 자세를 취하는 것이 좋다.

강단을 짚고 설교하는 것은 강단에 체중을 싣게 되기 때문에 안정감이 없고 설교자의 자세를 흐트러지게 한다. 또한 고정된 자세보다는 자연스러우면서도 가벼운 변화가 있는 자세를 취하는 것이 좋다. 가장 어려운 것이 강단에서 손을 어디에 두느냐이다. 뒷짐을 지기도 하고, 강단을 짚기도 하고, 주머니에 손을 넣고 하는 경우도 있지만 가볍게 내린 상태나 필요할 때에 적절하게 사용할 수 있도록 강단 중앙 위치에 가볍게 위치시키는 것이 좋다. 손은 제스처를 만드는 가장 중요한 도구로 활용되기 때문에 이동이 용이하게 위치시키는 것이 좋다.

강단에서는 설교자의 얼굴 표정도 중요하다. 눈이 마음의 창이라면 얼굴은 집의 정면과 같다. 자연스러우면서도 미소 띈 얼굴 표정이 좋지만 중요한 것은 전하는 메시지와 일치되어야 한다. 미소는 사람의 마음을 편안하게 한다. 불안한 모습이나 초조, 긴장이 된 표정은 적합하지 않다. 때로는 강단에 올라갔을 때 긴장이 어린 표정이 될 수 있지만 자연스럽게 미소를 지으면서 설교할 수 있도록 해야 한다. 설교자의 표정이 너무 굳어 있거나 딱딱한 표정은 청중들로 하여금 긴장감을 느끼게 하고 그렇게 되면 피곤함을 느끼게 해준다. 무엇보다도 얼굴 표정은 설교의 내용에 따라 적절한 변화를 주면서 활용할 수 있어야 하며, 필요에 따라 얼굴 표정으로 말하는 것도 중요하다.

4) 시선 교환

대인 커뮤니케이션에 있어서 시선을 적절하게 활용하는 것은 그 효과를 극대화할 수 있는 중요한 요소이다. 적절한 시선 교환은 신뢰감을 갖게 하며, 좋은 관계를 갖게 해 줄 뿐만 아니라 관심을 갖고 있다는 무언의 암시가 된다. 시선 교환에 가장 방해가 되는 요소는 무엇보다도 원고 미숙지에서 비롯되기 때문에 설교자는 미리 전달 준비가 철저히 되어야 하며 청중들과의 적절한 시선 교환을 통해 설교할 수 있도록 준비되어야 한다. 시선 교환을 할 때 설교자는 청중들에게 골고루 시선을 줄 수 있어야 하며, 청중들로 하여금 나에게 말하고 있다는 느낌을 갖도록 하는 것이 좋다. 그렇다고 한쪽만 쳐다본다든가, 너무 빈번히 시선을 돌린다든가 하는 것은 오히려 안정감이 떨어지게 한다.

어렵게 생각할 필요 없다

말씀을 전할 사역자로 부름 받은 사람은 어떻게 말씀을 잘 전할 수 있을 것인가 관심을 갖게 될 것이다. 어렵게 생각할 필요가 없다. 그 일에 목숨을 걸고 하면 된다. 자기가 감당하는 일, 자기가 만나는 사람에게 최선을 다해서 하게 되면 된다. 일생 동안 목숨 바쳐 할 일이 있다는 사실은 얼마나 행복하고 신나는 일인가? 목숨을 걸고 할 수 있는 일이 있다는 사실보다 더 행복한 일은 아마도 없을 것이다. 인생의 진정한 행복은 자신이 뜻한 일에 목숨을 걸고 전 존재를 바쳐 집중할 수 있는 거기에서부터 시작된다.

개미를 관찰한 학자가 재미있는 결과를 내놓았다. 개미는 부지런한 동물의 대명사로 알려져 있지만, 개미집을 뒤집어 놓고 움직이는 개미들을 자세히 관찰해 보면 그 중 15%는 정말 생산적으로 바쁘게 움직이고 있는 반면 나머지 85%는 그냥 바쁜 척 움직인다고 한다. 그래서 그는 개미를 따로 분류했다. 생산적으로 부지런히 움직이는 15%의 개미와 그냥 바쁜 척 움직이는 85%의 개미 따로 살게 한 후에 1년 후에 다시 개미집을 관찰했다. 그런데 놀라운 것은 부지런히 살던 15%의 개미들은 여전히 그렇게 살리라 생각했는데 그들도 다시 15%와 85%로 나누어지더라는 것이다. 그냥 바쁜 척 살지 말고, 진정으로 목숨을 걸어야 할 일을 위해서 살아갈 때 행복은 시작된다. 어렵게 생각할 필요가 없다. 그 일에 목숨을 걸듯이 그렇게 살면 된다.

25 장
목숨 걸만 한 것을 찾은 설교자로: 청소년 설교자론

> 내가 알고 있는 한 여인의 할머니는
> 루이지애나 전원의 한 성공회 공동묘지,
> 150년 된 참나무 숲 아래에 잠들어 있다.
> 그리고 묘지 비석에는 고인의 유언을 따라
> 단 한마디만이 새겨져 있을 뿐이다.
> "기다림…"
>
> – 필립 얀시[223]

사람을 바꾸는 회사, 사람을 바꾸는 설교?

경영학 서적 가운데 "모두가 꿈꾸는 회사"로 알려진 일본의 주켄 공업사의 이야기를 담은 『주켄 사람들』이라는 책이 있다. 주켄 공업사는 세계 최초로 100만분의 1그램짜리 톱니바퀴를 만들어낸 극세(極細) 정밀 제조업체인데, 이 회사는 기술력에도 놀라운 면을 가지고 있지만 독특한 기업문화를 가지고 있는 회사이다. 선착순 채용과

---

[223] 필립 얀시, 『내가 알지 못했던 예수』 (서울: 요단출판사, 2004).

무서류 계약을 하고, 회의, 출근부, 정년, 출장 보고서 등도 없다. 이 책을 쓴 주켄 공업사의 마츠우라 모토오 사장은 규칙이 일의 효율을 떨어뜨리고 창의력을 방해한다고 하여 직원들에게 규칙 없이 자유롭게 일을 하도록 하였고, 사원들을 신뢰와 믿음으로 대하고 동기를 부여하면 무한한 능력을 발휘한다고 주장하고 있다.

그 회사는 영세기업으로 출발했기 때문에 초기의 전통을 살려 지금도 사원 채용은 선착순이다. 지원하러 오는 사람들은 머리를 빡빡 깎고, 눈썹을 이상하게 자르고, 통이 넓은 바지를 입고 온 폭주족들이 많이 있다. "뭐하러 왔어?" "취직하러요." "그래, 잘 왔어. 언제부터 출근할 건가?" "예? 취직된 거예요?" "그래, 언제부터 나올 수 있어?" 대충 이런 식으로 입사가 결정된다고 한다. 지원자들 가운데서는 불량배, 폭주, 전과자들도 많이 있고, 인종도 다양하며, 중졸자, 고졸자, 고교 중퇴자들도 많이 있다. 그러나 지금도 채용은 선착순이라고 한다.

이유는 이렇다. 지금까지보다는 앞으로가 중요하기 때문이다. 무엇보다도 지원자들이 수많은 회사 중에서 우리 회사를 선택한 것이 고맙기 때문이다. 오래전 그 회사의 사장을 믿어주고 장학금을 주었던 사람이 있었기 때문에 그도 그 사람들을 무조건 믿는다고 한다. 그리고 그들이 제 몫을 하도록 도와주어야 할 사람이기 때문에 그렇게 지금도 직원을 채용한다.

그런데 그렇게 들어온 사람들이 자기 개발에 힘쓰면서 수학은 못해도 미분 적분을 풀어내며, 고교 졸업 학력의 여사원은 몇 개 국어를 자유롭게 구사한다고 한다. 영어, 중국어, 한국어, 독일어 등 온갖 언어로 통화하며 업무를 처리한다. 자기 개발을 하는 데는 적극적으로 후원하기 때문에 자기 분야의 전문가가 되어간다. 그래서 "선생은 고졸, 학생은 공학박사"라는 타이틀이 말해 주는 것처럼 그 분야의

전문가들이 되어간다고 한다.[224]

이 책을 읽으면서 신선한 충격을 받았다. 이윤을 추구하는 회사에서 중요한 구성원인 직원을 뽑으면서 아무런 조건도 보지 않고 선착순으로 뽑는다는 것만으로도 신선한데, 문제는 그 회사에 그렇게 들어온 직원들이 스스로 전문가가 되어간다는 사실이다. 또한 자기 개발을 하려고 하는 사람은 아무런 조건 없이 끝까지 지원하며, 그러한 지원을 받으면서 그들은 자기 분야의 전문가들로 바뀌어 간다.

설교는 하나님의 말씀을 통하여 사람을 변화시키고, 삶을 바꾸도록 돕는 사역이다. 설교자로서 우리는 이렇게 삶의 변형을 이루어가는 설교자로 서있는 것인가? 1965년 설립된 이래, 쇠붙이로 가공할 수 있는 세계 최소의 부품을 만들자는 신념으로 극세정밀부품을 만들어 왔는데, 탄탄한 중소기업으로 성장한 데는 사람을 존중하고 무한 가능성을 볼 수 있었던 CEO가 있었기 때문에 가능했고, 나름대로의 신념과 비전, 뜨거운 열정이 있었기 때문에 가능했다. "불확실성이 가득한 것처럼 보이는 21세기… 어떤 씨를 뿌려야 할까?… 지금이야말로 미래로 이어질 꿈의 씨앗을 뿌려야 한다"고 주장한다.[225]

사람을 귀하게 여겨야 한다든지와 같은 단지 순진한 생각으로 이루어지는 것이 아니었다. 끊임없는 자기 노력과 발전을 통해 이룩해 간 일이었다. 청소년 설교는 어려운 사역이지만 다음 세대를 세우기 위해 열정을 가지고 열심히 "꿈의 씨앗"을 뿌리는 설교자가 있을 때 아름답게 뿌리내릴 수 있게 될 것이다. 설교 사역에서도 중요한 것은 사람이다. 그래서 박노해 시인은 "사람만이 희망이다"라고 노래하지 않았던가! 우리도 함께 고백하게 되는 것은 다음 세대인 청소년을 세우는 설교 사역은 설교자가 희망이라는 사실을 함께 고백하게 된다.

---

[224] 마츠우라 모토오, 왕현철 역, 『주켄 사람들』 (서울: 기획출판 거름, 2005).
[225] 위의 책, 246.

인격을 통해 전달되는 진리

설교는 하나님의 말씀의 선포이지만 하나님께서 설교자를 통해서 그 뜻을 이 세상에 드러내신다는 점에서 청소년 설교에서도 설교자론이 중요한 자리를 차지하게 된다. 그래서 필립 브룩스는 예일대학 비처 설교학 강의에서 설교를 정의하기를 "설교자의 인격을 통해 전달되는 진리의 커뮤니케이션"이라고 규정한다. 여기에서 중요한 것은 결코 설교가 인간의 상태나 기교에 따라서 좌우될 수 없지만 그것에 의해서 깊이 영향을 받는다는 사실이다. 아무리 놀라운 하나님의 말씀이 전해진다 할지라도 그것을 전달하는 도구가 바로 되어 있지 못할 때 하나님의 말씀은 그 전해지는 자리에서는 주춤거리게 될 것이다. 하나님의 진리는 결코 인간 설교자에 의해서 좌우될 순 없지만 그럼에도 불구하고 어떤 설교자에 의해서 전해지느냐에 따라 달라진다. 그래서 브룩스는 설교자는 "하나님의 진리는 결코 변하지 않지만 인격은 가변적이며 자라나는 요소"라는 점을 깊이 염두에 두어야 한다는 충고를 잊지 않는다. 그러므로 말씀 사역을 감당하려는 설교자는 순간 순간 어떻게 자신을 하나님 앞에, 그리고 거룩한 사역 앞에 자신을 세울 것인지를 깊이 고심해야 한다. 하나님의 진리는 내가 바른 설교자로 설 때에 더욱 놀랍게, 왕성하게 일어나게 될 것이기 때문이다.

나귀의 입을 통해서도 말씀하시는 분이시고, 어린아이와 돌들을 통해서 찬양을 받으시는 하나님이심을 기억할 때 설교자가 하나님을 제한하고 그분의 역사를 결정짓는 도구라는 측면이 아니라 그가 하나님의 말씀을 강력하게 전달될 수 있게 하기도 하고 그렇지 않을 수도 있다는 말이다. 특히 청소년 설교에 있어서 설교자의 위치는 아주 중요해 진다. 평생 이어질 수 있는 깊은 영적 영향력을 끼칠 수 있는 위치에 세워진 존재가 청소년 설교자이다.

하나님을 위한 정열과 긴박감으로

강단의 거성들에게는 그 비밀이 있고, 공통점이 있다. 도널드 디 머레이는 설교의 역사 가운데 나타나는 위대한 설교자 25명을 집중적으로 살펴본 다음에 그 결론으로 "강단의 거성들이 지닌 공통점"을 정리한다. 그들에게는 그 시대 속에서 위대한 설교 사역을 위해 쓰임받을 수밖에 없었던 특징을 가진 사람들이었는데, 그들의 영혼 속에는 설교를 필수적 명령으로 만드는 불을 가지고 있었으며, 하나님을 위해서 대단한 정열과 긴박성을 가지고 있었던 사람들이었다고 주장한다. 한 시대 속에서 놀랍게 쓰임 받은 설교자들은 설교에 불이 붙어있는 사람들이었으며 성령님께 사로잡힌 사람들이었다. 그들에게는 복음을 선포하려는 거룩한 열정으로 불타 있었고, "예리한 진실성"과 "순결한 경건성"을 가지고 있었던 사람들이었다.[226] 그들은 자신의 재능을 계속해서 발전시키는 사람들이었으며, 자신 가운데 타오르는 불길로 다른 사람을 불 붙게 할 충만함을 가지고 있었다. 말씀의 영적 영향력을 가진 설교자가 다음 세대를 바로 세울 수 있다.

이것은 모든 설교자들에게 동일하게 적용될 수 있는 내용이다. 다음 세대를 세우는 사역을 감당하는 청소년 설교자에게 분명하게 확인하고 점검되어야 할 사실이 있다. 먼저, 청소년 설교자들은 귀한 사역을 위해 하나님께서 친히 자신을 세우셨다는 소명의 사람이어야 한다. 소명자는 누가 그를 불렀으며, 누가 그 일을 위해 세웠는지에 대한 분명한 자기 확인을 가진 사람이다. 그러므로 그들에게 있어서 가장 특징적인 것은 소명감과 그 일에 대한 긴박감(sense of urgency)의 소유자들이라는 사실이다. 설교자는 하나님이 부탁하시고 위임해 주신 설교사역에 대한 열정을 가지고 있어야 하며, 타고난 정열

---

[226] Donald Demaray, *Pulpit Giants* (Chicago: Moody Bible Institute, 1973).

을 가지고 있는 사람이어야 한다. 말씀에 대한 뜨거운 정열과 이 때에 이것을 전해주지 않으면 안 된다는 긴박감을 가진 존재들이다. 이러한 긴박감 때문에 마틴 루터는 죽음이 임박한 것을 알면서도 임종 사흘 전까지 말씀을 선포하였다. 귀하게 쓰임 받은 설교의 거성들을 마치 "다시는 설교하지 못할 것이 확실한 것처럼 설교하였고, 죽어가는 사람이 죽어가는 사람에게 하듯 그렇게 설교한 사람들"이었다. 이들은 영혼을 향한 "처절한 열심"을 가지고 설교사역을 감당한다.

둘째, 청소년 설교자는 자기 발전을 위해서 끊임없이 노력하는 사람이어야 한다. 하나님의 거룩한 위임을 감당하기 위하여 그는 끊임없이 준비하고, 노력하는 존재이다. 특히 설교자는 독서하는 것과 지식을 얻는데 있어서 만족할 줄 모르는 열망을 가진 사람들이어야 한다. 그래서 혹자는 책읽기가 싫다면 설교자가 되는 것을 포기하라고 충고한다. 놀랍게 쓰임 받은 설교자는 자신들에게 주어진 설교의 소명을 위해 그들은 계속해서 연구하는 사람들이었고, 자기 충전을 위해 독서를 쉬지 않은 사람들이었다. 그래서 빌리 그래함은 만약 자신이 처음부터 다시 사역을 시작한다면 두 가지를 바꿀 것이라고 말했는데 그 중의 하나가 '지금보다 세 배 더 연구할 것이고 일을 더 적게 맡을 것'이라고 했다. 이것은 퍼내는 작업보다 나 자신을 말씀으로 채우려는 노설교자의 바램을 표현한 말일 것이다. 설교자는 이렇게 끊임없이 자기 발전을 위해 노력해야 한다. 특히 성경 연구는 그의 필생의 과제이다.

청소년 설교자는 단순하게 설교 자료를 찾아 헤매는 사람들이 아니라 끝없는 독서를 통해 체계적으로 자신을 세워가는 사람들이다. 그들은 계속해서 퍼주는 사람으로 선 것이 아니라 계속해서 자신의 지적, 영적 창고를 채워가는 사람들이었다. "만약 당신이 오늘 성장을 멈춘다면 내일 가르침을 멈추라." 진정한 설교자는 이런 원리를 따라 사역을 세워가는 사람들이다.227) 또한 효과적인 전달을 위해서 말의 기술과 커뮤니케이션의 기교를 개발하기 위해서도, 청소년의 의식과 문화를 이해하기 위해서도 끊임없이 노력해야 한다. 설교자는 새롭게 하나님의 말씀을 전하려는 열정을 가지고 계속해서 자신을 훈련해 가는 사람이다.

셋째, 그들은 진실함과 충성스러운 사람들이었다. 하나님과 회중들에게 성실하고 진실한 사람들이었다. 그들의 삶의 특징은 순전함에 있었다. 그들은 하나님의 미소를 늘 가슴에 염원하는 설교자였다. "하나님의 미소지음이 없이 홀로 강단에 서는 것보다 설교자에게 더 끔찍한 일은 없다"고 생각하는 사람들이었고, "하나님이 미소를 거두시면 한밤중이 된다"228)고 고백하는 사람들이었다. 청소년들은 위선과 외식 앞에서는 마음의 문을 닫아 버리지만 진실함 앞에서는 마음을 활짝 연다. 청소년 설교자에게는 강단에서 선포되는 설교에 있어서와 강단 아래에서 삶에 있어서 진실성을 생명과 같은 자산으로 여긴다. 진실은 통하게 되어있고, 진심으로 외치는 설교는 심령을 파고들게 되어 있다.

넷째, 청소년 설교자는 영혼을 하나님의 마음으로 깊이 사랑하는 사람이어야 한다. 이것은 기교와 방법론을 앞서는 내용이다. 그가 청소년들의 영혼을 진정으로 사랑하는 설교자가 될 때 이것은 청소년들에게 능력의 말씀으로 다가가게 된다. 아이들은 그들이 사랑받고 있는지를 누구보다 먼저 알아차린다. 독생자를 세상으로 내려 보내실 수밖에 없었던 하늘 아버지의 마음, 아들을 십자가에 매달 수밖에

---

227) 이것을 하워드 핸드릭슨은 "교사의 원리"로 설명한다. Howard G. Hend-ricks, *Teaching to Change Lives* (Sisters: Multnomah Publishers Inc., 1987), 1장.
228) Tony Sargent, *The Sacred Anointing* (London: Hodder & Stoughton, 1994), 1장 참조.

없었던 하나님 아버지의 사랑을 가진 설교자가 될 때 그는 진정으로 설교할 자격이 갖추어진 것이다.

그래서 19세기 부흥기의 영국의 위대한 설교자였던 조지 휫필드는 그렇게 말한다. "여러분은 제가 설교하면서 자주 눈물을 흘린다고 불평하지만 여러분의 불멸하는 영혼들이 멸망의 문턱에 와 있고, 혹 어쩌면 이것이 여러분이 듣는 마지막 설교가 될 수도 있고 그리스도에 대해 들을 기회가 없을지도 모르는데, 여러분이 자신에 대해서 눈물을 흘리지 않는데 제가 어찌 눈물을 흘리지 않을 수 있겠습니까?"[229] 청소년들의 영혼을 진정으로 사랑하는 설교자에게서 영혼을 흔드는 설교가 터져 나오게 된다. 그래서 어떤 설교자는 설교학을 공부하면서 "정말 가슴 저미는 질문"을 받은 경험을 술회한다. "당신은 설교하기를 사랑하지만, 과연 당신의 설교를 듣는 사람들을 얼마나 사랑하고 있는가?" 삭막한 생의 현장에서 시달리고 지치고, 상처받고 탈진된 상태에서 예배에 나아온 사람들의 그 허전한 가슴을 얼마나 사랑하느냐는 질문이다. 설교는 영혼을 사랑하는 마음에서부터 출발되고, 거기에서 완성되기 때문이다.

다섯째, 청소년 설교자는 복음과 신앙에 대한 확신의 사람이어야 한다. 청소년들에게 가장 필요한 것은 십자가의 복음이다. 아이들을 즐겁게 하고, 여러 가지 프로그램과 행사가 필요한 것이지만 그것들은 모두 그 한 가지를 효과적으로 전하기 위해서있다. 오늘의 청소년들에게도 피 묻은 십자가가 희망이다. 청소년들의 가슴에 어떻게 복음을 전할 것인가에 대한 강한 열망을 가지고 있는 사람들에게는 복음에 대한 강한 확신이 필요하다. 복음이 영혼을 살리고, 상한 심령도 치유하며, 고민과 방황 가운데 서 있는 사람도 세운다. 진정으로

---

[229] John Stott, *I Believe in Preaching* (London: Hodder & Stoughton, 1982), 7장에서 재인용.

복음이 청소년들의 가슴을 흔들 수 있도록 하기 위해 그는 강한 복음에 대한 열정을 가진 사람이어야 한다.

1833년 멜빌 콕스는 당시 백인의 무덤으로 알려진 서부 아프리카 라이베리아로 간 첫 감리교 선교사였다. 그가 그곳에 복음을 들고 가겠다고 발표했을 때 주위로부터 많은 사람들이 만류했다. 사람들은 라이베리아로 가는 것은 죽음의 길로 가는 것이며, 백인은 그것에서 살아남을 수가 없다고 말했다. 그러나 콕스는 하나님의 음성을 듣고 기도하고, 그리고 자신의 목표를 굳게 잡았다. 선교사로 파송되기 전 그는 자신의 모교인 웨슬리안 대학 채플에서 말씀을 전하면서, 죽음의 땅으로 나아가려는 자신을 위해 기도해 줄 것을 부탁했다. 예배 후에 한 학생이 다가와 그렇게 농담섞인 말을 했다. "만약 당신이 라이베리아로 가려고 한다면 당신의 관(棺)을 준비해 가시는 것이 좋을 것입니다." 이에 콕스는 그 학생에게 대답했다. "만약 내가 아프리카에서 죽는다면 나의 묘비에 그런 글을 써넣어 주시겠나?" "뭐라고 쓸까요?" "천명이 쓰러져도 좋으리. 아프리카가 주님께로 돌아온다면…" 멜빌 콕스는 라이베리아에 도착한지 5개월이 되지 않아 순교했다. 주님처럼 그도 서른 세 살에 하늘나라로 떠났다. 그러나 그의 증언은 아직도 들려온다. "천명이 쓰러져도 좋으리. 아프리카가 주님께 돌아올 수 있다면… 나는 죽음은 두렵지 않아. 나는 결코 포기하지 않으리. 수천 명이 쓰러질지라도 아프리카는 구원받아야 하리."

여섯째, 청소년 설교자는 도전과 비전의 사람이어야 한다. 위대한 그리스도인들, 위대한 사역자들은 한결같이 강한 비전의 사람이었다. 청소년들은 힘찬 미래를 향해서 발돋음 하는 세대이다. 그러므로 그들에게 바른 말씀 선포를 통해 하나님의 나라의 비전을 갖게 하는 것은 설교자의 몫이다. 오늘날 경영이나 사업의 현장에도 비전이 없으면 설 수 없다. 그래서 기업들은 능력의 사람들도 필요하지만 혁신적인 아이디어와 비전 능력을 가지고 있는 사람들을 필요로 한다. 그들을 말씀으로 깨우치고, 그리스도를 위한 강한 비전을 심어주며, 하나님의 영광을 위해서 인생을 펼쳐갈 수 있도록 해 주어야 하는 역할은 특히 청소년 설교자들에게 주어진 소중한 책무이다. 청소년 설교는 일생 흔들 수 있는 깃발을 손에 쥐어주는 사역이다. 예수님이야말로 모든 회복의 열쇠이며 세상의 유일한 소망이다. 예수님이라는 영원한 깃발, 언제나 흔들 수 있는 깃발을 전해주는 것이 우리 사역의 목표이다.

일곱째, 청소년 설교자는 성령님을 의존하는 사람이어야 한다. 설교의 목적 가운데 하나는 청중들로 하여금 말씀 앞에서 영적 각성을 갖게 하는 것이다. 찰스 피니가 말한대로 "영적 부흥은 그리스도인들이 첫 사랑을 회복하는 것이며, 그 결과 죄인들에게 각성이 일어나서 하나님께로 회심하는 것이다. 부흥은 언제나 교회가 죄를 깨닫는 것을 포함한다. 타락한 그리스도인들이 회개하게 된다. 그리스도인들은 그들의 믿음을 되찾는다. 부흥은 세상과 그리스도인들을 억누르는 죄의 세력을 깨뜨린다. 세상의 매력은 사라지며 죄의 권능은 극복된다."

엄밀한 의미에서 설교를 통한 부흥은 영적 각성과 회심을 목표로 해야 한다. 이러한 영적 각성은 성령님의 역사를 통해서 가능해진다. 그래서 윌리엄 바클레이는 "설교자는 학자일 수도 있고, 목사일 수도 있고, 교회 행정가일 수도 있고, 재치가 번뜩이는 연설가일 수도 있고, 사회 개혁가일수도 있지만 그가 성령의 사람이 아니라면 아무 것도 아니다."라고 말함으로써 설교와 성령님과의 관계에 대해 잘 지적하고 있다. 설교자는 열심히 준비하고, 끊임없이 노력해야 하지만 이 모든 것은 성령님의 은혜에 머무를 때에만 유효하게 되고, 그것들은 하나님의 도구가 될 수 있다. 혹자는 오늘의 설교자들에게 성령님은

'잊혀진 능력'이라고 지적했다. 모든 설교 사역이 그렇지만 청소년 설교는 성령님의 능력 없이는 너무나 힘들고 어려운 사역이다.

마지막으로 청소년 설교자는 기도의 사람이어야 한다. 기도야 말로 청소년 설교를 세우는 원동력이 된다. 심리적으로 질풍노도와 같은 격동기를 살아가면서 많은 고민과 생각들로 방황하고 있는 청소년들, 학업과 진학 문제로 감당하기 어려운 버거운 짐을 지고 허덕이는 청소년들, 거대한 죄악의 파도에 뒤덮인 타락한 문화 가운데서 그리스도인으로 산다는 것이 번거롭게 느껴져 오히려 그것에 자신을 맡기고 살아가는 청소년들을 위해 진정으로 기도하는 설교자여야 한다. 그래서 A. 폴전은, "머리로 준비한 설교는 머리로 돌아가고 무릎으로 준비한 설교는 무릎을 꿇게 하며 가슴으로 준비한 설교는 가슴으로 돌아간다."라고 말했다. 기도는 아무리 강조해도 결코 지나침이 없다. W. A. 크리스웰은 "가장 잘 무릎을 꿇는 이가 가장 훌륭히 서는 자요. 가장 겸손하게 무릎을 꿇는 이가 가장 강하게 서는 자이며, 가장 오래 무릎을 꿇는 이가 가장 오래 서는 자다."라고 말했다. 설교자에게 있어서 기도는 생명줄이다. 이것을 놓치면 설교자는 설교의 힘을 놓치게 된다.

사역에 목숨을 거는 사역자

한때 미국의 마틴 루터 킹 목사는 "목숨을 걸만한 것을 찾지 못한 사람은 온전한 삶을 살지 못한다."고 했다. 세상 모든 일이 다 그렇지만 특히 설교에는 이것이 그대로 적용된다. 목숨을 걸고 감당하지 않는다면 그는 온전히 감당하지 못하고 있는 것이 된다. 설교자에게는 많은 자질과 준비가 요구되지만 설교자에게 있어서 가장 절실하게 요구되는 것이 있다면 그것은 그 일에 목숨을 걸 수 있을 것이냐 이다. 설교자는 "목숨을 걸만한 것을 찾은 사람"이다. 청소년 설교자에게 있어서 가장 중요한 요소는 기교도 아니고, 말 잘하는 기교도 아니다. 그 무엇보다도 사역에 목숨을 거는 설교자가 되는 것이 중요하다.

전에 서울의 한 교회에서 청소년 사역을 감당했던 한 목회자의 외침이 기억난다. "기술이 아닙니다. 기교도 아닙니다. 부흥한다는 교회에서 하는 프로그램도 아닙니다. '너희들이 예수님 만나서 세상을 복주는 영적 거인들로 살아가는 모습을 본다면 너희가 내 평생의 은인이다. 이 녀석들아 사랑한다!' 이 마음 하나면 중고등부, 벌써 승부난 겁니다."[230] 가장 중요한 것은 사람에게서 결정된다. 교육 환경도 중요하고, 프로그램도 중요하고, 좋은 기자재도 필요하지만 이 사역에 생명을 거는 그런 사역자가 필요하다. 그래서 폭주족과 여러 가지로 한계를 가지고 있는 사람들을 "주켄 사람들"로 만들어가는 마츠우라 모토오는 그들의 사람들이 어떻게서야 할지를 이렇게 충고한다.

> 시간을 항상 흐르고 시대는 계속해서 변한다. 그렇기 때문에 다음 시대의 변화를 읽어 내고 거기에 맞는 준비를 해야 한다.… 가장 큰 적은 시대의 흐름이다. 시대의 흐름에 맞서 승부를 가려야 하는 것이다. 다음 시대의 변화를 읽어내고 먼저 준비해야 한다. 이것이 바로 인간이 생존 경쟁에서 살아남기 위한 가장 중요한 원칙이다.[231]

기업하는 사람들도 이렇게 변화를 읽고 그것에 대처하기 위하여 노력한다. 생존경쟁의 현장에서 그들의 이런 노력은 계속되고 있다. 영적 전투의 현장에서 진행되는 청소년 설교 역시 이러한 정신을 필요로 한다. 그 사역을 효과적으로 수행하려는 설교자들의 자기 노력을 통해서 사역을 오늘도 힘있게 세워져 갈 것이다. 미국의 이스턴대

---

230) 이찬수, 『교육은 감동이다』 (서울: 낮은 울타리, 2001), 17.
231) 모토오, 『주켄 사람들』, 187.

학(Eastern College)의 사회학 교수이자 영향력 있는 설교자인 토니 캄볼로(Tony Campolo)는 강단에 오르기 전에 다음의 기도문을 늘 반복적으로 드린다고 한다. 자신을 하나님 앞에 바로 세우려는 설교자의 마음을 읽게 된다.

주님,
제가 이 일을 얼마나 잘하고 싶어 하는지
주님은 알고 계십니다.
이 사람들이 주님으로부터 말씀을 듣는 것이지
저로부터 듣는 것이 아니라는 사실을
제가 확실히 알게 해주십시오.
왜냐하면 저는
쇼를 하듯이 훌륭하게 설교를 하는 것과
복음을 증거하는 것 중에서
하나를 선택을 해야 한다면
어떤 것을 선택해야 할지 잘 모르기 때문입니다.
왜냐하면 저는
사람들 앞에서 설교를 잘해서 잘 보이고 싶고,
청중들이 말씀 앞에서 흥분하도록 만들고 싶은 마음이
내 안에 있기 때문입니다.
저는 이런 자신과 계속해서 싸워야 합니다.
제게 주어진 최대의 사명은
말씀을 선포하는 것임을 잊지 않게 해주십시오.[232]

---

232) Bill Turpie, ed., *Ten Great Preachers: Messages and Interviews* (Grand Rapids: Baker Books, 2000), 37-38.

결언
청소년 설교, 다음 세대를 세우는 거룩한 사역을 위하여

종소리를 더 멀리 내보내기 위하여
종은 더 아파야 한다.

― 이문재의 시, "농담" 중에서

길을 열어가는 사람

아프리카에서 처음 사역을 시작할 때부터 데이빗 리빙스턴은 "아직 선교사들의 발길이 닿지 않은 수천의 마을들"에 대한 부담을 가진 개척 선교사였다. 어느 날 영국에 있는 몇몇 친구들이 리빙스턴의 고생을 조금이라도 덜어 주겠다는 생각으로 다음과 같은 편지를 그에게 보냈다. "리빙스턴, 낯선 땅에서 사랑을 몸소 실천하고 있는 자네에게 격려의 박수를 보내네. 먼 나라에서 고생하고 있는 자네를 생각하면 여기서 편안하게 지내고 있다는 것이 부끄러울 뿐이네. 그래서 자네의 고생을 조금이라도 덜어 주기 위해 우리가 자네를 도와줄 사람을 몇 명 그곳으로 보내려 하네. 그런데 그곳에 가는 길을 잘 모르겠네. 그러니 그곳까지 가는 길을 상세히 적어 다음 편지에 보내 주면 좋겠네."

그 편지를 받은 리빙스턴은 정중하게 그 제의를 거절하는 답장을 보냈다. "마음은 고마우나 이곳까지 오는 길이 있어야만 오겠다는 사람들이라면 나는 사양하겠네. 이곳에서 진정 필요한 사람은 길이 없어도 스스로 찾아오겠다는 사람이라네." 선교사로서 리빙스턴이 주로 한 일은 아프리카의 길을 연 것이다. 그래서 그가 만든 지도를 따라 많은 선교사들이 아프리카 내륙으로 들어갈 수 있었다. 1873년 5월 1일, 죽음에 이르기까지의 그의 개척자적인 삶은 지금의 아프리카에 위대한 복음의 업적을 이루게 한 결과를 가져 온 것으로 평가되고 있다.

아무도 걷지 않은 오지에 길을 만들어 간 사람이 있었기에 그곳에 선교의 문이 활짝 열리게 되었다. '길은 만들어 가는 사람,' 그것은 어쩌면 청소년 설교자들에게도 가장 잘 어울리는 단어일 것이다. 청소년 설교는 다음 세대를 세우는 중요한 사역이지만 실로 자료나 연구가 부족했던 것이 사실이다. 그래서 우리는 그 길을 탐사하는 짧지 않은 여정을 함께 했다. 단단한 껍질에 둘러싸여 있어 알맹이를 꺼내기가 쉽지 않은 열매와 같이 청소년 사역은 쉽지 않게 느껴진다. 청소년들은 설교자가 얼마나 똑똑하고 훌륭한가를 먼저 따지지 않는다. 그러한 요소에 의해 영향을 받기보다는 그가 얼마나 신뢰할 수 있는 사람이며, 얼마나 나를 잘 이해해 주는 사람인가를 중요하게 여긴다. 청소년의 세계는 "비밀의 화원"과 같이 쉽게 드러나지 않기 때문에 문을 찾기가 쉽지 않고, 찾더라도 자물쇠로 단단히 잠겨 있기 때문에 그 안에 들어가는 것이 쉽지 않다.233) 그런 점에서 청소년들에게 하나님의 말씀을 전하는 사역은 계속해서 새롭게 길을 만들어

---

233) 김서택, 『아름다운 청소년 사역』 (서울: 예찬사, 2001), 36.

가야 하는 사역이다.

　인생길에도 만들어진 길을 걸어갈 때도 있지만 때로는 길은 새로 만들어가면서 가야 할 때도 있다. 청소년 사역은 늘 새롭게 길을 만들어 가야 하는 사역이다. 다음 세대를 세우는 일이야말로 가장 중요한 사역임을 깊이 인지할 수 있을 때, 늘 새롭게 개척해 가야 하는 분야가 청소년 사역이라는 사실을 깨달을 수 있을 때 감당되는 사역이다. 다음 세대를 하나님과 그분의 말씀 앞에 바로 세워서 그들이 온전히 하나님을 섬기고 예배하며, 하나님 나라의 사역을 온전히 감당하도록 하는 것이야말로 그 무엇과도 대신할 수 없는 소중한 사역이다.

하나님을 당혹케 하는 설교?

　"오, 하나님!"(Oh, God!)이라는 영화에서 존 덴버는 하나님으로부터 메시지를 받는 청년으로 출현한다. 영화의 한 장면에서 그는 한 설교자의 설교를 듣고 있다. 듣기 민망한 말들이 설교자의 입에서 쏟아져 나오고 있었다. 그때 존은 그 설교자가 설교하고 있는 중간에 일어서서 그렇게 말한다. "하나님께서 목사님께 특별한 메시지를 주셨습니다." 그 설교자는 잠시 설교를 멈추고, 청중들을 돌아보며 그렇게 말했다. "여러분, 이 청년이 하나님으로부터 특별한 메시지를 받았다고 합니다." 그때 존은 그 설교자를 똑바로 쳐다보면서 말했다. "내가 하나님으로부터 받은 메시지는 하나님께서 설교자인 당신에게 입 좀 닥치라고 말씀하십니다. 왜냐하면 목사님의 설교는 지금 하나님을 당혹케 하고 있기 때문입니다."

　청소년 설교자들이 늘 염두에 두어야 할 것은 "하나님을 당혹케 하는 설교"가 되지 않아야 한다는 사실이다. 여기에서 설교자가 깊이 관심을 기울여야 할 것이 있다면 하나님의 말씀에 대한 연구이다. 어떤 프로그램이나 활동으로 영혼을 변화시킬 수 있는 것이 아니라 하나님의 말씀으로 되는 것임을 확신해야 한다. 모든 것은 하나님의 말씀을 젊은 가슴들 속에 심어주기 위해 매개체요, 도구라는 사실을 기억한다면 청소년 설교자가 늘 전념해야 할 것은 하나님의 말씀에 대한 연구에 매진할 것이다. 특히 설교자는 하나님의 말씀과 관련하여 늘 새롭고 신선한 만나를 먹이려는 노력을 계속해야 한다.

만약 누구를 보내어 내 말을 전하도록 했는데, 내가 전하고 싶은 말은 이것이었는데 그가 엉뚱한 말을 하고 있다면 당혹스러울 수밖에 없을 것이다. 설교에도 하나님을 당혹케 하는 설교가 있다. 그분의 마음을 알지 못하고, 원하시는 것을 알지 못한 채 전하는 설교가 바로 그것이다. 아버지의 마음과 심장을 전혀 느끼지 못하면서 형식적으로, 습관적으로 감당하는 설교가 바로 그런 설교이다. 잃어버린 영혼들을 다시 찾으시려는 하나님의 마음을 가장 잘 나타내 주고 있는 것이 누가복음 15장이다. 설교자가 되기 원한다면 그곳에 나타나는 비유들을 다시 읽으며 하나님의 가슴을 만져라. 하나님의 마음을 심장 깊이에 채워 넣으라. 다음 세대를 세우시려는 하나님의 열정은 구약의 신명기, 여호수아, 사사기, 이사야, 예레미야와 같은 말씀들 속에서 큰 함성으로 들려오는 것을 귀만 기울일 수 있다면 듣게 될 것이다. 너무 안타까워서 울고 있는 예언자들의 탄식의 외침을 들어보라.

하늘 아버지의 마음으로 청소년들을 바라보고, 이 세상에 생명 주시기를 원하셔서 아들까지도 내놓으셨던 그 하나님의 사랑의 마음을 온전히 깨달을 수 있을 때 그는 바른 설교자가 될 수 있다. 숫자나 데이터를 보지 말고, 하늘 아버지의 마음을 가지고 청소년들의 영혼을 바라보는 설교자가 있는 그곳에서는 하나님의 말씀의 역사는 계속된다. 그러므로 청소년들의 영혼을 뒤흔들고 마음을 깨우며 그들의 세계를 변화시켜 나갈 수 있게 하는 원동력은 다름 아닌 말씀으로부터 나온다는 사실을 알아야 한다.

교회가 청소년들에게 설교하는 일에 실패하게 되면 청소년들은 위기 상황에 빠질 수밖에 없다. 왜냐하면 그들이 교회와 예배 가운데서 섬길 분과 세상을 변화시키는 복음을 발견하지 못하게 되면 그들은 결국 도처에서 "보잘 것 없는 신들"을 찾을 것이며, 그것을 하나님 대신에 섬기게 될 것이다. 세상의 문화와 가치관에 하나님의 형상으로 지어진 존재들, 하나님이 그렇게 찾기를 원하셨던 아이들, 하나님이 그렇게 세우시기를 원하셨던 다음 세대를 내어줄 수는 없지 않는가?

어느 교수의 연구실에 이른 새벽, 그리고 저녁 늦게까지 늘 불이 켜져 있는 것을 발견한 학생이 식사시간에 교수에게 물었다. "선생님은 이제 학문의 세계에서 많은 것을 이루신 분이신데 왜 그렇게 공부를 열심히 하십니까? 결코 멈추시는 것 같지 않던데요." 그때 그 교수는 그렇게 대답했다. "나는 학생들이 괴어 있는 연못보다는 흐르는 시냇물에서 물을 마시게 하고 싶어서이네." 설교는 설교자의 인격과 연구, 묵상 등을 통해서 전달되는 메시지이다. 하나님의 말씀과 은혜로 변화되고 충만함을 이룬 사람만이 다른 사람을 세울 수 있고, 변화시킬 수 있다. 오늘의 청소년들은 자기들에게 복음을 제시하고, 믿음을 돈독하게 해주며, 자기들을 다시 다른 청소년을 세우는 사역 가운데로 인도하는 신실한 앞 세대 그리스도인들을 필요로 한다. 이끄는 자에게 복음에 대한 풍성함이 없고, 하나님의 말씀에 대한 가슴 떨리는 감격이 없고, 예배의 영광을 경험하지 못하였는데 어떻게 청소년들에게 그러한 역사가 일어나기를 기대할 수 있겠는가?

오늘날 청소년 사역의 문제는 출석율이 떨어지는 것이나 죄악의 물결이 높아 가는데 있거나 공부에 대한 엄청난 압박에서 비롯된 문제만은 아니다. 오늘 청소년 사역의 가장 커다란 위기는 청소년들이 복음을 복음으로 듣지 못하고, 하나님의 실재를 온전히 경험하지 못하는 데에 있다. 열매가 없는 청소년 현장에는 언제나 복음보다 더 중요하게 여기는 것들이 많이 존재한다. 청소년들은 그들의 눈길을 끄는 현란한 것에 이끌리는 것이 사실이지만 복음에 사로잡히게 되면 그들은 하나님을 찬양하게 된다. 그들은 결코 세상 것에 이끌리지 않게 될 것이다. 화려하고 외형적인 것에 눈길을 두는 것이 사실이지만 예수님을 만나게 되면 인생을 드려 그분을 섬기고 예배하게 된다. 청소년 설교의 핵심은 말씀을 들어야 할 다음 세대들에게 복음을 전하는 것이다. 청소년 설교자들에게 "다른 것은 몰라도 복음이 있어야" 한다.234)

말씀으로 청소년들의 마음을 사로잡으라

1981년 미국에서 시작되어 미국 내 뿐만 아니라 대륙별 네트워크를 통해 세계적 음악 네트워크 채널로 자리매김 한 MTV(Music Television)은 음악과 영상을 동시에 추구하는 새로운 시대를 열었으며, 오늘날 세계 대중문화를 리드하는 대표적 전문 방송 채널로 성장했다. 특별히 MTV는 전 세계 십대 문화를 주도해 가는 것으로 평가 받고 있는데, 무엇이 십대들로 하여금 몰입하게 하는가가 연구의 대상이 되고 있다. 그들이 전 세계 십대 문화를 주도해 갈 수 있었던 주된 이유 중의 하나가 십대들을 향한 철저한 관심에 있다. MTV는 임의적으로 각 도시에 십대를 발굴하여 그들과 부모에게 사례를 하면서 그들의 사생활을 6개월에서 길게는 1년을 집중 관찰한다고 한다. 십대들의 방에는 무슨 그림이 붙어있고, 어떤 언어를 주고받는지를

---
234) 유홍설, 『우리는 중·고등부 부흥을 열망하고 갈망했다』 (서울: 나침반, 2006), 32-33.

연구한다. 왜 그들이 웃고 우는지를 연구한다. 함께 자고, 일어나며, 울고, 웃으며 십대들의 세계에 푹 빠져든다. 그리고 그러한 연구를 토대로 하여 청소년 문화를 만들어 간다고 한다. 그들의 마음을 살 수 있는 가수를 발굴하고, 패션과 유행어를 만들어낸다. 그래서 많은 회사에서 이들의 전략을 벤치마킹할 정도가 되었다.[235]

이렇게 옷이나 담배, 영화, 음악을 청소년들에게 판매하려는 사람들은 단순히 돈을 벌기 위한 수단으로서 뿐만 아니라 그들의 마음을 공략해 가고 있다. 이러한 산업들은 "처음 목표였던 돈벌이를 훨씬 넘어서 젊은이들의 사고방식과 삶의 태도까지 변화시키고 있다."[236] MTV는 이제 그들의 주목을 받는다는 것 뿐만 아니라 그들을 소유했다고 자랑한다.

세상도 이 세대를 사로잡기 위해서 이렇게 적극적인데 하물며 주님께로 청소년 세대를 돌이키기 위해 서있는 청소년 설교자들은 어떠해야 하겠는가? 설교자가 해내야 할 일은 청소년들의 마음을 복음으로 사로잡는 것이다. 청소년기에 그들을 잡지 못한다면 그들은 자신의 방식대로 살 것이며, 주님을 섬기지도 않고 헌신하지도 않을 것이다. 또한 우리는 하나님 나라에서 그들을 만날 수 없게 될 것이다. 세상이 우리보다 더 열심히 다가가 결국 이들의 마음을 사로잡게 할 것인가? 지금 어떻게 이들을 세우느냐에 따라 한국교회의 다음 세기가 결정되게 된다.

청소년 설교자들은 이 거룩한 사역을 위해서 부름 받았으며, 이것은 그 어느 것에 의해서도 대체될 수 없는 "궁극적인 소명"(ultimate

---

[235] 위의 책, 25-26.
[236] Ron Luce, *Turning the Hearts of the Fathers*, 이종환 역, 『심장으로 가르치는 청소년 리더가 되라』 (서울: 예수전도단, 2004), 12.
[237] Richard Lischer, *The End of Words: The Language of Reconciliation in a Culture of Violence* (Grand Rapids: Eerdmans, 2005), 1장.

calling)237)이라는 사실을 잊지 말아야 한다. 이 세대를 위해 마치 에스더처럼, 느헤미야처럼, 그리고 광야에서 백성들의 마음을 주님께 돌이키려고 서있던 세례 요한과 같은 존재로 세우셨음을 잊지 않아야 한다. 그러므로 설교자들은 사람들의 마음을 어떻게 하나님께로 돌이킬 수 있을 것인지가 최대의 관심사가 되어야 한다.

하나님을 만나게 하는 설교

수많은 요소가 있겠지만 그렇다면 청소년 설교는 무엇을 지향해야 할까? 다음 세대를 세우기 위한 사역의 출발점과 최종 귀결점은 무엇이어야 할까? 청소년 설교는 하나님을 만나게 하는 것에 초점을 맞추어야 한다. 청소년 시절이야말로 인생의 시기 중 가장 절실하게 하나님이 필요한 때이다. 자신의 내적, 외적 환경으로 인해 많은 위기에 봉착해 있는 때이므로 이를 적절히 대응, 극복하기 위한 방안은 바로 그들이 하나님을 만나게 하는 것이다. 그들은 하나님을 만나야 할 절실하고도 현실적인 필요를 가지고 있는 존재들이다. 마치 모세가 호렙산 불타는 떨기나무 앞에서 하나님을 만났던 것처럼 오늘 청소년들이 서 있는 곳도 방황하고 좌절하기 쉬운 호렙산이다. 그러나 그곳은 그들이 하나님을 만날 수 있는 가장 귀한 때를 살고 있으며, 만약 그들이 그곳에서 하나님을 만나게 된다면 그들은 찬란한 복음의 생애를 살게 될 것이다.

남녀 기독교인을 통계적으로 조사한 보고서에 의하면 10대에 예수님을 만난 사람들이 통틀어서 가장 많았다고 하지 않는가? 성인 교인들 43%가 13세 이전에 예수 그리스도를 영접했다고 고백했고, 64%가 18세 이전에 그리스도를 영접했다고 응답했다. 18세부터 21

---

238) 유홍성, 『우리는 중고등부 부흥을 열망하고 갈망했다』, 20-21쪽에서 재인용.

세 사이에 구원을 체험했다고 응답한 사람은 13%, 21세 이후는 23%였단다.[238] 이것은 미국교회의 데이터이기는 하지만 청소년 사역의 중요성을 단적으로 보여주고 있는 결과이다.

한 개인에게 일어나는 구원은 하나의 사건이며, 또한 교육이라는 경험의 과정을 통해 이루어진다. 하나님을 나의 아버지로, 나의 주인으로 받아들이게 되는 구원 사건은 삶의 특별한 계기를 통해 경험되기도 하고, 가르침과 배움을 통한 지속적인 경험의 과정을 통해 확신에 이르게 되기도 한다. 따라서 복음전도로서의 청소년 설교는 특별한 사건과 지속적인 경험이라는 두 가지 가능성을 염두에 두고 진행되어야 한다. 청소년 설교에서 가장 중요한 것은 청소년들로 하여금 구주가 되시는 예수 그리스도와의 관계를 새롭게 형성하도록 도와주는 것이다. 그 관계를 통해서 하나님을 발견하게 하고, 하나님의 은혜 앞에 서 있는 자기 정체성을 발견하게 할 수 있도록 도와주어야 한다. 그리고 그는 무엇을 위해(what for) 세움 받았는지를 발견할 수 있도록, 다시 말해 자신의 사명을 발견할 수 있도록 해주어야 한다.

누가복음은 팔레스틴 북쪽 마을의 한 십대 소녀가 온 세상에 생명을 가져올 복음을 잉태하고 있음을 알려준다. 그래서 동방정교회 전통에서는 마리아를 "데오토코스"(theotokos), 즉 '하나님을 잉태한 자'(Godbearer)라고 부른다. 어쩌면 청소년 사역은 새로운 마리아를 세워 하나님을 뜻을 이 땅에 이루어가는 '하나님의 말씀과 뜻을 계속해서 잉태해가는 사역'(Godbearing)이라고 할 수 있다.[239]

이러한 놀라운 사역을 감당하는 사역자라면 당연히 다음 세대에게 어떻게 커뮤니케이션 할 것이며, 그들의 마음을 어떻게 잡아야 할

---

239) 이러한 관점을 위해서는 Kenda C. Dean and Ron Foster, *The Godbearing Life*, 배정훈 역, 『하나님을 잉태하는 청소년 사역』 (서울: 도서출판 복있는 사람, 2006)을 참조하라.

지를 연구할 것이다. 복음의 증거는 청소년들의 삶의 방식에 맞는 방법으로 제시되어야 한다. 즉 복음이 청소년의 삶의 정황에 맞는 언어로, 그들이 공감하는 방식으로 전해져야 설득력을 가질 수 있다. 청소년들을 변화시켜 복음의 '다음 세대'로 세우기를 원하는 설교자가 취해야 할 유일한 방법은 강대상을 더 세게 두드리거나 목소리를 더 높이는 것이라고 생각하고 있다면 그것은 이 시대의 비극이 될 수밖에 없다.

한 송이 들꽃에서 천국을 보는 지혜로

어릴 적 시골에서 자라면서 뒤뜰에 있는 우물가에는 펌프가 세워져 있었다. 그곳에는 언제나 물 한 바가지가 놓여 있었다. 그 물 바가지로 먼저 펌프에 물을 붓고 부지런히 펌프질을 하다보면 깊은 곳의 시원한 물줄기를 끌어올릴 수 있게 된다. 마중물, 그것이 쏟아 부어질 때 거대한 물줄기를 만나게 된다. 그 큰 물줄기의 무게가 손에 느껴지는 순간 풍성함과 시원함으로 가득하게 된다. 오늘 청소년 사역에는 마중물이 되어주는 앞 세대가 필요하고, 마중물이 되어줄 설교자를 필요로 한다. 다음 세대를 세우는 거룩하고 소중한 사역에 자신을 쏟아 붓는 사역들이 있는 그곳에서 다음 세대는 힘있게 세워져 갈 것이다.

"순수의 전조"라는 그의 시에서 윌리엄 블레이크가 노래하는 것과 같이 청소년 설교자들은 "한 알의 모래 속에서 세계를 보고/ 한 송이 들꽃에서 천국을 보는" 존재이다. 자신의 "손바닥 안에 무한을 쥐고/ 한 순간 속에서 영원을 붙잡는" 존재이다. 오늘 무관심의 눈빛으로 향하는 사람이라 할지라도 그는 하나님이 독생자와 맞바꾸실 만큼 사랑하셨던 사랑의 대상이었으며, "그를 찾고야 말리라" 외치면서 등불을 밝히고 온 집안을 찾아 헤매는 잃어버린 드라크마의 비유를 통해 보여주시는 하나님의 관심의 대상이다. 잃어버린 양 한 마리를 위해 전부를 다 쏟아 부으실 만큼 존귀하게 여기신 천하보다 귀한 존재들이다. 그러한 사람들을 통해 하나님의 역사는 놀랍게 진행되어 왔고, 그 역사가 계속되기를 원하셔서 나를 설교자로 세우셨음을 기억하라.

세상에는 잘못된 표지판으로 둘러싸여 있다. 그것이 전부인 것처럼, 행복을 가져다 줄 수 있는 것처럼 현혹시키고, 미혹시키는 것들의 손짓에 둘러싸여 우리의 다음 세대들이 서 있다. 청소년 설교는 복음의 가치관을 심어주고, 하나님을 섬기는 자녀된 사람의 삶을 가르치는 것이다.

플로리다 탬파에 평범하게 사는 것을 지루하게 여긴 한 아이가 '정지'(Stop) 표지판을 자기 방문에 붙여두고 싶어서 그것을 떼어갔다. 미국에서는 '정지' 표지판을 마치 생명과 같이 소중하게 여긴다. 한 시간쯤 지나 착하게 생긴 10대 아이들 4명이 수업을 마치고 집으로 돌아가는 길에 신호판이 없어진 사거리를 곧바로 지나다가 자동차 사고로 현장에서 즉사하였다. 한 아이가 그 표지판을 떼어냄으로서 무고한 4명의 아이들이 목숨을 잃었던 것이다.[240]

우리 세대에는 한 아이만이 아니라 수많은 사람들이, 마치 군대를 이루면서 표지판을 제거하고 있다. 오늘 우리 사회는 온갖 '정지' 표지판을 제거해 가는 것 같다. 청소년 사역은 하나님의 말씀을 따라 표지판을 다시 세우는 작업이다. 그들을 완전한 영혼의 보금자리로 들이는 사역이다. 세상의 문화와 가치, 풍조를 거슬러 하나님의 말씀의 표지판을 세우는 작업이다.

청소년 설교자들이여, 헨리 데이빗 소로우가 충고하는 것처럼,

---

[240] Luce, 『심장으로 가르치는 청소년 리더가 되라』, 80-81.

"비록 좁고 구부러진 길일지라도 사랑과 존경을 받을 수 있는 길이라면 계속 걸어가라." 마더 테레사가 충고한 것처럼, "하나님께서 당신을 어느 곳에 데려다 놓든, 그곳이 바로 당신이 있어야 할 곳이다. 중요한 것은 우리가 무엇을 하느냐가 아니라 그 일에 얼마나 많은 사랑을 쏟고 있느냐"가 중요하다.

몇 백 년 전 유명한 조각가가 지붕에 쓰일 돌에 조각을 하고 있었다. 그는 온갖 정성을 기울여 끌로 파고 닦아내면서 돌을 아름다운 작품으로 만들고 있었다. 이 때 지나가다가 그의 모습을 유심히 바라보던 한 사람이 그에게 물었다. "누구의 눈에도 잘 띄지 않을 그 돌에 왜 그렇게 시간과 공을 들이는 거요? 그 돌은 지붕을 지탱하는 데 쓰이지 않소? 아무도 당신이 그런 정성을 들였다는 것을 모를 것이오." 그러자 그 조각가는 잠시 일손을 멈추고 대답했다. "하지만 하나님이 아시고, 또 내가 알지 않습니까?"[241]

이런 조각가의 심정으로 다음 세대의 마음 가운데 하나님의 말씀을 심어주기 위해 열정과 정성스러운 마음을 가지고 피 토하듯이 외칠 때 그들은 놀랍게 세워져 갈 것이다. 언젠가 우리는 그렇게 회상하게 될 것이다. "그들이 어렸을 때, 세상이 그들에게 영향을 끼치기 전에 우리가 그들의 마음을 하나님의 말씀으로 사로잡았지. 우리는 그들을 품에 안고 사랑했고 그들과 함께 했지. 우리는 그들이 따라올 모범을 보여주려고 했어. 단지 그들을 참아낸 것이 아니라 그들을 하나님의 마음으로 진정으로 사랑했기 때문에 우리는 늘 예수님을 그들에게 소개해 주었고, 그들에게 다가갔으며 하나님의 말씀을 그들에게 전해 주었어. 그리고 그들이 말씀의 길을 따라 살도록 계속해서 기도하며 양육했지. 우리는 누군가가 그 일을 해 주기를 기다리지 않

---

[241] 마이클 린버그 『너만의 명작을 그려라』 (서울: 한언, 2002).

앉어. 왜냐하면 그것은 너무 시간을 다투는 절박한 일이었거든. 그렇기 때문에 오늘 우리 시대가 큰 부흥을 지금 경험하고 있는 거야…"

우리말에 '파락호' 라는 말이 있다. 지난 날 행세하는 집의 자손으로서 허랑방탕한 사람을 이르는 말이다. 『양반동네 소동기』라는 책의 저자 윤학준은 근대 한국의 3대 파락호로 흥선대원군 이하응, 1930년대 형평사(衡平社) 운동의 투사였던 김남수(金南洙), 그리고 학봉 종손인 김용환을 꼽았다.[242] 학봉 김성일은 퇴계 이황의 수제자로 임진왜란 때 경남 지역에서 크게 공을 세운 인물이다. 그의 13대손인 김용환은 대대로 내려오던 전답 18만평, 현재 시가로 약 180억원을 모두 거덜냈다고 하니 파락호 치고는 최고인 셈이다. 그것도 모자라 무남독녀 외동딸의 혼수 장만 비용마저 들고 나갔으니 가히 최고의 난봉꾼이라 할 수 있겠다. 그는 광복 이듬해인 1946년 세상을 떠났는데 그간 탕진했다고 믿었던 돈은 모두 만주 독립군에게 군자금으로 보냈음이 알려졌으며 파락호 행세는 일본경찰의 눈을 피하기 위한 철저한 위장술이었다고 한다. 거금을 아낌없이 희사한 것도 경탄할 일이지만 주색잡기, 노름꾼 등 불명예스런 비난 속에서도 식구들에게조차 절대 함구한 의지력 또한 놀라울 따름이다. 김용환의 무남독녀 외동딸인 김후웅 여사는 1995년 아버지가 생전의 공로로 건국훈장을 추서 받게 되자 아버지에 대한 그간의 한 많은 소회(所懷)를 '우리 아배 참봉 나으리' 라는 제목의 서간문에서 다음과 같이 드러낸다.

"… 그럭저럭 나이 차서 십육 세에 시집가니 청송 마평서씨 가문에 혼인은 하였으나 신행날 받았어도 갈 수 없는 딱한 사정. 신행 때 농 사오라 시댁에서 맡긴 돈, 그 돈마저 가져가서 어디에다 쓰셨는지? 우리 아배 기다리며 신행날 늦추다가 큰어매 쓰던 헌농 신행발에

---

242) 윤학준, 『양반 동네 소동기』 (서울: 효리, 2000).

신고 가니 주위에서 쑥덕쑥덕. 그로부터 시집살이 주눅 들어 안절부절, 끝내는 귀신 붙어 왔다 하여 강변 모래밭에 꺼내다가 부수어 불태우니 오동나무 삼층장이 불길은 왜 그리도 높던지, 새색시 오만간장 그 광경 어떠할꼬. 이 모든 것 우리 아배 원망하며 별난 시집 사느라고 오만간장 녹였더니 오늘에야 알고 보니 이 모든 것, 저 모든 것 독립군 자금 위해 그 많던 천석 재산 다 바쳐도 모자라서 하나뿐인 외동딸 시댁에서 보낸 농 값 그것마저 다 바쳤구나…"

이 이야기를 들으면서 한 마디밖에 외칠 수 없었다. '아 위대한 파락호여! 위대한 독립투사여!' 우리 조국에 주어진 독립은 그냥 주어진 것이 아니다. 이런 위대한 파락호의 헌신과 조국 사랑, 희생이 있었기에 독립이 주어졌다. 세상에 그냥 되는 일은 없다. 누군가의 희생과 눈물, 터질 듯한 가슴으로 불을 뿜듯 외치는 설교자들이 있을 때 다음 세대는 세워가는 것이 아니겠는가?

문득 청소년 사역자가 된다는 것은 안도현 시인이 노래하는 '그 연탄 한 장 되는 것'이라는 생각을 갖게 된다. "자기 몸에 불을 붙여 구들장을 따뜻하게 하고, 일단 몸에 불이 옮겨 붙었다 하면 한없이 뜨거워지고, 몸을 살라 하얗게 된 다음에는 자기 몸 으깨어 눈 내려 미끄러운 세상에 누군가 마음 놓고 걸어갈 길을 만들어 가는 연탄 한 장…" 그래서 시인은 "삶이란 나 아닌 그 누군가에게 기꺼이 연탄 한 장 되는 것"이라고 노래한다.

다음 세대를 세우는 일에는 이런 설교자를 필요로 한다. 어쩌면 그러한 사역을 향해 달려가는 그의 가슴에는 단 한 가지 욕심 밖에는 없다. 찾아내 가슴에 품은 어린 양을 목자장 앞에 드러내는 것이다. 그의 마음속에는 단 한 가지 소원 밖에는 없다. 하늘로 부터 들려오는 그 한 음성을 듣는 것이다. "이는 내 사랑하는 아들(딸)이요, 내 기뻐하는 자로다."

다음 세대를 세워야 할 청소년 설교자이여! 당신의 삶이 언제나 하나님을 드러내며, 당신의 심장과 설교가 거룩한 불로 타오르기를… 다음 세대를 세워 가는데 여러분의 소중한 역할과 사역을 발견할 수 있도록, 그리고 그것을 넉넉하게 감당할 수 있도록 복주시기를…

나의 자녀 여러분,
나는 여러분 속에 그리스도 형상이 이루기까지
다시 해산의 고통을 겪습니다.
(갈 4:19, 표준새번역).

지혜있는 사람은 하늘의 밝은 빛처럼 빛날 것이요,
많은 사람을 옳은 길로 인도한 사람은
별처럼 영원히 빛날 것입니다.
(단 12:3, 표준새번역)

참고문헌

Achtemeier, Elizabeth, *Creative Preaching: Finding the Words,* Nashville: Abingdon Press, 1980.

Anderson, Bernhard W., "The Problem and Promise of Commentary," *Interpretation,* vol. 36, no. 4 (Oct. 1982).

Anthony, Notes from a Friend, 이우성 역, 『내 인생을 바꾼 성공노트』, 서울: 씨앗을 뿌리는 사람, 2003.

Auerbach, Erich, *Mimesis: The Representation of Reality in Western Literature,* Princeton: Princeton University Press, 2003.

Babin, Pierre, *The New Era in Religious Communication,* Minneapolis: Fortress Press, 1991.

Bar-Efrat, Shimon, *Narrative Art in the Bible,* Sheffield: Almond Press, 1989.

Barna, George, *The Frog in the Kettle: What Christians Need to Know about Life in the Year 2000,* Ventura: Regal Books, 1990.

Barth, Karl, 정인교 역, 『칼 바르트의 설교학』, 서울: 한들, 1999.

_____, *Church Dogmatics,* II/1, IV/1, Edinburgh: T. & T. Clark, 1957.

Bausch, William, *Storytelling-Imagination and Faith,* Mystic: Twenty-Third Publication, 1984.

Birdwhistell, R. L., *Kinesics and Context: Essays on Body Motion Communication,* Philadelphia: University of Pennsylvania Press, 1970.

Boomershine, Thomas E., *Story Journey: An Invitation to the Gospel as Storytelling,* Nashville: Abingdon Press, 1988.

Bounds, E. M., *The Complete Works of E. M. Bounds on Prayer: Experience the Wonders of God through Prayer,* Grand Rapids: Baker Books, 2004.

Broadus, John A., *A Treatise on the Preparation and Delivery of Sermons,* New York: A. C. Armstrong and Son, 1987.

Brooks, Phillips, *The Joy of Preaching*, Grand Rapids: Kregel Publications, 1989.

Bruner, Jerome, *Actual Minds, Possible Worlds*, Cambridge: Harvard University Press, 1986.

Buttrick, David, *A Captive Voice: The Liberation of Preaching*, 김운용 역, 『시대를 앞서가는 설교』, 서울: 요단출판사, 2002.

_____, *Homiletic: Move and Structure*, Philadelphia: Fortress, 1989.

Calvin, John, *Institutes of the Christian Religion*, vol. I, II, trans. by Ford Lewis Battles, Grand Rapids, Michigan: Eerdmans, 1975.

Campbell, Charles L., *Preaching Jesus: New Directions for Homiletics in Hans Frei's Postliberal Theology*, Grand Rapids: Eerdmans, 1997.

Canfield, Jack, 외, *Chicken Soup for the Surviving Soul*, 『마음을 열어주는 101가지 이야기1』, 서울: 이레, 2001.

Chatman, Seymour, *Story and Discourse: Narrative Structure in Fiction and Film*, Ithaca and London: Cornell University Press, 1978.

Craddock, Fred B., *As One without Authority*, 김운용 역, 『권위 없는 자처럼: 귀납적 설교의 원리와 실제』, 서울: 예배와 설교 아카데미, 2003.

_____, *Overhearing the Gospel: Preaching and Teaching the Faith to Persons Who Have Heard It All Before*, Nashville: Abingdon Press, 1978.

_____, *Preaching*, Nashville: Abingdon Press, 1998.

Crites, Stephen, "The Narrative Quality of Experience," *Journal of American Academy of Religion*, xxxix, no.3 (September 1971).

Crossan, John Dominic, *In Parable: The Challenge of the Historical Jesus*, New York: Harper, 1973.

Csikszentmihalyi, Mihaly, *Finding Flow*, 이희재 역, 『몰입의 즐거움』, 서울: 해냄, 1999.

Davis, H. Grady, *Design for Preaching*, Philadelphia: Muhlenberg Press, 1958.

Davis, Ken, *How to Speak to Youth... and Keep Them Awake at the Same Time,,* rev. ed., Grand Rapids: Zondervan Publishing House, 1996.

Dean, Kenda C. and Ron Foster, *The Godbearing Life,* 배정훈 역, 『하나님을 잉태하는 청소년 사역』, 서울: 도서출판 복있는 사람, 2006.

Deleuze, Gilles, and Felix Guattari, *A Thousand Plateaus: Capitalism and Schizophrenia,* trans. Brian Massumi, Minneapolis: University of Minnesota Press, 1987.

Demaray, Donald, *Pulpit Giants,* Chicago: Moody Bible Institute, 1973.

Donne, John, *John Donne: Selections from Divine Poems, Sermons, Devotions, and Prayers,* ed. John Booty, New York: Paulist Press, 1990.

Duffet, Robert G., *A Relevant Word: Communicating the Gospel to Seekers,* Valley Forge: Judson Press, 1995.

Elkind, David, *Egocentrism in Adolescence,* Child Development, 38.

Ellul, Jacques, *The Humiliation of the Word,* trans. Joyce Main Hanks, Grand Rapids: Eerdmans, 2000.

Erikson, Erik H., *Childhood and Society,* 김인경 역, 『아동기와 사회: 인간발달 8단계 이론』, 서울: 중앙적성, 1988.

Eslinger, Richard L., *A New Hearing: Living Options in Homiletic Method,* Nashville: Abingdon Press, 1987.

_____, *Narrative and Imagination: Preaching the Worlds That Shape Us,* Minneapolis: Fortress, 1995.

Gardner, David and Tom, *The Motley Fool's Rule Breakers, Rule Makers: The Foolish Guide to Picking Stocks,* New York: Simon & Schuster, 1999.

Gibson, Scott M., ed., *Making a Difference in Preaching,* Grand Rapids: Baker Books, 1999.

Grasso, Domenico, *Proclaiming God's Message,* South Bend: Notre Dame University Press, 1965.

Groome, Thomas G., *Christian Religious Education*, 이기문 역, 『기독교적 종교교육』, 서울: 대한예수교장로회 총회교육부, 1983.

_____, *The Philosophy of Moral Development*, 김민남 외 역, 『Kohlberg 도덕발달의 철학』, 서울: 교육과학사, 2000.

Hauerwas, Stanley, and L. Gregory Jones, eds., *Why Narrative?: Readings in Narrative Theology*, Grand Rapids: Eerdmans Publishing Co., 1989.

Hendricks, Howear G., *Teaching to Change Lives*, Sisters: Multnomah Publishers Inc., 1987.

Hughes, Thomas Hywel, *The Psychology of Preaching and Pastoral Work*, New York: Macmillan, 1941.

Hunter, Richard, *World without Secrets: Business, Crime, and Privacy in the Age of Ubiquitous Computing*, 윤창로 외 역, 『유비쿼터스: 공유와 감시의 두 얼굴』, 서울: 21세기북스, 2003);

Innis, Herold A., *The Bias of Communication*, Toronto: Toronto University Press, 1951, reprinted 1999.

Jackson, Edgar Newman, *A Psychology for Preaching*, Great Neck: Channel Press, 1961.

Jung, Carl, *Symbols of Transformation*, Princeton: Bollingen Series, 1956.

Keller, Helen, *The Story of My Life*, Garden City, NY: Doublesday & Company, 1954.

Killinger, John, *Fundamentals of Preaching*, Philadelphia: Fortress Press, 1985.

Kim, Unyong, "A Study of Narrative Preaching as a New Preaching Style", Th.M. Thesis, Columbia Theological Seminary, 1994.

Kohlberg, Lawrence, *Moral Stage: A Current Formulation and a Response to Critics*, 문용린 역, 『콜버그의 도덕성 발달이론』, 서울: 아카넷, 2000.

Lane, Tony, *Christian Thought*, 김응국 역, 『복음주의 입장에서 본 기독교 사상사』, 서울: 나침반, 1987.

LeFever, Marlene D., *Creative Teaching Methods: Be an Effective Christian Teacher,* Colorado Springs: Cook Ministry Resources, 1996.

Lewis, Ralph L., and Gregg Lewis, *Learning to Preach Like Jesus,* Wheaton: Crossway Books, 1989.

Lischer, Richard, *A Theology of Preaching: The Dynamics of the Gospel,* Durham: The Labyrinth Press, 1992.

_____, *The End of Words: The Language of Reconciliation in a Culture of Violence,* Grand Rapids: William B. Eerdmans Publishing Company, 2005.

Litfin, Duane, *A Handbook for Christians Public Speaking,* 2nd ed., Grand Rapids: Baker Book House, 2004.

Loder, James E., *The Transforming Moment: Understanding Convictional Experiences,* San Francisco : Harper & Row, 1981.

Long, Thomas G., *Preaching and the Literary Forms of the Bible,* Philadelphia: Fortress Press, 1989.

_____, *The Witness of Preaching,* 정장복 · 김운용 역, 『증언으로서의 설교』, 서울: 쿰란출판사, 1998.

Lowry, Eugene L., *Doing Time in the Pulpit: The Relationship between Narrative and Preaching,* Nashville: Abingdon Press, 1985.

_____, *The Homiletical Plot: The Sermon as Narrative Art Form,* expanded version, Atlanta: John Knox Press, 2004.

_____, *The Sermon: Dancing the Edge of Mystery,* Nashville: Abingdon Press, 1997.

Luce, Ron, *Turning the Hearts of the Fathers,* 김만형 역, 『심장으로 가르치는 청소년 리더가 되라』, 서울: 예수전도단, 2004.

Luther, Martin, *The Bondage of the Will,* Grand Rapids: Baker, 1976.

McLuhan, Marshall, *Gutenberg Galaxy,* 임상원 역, 『구텐베르크 은하계』, 서울: 커뮤니케이션북스, 2001.

_____, *Understanding Media: The Extensions of Man,* 박정규 역, 『미디어의 이해: 인간의 확장』, 서울: 커뮤니케이션북스, 2002.

Mehrabian, A., *Silent Messages*, Belmont: Wadsworth, 1971.
Mawhinney, Bruce, *Preaching with Freshness*, Grand Rapids: Kregel Academic & Professional, 1997.
Miller, Calvin, *The Empowered Communicator*, 최예자 역,『청중을 사로잡는 설교자』, 서울: 프리셉트, 2006.
Mohler, R. Albert, *Feed My Sheep: A Passionate Plea for Preaching*, Morgan: Soli Deo Gloria Publications, 2002.
Moltmann, Jürgen, *Theology of Hope*, New York: Harper & Row, 1967.
Naisbits, John, *Megatrends 2000: Ten New Directions for the 1990's*, New York: Avon Books, 1990.
_____, *High Tech High Touch*, 안진환 역,『하이테크 하이터치』, 서울: 한국경제신문, 2000.
Nelson, C. Ellis, *Congregations: Their Power to Form and Transform*, 김득렬 역,『회중들: 형성하고 변화하는 회중의 능력』, 서울: 한국장로교출판사, 1996.
_____, *Where Faith Begins*, Atlanta: John Knox, 1967.
Niebuhr, H. Richard, The Meaning of Revelation, New York: Macmillan Publishing Co., 1941.
Postmann, Neil, *Amusing Ourselves to Death: Public Discourse in the Age of Show Business*, New York: Penguin Books, 1985.
Powell, Mark A., *What Is Narrative Criticism?*, Minneapolis: Fortress Press, 1990.
Rice, Charles, *Interpretation and Imagination: The Preacher and Contemporary Literature*, Philadelphia: Fortress Press, 1970.
Robinson, Haddon W., *Biblical Preaching: The Development and Delivery of Expository Messages*, Grand Rapids: Baker Book House, 1980.
Robinson, Haddon and Craig Brian Larson, ed., *The Art and Craft of Biblical Preaching*, 주승중 외 4인 역,『성경적인 설교 준비와 전달』, 서울: 두란노, 2006.

Rogness, Michael. *Preaching to a TV Generation: The Sermon in the Electronic Age*, 주승중 편역,『영상세대에게 설교하라』, WPA, 2004.

Rose, Lucy A., *Sharing the Word: Preaching in the Roundtable Church*, Louisville: Westminster John Knox Press, 1997.

Sargent, Tony, *The Sacred Anointing*, London: Hodder & Stoughton, 1994.

Shaddix, Jim, *The Passion Driven Sermon*, 김운용 역,『열정이 이끌어가는 설교』, 서울: 예배와 설교 아카데미, 근간 예정.

Somerville, Jim, "Preaching to the Right Brain," *Preaching*, vol. 10, no. 4 (January-February, 1995).

Stiller, Brian C., *Preaching Parables to Postmoderns*, Minneapolis: Fortress Press, 2005.

Stott, John R. W., *Between Two Worlds*, 정성구 역,『현대 교회와 설교』, 서울: 풍만, 1987.

_____, *I Believe in Preaching*, London: Hodder & Stoughton, 1982.

Stroup, George W., *The Promise of Narrative Theology: Recovering the Gospel in the Church*, Atlanta: John Knox Press, 1981.

Sweet, Leonard, *Carpe Manana*, 김영래 역,『미래 크리스천』, 서울: 좋은 씨앗, 2005.

_____, *Postmodern Pilgrims*, Nashville: Broadman & Holman Publishers, 2000.

Sykes, John, "Preaching to the Left Brain," *Preaching*, vol. 10, no. 4 (January-February, 1995).

Tapscott, Don, *Growing up Digital: Net Generation*, 허운나·유영만 역,『N세대의 무서운 아이들』, 서울: 물푸레, 1999.

Turpie, Bill, ed., *Ten Great Preachers: Messages and Interviews*, Grand Rapids: Baker Books, 2000.

Veith, Gene Edward, *Postmodern Times*, 오수미 역,『현대사상과 문화의 이해』, 서울: 예영커뮤니케이션, 1999.

Wadsworth, Brarry J., *Piaget's Theory of Cognitive and Affective Development,* New York: Longman, 1989.
Welsh, Clement, *Preaching in a New Key: Studies in the Psychology of Thinking and Listening,,* Philadelphia, United Church Press, 1974.
Wiersbe, Warren W., *Preaching and Teaching with Imagination: The Quest for Biblical Ministry,* Wheaton: Victor Books, 1994.
_____, *The Dynamics of Preaching,* Grand Rapids: Baker Books, 1999.
Wilder, Amos N., *Early Christian Rhetoric: The Language of the Gospel,* Cambridge: Harvard University Press, 1974.
Yankelovich, Daniel, *The Magic of Dialogue: Transforming Conflict into Cooperation,* New York: Simon & Schuster, 1999.
LG 커뮤니카토피아 편, 『정보혁명, 생활혁명, 의식혁명』, 서울: 백산서당, 1988.
가우디 안토니, 이종석 역, 『가우디 공간의 환상』, 서울: 다빈치, 2001.
강길호 외, 『커뮤니케이션과 인간』, 서울: 한나래, 1999.
강영안 김연종 신국원 편, 『대중문화, 더 이상 침묵할 수 없다』, 서울: 예영 커뮤니케이션, 1998
강준민, 『뿌리깊은 영성』, 서울: 두란노, 1999.
게이트, 『깨달음의 연금술: 나를 통하여 이르는 자유』, 서울: 유란시아, 2005.
권이종, 『청소년교육 개론』, 서울: 교육과학사, 2000.
김눈조, "정보화 시대의 청소년," 『사회연구』, 통권 2호 (2000년 가을).
김서택, 『아름다운 청소년 사역』 서울: 예찬사, 2001.
김성태, 『열린 예배를 위한 스킷 드라마: 극단 '예꿈'이 만든 두 번째 창작 희곡집』, 서울: 예찬사, 1999.
김영임, 『스피치 커뮤니케이션』, 서울: 나남 출판, 2001.
김운용, 『설교의 새로운 패러다임』, 서울: 장신대 출판부, 2004.
_____, 『새롭게 설교하기』, 서울: WPA, 2005.

김정탁, 『굿바이 구텐베르크: 선형문화에서 모자이크문화로』, 서울: 새천년, 2000.
김찬호, "정보화 사회와 청소년 문화," 『목회와 신학』 (2000년 7월).
김희자, 『정보화 시대의 기독교 청소년교육』, 서울: 도서출판 기독한교, 2005.
노자, 『도덕경』, 서울: 현암사, 1999.
대한예수교장로회 총회교육부, 『교회 교육백서』, 서울: 한국장로교출판사, 2002.
마이클 린버그, 『너만의 명작을 그려라』, 서울: 한언, 2002.
마츠우라 모토오, 왕현철 역, 『주켄 사람들』, 서울: 기획출판 거름, 2005.
박길성 외, 『현대사회의 구조와 변동』, 서울: 나남, 2001.
박재영, "보고 느껴야 변한다," Economist (2004. 7. 20).
박태일, 『비즈니스 교양 : 직장인이 알아야 할 모든 것』, 서울: 토네이도, 2007.
삐에르 바뱅, 이영숙 편역, 『디지털 시대의 종교』, 서울: PCLine, 2000.
시게마츠 기요시, 최영혁 역, 『달려라! 하루우라라』, 서울: 청조사, 2004.
시오노 나나미, 김석희 역, 『로마인의 이야기: 한니발 장군의 이야기』, 2권, 서울: 한길사, 2000.
신국원, 『포스트모더니즘: 우리 시대의 사상과 문화에 대한 기독교적 조망』, 서울: IVP, 2000.
아라카와 히로키, 히다카 쇼지, 성호철 역, 『손에 잡히는 유비쿼터스』, 서울: 전자신문사, 2003.
안석모, 『이야기 목회, 이미지 영성』, 서울: 도서출판 목회상담, 2001.
왈스워즈, B. J., 정태위 역, 『삐아제의 인지발달론』, 서울: 배영사, 1975.
유홍설, 『우리는 중고등부 부흥을 열망하고 갈망했다』, 서울: 나침반, 2006.
윤학준, 『양반동네 소동기』, 서울: 효리, 2000.
이문균, 『포스트모더니즘과 기독교 신학』, 서울: 대한기독교서회, 2000.
이숙종, 『현대사회와 기독교 교육』, 서울: 대한기독교서회, 2001.

이연길,『이야기 설교학』, 서울: 쿰란, 2003.
이원희, "뜻(Meaning)의 전달로서의 커뮤니케이션,"『교수논총』2집, 서울신학대학교 (1991).
이은희, "청소년 소비행태의 변화와 녹색소비,"『인하대학교 생활과학연구소 논문집』, 제 6집, (1999).
이찬수,『교육은 감동이다』, 서울: 낮은 울타리, 2001.
이현우,『한국인에게 가장 잘 통하는 설득전략 24』, 서울: 더난 출판, 2006.
전기정·황현택,『열린 시대 닫힌 커뮤니케이션』, 서울: 삼성경제연구소, 1997.
정장복·주승중 엮음,『새천년 성경적 설교-분석설교의 실제1, 2』, 서울: 예배와 설교아카데미, 1999.
정장복,『한국교회를 위한 설교학 개론』, 서울: 예배와 설교아카데미, 2000.
조용철 엮음,『내가 행복한 10가지 이유: 구름아이 조운강 추모집』, 서울: 리스컴, 2005.
조현식,『스킷 드라마』, 개정판, 서울: 예영 커뮤니케이션, 2000.
최종수,『매스 커뮤니케이션 이론』, 서울: 전예원, 1984.
하정완,『드라마 천국 : 열린 예배를 위한 스킷 드라마』, 서울: 낮은 울타리, 2001.